MW01247033

AÑO 2014: TU HORÓSCOPO PERSONAL

Joseph Polansky

Año 2014:
Tu horóscopo personal

Previsiones mes a mes
para cada signo

U R A N O

Argentina - Chile - Colombia - España
Estados Unidos - México - Perú - Uruguay - Venezuela

Título original: *Your Personal Horoscope 2014*
Editor original: Aquarium, An Imprint of HarperCollins Publishers
Traducción: Clementina Vidal Díaz

Copyright © 2013 by Star Data, Inc.
73 Benson Avenue
Westwood, NJ 07675
U.S.A.
www.stardata-online.com
info@stardata-online.com
© 2013 *by* Ediciones Urano, S.A.
Aribau, 142, pral. - 08036 Barcelona
www.mundourano.com

ISBN: 978-84-7953-522-3
E-ISBN: 978-84-9944-598-4
Depósito Legal: B-10.561-2013

Fotocomposición: Montserrat Gómez Lao
Impreso por Romanyà-Valls, S.A. – Verdaguer, 1 – 08786 Capellades (Barcelona)

Impreso en España - *Printed in Spain*

Índice

Introducción 9

Glosario de términos astrológicos 11

Aries
Rasgos generales 17
Horóscopo para el año 2014 - Principales tendencias ... 22
Previsiones mes a mes 31

Tauro
Rasgos generales 47
Horóscopo para el año 2014 - Principales tendencias ... 52
Previsiones mes a mes 60

Géminis
Rasgos generales 77
Horóscopo para el año 2014 - Principales tendencias ... 82
Previsiones mes a mes 90

Cáncer
Rasgos generales 107
Horóscopo para el año 2014 - Principales tendencias ... 112
Previsiones mes a mes 120

Leo
Rasgos generales 137
Horóscopo para el año 2014 - Principales tendencias ... 142
Previsiones mes a mes 150

Virgo
Rasgos generales 167
Horóscopo para el año 2014 - Principales tendencias ... 172
Previsiones mes a mes 180

Libra
Rasgos generales 197
Horóscopo para el año 2014 - Principales tendencias ... 202
Previsiones mes a mes 211

Escorpio
Rasgos generales 227
Horóscopo para el año 2014 - Principales tendencias ... 232
Previsiones mes a mes 241

Sagitario
Rasgos generales 257
Horóscopo para el año 2014 - Principales tendencias ... 261
Previsiones mes a mes 269

Capricornio
Rasgos generales 287
Horóscopo para el año 2014 - Principales tendencias ... 292
Previsiones mes a mes 299

Acuario
Rasgos generales 317
Horóscopo para el año 2014 - Principales tendencias ... 322
Previsiones mes a mes 329

Piscis
Rasgos generales 347
Horóscopo para el año 2014 - Principales tendencias ... 352
Previsiones mes a mes 360

Introducción

He escrito este libro para todas aquellas personas que deseen sacar provecho de los beneficios de la astrología y aprender algo más sobre cómo influye en nuestra vida cotidiana esta ciencia tan vasta, compleja e increíblemente profunda. Espero que después de haberlo leído, comprendas algunas de las posibilidades que ofrece la astrología y sientas ganas de explorar más este fascinante mundo.

Te considero, lector o lectora, mi cliente personal. Por el estudio de tu horóscopo solar me doy cuenta de lo que ocurre en tu vida, de tus sentimientos y aspiraciones, y de los retos con que te enfrentas. Después analizo todos estos temas lo mejor posible. Piensa que lo único que te puede ayudar más que este libro es tener tu propio astrólogo particular.

Escribo como hablaría a un cliente. Así pues, la sección correspondiente a cada signo incluye los rasgos generales, las principales tendencias para el 2014 y unas completas previsiones mes a mes. He hecho todo lo posible por expresarme de un modo sencillo y práctico, y he añadido un glosario de los términos que pueden resultarte desconocidos. Los rasgos generales de cada signo te servirán para comprender tu naturaleza y la de las personas que te rodean. Este conocimiento te ayudará a tener menos prejuicios y a ser más tolerante contigo y con los demás. La primera ley del universo es que todos debemos ser fieles a nosotros mismos; así pues, las secciones sobre los rasgos generales de cada signo están destinadas a fomentar la autoaceptación y el amor por uno mismo, sin los cuales es muy difícil, por no decir imposible, aceptar y amar a los demás.

Si este libro te sirve para aceptarte más y conocerte mejor, entonces quiere decir que ha cumplido su finalidad. Pero la astrología tiene otras aplicaciones prácticas en la vida cotidiana: nos explica hacia dónde va nuestra vida y la de las personas que nos rodean. Al leer este libro comprenderás que, si bien las corrientes cósmicas no nos obligan, sí nos impulsan en ciertas direcciones. Las secciones «Horóscopo para el año 2014» y «Previsiones mes a mes» están destinadas a orientarte a través de los movimientos e influencias de los planetas, para que te resulte más fácil dirigir tu vida en la dirección deseada y sacar el mejor partido del año que te aguarda. Estas previsiones abarcan orientaciones concretas en los aspectos que más nos interesan a todos: salud, amor, vida familiar, profesión, situación económica y progreso personal. Si en un mes determinado adviertes que un compañero de trabajo, un hijo o tu pareja está más irritable o quisquilloso que de costumbre, verás el porqué cuando leas sus correspondientes previsiones para ese mes. Eso te servirá para ser una persona más tolerante y comprensiva.

Una de las partes más útiles de este libro es la sección sobre los mejores días y los menos favorables que aparece al comienzo de cada previsión mensual. Esa sección te servirá para hacer tus planes y remontar con provecho la corriente cósmica. Si programas tus actividades para los mejores días, es decir, aquellos en que tendrás más fuerza y magnetismo, conseguirás más con menos esfuerzo y aumentarán con creces tus posibilidades de éxito. De igual modo, en los días menos favorables es mejor que evites las reuniones importantes y que no tomes decisiones de peso, ya que en esos días los planetas primordiales de tu horóscopo estarán retrógrados (es decir, retrocediendo en el zodiaco).

En la sección «Principales tendencias» se indican las épocas en que tu vitalidad estará fuerte o débil, o cuando tus relaciones con los compañeros de trabajo o los seres queridos requerirán un esfuerzo mayor por tu parte. En la introducción de los rasgos generales de cada signo, se indican cuáles son sus piedras, colores y aromas, sus necesidades y virtudes y otros elementos importantes. Se puede aumentar la energía y mejorar la creatividad y la sensación general de bienestar de modo creativo, por ejemplo usando los aromas, colores y piedras del propio signo, decorando la casa con esos colores, e incluso visualizándolos alrededor de uno antes de dormirse.

Es mi sincero deseo que *Año 2014: Tu horóscopo personal* mejore tu calidad de vida, te haga las cosas más fáciles, te ilumine el camino, destierre las oscuridades y te sirva para tomar más conciencia de tu conexión con el Universo. Bien entendida y usada con juicio, la astrología es una guía para conocernos a nosotros mismos y comprender mejor a las personas que nos rodean y las circunstancias y situaciones de nuestra vida. Pero ten presente que lo que hagas con ese conocimiento, es decir, el resultado final, depende exclusivamente de ti.

Glosario de términos astrológicos

Ascendente

Tenemos la experiencia del día y la noche debido a que cada 24 horas la Tierra hace una rotación completa sobre su eje. Por ello nos parece que el Sol, la Luna y los planetas salen y se ponen. El zodiaco es un cinturón fijo que rodea la Tierra (imaginario pero muy real en un sentido espiritual). Como la Tierra gira, el observador tiene la impresión de que las constelaciones que dan nombre a los signos del zodiaco aparecen y desaparecen en el horizonte. Durante un periodo de 24 horas, cada signo del zodiaco pasará por el horizonte en un momento u otro. El signo que está en el horizonte en un momento dado se llama ascendente o signo ascendente. El ascendente es el signo que indica la imagen de la persona, cómo es su cuerpo y el concepto que tiene de sí misma: su yo personal, por oposición al yo espiritual, que está indicado por su signo solar.

Aspectos

Los aspectos son las relaciones angulares entre los planetas, el modo como se estimulan o se afectan los unos a los otros. Si dos planetas forman un aspecto (conexión) armonioso, tienden a estimularse de un modo positivo y útil. Si forman un aspecto difícil, se influyen mutuamente de un modo tenso, lo cual provoca alteraciones en la influencia normal de esos planetas.

Casas

Hay doce signos del zodiaco y doce casas o áreas de experiencia. Los doce signos son los tipos de personalidad y las diferentes maneras que tiene de expresarse un determinado planeta. Las casas indican en qué ámbito de la vida tiene lugar esa expresión (véase la lista de más abajo). Una casa puede adquirir fuerza e importancia, y convertirse en una casa poderosa, de distintas maneras: si contiene al Sol, la Luna o el regente de la carta astral, si contiene a más de un planeta, o si el regente de la casa está recibiendo un estímulo excepcional de otros planetas.

Primera casa: cuerpo e imagen personal.
Segunda casa: dinero y posesiones.
Tercera casa: comunicación.
Cuarta casa: hogar, familia y vida doméstica.
Quinta casa: diversión, creatividad, especulaciones y aventuras amorosas.
Sexta casa: salud y trabajo.
Séptima casa: amor, romance, matrimonio y asociaciones.
Octava casa: eliminación, transformación y dinero de otras personas.
Novena casa: viajes, educación, religión y filosofía.
Décima casa: profesión.
Undécima casa: amigos, actividades en grupo y deseos más queridos.
Duodécima casa: sabiduría espiritual y caridad.

Fases de la Luna

Pasada la Luna llena, parece como si este satélite (visto desde la Tierra) se encogiera, disminuyendo poco a poco de tamaño hasta volverse prácticamente invisible a simple vista, en el momento de la Luna nueva. A este periodo se lo llama fase *menguante* o Luna menguante.

Pasada la Luna nueva, nuestro satélite (visto desde la Tierra) va creciendo paulatinamente hasta llegar a su tamaño máximo en el momento de la Luna llena. A este periodo se lo llama fase *creciente* o Luna creciente.

Fuera de límites

Los planetas se mueven por nuestro zodiaco en diversos ángulos en relación al ecuador celeste (si se prolonga el ecuador terrestre hacia el Universo se obtiene el ecuador celeste). El Sol, que es la influencia más dominante y poderosa del sistema solar, es la unidad de medida que se usa en astrología. El Sol nunca se aparta más de aproximadamente 23 grados al norte o al sur del ecuador celeste. Cuando el Sol llega a su máxima distancia al sur del ecuador celeste, es el solsticio de invierno (declinación o descenso) en el hemisferio norte y de verano (elevación o ascenso) en el hemisferio sur; cuando llega a su máxima distancia al norte del ecuador celeste, es el solsticio de verano en el hemisferio norte y de invierno en el hemisferio sur. Si en cualquier momento un planeta sobrepasa esta frontera solar, como sucede de vez en cuando, se dice que está «fuera de límites», es decir, que se ha introducido en territorio ajeno, más allá de los límites marcados por el Sol, que es el regente del sistema solar. En esta situación el planeta adquiere más importancia y su poder aumenta, convirtiéndose en una influencia importante para las previsiones.

Karma

El karma es la ley de causa y efecto que rige todos los fenómenos. La situación en la que nos encontramos se debe al karma, a nuestros actos del pasado. El Universo es un instrumento tan equilibrado que cualquier acto desequilibrado pone inmediatamente en marcha las fuerzas correctoras: el karma.

Modos astrológicos

Según su modo, los doce signos del zodiaco se dividen en tres grupos: *cardinales, fijos* y *mutables*.

El modo *cardinal* es activo e iniciador. Los signos cardinales (Aries, Cáncer, Libra y Capricornio) son buenos para poner en marcha nuevos proyectos.

El modo *fijo* es estable, constante y resistente. Los signos fijos (Tauro, Leo, Escorpio y Acuario) son buenos para continuar las cosas iniciadas.

El modo *mutable* es adaptable, variable y con tendencia a buscar el equilibrio. Los signos mutables (Géminis, Virgo, Sagitario y Piscis) son creativos, aunque no siempre prácticos.

Movimiento directo

Cuando los planetas se mueven hacia delante por el zodiaco, como hacen normalmente, se dice que están «directos».

Movimiento retrógrado

Los planetas se mueven alrededor del Sol a diferentes velocidades. Mercurio y Venus lo hacen mucho más rápido que la Tierra, mientras que Marte, Júpiter, Saturno, Urano, Neptuno y Plutón lo hacen más lentamente. Así, hay periodos durante los cuales desde la Tierra da la impresión de que los planetas retrocedieran. En realidad siempre avanzan, pero desde nuestro punto de vista terrestre parece que fueran hacia atrás por el zodiaco durante cierto tiempo. A esto se lo llama movimiento retrógrado, que tiende a debilitar la influencia normal de los planetas.

Natal

En astrología se usa esta palabra para distinguir las posiciones planetarias que se dieron en el momento del nacimiento (natales) de las posiciones por tránsito (actuales). Por ejemplo, la expresión Sol natal hace alusión a la posición del Sol en el momento del nacimiento de una persona; Sol en tránsito se refiere a la posición actual del Sol en cualquier momento dado, que generalmente no coincide con la del Sol natal.

Planetas lentos

A los planetas que tardan mucho tiempo en pasar por un signo se los llama planetas lentos. Son los siguientes: Júpiter (que permanece alrededor de un año en cada signo), Saturno (dos años y medio), Urano (siete años), Neptuno (catorce años) y Plutón (entre doce y treinta años). Estos planetas indican las tendencias que habrá durante un periodo largo de tiempo en un determinado ámbito de la vida, y son importantes, por lo tanto, en las previsiones a largo plazo. Dado que estos planetas permanecen tanto tiempo en un signo, hay periodos durante el año en que contactan con los planetas rápidos, y estos activan aún más una determinada casa, aumentando su importancia.

Planetas rápidos

Son los planetas que cambian rápidamente de posición: la Luna (que sólo permanece dos días y medio en cada signo), Mercurio (entre veinte y treinta días), el Sol (treinta días), Venus (alrededor de un mes) y Marte (aproximadamente dos meses). Dado que estos planetas pasan tan rápidamente por un signo, sus efectos suelen ser breves. En un horóscopo indican las tendencias inmediatas y cotidianas.

Tránsitos

Con esta palabra se designan los movimientos de los planetas en cualquier momento dado. En astrología se usa la palabra «tránsito» para distinguir un planeta natal de su movimiento actual en los cielos. Por ejemplo, si en el momento de tu nacimiento Saturno estaba en Cáncer en la casa ocho, pero ahora está pasando por la casa tres, se dice que está «en tránsito» por la casa tres. Los tránsitos son una de las principales herramientas con que se trabaja en la previsión de tendencias.

Aries

♈

El Carnero
Nacidos entre el 21 de marzo y el 20 de abril

Rasgos generales

ARIES DE UN VISTAZO
Elemento: Fuego

Planeta regente: Marte
   Planeta de la profesión: Saturno
   Planeta del amor: Venus
   Planeta del dinero: Venus
   Planeta del hogar y la vida familiar: la Luna
   Planeta de la riqueza y la buena suerte: Júpiter

Colores: Carmín, rojo, escarlata
   Colores que favorecen el amor, el romance y la armonía social:
     Verde, verde jade
   Color que favorece la capacidad de ganar dinero: Verde

Piedra: Amatista

Metales: Hierro, acero

Aroma: Madreselva

Modo: Cardinal (= actividad)

Cualidad más necesaria para el equilibrio: Cautela

Virtudes más fuertes: Abundante energía física, valor, sinceridad, independencia, confianza en uno mismo

Necesidad más profunda: Acción

Lo que hay que evitar: Prisa, impetuosidad, exceso de agresividad, temeridad

Signos globalmente más compatibles: Leo, Sagitario

Signos globalmente más incompatibles: Cáncer, Libra, Capricornio

Signo que ofrece más apoyo laboral: Capricornio

Signo que ofrece más apoyo emocional: Cáncer

Signo que ofrece más apoyo económico: Tauro

Mejor signo para el matrimonio y/o las asociaciones: Libra

Signo que más apoya en proyectos creativos: Leo

Mejor signo para pasárselo bien: Leo

Signos que más apoyan espiritualmente: Sagitario, Piscis

Mejor día de la semana: Martes

La personalidad Aries

Aries es el activista por excelencia del zodiaco. Su necesidad de acción es casi una adicción, y probablemente con esta dura palabra la describirían las personas que no comprenden realmente la personalidad ariana. En realidad, la «acción» es la esencia de la psicología de los Aries, y cuanto más directa, contundente y precisa, mejor. Si se piensa bien en ello, este es el carácter ideal para el guerrero, el pionero, el atleta o el directivo.

A los Aries les gusta que se hagan las cosas, y suele ocurrir que en su entusiasmo y celo pierden de vista las consecuencias para ellos mismos y los demás. Sí, ciertamente se esfuerzan por ser diplomáticos y actuar con tacto, pero les resulta difícil. Cuando lo hacen tienen la impresión de no ser sinceros, de actuar con falsedad. Les cuesta incluso comprender la actitud del diplomático, del creador de consenso, de los ejecutivos; todas estas personas se pasan la vida en interminables reuniones, conversaciones y negociaciones, todo lo cual parece una gran pérdida de tiempo cuando hay tanto trabajo por hacer, tantos logros reales por alcanzar. Si se le explica, la persona Aries es capaz de comprender que las conversaciones y negociaciones y la armonía social conducen en último término a acciones mejores y más eficaces. Lo interesante es que un Aries rara vez es una persona de mala voluntad o malévola, ni siquiera cuando está librando una guerra. Los Aries luchan sin sentir odio por sus contrincantes. Para ellos todo es una amistosa diversión, una gran aventura, un juego.

Ante un problema, muchas personas se dicen: «Bueno, veamos de qué se trata; analicemos la situación». Pero un Aries no; un Aries piensa: «Hay que hacer algo; manos a la obra». Evidentemente ninguna de estas dos reacciones es la respuesta adecuada siempre. A veces es necesario actuar, otras veces, pensar. Sin embargo, los Aries tienden a inclinarse hacia el lado de la acción, aunque se equivoquen.

Acción y pensamiento son dos principios totalmente diferentes. La actividad física es el uso de la fuerza bruta. El pensamiento y la reflexión nos exigen no usar la fuerza, estar quietos. No es conveniente que el atleta se detenga a analizar su próximo movimiento, ya que ello sólo reducirá la rapidez de su reacción. El atleta debe actuar instintiva e instantáneamente. Así es como tienden a comportarse en la vida las personas Aries. Son rápidas e instintivas para tomar decisiones, que tienden a traducirse en acciones casi de inmediato. Cuando la intuición es fina y aguda, sus actos son poderosos y eficaces. Cuando les falla la intuición, pueden ser desastrosos.

Pero no vayamos a creer que esto asusta a los Aries. Así como un buen guerrero sabe que en el curso de la batalla es posible que reciba unas cuantas heridas, la persona Aries comprende, en algún profundo rincón de su interior, que siendo fiel a sí misma es posible que incurra en uno o dos desastres. Todo forma parte del juego. Los Aries se sienten lo suficientemente fuertes para capear cualquier tormenta.

Muchos nativos de Aries son intelectuales; pueden ser pensadores profundos y creativos. Pero incluso en este dominio tienden a ser pioneros y francos, sin pelos en la lengua. Este tipo de Aries suele elevar (o sublimar) sus deseos de combate físico con combates intelectuales y mentales. Y ciertamente resulta muy convincente.

En general, los Aries tienen una fe en sí mismos de la que deberíamos aprender los demás. Esta fe básica y sólida les permite superar las situaciones más tumultuosas de la vida. Su valor y su confianza en sí mismos hacen de ellos líderes naturales. Su liderazgo funciona más en el sentido de dar ejemplo que de controlar realmente a los demás.

Situación económica

Los Aries suelen destacar en el campo de la construcción y como agentes de la propiedad inmobiliaria. Para ellos el dinero es menos importante de por sí que otras cosas, como por ejemplo la acción, la aventura, el deporte, etc. Sienten la necesidad de apoyar a sus socios y colaboradores y de gozar de su aprecio y buena opinión. El dinero en cuanto medio para obtener placer es otra importante motivación. Aries funciona mejor teniendo su propio negocio, o como directivo o jefe de departamento en una gran empresa. Cuantas menos órdenes reciba de un superior, mucho mejor. También trabaja más a gusto al aire libre que detrás de un escritorio.

Los Aries son muy trabajadores y poseen muchísimo aguante; pueden ganar grandes sumas de dinero gracias a la fuerza de su pura energía física.

Venus es su planeta del dinero, lo cual significa que necesitan cultivar más las habilidades sociales para convertir en realidad todo su potencial adquisitivo. Limitarse a hacer el trabajo, que es en lo que destacan los Aries, no es suficiente para tener éxito económico. Para conseguirlo necesitan la colaboración de los demás: sus clientes y colaboradores han de sentirse cómodos y a gusto. Para tener éxito, es necesario tratar debidamente a muchas personas. Cuando los Aries desarrollan estas capacidades, o contratan a alguien que se encargue de esa parte del trabajo, su potencial de éxito económico es ilimitado.

Profesión e imagen pública

Se podría pensar que una personalidad pionera va a romper con las convenciones sociales y políticas de la sociedad, pero este no es el caso de los nacidos en Aries. Son pioneros dentro de los marcos convencionales, en el sentido de que prefieren iniciar sus propias empresas o actividades en el seno de una industria ya establecida que trabajar para otra persona.

En el horóscopo solar de los Aries, Capricornio está en la cúspide de la casa diez, la de la profesión, y por lo tanto Saturno es el planeta que rige su vida laboral y sus aspiraciones profesionales. Esto nos dice algunas cosas interesantes acerca del carácter ariano. En primer lugar nos dice que para que los Aries conviertan en realidad todo su potencial profesional es necesario que cultiven algunas cualidades que son algo ajenas a su naturaleza básica. Deben ser mejores administradores y organizadores. Han de ser capaces de manejar mejor los detalles y de adoptar una perspectiva a largo plazo de sus proyectos y de su profesión en general. Nadie puede derrotar a un Aries cuando se trata de objetivos a corto plazo, pero una carrera profesional es un objetivo a largo plazo, que se construye a lo largo del tiempo. No se puede abordar con prisas ni «a lo loco».

A algunos nativos de Aries les cuesta mucho perseverar en un proyecto hasta el final. Dado que se aburren con rapidez y están continuamente tras nuevas aventuras, prefieren pasarle a otra persona el proyecto que ellos han iniciado para emprender algo nuevo. Los Aries que aprendan a postergar la búsqueda de algo nuevo hasta haber terminado lo viejo, conseguirán un gran éxito en su trabajo y en su vida profesional.

En general, a las personas Aries les gusta que la sociedad las juzgue por sus propios méritos, por sus verdaderos logros. Una reputación basada en exageraciones o propaganda les parece falsa.

Amor y relaciones

Tanto para el matrimonio como para otro tipo de asociaciones, a los Aries les gustan las personas pasivas, amables, discretas y diplomáticas, que tengan las habilidades y cualidades sociales de las que ellos suelen carecer. Nuestra pareja y nuestros socios siempre representan una parte oculta de nosotros mismos, un yo que no podemos expresar personalmente.

Hombre o mujer, la persona Aries suele abordar agresivamente lo que le gusta. Su tendencia es lanzarse a relaciones y matrimonios. Esto es particularmente así si además del Sol tiene a Venus en su signo. Cuando a Aries le gusta alguien, le costará muchísimo aceptar un no y multiplicará los esfuerzos para vencer su resistencia.

Si bien la persona Aries puede ser exasperante en las relaciones, sobre todo cuando su pareja no la comprende, jamás será cruel ni rencorosa de un modo consciente y premeditado. Simplemente es tan independiente y está tan segura de sí misma que le resulta casi imposible comprender el punto de vista o la posición de otra persona. A eso se debe que Aries necesite tener de pareja o socio a alguien que tenga muy buena disposición social.

En el lado positivo, los Aries son sinceros, personas en quienes uno se puede apoyar y con quienes siempre se sabe qué terreno se pisa. Lo que les falta de diplomacia lo compensan con integridad.

Hogar y vida familiar

Desde luego, el Aries es quien manda en casa, es el Jefe. Si es hombre, tenderá a delegar los asuntos domésticos en su mujer. Si es mujer, querrá ser ella quien lleve la batuta. Tanto los hombres como las mujeres Aries suelen manejar bien los asuntos domésticos, les gustan las familias numerosas y creen en la santidad e importancia de la familia. Un Aries es un buen miembro de la familia, aunque no le gusta especialmente estar en casa y prefiere vagabundear un poco.

Para ser de naturaleza tan combativa y voluntariosa, los Aries saben ser sorprendentemente dulces, amables e incluso vulnerables con su pareja y sus hijos. En la cúspide de su cuarta casa solar, la del hogar y la familia, está el signo de Cáncer, regido por la Luna. Si en su carta natal la Luna está bien aspectada, es decir, bajo influencias favorables, la persona Aries será afectuosa con su familia y deseará tener una vida familiar que la apoye y la nutra afectivamente. Tanto a la mujer como al hombre Aries le gusta llegar a casa después de un arduo día en el campo de batalla de la vida y encontrar los brazos comprensivos de su pareja, y el amor y el apoyo incondicionales de su familia. Los Aries piensan que fuera, en el mundo, ya hay suficiente «guerra», en la cual les gusta participar, pero cuando llegan a casa, prefieren la comodidad y el cariño.

Horóscopo para el año 2014*

Principales tendencias

La vida ha sido emocionante, Aries, por decir lo mínimo, desde 2011, año en que Urano entró en tu signo. Jamás un instante de aburrimiento. Todo ha ido de cambios, cambios, cambios, y después de estos más cambios aún. Siempre ocurría lo inesperado. En la superficie esto parecía una «locura», pero en el fondo se trataba de un profundo progra-

---

* Las previsiones de este libro se basan en el Horóscopo Solar y todos los signos que derivan de él; tu Signo Solar se convierte en el Ascendente, y las casas se numeran a partir de él. Tu horóscopo personal, el trazado concretamente para ti (según la fecha, hora y lugar exactos de tu nacimiento) podrían modificar lo que decimos aquí. Joseph Polansky

ma espiritual. Te estabas liberando, desembarazándote, de todo tipo de apegos y servidumbres; y esto continúa. Despiertas una mañana y descubres que ya no hay ninguna obstrucción para seguir el camino de tus sueños. Estas obstrucciones se han derribado, a veces de formas increíbles, y el camino está despejado. Estas tendencias continúan este año. En años anteriores fuisteis los Aries de la primera parte del signo los que experimentasteis esto, pero ahora lo notaréis incluso los nacidos en la última parte del signo. Este es un periodo para acoger el cambio, para hacerlo tu amigo, para estar tranquilo mientras ocurre. Más allá de los dramas, hay un camino despejado para ir en pos de tus sueños. Estás en un ciclo en que es importante expresar tu libertad personal.

En febrero de 2012, Neptuno entró en Piscis, tu casa de la espiritualidad, y Neptuno es el más espiritual de todos los planetas. Esto inició un periodo de inmenso y potente influjo espiritual en todo el planeta, pero especialmente en ti. Te vuelves más espiritual. Se acrecienta tu comprensión espiritual a pasos agigantados. Y gran parte de los cambios que ocurren en tu vida tienen que ver con los cambios espirituales que ocurren en lo más profundo de ti, invisibles, desapercibidos por el mundo. Este tránsito estará en vigor otros doce años más o menos. Volveremos sobre este tema.

Desde hace varios años Plutón ha estado en Capricornio, tu casa décima, la de la profesión, y continuará en ella muchos años más. Se produce una desintoxicación en tu profesión, tanto en la profesión propiamente dicha como en tu actitud hacia ella. Es posible que repienses tu rumbo profesional o incluso que lo cambies. Aun en el caso en que sigas en tu actual profesión, tu actitud será totalmente distinta. Continuaremos hablando del tema más adelante.

El año que comienza se ve próspero y fundamentalmente feliz, más en la segunda parte que en la primera, a partir del 16 de julio. El 16 de julio el benévolo Júpiter entra en Leo y empieza a formar aspectos fabulosos a tu Sol. Esto trae prosperidad, buena suerte en las especulaciones, mayor creatividad y, sencillamente, más «alegría de la vida». Si estás en edad de concebir, fuiste más fértil el año pasado, y esta tendencia continúa este año.

Las facetas de interés más importante para ti este año son: el cuerpo, la imagen y el placer personal; el hogar y la familia (hasta el 16 de julio); la diversión, los hijos y la creatividad (a partir del 16 de julio); el amor, el romance y las actividades sociales (hasta el 26 de julio); la sexualidad, la transformación y reinvención personales, las ciencias ocultas, la reencarnación, la vida después de la muerte (hasta el 24 de diciembre); la profesión; la espiritualidad.

Los caminos hacia tu mayor realización o satisfacción este año serán: el hogar y la familia (hasta el 16 de julio); los hijos, la diversión y la creatividad (a partir del 16 de julio); la sexualidad, la transformación y reinvención personales, las ciencias ocultas, la reencarnación, la vida después de la muerte (hasta el 19 de febrero); el amor, el romance y las actividades sociales (a partir del 19 de febrero).

Salud

(Ten en cuenta que esta es una perspectiva astrológica de la salud, no una médica. Antaño no había ninguna diferencia, ambas eran idénticas, pero en esta época podrían diferir muchísimo. Para una perspectiva médica, por favor, consulta a tu médico o a otro profesional de la salud.)

Los años 2011 y 2012 fueron muy difíciles en lo que a salud se refiere. Si has salido de ellos bien, este año lo pasarás con los colores del triunfo. Desde 2011 notamos una mejoría gradual y pareja en la salud y la energía. El 2012, aunque difícil, fue mejor que el 2011; el 2013 fue mejor que el 2012, y el 2014 será mejor que el 2013.

Aun cuando la salud va mejorando, de todos modos es necesario estar atento a ella los primeros seis meses y medio del año, hasta el 16 de julio: tres planetas lentos estarán en aspecto desfavorable contigo. El 16 de julio Júpiter saldrá de un aspecto difícil y formará uno armonioso. El 26 de julio Marte saldrá de su aspecto desfavorable. A partir del 16 de julio tendrías que sentir una gran y franca diferencia en la vitalidad general.

Tu sexta casa estará fundamentalmente vacía la mayor parte del año (sólo transitarán por ella los planetas rápidos), por lo tanto, está el peligro de que no le prestes atención suficiente a tu salud. Y deberías prestársela. Tendrás que obligarte a estar atento, a seguir buenos programas de salud, aunque no te apetezca.

Urano está en tu signo desde 2011. Esto suele indicar experimentos con el cuerpo físico, la tendencia a poner a prueba sus límites. Este impulso o deseo es bueno en esencia; el cuerpo es capaz de mucho más de lo que creemos, y de eso sólo nos enteramos con la experimentación. Pero estos experimentos han de hacerse de modo consciente, prudente, sopesando los riesgos; si no, la tendencia es entregarse a osadas y temerarias hazañas, y esto suele llevar a accidentes y lesiones. Es mejor hacer estos experimentos con actividades como el yoga o las artes marciales, que son disciplinadas y fundamentalmente sin riesgo.

Lo más importante durante la primera mitad del año es mantener elevada la energía. Cuando está elevada la energía, cuando el campo áurico está fuerte, el cuerpo resiste la enfermedad: está esencialmente inmune. El aura repele los microbios y los tipos destructivos de bacterias. Pero cuando se debilita el campo áurico (por el motivo que sea), el cuerpo se vuelve más vulnerable a este tipo de cosas. El campo áurico es el equivalente espiritual del sistema inmunitario físiológico. El debilitamiento del campo áurico, de la energía general, tiene otras consecuencias también: la visión, la audición y los reflejos funcionan con más lentitud de la normal; no están a la altura y esto puede conducir a accidentes. Así pues, descansa cuando estés cansado, no hagas de la noche día. Trabaja con ritmo; alterna las actividades; usa los colores, gemas y aromas de tu signo (ve tu perfil personal al comienzo). Hazte tratamientos periódicos de masaje y reflexología. Esto te aumentará la energía de modos sutiles. También podría ser aconsejable pasar fines de semanas, o más tiempo, en balnearios de salud (si te lo permiten las finanzas).

Asimismo, puedes fortalecer la salud con masajes periódicos en el cuello cabelludo y la cara. La cabeza y la cara son unas de tus zonas vulnerables. Al dar masaje a la cabeza y la cara no sólo fortaleces esas zonas sino todo el cuerpo también; en ellas hay puntos reflejos que van a todo el cuerpo.

También fortalece la salud prestando más atención a los pulmones, los brazos, los hombros y el intestino delgado. Deberás dar masajes periódicos a los brazos y los hombros; la tensión suele acumularse en los hombros y es necesario aflojarla.

El corazón también está más vulnerable este año. Evita la preocupación y la ansiedad, que son las principales causas de los problemas cardiacos. Te irán bien sesiones de reflexología en que te trabajen los puntos reflejos del corazón.

El regente de tu salud, Mercurio, es un planeta de movimiento rápido; durante el año transita por todos los signos y casas del horóscopo, como saben nuestros lectores. Por lo tanto, en la salud hay diversas tendencias a corto plazo, que es mejor tratar en las previsiones mes a mes.

Mercurio hace movimiento retrógrado tres veces este año: del 6 al 28 de febrero; del 7 de junio al 1 de julio, y del 4 al 25 de octubre. Estos no son periodos para hacer cambios drásticos en el programa de salud ni para tomar decisiones importantes. Son periodos para hacer reflexión y revisión.

Números importantes para la salud y la curación son el 1, el 3, el

6, el 8 y el 9. Va bien mirar estos números. Además, si haces ejercicios o afirmaciones, hazlos en conjuntos de 1, 3, 6, 8 y 9. Obtendrás mejores resultados.

Hogar y vida familiar

Tu cuarta casa, la del hogar y la familia, es casa de poder este año, por lo tanto hay mucha atención a esta faceta. Estando Júpiter en tu cuarta casa desde el 27 de junio del año pasado, esta es una faceta feliz de la vida.

Es posible que te hayas mudado el año pasado; si no, esto todavía podría ocurrir este año. Como saben nuestros lectores, con el tránsito de Júpiter por la cuarta casa no siempre hay una mudanza real; podría ser algo «parecido a» una mudanza. A veces la persona compra otra casa o propiedad; o tal vez compra artículos caros para la casa, o la renueva o amplía. El efecto es «como si» hubiera habido mudanza. La casa queda más grande, más cómoda que antes.

Puesto que Júpiter es el señor de tu novena casa, es posible que te traslades o pienses en trasladarte a otro país, o a algún lugar alejado de tu país. O, como hemos dicho, compres una propiedad en este tipo de lugar.

Con este aspecto se agranda el círculo familiar. Por lo general esto ocurre por nacimientos o matrimonios. Pero muchas veces ocurre al conocer a personas que son «como de la familia», que apoyan emocionalmente. Estas personas cumplen el papel de «familiares» en tu vida. En muchos casos, estas personas que son «como de la familia» apoyan y ayudan más que la familia biológica.

Como hemos dicho anteriormente, este aspecto indica mayor fertilidad en los Aries en edad de concebir. Esto será así todo el año, incluso después que Júpiter salga de tu cuarta casa y entre en la quinta el 16 de julio. La atención pasará de la familia en su conjunto a los hijos.

Júpiter en la cuarta casa indica que la familia en su conjunto prospera y apoya más este año. Cuando las personas son prósperas y optimistas es natural que aumenten su apoyo y ayuda. Este año son mucho más generosas. Si necesitas pedirles un favor, sobre todo a un progenitor o figura parental, este es el año para pedirlo.

Los hijos (o figuras filiales de tu vida) prosperan más después del 16 de julio. He observado que bajo este aspecto la edad no influye: incluso los bebés y niños pequeños prosperan: reciben regalos caros o un progenitor o abuelo les establece un fondo de fideicomiso en secreto.

Júpiter es el planeta de la religión y la formación superior. Veo, pues, que muchos Aries celebran servicios religiosos en su casa, tal vez programan clases también. La familia en su conjunto se ve más religiosa.

Es posible que instales una biblioteca en casa, o amplíes la ya existente. La casa es tanto un lugar de estudio como un hogar.

Profesión y situación económica

Este año será próspero. Las cosas empiezan lentas, pero a medida que avanza el año, en especial en la segunda mitad, aumenta la prosperidad.

Tu segunda casa, la del dinero o finanzas, no está poderosa este año. Así pues, no se presta mucha atención a las finanzas. Y tal vez esta es la principal debilidad. Es posible que no les prestes la atención que se merecen. Podrías estar muy distraído por la familia, el hogar, la libertad personal o el deseo de placer personal. Si las finanzas te dan problemas, la solución podría ser darles más atención: oblígate.

Teniendo a Urano en tu signo estás de ánimo para nuevos proyectos o empresas, para nuevos comienzos. Haces experimentos con tu cuerpo y con casi todo lo de tu vida, incluso con las finanzas. Tiendes a ser arriesgado por naturaleza, pero en este periodo lo eres aún más. Y cuando lo consigues, el éxito es grande. Sin embargo, los fracasos, y habrá unos cuantos, también pueden ser grandes. Los riesgos en especulaciones irán mejor en la segunda mitad del año que antes, después del 16 de julio.

Venus es tu planeta del dinero. Como sin duda saben nuestros lectores, Venus es un planeta de movimiento rápido; durante el año transita por todos los signos y casas del horóscopo, por lo tanto hay muchas tendencias financieras a corto plazo que dependen de dónde estará Venus y de los aspectos que reciba. Estas tendencias será mejor tratarlas en las previsiones mes a mes.

Siendo Venus tu planeta de las finanzas, tus dotes sociales son un factor importantísimo en los ingresos, y necesitas desarrollarlas más. Aunque la capacidad innata y los méritos son importantes, no lo son tanto como el factor simpatía, el don de gentes, la capacidad de caer bien y llevarte bien con los demás. Cuando Aries desarrolla esta cualidad no hay nada que lo frene: el cielo es el límite.

En el perfil de personalidad hablamos de los mejores aspectos financieros para Aries. Estos deberán revisarse este año.

El cónyuge, pareja o ser amado actual pasa por dificultades financieras. Esta persona se siente apurada; tal vez le ha caído encima un gasto o carga financiera. Sólo necesita reorganizar las cosas, cambiar algo aquí, modificar algo allá, trabajar en sanear sus finanzas. Si lo hace descubrirá que tiene todos los recursos que necesita. Esta persona ha hecho cambios financieros muy drásticos en los dos años pasados, y vienen más. Pero pasado este año deberían estabilizarse sus finanzas.

Si tienes asuntos pendientes con patrimonio o impuestos, ten paciencia. Sólo el tiempo resolverá las cosas. El préstamo, el acceso a dinero ajeno, está más difícil este año. Nuevamente la paciencia y la perseverancia se llevarán el triunfo.

Tus números financieros favorables son el 2, el 3, el 7 y el 9.

Aunque el dinero no es muy importante, la profesión sí lo es, y mucho. Lo que me gusta en esto es que tienes la atención muy dirigida a un punto, un intenso deseo o impulso hacia el éxito. Esto tiende a dar buen resultado. Obtenemos aquello en que fijamos la atención. El único problema que vemos es que podrías estar demasiado centrado, fanático, en la profesión. Esto lleva a conflictos, y tal vez a que te rodees de enemigos peligrosos. Tratándose de la profesión tienes una especie de «estrechez de miras» que podría llevarte a no advertir dónde pones los pies o el suelo que pisas.

Plutón en tu décima casa indica que hay mucho cambio y transformación en tu empresa e industria, cambios profundos, fundamentales. Podrían cambiar tanto las reglas, que es «como si» estuvieras en otra profesión; muy diferente a lo que pensabas que sería. Muchas veces Plutón trae una «casi muerte» en la profesión. Pero ten siempre presente que después de la muerte o casi muerte viene la resurrección y la renovación. Esta es una ley cósmica.

Un jefe, progenitor o figura de autoridad de tu vida pasa por una operación quirúrgica o tiene una experiencia de casi muerte o muerte temporal también. La empresa en que trabajas también podría pasar por una experiencia de casi muerte.

Amor y vida social

Tu séptima casa, la del amor, el romance y las actividades sociales, está poderosa hasta el 26 de julio. Así pues, le prestas muchísima atención a esta faceta. La atención tiende a producir éxito.

Pero el amor es complicado este año. Has pasado por unos años muy difíciles en el amor, tal vez traumáticos: 2011 y 2012. Es posible que te hayas divorciado. Si tu relación sobrevivió a esos años es probable que dure eternamente. 2013 fue un poco más fácil en la faceta del amor, pero nada especial.

Si acabas de pasar por un divorcio necesitas un tiempo de cierta tranquilidad; no hace falta que te lances a entablar otra relación demasiado pronto, aun cuando tal vez lo deseas. Urano en tu signo no es particularmente bueno para el matrimonio o el tipo de relaciones comprometidas. Urano anhela libertad personal; demasiada libertad personal no va bien con una relación comprometida, que, por definición, es una «limitación» de la libertad. La persona que está relacionada románticamente con un Aries debe entender esto, y darle toda la libertad posible mientras esta no sea destructiva.

Hasta el 26 de julio eres muy activo socialmente; tienes empuje, osadía, vas en pos de lo que quieres. Te creas la vida social que deseas. Eres popular y caes bien. Te desvives por los demás. Esto es bueno. Pero ¿llevará a matrimonio? Mmmm, no es probable.

Los romances son favorables este año, en especial después del 16 de julio; pero tienen más la naturaleza de diversión que de amor serio. Disfrútalos por lo que son, sin esperar demasiado de ellos.

Si tienes en mente un primer o segundo matrimonio, no se ven probabilidades este año. Saldrás en citas y te divertirás, pero es muy improbable que te cases. Pero si estás a la espera de un tercer matrimonio, tendrás oportunidades de amor serio en la seguna mitad del año. Septiembre se ve especialmente bueno para eso.

Venus es tu planeta del amor, y siendo de movimiento rápido hay muchas tendencias a corto plazo de las que es mejor hablar en las previsiones mes a mes.

Los padres o figuras parentales que están solteros y sin compromiso tienen buenas oportunidades románticas este año. Es un buen año social para ellos. Los hijos en edad de casarse tienen fuertes oportunidades amorosas en septiembre; para los que ya están casados hay pruebas en su matrimonio (esto ya lleva unos cuantos años). Para los hermanos o hermanas solteros (o figuras fraternas) no se ven probabilidades de matrimonio este año. Los matrimonios de los que ya están casados pasan por pruebas a fin de año, después del 24 de diciembre. Los nietos en edad casadera tienen un año sin novedades en este frente; si están casados tienden a continuar casados, si están solteros continúan solteros.

Tus números favorables para el amor son el 3, el 7 y el 11.

Progreso personal

El planeta Neptuno siempre irradia una especie de energía elevadora, refinadora, espiritualizadora. Pues ahora que Neptuno está en su signo y casa, Piscis, tu casa doce, su poder está muy aumentado. Esto lo sientes. Muchas de las cosas que te atraían en el pasado han perdido su atractivo. Muchas de las cosas que considerabas importantes ya no lo son tanto. Entra en ti una energía nueva, más potente. Si ya estás en el camino espiritual vas a hacer muchísimo progreso: vas a tener experiencias y revelaciones espirituales sensacionales. Las facultades espirituales, las del alma, se abren y se fortalecen. Si eres médico o terapeuta espiritual vas a tener más trabajo y estarás más solicitado que antes. Más y más personas se interesan por tu trabajo.

Si todavía no estás en el camino espiritual, es muy probable que entres en él este año o en años futuros. Neptuno estará en Piscis los próximos once años más o menos. El Cosmos tiene sus maneras para atraerte al redil. A veces la persona tiene sueños clarísimos, en tecnicolor, que son reales pero no tienen ningún sentido para la mente racional tridimensional. A veces se experimenta una vaga sensación de insatisfacción que impregna la vida mundana. Aunque la persona consigue las cosas o los objetivos que creía que la harían feliz, descubre que no es feliz. La sensación es de desilusión. A veces un hijo o niño con problemas la trae al redil; a causa del hijo con problemas la persona se ve obligada a profundizar en las cosas, a reflexionar o estudiar, para encontrar soluciones o respuestas. A veces lo consigue una tragedia. Esto es diferente para cada persona.

Cuando Neptuno está activo, el señor del Cielo Superior, las cosas de este mundo parecen chabacabas, ordinarias, pálidas imitaciones de lo que es posible y factible. Y esta es la causa de la insatisfacción interior que experimentan muchas personas. Es de esperar que esta sensación la entiendas como una llamada a un conocimiento más profundo y superior y no como un pretexto para abusar del alcohol o las drogas.

En este periodo aumentan las experiencias sincrónicas. Si estás en el camino las entenderás totalmente; si no estás en el camino te rascarás la cabeza. Piensas en alguien y esta persona te llama; sientes sonar el teléfono en el bolsillo y resulta que no lo llevas encima; cuando llegas a casa ves que alguien te dejó un mensaje justo en el momento en que sentiste sonar el móvil.

Saturno sigue en tu octava casa la mayor parte del año (hasta el 24 de diciembre). Esto indica la necesidad de reordenar la vida sexual y el uso de la energía sexual. Es mejor menos, pero de calidad, que una multitud de experiencias sexuales mediocres.

Por lo general la persona Aries (sea hombre o mujer) llega al orgasmo muy rápido; este año va a necesitar más tiempo de calentamiento.

Previsiones mes a mes

Enero

Mejores días en general: 7, 8, 17, 18, 26, 27
Días menos favorables en general: 1, 2, 14, 15, 22, 23, 28, 29
Mejores días para el amor: 1, 2, 9, 10, 19, 20, 22, 23, 28, 29
Mejores días para el dinero: 1, 2, 5, 6, 9, 10, 14, 15, 19, 20, 24, 25, 28, 29
Mejores días para la profesión: 1, 2, 5, 6, 14, 15, 24, 25, 28, 29

Este es un mes agitado, de ritmo rápido, pero próspero. El mes pasado entraste en una cima profesional anual, que continúa este mes. Estás en el mediodía de tu año. Es un periodo para obrar de acuerdo a tus objetivos y sueños profesionales, para actuar de forma real, física. Los planes que hiciste durante el periodo noche de tu año están listos para ser puestos por obra.

El 80 por ciento de los planetas están en movimiento directo este mes, otro indicador de un mes activo, de ritmo rápido.

La familia es importante para ti. Júpiter lleva unos meses en tu cuarta casa y continuará en ella varios meses más, pero este es un periodo en que puedes (y debes) pasar la atención a tus objetivos profesionales y mundanos. Esta es la mejor manera de servir a tu familia ahora.

El principal reto este mes es la salud; se puede exagerar la hiperactividad. Sí, actúa y triunfa, pero procura programar más ratos de descanso y tal vez uno o dos masajes. Mercurio, tu planeta de la salud, está «fuera de límites» del 1 al 8. Esto indica que te sales de la norma en tu programa de salud y actitud. Al parecer es necesario, necesitas algo nuevo. Tratándose de salud, eres creativo, estás abierto a nuevas ideas. Esto ocurre en tu trabajo también; las exigencias del trabajo te empujan a salir de tus límites normales.

Hasta el 11 fortalece la salud dando más atención a la columna, las rodillas, la dentadura, los huesos, la piel y la alineación esquelética general. Será beneficioso un masaje periódico en la espalda y las rodillas; protege más las rodillas cuando hagas ejercicio; te iría bien una visita a un quiropráctico u osteópata. Después del 11 presta más atención a los tobillos y las pantorrillas; deberías darles masajes periódicos; protege mejor los tobillos cuando hagas ejercicio.

Si buscas trabajo también necesitas «salir de tus límites» para encontrarlo. Este mes hay éxito.

Venus, tu planeta del amor, está retrógrado todo el mes. Y aunque eres activo en lo social, y te veo muy popular, el amor necesita tiempo y revisión. Evita tomar decisiones importantes en el amor en uno u otro sentido. Lo mismo vale para las finanzas; estudia y reflexiona más. Evita las compras e inversiones importantes en este periodo; haz revisión de tu vida financiera y ve qué mejoras puedes hacer.

En el amor y en las finanzas podría no ser realista tu forma de pensar. Busca más conocimiento de los hechos, de la realidad.

Febrero

Mejores días en general: 3, 4, 13, 14, 22, 23
Días menos favorables en general: 10, 11, 12, 18, 19, 24, 25
Mejores días para el amor: 5, 6, 7, 16, 17, 18, 19, 24, 25
Mejores días para el dinero: 1, 2, 5, 6, 7, 10, 11, 12, 16, 17, 20, 21, 24, 25, 28
Mejores días para la profesión: 2, 11, 12, 21, 24, 25, 28

Venus, tu planeta del amor y del dinero, retomó el movimiento directo el 31 del mes pasado. Esto es positivo para el amor y para las finanzas. Hay más claridad mental para ver estos asuntos y las decisiones deberían ser mejores.

Otra buena nueva: la salud mejora mucho respecto al mes pasado. De todos modos debes estar atento, pero la energía general está mucho mejor (la mejoría comenzó el 20 del mes pasado). Sigue fortaleciendo la salud prestando más atención a los tobillos y pantorrillas, como hemos dicho. Los pies son importantes del 1 al 13. Mercurio inicia movimiento retrógrado el 6 y continúa así hasta fin de mes. Así pues, evita hacer cambios drásticos en el programa de salud o dieta durante ese periodo. Analiza las cosas con más detenimiento y evita tomar decisiones importantes en la salud. El tiempo dirá qué medidas hay que tomar.

Como el mes pasado, el amor y el dinero están en los primeros lugares en tu lista de prioridades. Esto es otro punto positivo. Tienes centrada la atención en esto; está el deseo, y este es el 90 por ciento de la batalla. Obtenemos aquello en que centramos la atención.

En cuanto a las finanzas, el dinero procede de la profesión, tal vez hay aumento de sueldo o ascenso. Cuentas con el favor de tus superiores. Tu buena fama profesional favorece tu economía; se ve importante una buena relación con los organismos gubernamentales; el dinero viene de pagos gubernamentales o del favor de funcionarios gubernamentales. El tránsito de tu planeta del dinero por Capricornio también es un punto positivo; indica buen juicio financiero, un buen sentido práctico. Adoptas una visión a largo plazo en la riqueza y pareces dispuesto a ser disciplinado en los ahorros e inversiones. Cuando la persona adopta la perspectiva a largo plazo (evita los atajos) la riqueza es simplemente inevitable con el tiempo. Los principales problemas son la impaciencia y la falta de vitalidad.

Este método calculador es fabuloso en las finanzas, pero no así en el amor. Podrías mostrarte reservado y frío con los demás, sin querer. Vas a tener que trabajar en proyectar cariño y simpatía. Me parece que estás más práctico en el amor; te atraen personas de elevada categoría y posición, personas que pueden ayudarte en la profesión. Es posible que consideres el amor simplemente otra gestión más en la profesión. Esto es temporal, este mes, pero es lo que piensas o sientes en este momento.

Tu profesión continúa muy fuerte, el 80 por ciento de los planetas están sobre el horizonte de tu carta este mes. Puedes avanzar en ella por medios sociales, asistiendo u ofreciendo fiestas o reuniones. La capacidad de «caer bien», la «simpatía», es un factor importante en la profesión. Esta no va solamente de rendimiento en el trabajo.

Marzo

Mejores días en general: 3, 4, 12, 13, 22, 23, 30, 31
Días menos favorables en general: 10, 11, 17, 18, 24, 25
Mejores días para el amor: 7, 17, 18, 26, 27
Mejores días para el dinero: 1, 2, 5, 6, 7, 10, 11, 17, 18, 19, 20, 26, 27, 28, 29
Mejores días para la profesión: 1, 2, 10, 11, 19, 20, 24, 25, 28, 29

Desde el comienzo del año ha dominado el sector oriental de tu carta, tu sector favorito. Has estado en un ciclo de independencia personal;

tienes el poder y la energía para hacer los cambios que necesitas hacer, para crear las condiciones que deseas en tu vida. Y deberías hacerlo. Este mes (y el próximo) estás en un periodo de máxima independencia. Los demás son siempre importantes, pero en este periodo lo son menos. Ve en pos de tu felicidad (mientras esto no sea destructivo para los otros) y deja que el mundo se adapte a ti.

Este mes mejoran mucho la salud y la energía. Si ha habido algún problema de salud, deberías tener buenas noticias al respecto. Puedes fortalecer aún más la salud dando más atención a los tobillos y pantorrillas, hasta el 17, y después a los pies. A partir del 17 son potentes los métodos de curación espiritual; responses bien a esas cosas.

Marte, el señor de tu horóscopo, está retrógrado todo el mes. Tienes el poder para crear tus circunstancias, pero tal vez te falta la claridad para ver lo que realmente deseas. Este es un periodo para conseguir esa claridad.

Desde el comienzo del año Venus ha estado en Capricornio, tu décima casa; así pues, como hemos dicho, has sido práctico en el amor, tal vez algo cabezota; tal vez algo frío y calculador. Pero esto va a cambiar; el 6 de este mes Venus entra en Acuario y cambia la energía de tu vida amorosa. Se hacen menos importantes el poder y la posición, y adquiere importancia la amistad. Deseas amistad con el ser amado, además de amor. Si estás soltero o soltera encuentras oportunidades amorosas en grupos, actividades de grupo y organizaciones. El mundo de internet también parece ser una fuente de oportunidades románticas. Si ya estás en una relación esta se vuelve más armoniosa a partir del 6.

Del 17 al 19 Venus activa un punto de eclipse. Esto puede significar que la pareja o ser amado se torne más temperamental; necesitarás más paciencia. Este tránsito también afecta a las finanzas; es posible que haya un trastorno o alboroto de corta duración. Es necesario hacer algún cambio.

Las finanzas van bien este mes también. Al parecer el mundo *online* ofrece oportunidades financieras además de las oportunidades amorosas. Es muy probable que gastes en equipo de alta tecnología y programas informáticos, y la inversión es buena. Tu capacidad tecnológica es importante en las finanzas. Las amistades y los grupos son útiles en tus finanzas.

Del 11 al 18 Marte activa un punto de eclipse; evita los riesgos y las actividades temerarias.

Abril

Mejores días en general: 8, 9, 10, 18, 19, 26, 27
Días menos favorables en general: 6, 7, 13, 14, 15, 20, 21
Mejores días para el amor: 4, 5, 6, 13, 14, 15, 16, 17, 24, 25
Mejores días para el dinero: 1, 2, 4, 5, 6, 7, 16, 17, 24, 25, 29, 30
Mejores días para la profesión: 6, 7, 16, 17, 20, 21, 24, 25

El principal titular de este mes son dos eclipses; estos se encargan de que haya cambios e inestabilidad. Por lo general no nos sentimos cómodos con estas cosas mientras ocurren, pero el resultado final tiende a ser bueno.

El eclipse lunar del 15 ocurre en tu séptima casa, pone a prueba la vida amorosa y las sociedades de negocios; entonces es cuando salen a la luz los trapos sucios y es necesario enfrentar la situación. Es probable que el cónyuge, pareja o ser amado actual esté más temperamental, muchas veces con buenos motivos: hay dramas en su vida. Los familiares también están más temperamentales; ten más paciencia con ellos. Si hay defectos en tu casa ahora los descubres y puedes hacer las correcciones.

El eclipse solar del 29 ocurre en tu segunda casa, la del dinero. Esto produce cambios financieros. Puesto que te veo próspero este mes, estos cambios podrían indicar la necesidad de modificar tu forma de pensar, haciéndola más positiva; es posible que hayas sido demasiado conservador o pesimista acerca de las cosas. Pero tendrás que evitar las especulaciones durante el periodo del eclipse. Debes evitar que los hijos y figuras filiales de tu vida se expongan a riesgos o peligros. Procura que pasen más tiempo tranquilamente en casa: les ocurren dramas personales.

Continúas independiente en este periodo y puedes tener las cosas a tu manera; el problema es que no sabes muy bien cuál es tu manera: Marte continúa retrógrado.

La presencia de Venus en Piscis, tu casa doce, es muy buena para el amor. Venus está en su posición más «exaltada»; la energía del amor es capaz de su más elevada expresión. Tu magnetismo social es extraordinariamente fuerte; el amor es tierno e idealista. Si estás soltero o soltera y sin compromiso, a partir del 6 encuentras oportunidades románticas en ambientes de tipo espiritual: el retiro de yoga, el seminario de meditación, la reunión de oración o la charla espiritual. En funciones benéficas también. La compatibilidad espiritual es importante ahora en el amor; todo puede estar bien, pero si no hay esa compatibilidad habrá problemas. Necesitas estar espiritualmente en la misma onda con el ser amado, y compartir los mismos ideales y práctica. Necesitas una relación que te haga crecer espiritualmente, y en la que tú puedas ayudar a tu pareja en este sentido también. Me parece que esto ocurre este mes: se ve un importante encuentro romántico entre el 10 y el 13.

Las finanzas también deberían ir bien este mes. La intuición financiera es excelente, en especial del 10 al 13. Presta atención a la vida onírica o a los mensajes de adivinos, gurús, pastores religiosos o canalizadores espirituales.

Es bueno profundizar en las dimensiones espirituales de la riqueza.

Si buscas trabajo tienes excelentes oportunidades a partir del 7.

Mayo

Mejores días en general: 6, 7, 15, 16, 24, 25
Días menos favorables en general: 3, 4, 5, 11, 12, 17, 18, 31
Mejores días para el amor: 6, 11, 12, 13, 14, 24, 25
Mejores días para el dinero: 3, 4, 5, 6, 13, 14, 21, 22, 26, 27, 31
Mejores días para la profesión: 3, 4, 5, 13, 14, 17, 18, 21, 22, 31

Hasta ahora ha estado fuerte la mitad superior de tu carta y continuará fuerte todo el año. Siempre tendrás por lo menos cuatro planetas sobre el horizonte. Pero el 7 del mes pasado el poder planetario comenzó a trasladarse de la mitad superior a la inferior. El 3 de este mes la mitad inferior está más fuerte que la superior (por primera vez en lo que va de año). La profesión sigue siendo importante, pero puedes comenzar a pasar la atención a la familia y a tus necesidades emocionales.

La astrología va del estudio de los ciclos. Cosas que están bien y son apropiadas en una fase de un ciclo son inapropiadas en otra fase. No se trata de la naturaleza de los actos sino de cuándo ocurren.

Soñar, visualizar, fijar objetivos no ha sido apropiado hasta ahora; estabas en el periodo para acción física manifiesta; ahora es apropiado.

El amor se ve muy feliz este mes. El 3 Venus cruza tu ascendente y entra en tu primera casa. Esto indica que el amor te persigue (hasta ahora eras tú el perseguidor). Aunque continúas socialmente activo, tal vez más de lo necesario, el amor te encontrará cuando estés atendiendo a tus asuntos cotidianos. El amor se ve armonioso además; a partir del 3, Venus (el ser amado) y Marte (tú) estáis en «recepción mutua», es decir, cada uno es huésped en la casa del otro. Esto indica buena colaboración entre tú y el ser amado; indica «dedicación mutua».

La persona Aries tiende a ser de «amor a primera vista»; esto ha sido así en lo que va de año, pero este mes la tendencia es más fuerte. Lo único que podemos decirte es «mira antes de saltar».

También te veo en armonía con las personas adineradas de tu vida; te apoyan y tú a ellas.

El tránsito de Venus por tu primera casa indica que el dinero te busca, el dinero y las oportunidades financieras; no es mucho lo que necesitas hacer. Gastas en ti, en ropa, en accesorios personales y en tu imagen. La apariencia personal parece ser extraordinariamente importante en las finanzas este mes; así pues, esos gastos son una buena inversión.

El 20 del mes pasado entraste en una cima financiera del año, que continúa este mes.

Marte está en oposición con Urano en la última parte del mes; evita las hazañas temerarias y las actividades arriesgadas.

Junio

Mejores días en general: 2, 3, 12, 13, 20, 21, 29, 30
Días menos favorables en general: 1, 7, 8, 14, 15, 27, 28
Mejores días para el amor: 5, 6, 7, 8, 14, 15, 23, 24
Mejores días para el dinero: 1, 5, 6, 10, 11, 14, 15, 18, 19, 22, 23, 24, 27, 28
Mejores días para la profesión: 1, 9, 10, 14, 15, 18, 19, 27, 28

La salud ha estado bastante bien los meses pasados, pero el 21 debes comenzar a prestarle más atención; la energía no está a la altura de costumbre. Cosas que siempre has hecho sin ningún problema podrían no resultarte tan fáciles en ese periodo. Haz todo lo posible por mantener elevada la energía. Hasta el 18 puedes fortalecer la salud prestando más atención a la dieta, y después a los pulmones, los brazos, los hombros y el sistema respiratorio. Los masajes periódicos en los hombros siempre son buenos para ti, pero lo son sobre todo después del 18. Hasta el 18 es especialmente importante la armonía emocional; si eres mujer deberás dar más atención a los pechos hasta esta fecha.

Mercurio, tu planeta de la salud, inicia movimiento retrógrado el

7, así que a partir de entonces evita tomar decisiones importantes en la salud o hacer cambios en tu programa. Este es un periodo para hacer revisión y análisis.

Este mes y el próximo la mitad inferior de tu carta estará en su máxima fuerza del año. Así pues, como hemos dicho, presta más atención a la familia y a tu bienestar emocional. Los dos planetas relacionados con tu profesión, Saturno y Plutón, están retrógrados, otro motivo más para desviar la atención de la profesión. Hasta el 18 podría haber preocupación por la salud de un familiar.

La actividad retrógrada aumenta este mes; a partir del 9 están retrógrados el 40 por ciento de los planetas; esta es la máxima actividad retrógrada del año (no pasaremos del 40 por ciento). Se enlentece el ritmo de las cosas. Aun cuando a ti te gusta el estilo de vida de ritmo rápido, tal vez esto es bueno; necesitas moderar el ritmo, en especial después del 21.

El 29 del mes pasado Venus entró en tu casa del dinero, y estará ahí hasta el 23. Esto es buena señal para la riqueza; Venus en Tauro, en su propio signo y casa, es más fuerte de lo habitual. El poder adquisitivo es fuerte; el juicio financiero es bueno y práctico. Esto tiende a la prosperidad. El 5 y el 6 Venus activa un punto de eclipse (el solar del 29 de abril). Esto produce cierto trastorno y cambio en las finanzas; tal vez un gasto inesperado o una metedura de pata fastidiosa; pero esto es de corta duración. Haz los cambios que sean necesarios; sabes cuáles son. Cuando se asiente el polvo se reanudará la prosperidad. Ten más paciencia con el ser amado el 5 y el 6; esta persona debe mantenerse fuera de peligro: evitar las actividades arriesgadas.

El amor es práctico este mes, en especial hasta el 23; la riqueza es un excitante en el amor. Si estás soltero o soltera, te atraen personas «adineradas», buenas proveedoras, aquella que te pueda ayudar a conseguir tus objetivos financieros. Los regalos materiales son excitantes. Así es como demuestras el amor y como te sientes amado. Cuando Venus entre en Géminis el 23 cambiará la actitud. Se hará importante la compatibilidad mental, la facilidad de comunicación. El dinero pierde importancia.

Julio

Mejores días en general: 1, 9, 10, 17, 18, 27, 28
Días menos favorables en general: 4, 5, 6, 11, 12, 24, 25
Mejores días para el amor: 4, 5, 6, 13, 14, 24

Mejores días para el dinero: 4, 5, 6, 7, 8, 11, 12, 16, 17, 19, 20, 24, 25, 21, 27
Mejores días para la profesión: 7, 8, 11, 12, 15, 16, 24, 25

Desde comienzos del año hay una gran cuadratura en el cielo (con diversos grados de exactitud). Continúa fuerte la mayor parte de este mes. Has estado trabajando arduo, inmerso en un proyecto de envergadura, muy delicado, muy complicado. Se acabará hacia fines del mes; podrás respirar más tranquilo.

Júpiter hace un importante traslado este mes, sale de tu cuarta casa y entra en la quinta el 16, y estará ahí el resto del año. Has trabajado mucho, y ahora es el periodo para el descanso y la recreación, periodo para tener un poco de diversión. El 22 entra el Sol en tu quinta casa también y tú entras en una potente cima anual de placer personal.

Mientras tanto continúa prestando atención a tu salud; no hurtes el cuerpo a los deberes o responsabilidades, pero intercala más momentos de descanso. Procura discernir bien entre deberes verdaderos y deberes falsos. Gran parte de las cosas que consideramos «responsabilidades» no lo son en realidad, son simplemente cosas que nos endosan.

Puedes fortalecer la salud dando más atención a los pulmones, brazos, hombros y sistema respiratorio hasta el 13, y después al estómago; si eres mujer debes prestar más atención a los pechos después de esta fecha. La armonía emocional es importante en este periodo ya que la mayoría de los planetas están bajo el horizonte de tu carta, pero este mes la armonía es importante para la salud. La depresión, la ira, la discordia, son los primeros síntomas de enfermedad. Estas cosas ocurren, son inevitables para el ser humano, pero procura no quedarte estancado en ellas; restablece la armonía lo más pronto posible.

El 22 ya deberías notar una notable mejoría y aumento de la energía. Marte, Júpiter y el Sol ya habrán salido de sus aspectos desfavorables y comenzado a formarte aspectos armoniosos. Te sientes como si te hubieran quitado una pesada carga de los hombros.

La entrada de Marte en Escorpio, tu octava casa, aumenta la libido. Sea cual sea tu edad o fase en la vida, la libido está más fuerte que de costumbre; a partir del 18 será un periodo más activo sexualmente.

Las finanzas van bien este mes, pero no son tan importantes como lo han sido en los meses pasados. Hasta el 18 tu planeta del dinero está en tu tercera casa, lo que indica que se presentan oportunidades financieras en el barrio o con vecinos o hermanos (o figuras fraternas). Indica ingresos provenientes del comercio, compra y venta. Importantes para los ingresos son la buena comercialización y buenas relaciones públicas. El 18 tu planeta del dinero entra en Cáncer, tu cuarta casa, y esto indica buen apoyo de la familia (también fue bueno el apoyo familiar el año pasado). También se ven importantes las conexiones familiares en las finanzas. Gastas más en la casa y la familia, pero también puedes ganar a través esto.

Agosto

Mejores días en general: 5, 6, 13, 14, 23, 24
Días menos favorables en general: 1, 2, 8, 20, 21, 22, 28, 29
Mejores días para el amor: 1, 2, 3, 4, 12, 13, 23, 24, 28, 29
Mejores días para el dinero: 3, 4, 5, 12, 13, 14, 16, 17, 23, 24
Mejores días para la profesión: 3, 4, 7, 8, 11, 12, 20, 21, 22, 30, 31

Si bien este es un mes fundamentalmente feliz, pues tu quinta casa está llena de planetas y continúas en una cima de placer personal, hay ciertos baches en el camino. Técnicamente no hay ningún eclipse este mes, pero dado que muchos planetas reactivan puntos de los eclipses de abril, es «como» si hubiera muchos «minieclipses» en el mes. Las cosas que no se afrontaron en los periodos de los verdaderos eclipses se afrontan ahora.

Afortunadamente hay mucho fuego en el horóscopo y los aspectos son principalmente armoniosos, así que tienes la energía para afrontar estas cosas.

El 1 y el 2 el Sol transita por un punto de eclipse (en cuadratura); por lo tanto los hijos podrían estar más temperamentales; deberán evitar todo tipo de actividades arriesgadas. A veces esto produce apagones o bajones de la energía eléctrica. En esencia tienes suerte en las especulaciones, pero tal vez sea más juicioso evitarlas los días 1 y 2.

El 5 y el 6 Mercurio transita por este mismo punto de eclipse (el solar del 29 de abril). Ten más prudencia al conducir; podría haber problemas en la comunicación; el equipo está más propenso a funcionar mal. Podría haber trastornos en el trabajo. A veces hay sustos por la salud, pero esta es fundamentalmente buena.

Del 10 al 14 Marte transita por este mismo punto de eclipse. Esto actúa más sobre ti personalmente; evita los riesgos, los enfrentamientos, las prisas y la precipitación; pasa más tiempo tranquilo cerca de casa.

Del 18 al 20 Venus transita por este punto de eclipse. Esto podría producir trastornos financieros (de corta duración) y pruebas en el amor. Ten más paciencia con el ser amado en este periodo; las finanzas y el amor van francamente bien en este periodo, pero en estos días podría haber ciertas dificultades. Las cosas buenas pueden ser igual de estresantes que las malas.

Del 24 al 31 transita Júpiter por este punto de eclipse. Evita los viajes al extranjero innecesarios; es muy posible que tengas que viajar este mes, así que procura no programar el viaje en estos días.

A Aries le encanta la aventura, y el riesgo es fundamental en toda aventura. Así pues, es probable que este mes, con todos sus altibajos, te resulte estimulante y placentero; no hay ni un solo momento aburrido.

El mes pasado el poder planetario se trasladó de tu sector oriental al occidental, del sector de la independencia al sector de las relaciones, de los demás. Disminuye, pues, tu independencia personal. Este es un ciclo para desarrollar las dotes sociales y no para la iniciativa personal. No hay nada malo en la iniciativa ni nada malo en el consenso; todo es cuestión de la fase del ciclo en que estás. Ahora los objetivos se consiguen más fácilmente mediante la colaboración con los demás y no mediante el puro esfuerzo personal.

Septiembre

Mejores días en general: 2, 3, 10, 11, 19, 20, 29, 30
Días menos favorables en general: 4, 5, 17, 18, 24, 25
Mejores días para el amor: 2, 3, 12, 13, 23, 24, 25
Mejores días para el dinero: 1, 2, 3, 10, 11, 12, 13, 19, 20, 23, 29, 30
Mejores días para la profesión: 4, 5, 8, 9, 17, 18, 27, 28

Este mes el poder planetario vuelve a trasladarse desde la mitad inferior de tu carta a la superior. Despunta la aurora en tu año; es la mañana, a la salida del sol, la hora de despertar y salir del mundo de los sueños y hacer ocurrir tus objetivos por medios físicos, los métodos del día. Si has aprovechado bien los meses pasados, visualizado tus objetivos, los actos deberían proceder de modo natural, armonioso; ocurrirán más o menos como «efecto secundario» de tu trabajo interior.

Este mes y el próximo el poder planetario está en su posición occidental máxima. La vida social se vuelve hiperactiva (comienzas una cima social anual el 23) y se hace importante cultivar las dotes sociales. La habilidad e iniciativa personales son siempre importantes, pero ahora es importante el factor «simpatía». Es más difícil cambiar las condiciones arbitrariamente. Así pues, adáptate a ellas lo mejor posible. A fines de diciembre comenzará un nuevo ciclo de independencia y entonces será más fácil hacer los cambios.

A partir del 23 la salud estará más delicada. Lo importante es estar atento a tu grado de energía. La energía elevada es la primera línea de defensa contra la enfermedad. Un aura fuerte repele a los microbios. Pero si el aura se debilita, lo que podría ocurrir fácilmente después del 23, estás susceptible de que haya problemas. También puedes fortalecer la salud dando más atención a los riñones y caderas hasta el 28, y después al colon, la vejiga y los órganos sexuales. La salud es un importante centro de atención hasta el 23 y esto es bueno, pues tu atención te dará fuerza para después.

El amor va bien este mes. Teniendo a Urano en tu primera casa, y por muchos años, tal vez no es aconsejable el matrimonio, pero habrá oportunidades. Venus, tu planeta del amor, avanza muy rápido este mes, transita por tres signos y casas del horóscopo. Esto indica confianza social; eres muy activo, cubres mucho terreno, haces mucho progreso. Hasta el 5 el amor no es muy serio, sólo de diversión y entretenimiento. Del 5 hasta fin de mes Venus estará en Virgo, tu sexta casa. Esto indica que las oportunidades románticas se presentan en el lugar de trabajo o con compañeros de trabajo; también podrían presentarse cuando estás atendiendo a tus objetivos de salud, en la consulta del médico o en un balneario de salud. También te atraerán terapeutas y profesionales de la salud. Hacia fin de mes los hijos (o figuras filiales) que están en edad también tienen fuertes oportunidades románticas.

Las finanzas también van bien este mes. Tienes confianza financiera y haces rápido progreso. Hasta el 5 debes tener cuidado para no gastar en exceso; después es bueno el juicio financiero. A partir del 5 el dinero viene del trabajo, a la antigua.

Si buscas trabajo tienes buena suerte este mes.

Octubre

Mejores días en general: 7, 8, 16, 17, 18, 26, 27
Días menos favorables en general: 1, 2, 14, 15, 21, 22, 23, 28, 29
Mejores días para el amor: 3, 12, 13, 21, 22, 23
Mejores días para el dinero: 3, 7, 8, 9, 10, 12, 13, 17, 18, 22, 23, 26, 27
Mejores días para la profesión: 1, 2, 5, 6, 14, 15, 24, 25, 28, 29

Un mes tumultuoso pero próspero. Ocurren muchos cambios, tanto en lo personal como en el mundo en general. Dos eclipses prácticamente lo aseguran.

El eclipse lunar del 8 ocurre en tu signo y afecta a Urano y Plutón. Es un eclipse fuerte. Tómate las cosas con calma, tranquilo y relajado, en ese periodo. El Cosmos te anunciará, en un lenguaje que entiendas, cuándo comienza el periodo del eclipse, y así podrás reducir tus actividades. El eclipse ocurre en tu primera casa, así que produce una redefinición de tu personalidad y concepto de ti mismo. Los vas a mejorar. Comenzarás a presentar una nueva imagen al mundo (este es un proceso de seis meses). Por lo general, hay cambios en la forma de vestir, de peinarse, una nueva imagen. Si no has tenido cuidado en los asuntos dietéticos, podría producir una desintoxicación del cuerpo. En todo caso, debes tomarte las cosas con calma hasta el 23, pero en especial durante el periodo del eclipse. Este eclipse pondrá a prueba las amistades y producirá dramas importantes en la vida de amistades. Habrá trastornos y reestructuración en organizaciones profesionales a las que perteneces. Podría haber encuentros con la muerte también (muy probablemente en el plano psíquico). Podría haber dramas en la familia y en el hogar. Ten más paciencia con los familiares durante ese periodo.

El eclipse solar del 23 ocurre en la cúspide de tu octava casa. Esto también puede significar encuentros con la muerte (no necesariamente verdadera muerte física). Deberás mantener fuera de peligro a los hijos o figuras filiales de tu vida; no les hace ninguna falta participar en actividades arriesgadas. Es mejor evitar las especulaciones en este periodo. Los matrimonios de los amigos pasan por pruebas. El cónyuge, pareja o ser amado actual podría tener una crisis financiera que hace necesarios cambios financieros drásticos.

Los eclipses no son castigos; son simplemente la manera de que se vale el Cosmos para despejar de bloqueos el camino. Los cambios que ocurren son buenos a la larga, pero mientras ocurren no son agradables.

La atención a la profesión debe continuar. El 26 Marte cruza tu mediocielo y entra en tu décima casa. Tránsito importante; indica éxito profesional. Estás en la cima, por encima de todas las personas de tu mundo, dando órdenes. Se te respeta y honra. Se valoran tus consecuciones. Incluso se honra tu presencia física; trabajas mucho, pero tienes éxito.

Marte está «fuera de límites» todo el mes. Esto indica que sales de tus círculos normales; exploras nuevos escenarios y nuevos métodos. Me parece que esto es útil para la profesión.

Sigue siendo necesario vigilar la salud hasta el 23. Repasa lo que dijimos el mes pasado; es bueno pasar más tiempo en el balneario de salud o programar algunas sesiones periódicas de masaje.

Noviembre

Mejores días en general: 4, 5, 13, 14, 22, 23
Días menos favorables en general: 10, 11, 18, 19, 25, 26
Mejores días para el amor: 2, 3, 11, 12, 18, 19, 22, 23
Mejores días para el dinero: 2, 3, 4, 5, 6, 7, 11, 12, 14, 22, 23
Mejores días para la profesión: 3, 11, 12, 21, 25, 26, 30

Mirar desde la cima tiene sus ventajas. Estás al mando, fuerte y eficaz. Se te considera próspero; se te honra y respeta. Pero en todo esto hay un lado negativo; eres un blanco visible para los competidores, socios y subalternos. Eres como una antorcha; esto ha de manejarse «así y así». Haz todo lo posible por evitar los enfrentamientos, sobre todo del 8 al 16. También te conviene evitar las actividades arriesgadas; y conduce con más prudencia.

Tu octava casa está muy fuerte este mes (también lo estuvo el mes pasado), y Marte viaja con Plutón. Por lo tanto, es posible que te recomienden una intervención quirúrgica. Esto no significa que tengas que aceptar, pero está la tendencia. Siempre es bueno buscar una segunda opinión. Además, podría haber más enfrentamientos con la muerte, no una muerte real sino psíquica. Es posible que pases por un peligro en que te salvas por un pelo, algo que podría haberte causado la muerte o una lesión grave. Estas cosas hacen reflexionar e invitan a hacer revisión. La vida en la Tierra es corta, frágil, puede acabar en cualquier momento. Debemos tener clara nuestra verdadera finalidad.

Los mismos aspectos indican el poder de los regímenes de desintoxicación; responses bien a ellos.

Técnicamente no hay ningún eclipse en este periodo, pero muchos planetas activan puntos de eclipses, y es «como si» estos volvieran a ocurrir.

Urano acampa muy cerca de un punto de eclipse todo el mes. Esto indica dramas en la vida de amistades, pone a prueba las amistades. Se ponen a prueba las relaciones con los hijos o con las figuras filiales de tu vida.

El 6 y el 7 el Sol reactiva un punto de eclipse. Esto afecta a los hijos o figuras filiales de tu vida; experimentan dramas. Es mejor evitar las especulaciones esos días también.

Del 8 al 10 Mercurio transita por este mismo punto de eclipse (el lunar del 8 del mes pasado). Podría haber problemas en la comunicación, el equipo podría no funcionar como debiera. Hay dramas en el lugar de trabajo e inestabilidad entre los empleados.

Marte, el señor de tu horóscopo, y planeta importantísimo para ti, reactiva este punto de eclipse el 15 y el 16, y esto ya lo hemos hablado.

El cónyuge, pareja o ser amado actual estuvo limitado en sus finanzas el año pasado; este mes sus finanzas mejoran mucho. Esta persona está en medio de una cima financiera anual hasta el 22.

Diciembre

Mejores días en general: 1, 2, 10, 11, 20, 21, 28, 29
Días menos favorables en general: 8, 9, 15, 16, 22, 23
Mejores días para el amor: 1, 2, 12, 13, 15, 16, 21, 22, 30, 31
Mejores días para el dinero: 1, 2, 3, 4, 10, 11, 12, 13, 20, 21, 22, 28, 29, 30, 31
Mejores días para la profesión: 8, 9, 19, 22, 23, 28

Tu salud general y energía comenzaron a mejorar en julio. Júpiter y Marte salieron de sus aspectos difíciles contigo. El 24 de este mes Saturno entrará en aspecto armonioso para ti. A partir del 22 la salud vuelve a estar delicada, pero ni de cerca tan delicada como lo estuvo en julio y octubre. La dificultad viene principalmente de los planetas rápidos. Si pasaste por julio y octubre, diciembre será coser y cantar. Puedes fortalecer más tu salud dando más atención al hígado y a los muslos hasta el 17, y después a la columna, las rodillas, la dentadura, los huesos, la piel y la alineación esquelética general. La desintoxicación del hígado y masajes a los muslos son potentes hasta el 17; después son potentes los masajes en las rodillas.

El principal titular de este mes es la profesión. El 22 entras en otra de tus cimas profesionales anuales. Tu décima casa está muy poderosa todo el mes; el 60 por ciento de los planetas o están instalados en ella o transitan por ella este mes. Es un mes de continuado éxito y avance profesional. Hay una «conspiración cósmica» para darte éxito y elevación. Está bien dejar ahora en un segundo plano los asuntos domésticos y familiares para centrar la atención en la profesión.

Del 4 al 7 Marte reactiva un punto de eclipse; evita las actividades arriesgadas, conduce con más prudencia y evita las prisas y la precipitación.

El 5 Marte sale de tu décima casa y entra en la once, la de las amistades. Esta faceta ha estado delicada este último tiempo y te veo más dedicado a tus amistades, con el deseo de estar por ellas.

El amor se ve feliz este mes. Hasta el 10 las oportunidades amorosas se presentan en ambientes religiosos o educativos, en otros países o con personas extranjeras. El amor es apasionado y ardiente, como te gusta a ti. El 10 Venus cruza tu mediocielo y entra en tu décima casa. Esto indica que las oportunidades románticas se presentan cuando estás atendiendo a tus objetivos profesionales y con personas relacionadas con tu profesión. A veces indica oportunidades románticas con jefes y superiores, personas de más categoría que tú. En general, te codeas con los grandes y poderosos. Cuentas con su favor social y económico.

Los hijos y figuras filiales tienen fabulosas oportunidades de trabajo este mes. Pero sus relaciones amorosas siguen a prueba.

El 22 el poder planetario se traslada al sector oriental de tu carta. Ahora es mucho más fuerte la independencia personal; es más fácil cambiar las condiciones o crear las que deseas. Así pues, ahora y durante los seis próximos meses es el periodo para hacerlo.

Teniendo ahora a tu planeta de la profesión en tu novena casa (a partir del 24) habrá más viajes de negocios o trabajo. Esto lo notarás más el año que viene, pero ya está en vigor. Esta disposición a viajar favorece la profesión.

Tauro

El Toro
Nacidos entre el 21 de abril y el 20 de mayo

Rasgos generales

TAURO DE UN VISTAZO
Elemento: Tierra

Planeta regente: Venus
    Planeta de la profesión: Urano
    Planeta del amor: Plutón
    Planeta del dinero: Mercurio
    Planeta de la salud: Venus
    Planeta de la suerte: Saturno

Colores: Tonos ocres, verde, naranja, amarillo
    Colores que favorecen el amor, el romance y la armonía social:
    Rojo violáceo, violeta
    Colores que favorecen la capacidad de ganar dinero: Amarillo,
    amarillo anaranjado

Piedras: Coral, esmeralda

Metal: Cobre

Aromas: Almendra amarga, rosa, vainilla, violeta

Modo: Fijo (= estabilidad)

Cualidad más necesaria para el equilibrio: Flexibilidad

Virtudes más fuertes: Resistencia, lealtad, paciencia, estabilidad, propensión a la armonía

Necesidades más profundas: Comodidad, tranquilidad material, riqueza

Lo que hay que evitar: Rigidez, tozudez, tendencia a ser excesivamente posesivo y materialista

Signos globalmente más compatibles: Virgo, Capricornio

Signos globalmente más incompatibles: Leo, Escorpio, Acuario

Signo que ofrece más apoyo laboral: Acuario

Signo que ofrece más apoyo emocional: Leo

Signo que ofrece más apoyo económico: Géminis

Mejor signo para el matrimonio y/o las asociaciones: Escorpio

Signo que más apoya en proyectos creativos: Virgo

Mejor signo para pasárselo bien: Virgo

Signos que más apoyan espiritualmente: Aries, Capricornio

Mejor día de la semana: Viernes

La personalidad Tauro

Tauro es el más terrenal de todos los signos de tierra. Si comprendemos que la tierra es algo más que un elemento físico, que es también una actitud psicológica, comprenderemos mejor la personalidad Tauro.

Los Tauro tienen toda la capacidad para la acción que poseen los Aries. Pero no les satisface la acción por sí misma. Sus actos han de ser productivos, prácticos y generadores de riqueza. Si no logran ver el valor práctico de una actividad, no se molestarán en emprenderla.

El punto fuerte de los Tauro está en su capacidad para hacer realidad sus ideas y las de otras personas. Por lo general no brillan por su inventiva, pero sí saben perfeccionar el invento de otra persona, hacerlo más práctico y útil. Lo mismo puede decirse respecto a todo tipo de proyectos. A los Tauro no les entusiasma particularmente iniciar proyectos, pero una vez metidos en uno, trabajan en él hasta concluirlo. No dejan nada sin terminar, y a no ser que se interponga un acto divino, harán lo imposible por acabar la tarea.

Muchas personas los encuentran demasiado obstinados, conserva-dores, fijos e inamovibles. Esto es comprensible, porque a los Tauro les desagrada el cambio, ya sea en su entorno o en su rutina. ¡Incluso les desagrada cambiar de opinión! Por otra parte, esa es su virtud. No es bueno que el eje de una rueda oscile. Ha de estar fijo, estable e ina-movi-ble. Los Tauro son el eje de la rueda de la sociedad y de los cie-los. Sin su estabilidad y su supuesta obstinación, las ruedas del mun-do se torcerían, sobre todo las del comercio.

A los Tauro les encanta la rutina. Si es buena, una rutina tiene muchas virtudes. Es un modo fijado e idealmente perfecto de cuidar de las cosas. Cuando uno se permite la espontaneidad puede come-ter errores, y los errores producen incomodidad, desagrado e in-quietud, cosas que para los Tauro son casi inaceptables. Estropear su comodidad y su seguridad es una manera segura de irritarlos y enfadarlos.

Mientras a los Aries les gusta la velocidad, a los Tauro les gusta la lentitud. Son lentos para pensar, pero no cometamos el error de creer que les falta inteligencia. Por el contrario, son muy inteligentes, pero les gusta rumiar las ideas, meditarlas y sopesarlas. Sólo después de la debida deliberación aceptan una idea o toman una decisión. Los Tau-ro son lentos para enfadarse, pero cuando lo hacen, ¡cuidado!

Situación económica

Los Tauro son muy conscientes del dinero. Para ellos la riqueza es más importante que para muchos otros signos; significa comodi-dad, seguridad y estabilidad. Mientras algunos signos del zodiaco se sienten ricos si tienen ideas, talento o habilidades, los Tauro sólo sienten su riqueza si pueden verla y tocarla. Su modo de pensar es: «¿De qué sirve un talento si no se consiguen con él casa, muebles, co-che y piscina?»

Por todos estos motivos, los Tauro destacan en los campos de la propiedad inmobiliaria y la agricultura. Por lo general, acaban pose-yendo un terreno. Les encanta sentir su conexión con la tierra. La ri-queza material comenzó con la agricultura, labrando la tierra. Poseer un trozo de tierra fue la primera forma de riqueza de la humanidad; Tauro aún siente esa conexión primordial.

En esta búsqueda de la riqueza, los Tauro desarrollan sus capaci-dades intelectuales y de comunicación. Como necesitan comerciar con otras personas, se ven también obligados a desarrollar cierta fle-xibilidad. En su búsqueda de la riqueza, aprenden el valor práctico del intelecto y llegan a admirarlo. Si no fuera por esa búsqueda de la riqueza, tal vez no intentarían alcanzar un intelecto superior.

Algunos Tauro nacen «con buena estrella» y normalmente, cuando juegan o especulan, ganan. Esta suerte se debe a otros factores presentes en su horóscopo personal y no forma parte de su naturaleza esencial. Por naturaleza los Tauro no son jugadores. Son personas muy trabajadoras y les gusta ganarse lo que tienen. Su conservadurismo innato hace que detesten los riesgos innecesarios en el campo económico y en otros aspectos de su vida.

Profesión e imagen pública

Al ser esencialmente terrenales, sencillos y sin complicaciones, los Tauro tienden a admirar a las personas originales, poco convencionales e inventivas. Les gusta tener jefes creativos y originales, ya que ellos se conforman con perfeccionar las ideas luminosas de sus superiores. Admiran a las personas que tienen una conciencia social o política más amplia y piensan que algún día (cuando tengan toda la comodidad y seguridad que necesitan) les gustará dedicarse a esos importantes asuntos.

En cuanto a los negocios, los Tauro suelen ser muy perspicaces, y eso los hace muy valiosos para la empresa que los contrata. Jamás son perezosos, y disfrutan trabajando y obteniendo buenos resultados. No les gusta arriesgarse innecesariamente y se desenvuelven bien en puestos de autoridad, lo cual los hace buenos gerentes y supervisores. Sus cualidades de mando están reforzadas por sus dotes naturales para la organización y la atención a los detalles, por su paciencia y por su minuciosidad. Como he dicho antes, debido a su conexión con la tierra, también pueden realizar un buen trabajo en agricultura y granjas.

En general, los Tauro prefieren el dinero y la capacidad para ganarlo que el aprecio y el prestigio públicos. Elegirán un puesto que les aporte más ingresos aunque tenga menos prestigio, antes que otro que tenga mucho prestigio pero les proporcione menos ingresos. Son muchos los signos que no piensan de este modo, pero Tauro sí, sobre todo si en su carta natal no hay nada que modifique este aspecto. Los Tauro sólo buscarán la gloria y el prestigio si están seguros de que estas cosas van a tener un efecto directo e inmediato en su billetero.

Amor y relaciones

En el amor, a los Tauro les gusta tener y mantener. Son de los que se casan. Les gusta el compromiso y que las condiciones de la relación estén definidas con mucha claridad. Más importante aún, les gusta ser fieles a una sola persona y esperan que esa persona corresponda a su fidelidad. Cuando esto no ocurre, el mundo entero se les viene abajo. Cuando está enamorada, la persona Tauro es leal, pero también muy posesiva. Es capaz de terribles ataques de celos si siente que su amor ha sido traicionado.

En una relación, los Tauro se sienten satisfechos con cosas sencillas. Si tienes una relación romántica con una persona Tauro, no hay ninguna necesidad de que te desvivas por colmarla de atenciones ni por galantearla constantemente. Proporciónale suficiente amor y comida y un techo cómodo, y será muy feliz de quedarse en casa y disfrutar de tu compañía. Te será leal de por vida. Hazla sentirse cómoda y, sobre todo, segura en la relación, y rara vez tendrás problemas con ella.

En el amor, los Tauro a veces cometen el error de tratar de dominar y controlar a su pareja, lo cual puede ser motivo de mucho sufrimiento para ambos. El razonamiento subyacente a sus actos es básicamente simple. Tienen una especie de sentido de propiedad sobre su pareja y desean hacer cambios que aumenten la comodidad y la seguridad generales de ambos. Esta actitud está bien cuando se trata de cosas inanimadas y materiales, pero puede ser muy peligrosa cuando se aplica a personas, de modo que los Tauro deben tener mucho cuidado y estar alertas para no cometer ese error.

Hogar y vida familiar

La casa y la familia son de importancia vital para los Tauro. Les gustan los niños. También les gusta tener una casa cómoda y tal vez elegante, algo de que alardear. Tienden a comprar muebles sólidos y pesados, generalmente de la mejor calidad. Esto se debe a que les gusta sentir la solidez a su alrededor. Su casa no es sólo su hogar, sino también su lugar de creatividad y recreo. La casa de los Tauro tiende a ser verdaderamente su castillo. Si pudieran elegir, preferirían vivir en el campo antes que en la ciudad.

En su hogar, un Tauro es como un terrateniente, el amo de la casa señorial. A los nativos de este signo les encanta atender a sus visitas con prodigalidad, hacer que los demás se sientan seguros en su casa y tan satisfechos en ella como ellos mismos. Si una persona Tauro te invita a cenar a su casa, ten la seguridad de que recibirás la mejor comida y la mejor atención. Prepárate para un recorrido por la casa, a la que Tauro trata como un castillo, y a ver a tu amigo o amiga manifestar muchísimo orgullo y satisfacción por sus posesiones.

Los Tauro disfrutan con sus hijos, pero normalmente son estrictos con ellos, debido a que, como hacen con la mayoría de las cosas en su vida, tienden a tratarlos como si fueran sus posesiones. El lado positivo de esto es que sus hijos estarán muy bien cuidados y educados. Tendrán todas las cosas materiales que necesiten para crecer y educarse bien. El lado negativo es que los Tauro pueden ser demasiado represivos con sus hijos. Si alguno de ellos se atreve a alterar la rutina diaria que a su padre o madre Tauro le gusta seguir, tendrá problemas.

Horóscopo para el año 2014*

Principales tendencias

Los años pasados han sido prósperos. Me parece que estás saciado. El fruto de la riqueza y la prosperidad es el tiempo libre, tiempo para el desarrollo mental e intelectual y para el crecimiento espiritual. Esto es lo que ocurre este año. Están las oportunidades, pero de ti depende aprovecharlas.

La inestabilidad y el estrés han estropeado la vida amorosa y social. Han pasado por severas pruebas las relaciones amorosas e incluso las de negocios. Esta tendencia continúa este año. Aunque ahora es más probable que las lleves mejor. Volveremos sobre este tema.

Tauro es un signo de tierra, práctico, ceñido a la realidad. Su espiritualidad tiende a ser «terrenal», práctica. Espiritualidad significa ser un buen proveedor para la familia, ser buen marido o esposa,

---

* Las previsiones de este libro se basan en el Horóscopo Solar y todos los signos que derivan de él; tu Signo Solar se convierte en el Ascendente, y las casas se numeran a partir de él. Tu horóscopo personal, el trazado concretamente para ti (según la fecha, hora y lugar exactos de tu nacimiento) podrían modificar lo que decimos aquí. Joseph Polansky

buen padre o madre, etcétera. Pero ahora que Urano está en tu casa doce (y por muchos años), vemos una expansión de la vida espiritual. La espiritualidad es buena por sí misma, sean cuales sean sus consecuencias prácticas. La actitud y la práctica espirituales pasan por un cambio importante, drástico. Estando ahora Neptuno en tu casa once, la de los amigos, te atraes amistades de tipo espiritual, y esto es un factor también.

Desde hace unos años, Plutón, el planeta de la transformación y la renovación, ha estado en tu novena casa, la de la religión, la filosofía y la formación superior, y continuará en ella muchos años más. Así pues, se desintoxican y purifican tus creencias religiosas y filosóficas, tu visión del mundo. Esto forma parte del crecimiento espiritual que vemos. No es fácil desprenderse o incluso modificar las creencias profundas. A veces es necesario usar métodos drásticos, y el Cosmos proporciona lo que haga falta.

Tus intereses más importantes este año, y tienes muchos, son: la comunicación y las actividades intelectuales (hasta el 16 de julio); el hogar y la familia (a partir del 16 de julio); la salud (hasta el 26 de julio); el amor, el romance y las actividades sociales; la religión, la filosofía, la formación superior y los viajes al extranjero; las amistades, los grupos y las actividades en grupo; la espiritualidad.

Los caminos para tu mayor realización este año son: la comunicación y los intereses intelectuales (hasta el 16 de julio); el hogar y la familia (a partir del 16 de julio); la salud y el trabajo (hasta el 26 de julio).

Salud

(Ten en cuenta que esta es una perspectiva astrológica de la salud, no una médica. Antaño no había ninguna diferencia, ambas eran idénticas, pero en esta época podrían diferir muchísimo. Para una perspectiva médica, por favor, consulta a tu médico o a otro profesional de la salud.)

Este año está fuerte tu sexta casa, la de la salud, hasta el 26 de julio. Por lo tanto, la salud es un centro de atención importante. Esto lo considero positivo para la salud. No es probable que dejes que cosas pequeñas pasen a mayores; estás dispuesto a poner el tiempo y el esfuerzo necesarios para mantener la buena salud.

La salud es fundamentalmente buena, pero es necesario darle atención. El principal problema (y también lo tuviste el año pasado) es la desfavorable alineación de Saturno con tu Sol. Este año (después del 16 de julio) Júpiter también entra en esta alineación difícil contigo. Estas cosas por sí mismas no bastan para causar enfermedad, pero afectan a tu energía general. Si te permites cansarte demasiado se debilita el sistema inmunitario espiritual, el campo áurico, y te vuelves más vulnerable a todo tipo de «invasiones». Además, desde el punto de vista de la espiritualidad, consideramos el cuerpo «un sistema energético dinámico», no sólo una «cosa» o una «fábrica de productos químicos». Obedece las leyes de la energía. Cuando cambia el campo energético, para bien o para mal, se producen los cambios correspondientes en el cuerpo.

Júpiter y Saturno por sí mismos no bastan para causar enfermedad; pero habrá periodos en el año en que los planetas rápidos se unirán a ellos en tu contra, y esos son los periodos en que debes tener especial cuidado: procurar descansar muchísimo. Este año estos periodos serán del 20 de enero al 18 de febrero; del 23 de julio al 23 de agosto, y del 23 de octubre al 21 de noviembre.

Puedes fortalecer la salud prestando más atención a las siguientes zonas:

El corazón: Evita la preocupación y la ansiedad, que son las causas espirituales de los problemas cardiacos. Puedes recurrir a la reflexología para que te trabajen los puntos reflejos.

Los riñones y las caderas: deberás darles masajes periódicos. También va bien la reflexología.

La cabeza, la cara y el cuero cabelludo: Esto es importante hasta el 26 de julio. Los masajes en el cuero cabelludo y la cara serán muy potentes en este periodo.

El cuello y la garganta: Esta zona es siempre vulnerable en Tauro. El masaje periódico es siempre beneficioso y deberá formar parte de tu programa de salud. La tensión tiende a acumularse en el cuello y es necesario aflojarla.

Las suprarrenales: Evita el miedo y la rabia, emociones que son las causas principales de los problemas en estas glándulas.

Marte pasa una extraordinaria cantidad de tiempo en tu sexta casa (casi siete meses; su tránsito normal es de mes y medio a dos meses). Por lo tanto, es necesario «tonificar» y poner en forma la musculatura. Si un músculo se debilita, la consecuencia es una desalineación esquelética y de la columna, y esto es causa de otros problemas de salud. Hasta el 26 de julio se ve importante el ejercicio físico.

Por ser Venus tu planeta de la salud, los problemas amorosos tienen un papel importante en la salud. Si hay discordias o problemas en el matrimonio o relación amorosa actual esto puede afectar a la salud física. Esta faceta ha sido difícil los últimos años y es sin duda un factor en cualquier problema físico. La solución: restablecer la armonía cuanto antes.

Venus es un planeta de movimiento rápido; en un año transita por todos los signos y casas del horóscopo. Por lo tanto, en la salud hay muchas tendencias a corto plazo que es mejor tratar en las previsiones mes a mes.

Hogar y vida familiar

Tu cuarta casa, la del hogar y la familia, se hace poderosa a partir del 16 de julio, fecha en que entra Júpiter en ella y continúa ahí el resto del año. Este es un tránsito fabuloso, y presagia felicidad en esta faceta de la vida este año.

Muchas veces este tránsito indica una mudanza, una mudanza feliz, a una casa más grande, más amplia. Pero como ya saben nuestros lectores, lo que ocurre no siempre es una mudanza real: muchas veces la persona compra otra casa o agranda y amplía la ya existente. O tal vez compra artículos caros para la casa, lo que la hace más cómoda y satisfactoria. El efecto es «como» si se hubiera mudado de casa.

El tránsito de Júpiter por la cuarta casa es un aspecto fabuloso para la profesión del cónyuge, pareja o ser amado actual. Hay éxito para esta persona este año, además de oportunidades profesionales felices.

Júpiter en la cuarta casa indica buen apoyo familiar, en lo económico y de otros modos. Indica que la familia aumenta: por lo general esto ocurre por nacimientos o matrimonio, pero no siempre. A veces conocemos a personas que son «como» familiares, que cumplen ese papel en nuestra vida. Muchas veces estas personas ofrecen más apoyo que la familia biológica.

La presencia de Júpiter en la cuarta casa indica crecimiento psíquico, adelanto o progreso psíquico importante. Se acrecienta tu comprensión de los estados anímicos, tuyos y de los demás. Si haces psicoterapia, ya sea como paciente o como terapeuta, deberías tener buenas experiencias.

Si estás en edad de concebir, durante este tránsito comienzas a ser más fértil. Este tránsito indica prosperidad para la familia en su conjunto y en especial para las figuras parentales. Si eres mujer indica la prosperidad y generosidad de la figura paterna. Si eres hombre indica lo mismo de la figura materna.

El estado anímico tiende a ser optimista a partir del 16 de julio. Y cuando se entiende cómo funciona la ley espiritual, el ánimo, la sensación de optimismo siempre precede al acontecimiento tangible. Por lo tanto, hay probabilidades de acontecimientos felices en las finanzas y en otras facetas.

Si los padres o figuras parentales están casados, su relación mejora más aún después del 16 de julio. Si están solteros y sin compromiso, hay potentes oportunidades románticas para ellos, tal vez incluso boda. Las mudanzas no son recomendables para ellos este año. Será mejor que esperen. Lo mismo vale para los hijos o figuras filiales de tu vida. Los hermanos o figuras fraternas prosperan este año, tal vez viajan, pero en lo doméstico este es un año sin novedades ni cambios; parecen estar contentos con su casa u hogar actual.

Un progenitor o figura parental debe cuidar más de la salud del corazón; es posible incluso que se le recomiende que se opere; pero esta persona debe buscar segundas opiniones. Parece predispuesta a una intervención quirúrgica como solución y es posible que se precipite a aceptarla.

Profesión y situación económica

Como hemos dicho, estás saliendo de un periodo de prosperidad. Es muy probable que hayas conseguido tus objetivos financieros. Con tu casa del dinero prácticamente vacía este año, no tienes ninguna necesidad de prestar especial atención a tus finanzas ni hacer cambios importantes en ellas. Es un año financiero sin novedades ni cambios: ningún desastre, pero nada especialmente positivo tampoco.

A Tauro siempre le interesan las finanzas, como es lógico, pero este año le interesan menos que de costumbre.

Júpiter transita por tu tercera casa hasta el 16 de julio. Esto indica coche y equipo de comunicación nuevos, y de alta calidad. Indica prosperidad para los hermanos y figuras fraternas. Si tienes inversiones (y ¿qué Tauro no las tiene?) ganas más con ellas; tal vez las empresas aumentan los dividendos de sus acciones o los bancos aumentan sus tasas de interés. Este tránsito es particularmente bueno para ti si trabajas en ventas, mercadotecnia, publicidad y promoción; indica éxito en estas actividades. También es fabuloso si eres profesor o escritor. Las ideas son una forma de riqueza y este es un año en que entiendes esto con más claridad.

La tercera casa rige las compras, las ventas, el comercio, y estos trabajos o actividades se ven prósperos también.

Los bienes inmuebles son un campo naturalmente bueno para Tauro, que tiene un instinto innato para las cosas terrenas. Este año

esto me gusta más aún, sobre todo el sector inmobiliario residencial.
Hasta el 16 de julio Júpiter estará en el signo Cáncer, que rige este
sector. Y en esta fecha Júpiter entra en tu cuarta casa, la casa que rige
el sector inmobiliario residencial.

Mercurio es tu planeta del dinero, y, como saben nuestros lectores,
es un planeta de movimiento rápido; en un año transita por todos los
signos y casas del horóscopo. Así pues, en las finanzas hay muchas
tendencias a corto plazo que dependen de dónde está Mercurio y de
los aspectos que recibe. Esto es mejor tratarlo en las previsiones mes
a mes.

Hay prosperidad para el cónyuge, pareja o ser amado actual, en especial la primera mitad del año. Pero más adelante, hacia fin de año,
esta persona tendrá que consolidar y reorganizar.

Tus números favorables en finanzas este año son el 1, el 3, el 6, el
8 y el 9.

Aunque este año está esencialmente vacía tu casa de la profesión,
la décima (sólo transitarán por ella los planetas rápidos), la profesión
se ve próspera e importante; cuatro planetas lentos están sobre el horizonte de tu carta. Esto significa que el 40 por ciento de los planetas
(casi la mitad) estarán siempre sobre el horizonte. Esto denota ambición e interés. Por lo tanto, el empuje o ambición profesional es enorme, y esto tiende al éxito. Además, cuando Júpiter entre en Leo, el 16
de julio, comenzará a formar aspectos fabulosos a tu planeta de la
profesión, Urano. Esto indica elevación profesional. Si trabajas para
otros indica aumento de sueldo y ascenso. Si tienes tu propio negocio
o eres profesional autónomo, se eleva tu categoría o posición en tu industria o profesión. Tus consecuciones reciben más reconocimiento.
Septiembre y los primeros días de octubre se ven especialmente potentes en lo que a profesión se refiere. Veo inversores que invierten
en tu profesión.

Los conocimientos y experiencia en alta tecnología son importantes en la profesión. Vale la pena gastar en los últimos y mejores avances. También es importante que seas original en tus métodos y en lo
que haces. Nunca copies ni imites. Déjate guiar por tu genio y originalidad innatos.

Estando tu planeta de la profesión en la espiritual casa doce (desde
2011), eres idealista en tu profesión. No te basta simplemente hacer
dinero o alcanzar fama. La profesión tiene que ser útil para la gente,
tiene que ser coherente con tus ideales. También es bueno participar
en obras benéficas y causas altruistas. Estas actividades favorecerán
tu profesión externa.

La vida onírica, videntes, sacerdotes o pastores religiosos, gurús y canalizadores espirituales tienen importante información acerca de tu profesión.

Amor y vida social

Este año, tal como el año pasado, tu séptima casa es casa de poder. La vida amorosa y social es un importantísimo centro de atención, y merecidamente; como hemos dicho, ha sido una faceta problemática estos últimos años. La vida amorosa ha sido muy inestable. Desde 2011 los matrimonios y relaciones han pasado por severas pruebas. Muchos no han sobrevivido a estas pruebas.

En muchos casos estas rupturas han sido bendiciones disfrazadas. Tauro no es famoso por «soltar»; tiende a poseer y retener. Es conservador, tradicional. Le gusta que las cosas sigan como están, aun cuando no sean lo mejor que puede tener. Necesita un «golpe en la cabeza» para soltar y hacer un cambio. Y, en esencia, esto es lo que te ha ocurrido en los años pasados. Necesitabas un verdadero drama para decidirte a soltar.

El Cosmos desea lo mejor para ti, y si la actual relación no está a la altura se irá al garete.

Las amistades y las sociedades de negocios también han pasado por pruebas, y esto continuará este año. Como hemos dicho, las relaciones que han sobrevivido a los años pasados (y las que sobrevivan a este) sobrevivirán a cualquier cosa. Y esto también forma parte del Programa Divino. Sólo las relaciones buenas y sólidas pueden sobrevivir a este tipo de pruebas.

En muchos casos la relación o la amistad se pone a prueba debido a dramas en la vida personal o a acontecimientos que cambian la vida; estas cosas podrían no tener nada que ver con la relación en sí. De todos modos, esta es la manera que tiene el Cosmos de decir «por bueno que sea esto, te tengo algo mejor».

Si estás soltero o soltera (y con miras a un primer matrimonio) no es aconsejable que te cases todavía. Si conoces a una persona que cumple tus requisitos, deja que el amor crezca y se desarrolle a su aire. No hay ninguna prisa.

Si estás en una relación pensando en un segundo matrimonio, también pasa por pruebas esta relación. Si estás sin compromiso y con miras a un segundo matrimonio, hay oportunidades, pero la estabilidad de la relación está en tela de juicio. No hay prisas para casarse.

En el caso de que estés pensando en un tercer matrimonio, tienes excelentes oportunidades románticas y de boda. Así fue la situación en la segunda mitad del año pasado y lo será en la primera mitad de este. La relación se ve espiritual.

Te atraen más personas mayores, ya establecidas; sientes atracción por personas de tipo empresarial, personas de prestigio, de alta categoría. El peligro en esto es que podrías entrar en una relación por conveniencia, no por amor verdadero.

Las oportunidades románticas se presentan en otros países, con personas extranjeras o en ambientes de tipo religioso o educativo.

En general, Tauro debe esforzarse más en expresar el amor y la simpatía. En cierto plano subconsciente tienes una actitud fría y distante con los demás; es posible que no te des cuenta de esto, pero esta es la energía que emana de ti. Naturalmente eres una persona afectuosa. Venus rige tu signo, pero en este periodo necesitas esforzarte más en expresarlo.

Progreso personal

Como el año pasado, los principales retos de este año se presentan en la esfera social, en la vida amorosa. Los problemas amorosos pueden ser un campo espiritual minado. La verdadera dificultad sólo es la punta del iceberg. Los problemas amorosos tienden a producir problemas en otras facetas de la vida: la autoestima, la valía personal, la salud (especialmente en tu caso) y en las finanzas. Las discordias en el amor pueden generar problemas espirituales también, puesto que se bloquea el flujo de la energía espiritual. Así pues, el Cosmos te tiene programado un «curso intensivo, acelerado» para que aprendas a llevar estas cosas.

Cuando se deteriora una relación amorosa o de sociedad de negocios siempre hay una cierta cantidad de negatividad; esto es lógico. Pero tú puedes decidir si deseas tomar el camino de la negatividad máxima o la negatividad mínima. Con mucha frecuencia he visto a personas elegir lo primero. Así, algo que en esencia es simple, se acrecienta y se prolonga; se hace mucho más doloroso de lo necesario. Entonces la persona se pregunta por qué está en el hospital para esta o aquella operación; no ve la conexión.

Eckhard Tolle señala correctamente que hay una diferencia entre «dolor» y «sufrimiento». El dolor es la reacción del organismo a algo negativo; te haces una heridita en un dedo y sientes la punzada de dolor; esto es natural. El sufrimiento es de la mente; la heridita en el dedo pasa a ser una historia triste; «siempre me ocurren cosas malas»; «Dios me castiga porque soy una mala persona»; «Sencillamente tengo mala suerte», etcétera, etcétera. Entonces sufres una angustia mental y emocional. En esto hay una desconexión de la fuente espiritual. La heridita en el dedo, algo de poca importancia, se transforma en algo importante. Esto ocurre en el amor también.

Estos asuntos secundarios, la angustia mental, son útiles para la persona que está en el camino espiritual, le enseña los contenidos del inconsciente, las impurezas que hay en él, y entonces se pueden limpiar. Los discípulos avanzados pueden usar el poder de la atención y la conciencia para transformar estas cosas. Los principiantes, aquellos que aún no tienen suficientemente liberada la atención pueden limpiarlo aplicando las técnicas que explico en mi libro *A technique for meditation*. Una vez que se han limpiado estas cosas, es relativamente fácil dar los siguientes pasos necesarios. Nunca es tan complicado como te lo imaginas.

Perdonar es una habilidad importantísima que hay que aprender en el amor y en las relaciones. Pero para que el perdón sea eficaz tiene que ser «real», no una «medida estratégica». Tiene que ser auténtico, de corazón. El perdón se da más fácil cuando se comprende que perdonamos a la persona, no sus actos. Los actos hirientes están mal, y no vamos a intentar blanquearlos; no violentamos el intelecto ni el juicio. La persona es otra historia; esta persona ha actuado movida por ciertos condicionamientos y mentalidad y por lo tanto no podía evitar hacer lo que hizo. Si hubiéramos estado en la piel de esta persona tal vez habríamos actuado del mismo modo.

Cuando comprendemos lo que hay tras los actos, el perdón se nos da fácil y natural.

Previsiones mes a mes

Enero

Mejores días en general: 1, 2, 9, 10, 19, 20, 28, 29
Días menos favorables en general: 3, 4, 17, 18, 24, 25, 30, 31
Mejores días para el amor: 1, 2, 9, 10, 19, 20, 24, 25, 28, 29
Mejores días para el dinero: 1, 2, 5, 6, 10, 11, 12, 13, 14, 15, 22, 23, 24, 25, 30, 31
Mejores días para la profesión: 3, 4, 7, 8, 17, 18, 26, 27, 30, 31

Comienzas el año con el 70 y a veces el 80 por ciento de los planetas sobre el horizonte de tu carta. El 20 entras en una cima profesional anual, una de ellas. La profesión es, pues, el centro de atención este mes. No solamente no hay riesgo en dejar estar los asuntos domésticos y familiares, sino que la familia apoya tus objetivos profesionales; cuentas con su bendición.

Conseguimos las cosas de dos modos, el modo interior (meditación, visualización, sueños conscientes dirigidos) y el modo externo, la actividad física objetiva. Ambas modalidades son importantes en diferentes periodos. Ahora estás en el ciclo de la última. Haz los actos físicos necesarios para conseguir tus objetivos profesionales; este es un mes de éxito.

El impulso planetario es abrumadoramente de avance este mes; el 80 por ciento de los planetas están en movimiento directo, así que tendrías que ver un rápido progreso hacia tus objetivos. Sin embargo, uno de los dos planetas retrógrados es Venus, la regente de tu horóscopo. Es posible que te sientas carente de dirección, sin rumbo, no sabes bien cuáles son tus objetivos personales. Esto está bien. El Cosmos te dice que adquieras claridad mental en esta faceta. Estás en un periodo fabuloso (oportunísimo) para reflexionar sobre tus condiciones actuales: tu cuerpo, tu imagen, tus circunstancias, para ver qué cambios puedes hacer para mejorar las cosas. Pronto llegará el periodo para poner por obra estas cosas, pero lo importante ahora es saber qué deseas.

Si buscas trabajo deberás tener más cautela este mes; no te precipites a aceptar el primer empleo que te ofrezcan; estudia más las cosas, no son lo que parecen.

La salud es excelente hasta el 20; después necesitas descansar y relajarte más. Mantén elevada la energía y centra la atención en las cosas esenciales. Puedes fortalecerla más prestando atención a las zonas mencionadas en las previsiones para el año y, además, a la columna, las rodillas, la dentadura, los huesos, la piel y la alineación esquelética general. Los masajes en la espalda y las rodillas serán potentes; te irían bien las visitas periódicas a un quiropráctico o a un osteópata. También serán potentes las técnicas de curación espiritual. Tu planeta de la salud está retrógrado todo el mes, así que evita hacer cambios drásticos en la dieta y programa de salud. Analiza más las cosas.

Las finanzas se ven excelentes este mes. Hasta el 11 tu planeta del dinero está en tu novena casa, casa afortunada. Aumentan los ingresos. Los extranjeros son importantes en las finanzas; las inversiones en el extranjero o la interacción con otros países también produce beneficios. El 11 Mercurio cruza tu mediocielo y entra en tu décima casa. Este es también un potente periodo financiero; el dinero viene de tu buena fama profesional y de figuras parentales, mayores, jefes y figuras de autoridad. Si necesitas pedir favores a organismos gubernamentales, este es un buen periodo para hacerlos. Están favorablemente dispuestos.

Febrero

Mejores días en general: 5, 6, 7, 15, 16, 17, 24, 25
Días menos favorables en general: 13, 14, 20, 21, 26, 27
Mejores días para el amor: 5, 6, 7, 15, 16, 17, 20, 21, 24, 25
Mejores días para el dinero: 1, 2, 8, 9, 10, 11, 12, 19, 20, 21, 26, 27, 28
Mejores días para la profesión: 3, 4, 13, 14, 22, 23, 26, 27

Venus retomó el movimiento directo el 31 del mes pasado y continuará en este movimiento el resto del año. Es de esperar que hayas conseguido claridad respecto a lo que es necesario cambiar en tu vida personal, y ahora que los planetas comienzan a trasladarse a tu sector oriental (esto será más fuerte el mes que viene) tienes el poder para hacer estos cambios. Entras en un periodo de independencia personal y puedes tener las cosas a tu manera. Los demás son siempre importantes, pero si no están de acuerdo contigo, lánzate solo.

Hasta el 18 continúas en una cima profesional anual, por lo tanto hay éxito. El mes pasado podría haber habido aumento de sueldo y ascenso, pero si no, todavía puede ocurrir este mes e incluso el próximo.

Tu planeta del dinero inicia movimiento retrógrado el 6, así que procura dejar bien amarradas las compras e inversiones importantes antes de esta fecha. Desde el 6 hasta fin de mes es un periodo para hacer revisión de tu vida financiera y ver en qué puedes hacer mejoras; no es un periodo para poner por obra tus ideas, eso vendrá el próximo mes, sino para resolver dudas y planificar mejoras.

Hasta el 18 sigue siendo necesario estar atento a la salud. Repasa lo que hablamos el mes pasado, las tendencias siguen en vigor. El 18 comenzarán a mejorar la salud y la energía.

El amor continúa puesto a prueba, pero este mes con menos severidad. Venus ha estado viajando con Plutón, tu planeta del amor, y está más o menos en conjunción con Plutón todo el mes. La vida amorosa es algo más fácil. Un viaje al extranjero o asistir juntos a servicios de culto podría mejorar las cosas. Si estás soltero o soltera y sin compromiso podrías haber conocido a una persona especial a fines del mes pasado; esto también podría ocurrir este mes. Pero el matrimonio no está en los astros en este periodo.

Del 22 al 24 el Sol está en conjunción con Neptuno. Esto activará la vida onírica, y la vida onírica de los familiares también. La comprensión espiritual, la revelación espiritual, te ayudarán a resolver los problemas familiares.

Ten más paciencia con los familiares del 9 al 12: es muy posible que estén más gruñones. Este es un problema de corta duración.

Un progenitor o figura parental prospera el 28.

A partir del 18 se hace poderosa tu casa once. Es un periodo social, aunque no necesariamente romántico; bueno para participar en grupos, actividades en grupo y organizaciones.

Marzo

Mejores días en general: 5, 6, 15, 16, 24, 25
Días menos favorables en general: 12, 13, 19, 20, 26, 27
Mejores días para el amor: 5, 6, 7, 15, 16, 17, 18, 19, 20, 24, 25, 26, 27
Mejores días para el dinero: 1, 2, 7, 8, 10, 11, 19, 20, 28, 29
Mejores días para la profesión: 3, 4, 12, 13, 22, 23, 26, 27, 30, 31

El mes pasado estuvo muy fuerte el elemento agua en el horóscopo; entre el 40 y el 50 por ciento de los planetas estaban en signos de agua; este mes tenemos la misma situación. Esta cantidad de agua aumenta las sensibilidades. Esto tiene sus puntos buenos: las personas están más conectadas con sus sentimientos y los expresan o comunican con más libertad; es más fácil la intimidad emocional. Por otro lado, podría haber un exceso de sensibilidad; las personas podrían enfadarse y estallar por cosas insignificantes, como tu lenguaje corporal o el tono de voz. Así pues, ten más cuidado en estas cosas.

El 6 Venus cruza tu mediocielo y entra en tu décima casa (esto podrías notarlo antes), y estará en esta casa todo el mes. Este periodo será una minicima profesional; indica que estás por encima de todas las personas de tu mundo (o intentas estarlo). Eres el número uno y no aceptarás una posición inferior (aunque sea prestigiosa). Indica elevación, honores y respeto. Los demás te ven exitoso. Tu apariencia personal es un importante factor en esto también.

Tu planeta del dinero, Mercurio, ya está en movimiento directo. Es de esperar que hayas esclarecido tus objetivos financieros y hecho planes para mejorar tus finanzas. Ahora puedes poner por obra esos planes. Mercurio estará en tu décima casa hasta el 17. Este tránsito indica ingresos provenientes de la profesión (aumento de sueldo, tu buena fama profesional) y del favor de padres, figuras parentales, jefes y mayores; estas personas colaboran con tus objetivos financieros, te apoyan y ayudan. Después del 17 los ingresos proceden de conexiones sociales, de amistades y de la participación con grupos y organizaciones; también puedes ganar dinero *online*. Mercurio estará en el signo Piscis a partir del 17; esto indica buena intuición financiera; la intuición será particularmente buena del 21 al 23, cuando Mercurio está en conjunción con Neptuno. Hay una dimensión espiritual en el aprovisionamiento y providencia de la que aprenderás más a partir del 17.

El amor sigue puesto a prueba y bastante inestable; la inestabilidad aumenta con la Luna nueva del 30; la relación no tiene por qué romperse, pero hará falta muchísimo más esfuerzo para que continúe. Esta misma Luna nueva favorece la profesión.

La salud está mucho mejor que el mes pasado. Además de las medidas que explicamos en las previsiones para el año, para fortalecer la salud presta más atención a los tobillos y pantorrillas. Del 17 al 19 evita las actividades que entrañen riesgo; hay ciertos trastornos en el trabajo esos días también.

Este es un mes espiritual también. El Sol está en el espiritual Piscis hasta el 20. Después transita por tu espiritual casa doce. Este es un periodo fabuloso para la meditación y los estudios espirituales. También es bueno para actividades de tipo benéfico.

Abril

Mejores días en general: 1, 2, 11, 12, 20, 21, 29, 30
Días menos favorables en general: 8, 9, 10, 16, 17, 22, 23
Mejores días para el amor: 1, 2, 4, 5, 6, 11, 12, 16, 17, 20, 21, 24, 25, 29, 30
Mejores días para el dinero: 3, 4, 5, 6, 7, 8, 16, 17, 18, 19, 24, 25, 29, 30
Mejores días para la profesión: 9, 10, 18, 19, 22, 23, 26, 27

El poder planetario se está acercando a su posición oriental máxima, al periodo de máxima independencia personal; no necesitas a los demás tanto como de costumbre. Puedes conseguir cosas, hacer cambios, por iniciativa propia. Es un buen mes para hacer esos cambios que has planeado: tenemos dos eclipses y se respira cambio en el ambiente.

El 1 y el 2 hay éxito profesional; también oportunidades.

El eclipse lunar del 15 ocurre en tu sexta casa. Esto podría ser causa de sustos en la salud y cambios drásticos y a largo plazo en el programa de salud; inestabilidad en el lugar de trabajo también. Los eclipses lunares tienden a afectar tu comunicación, el equipo y tu capacidad para comunicarte; este no es diferente. Lo bueno es que del 10 al 13 Venus viaja con Neptuno y recibes orientación espiritual sobre la forma de llevar las cosas, ya sea en sueños o a través de canalizadores espirituales o adivinos. Conduce con más prudencia durante el periodo del eclipse; los coches tienden a funcionar de forma rara con este tipo de eclipse.

El eclipse solar del 29 es mucho más fuerte en ti; ocurre en tu signo y primera casa; tómate las cosas con calma y reduce tus actividades durante el periodo del eclipse. Este eclipse indica que hay redefinición de tu personalidad y concepto de ti mismo. Esto será un proceso de seis meses. Cambiarás tu forma de pensar acerca de ti y del modo como deseas que te vean los demás. Siempre es bueno redefinirse de tanto en tanto, de mejorar el concepto de sí mismo, pero ahora el eclipse te obliga a hacerlo. Por lo general esta redefinición, este cambio de imagen entraña cambios en el guardarropa también. En tu carta todos los eclipses solares afectan al hogar y la familia; el Sol es tu planeta de la familia. Por lo tanto, hay dramas en la casa, con familiares o con un progenitor o figura parental; la vida emocional es más inestable; a veces hay sueños perturbadores. Si hay defectos en la casa ahora los descubres y tienes la oportunidad de corregirlos.

Este mes ocurren importantes cambios en las finanzas, no relacionados necesariamente con los eclipses. Tu planeta del dinero viaja con Urano del 13 al 15. Esto produce un repentino e inesperado incremento financiero. Un progenitor, figura parental o jefe es generoso contigo, y tal vez un organismo gubernamental. A veces esto indica un gasto inesperado también.

El amor se ve algo más fácil que el mes pasado, pero no mucho. Tu planeta del amor, Plutón, inicia movimiento retrógrado el 14, así que después de esta fecha evita tomar decisiones importantes en el amor. Llega el periodo para hacer revisión y conseguir claridad en estos asuntos.

Mayo

Mejores días en general: 8, 9, 10, 17, 18, 26, 27
Días menos favorables en general: 5, 6, 13, 14, 19, 20
Mejores días para el amor: 6, 8, 9, 13, 14, 17, 18, 24, 25, 26, 27
Mejores días para el dinero: 1, 2, 3, 4, 5, 11, 12, 13, 14, 19, 20, 21, 22, 28, 29, 30, 31
Mejores días para la profesión: 6, 7, 15, 16, 19, 20, 24, 25

O bien estuviste de cumpleaños el mes pasado o se va acercando el día. Un cumpleaños es muchísimo más que abrir regalos y asistir a fiestas. No hay nada malo en estas cosas, pero estas costumbres provienen de algo más profundo. Hay algo sagrado en un cumpleaños; es un verdadero acontecimiento celestial. El Sol vuelve a su posición original el día del cumpleaños y comienza un nuevo ciclo anual; es tu «año nuevo personal». Lo viejo ya pasó y haces un nuevo comienzo. La vida está llena de nuevos comienzos, si lo supiéramos. Tómate tiempo para reflexionar sobre el año pasado, corrige (enmienda) errores y fija objetivos para el nuevo año. Comienza tu año nuevo con el pizarrón limpio.

La mayoría de los planetas continúan sobre el horizonte de tu carta y por lo tanto siguen siendo importantes la profesión y las actividades externas. Pero esto está a punto de cambiar. A fin de mes, el 29, la mitad inferior de tu carta estará más fuerte que la superior (por primera vez en lo que va de año). Se pone el sol en tu año. Es el periodo para concluir las actividades del día y prepararte para las actividades de la noche. Mientras tanto, disfruta del éxito profesional que te llega, en especial el 14 y el 15. Entonces ya habrás más o menos conseguido los objetivos del pasado ciclo profesional (si no del todo, ha habido progreso en su consecución) y comenzarás a prepararte para el próximo ciclo de actividad que llegará dentro de seis meses más o menos.

El 20 del mes pasado entraste en una de tus cimas anuales de placer personal, y esta continúa este mes. Es muy buen periodo para centrar la atención en el cuerpo y la imagen, para ponerlos en forma; es muy bueno para mimar el cuerpo y gozar de los placeres sensuales. La autoestima y la confianza en ti mismo están en su punto más fuerte del año. Podrías tener problemas en una relación, pero sigues contando con el atractivo para el sexo opuesto; el amor va mejor de lo que ha ido desde hace un tiempo; el mes que viene será mejor aún. Sigue no siendo aconsejable el matrimonio en este periodo.

Tu planeta del dinero, Mercurio, entró en tu signo el 23 del mes pasado y continuará en él hasta el 7. Esto es fabuloso para las finanzas. El dinero y las oportunidades financieras te buscan; coges buenas rachas de suerte financiera. Ganas según tus condiciones, con honor. Te sientes rico y pareces rico (según tu posición y fase en la vida). El 21 el Sol se une a Mercurio en tu casa del dinero y entras en una cima financiera anual. Sí que es próspero este mes; el cielo de Tauro.

Tu planeta del dinero sale «fuera de límites» el 12 y continúa así el resto del mes. Esto indica que exploras nuevos caminos hacia la riqueza, sales de tus límites habituales, estás abierto a nuevas ideas, rompes con viejas limitaciones. Esto podría horrorizar a tus familiares o a una figura parental, pero da resultados.

Junio

Mejores días en general: 5, 6, 14, 15, 22, 23
Días menos favorables en general: 2, 3, 9, 10, 16, 17, 29, 30
Mejores días para el amor: 5, 6, 9, 10, 14, 15, 22, 23, 24
Mejores días para el dinero: 1, 9, 10, 11, 17, 18, 19, 24, 25, 26, 27, 28
Mejores días para la profesión: 2, 3, 12, 13, 16, 17, 20, 21, 29, 30

Continúas en una cima financiera anual. El mes es próspero; tu planeta del dinero sigue «fuera de límites» hasta el 5; me parece que tus incursiones en lo desconocido dan buen resultado. El 7 Mercurio inicia movimiento retrógrado; esto no detiene los ingresos, no detiene la prosperidad, pero la enlentece un poco. Es el periodo para hacer revisión de tus finanzas y hacer planes para mejorarlas. Pero antes de ponerlos por obra necesitas claridad mental; hay que resolver las dudas. Si tienes pensado hacer compras importantes (cosas caras) o inversiones de envergadura es mejor que las hagas antes del 7; si debes hacerlas después de esta fecha (a veces las circunstancias nos obligan), analízalo todo más y toma medidas para protegerte; por ejemplo, averigua si en la tienda aceptan devoluciones. Las ideas financieras no suelen ser realistas cuando el planeta del dinero está retrógrado y debes protegerte de los errores. Podría haber retrasos financieros, pero la prosperidad en general está intacta. La apariencia personal es muy importante en las finanzas después del 23; te irá bien invertir en esto.

El amor va relativamente bien este mes; todo en la vida es relativo. Venus en tu signo aporta belleza a tu imagen; vistes bien y te ves bien; atraes al sexo opuesto. Del 8 al 12 Venus forma aspectos hermosos a Plutón, tu planeta del amor. Si estás soltero o soltera encuentras interesantes posibilidades; dado que tu planeta del amor continúa retrógrado, deja que el amor se desarrolle a su aire sin presionar ni manipular. Simplemente sé tu mismo. Ahora no hay ninguna necesidad de tomar decisiones importantes en el amor; sigues siendo un buscador de claridad (sinónimo de luz) en tu vida amorosa. Si hay algo con lo que Tauro no sabe arreglárselas es con la inestabilidad, y esta es la situación en este periodo. En esto hay lecciones cósmicas.

Este es buen periodo para comprar ropa y accesorios personales, hasta el 23; tienes buen instinto para esto; tu gusto es impecable.

La salud es buena; también lo fue el mes pasado. A partir del 23 puedes fortalecerla más con masajes en el cuello (siempre importante para ti), los brazos y los hombros; los métodos de curación mente-cuerpo son potentes después de esta fecha.

El 5 y el 6 Venus, el planeta regente de tu carta, reactiva el eclipse solar del 29 de abril; reduce tus actividades y evita los riesgos estos días. Esto vale para los hijos (o figuras filiales) también.

Del 22 al 26 Marte está en oposición con Urano; este es un aspecto muy dinámico; evita los enfrentamientos y conduce con más prudencia. Podría haber trastornos de corta duración en la profesión y con personas relacionadas con tu profesión, en especial con los padres, figuras parentales, jefes y figuras de autoridad. Estas personas también deben evitar los riesgos. La intuición necesita más verificación estos días.

Julio

Mejores días en general: 2, 3, 11, 12, 19, 20, 21, 29, 30, 31
Días menos favorables en general: 1, 7, 8, 13, 14, 27, 28
Mejores días para el amor: 2, 3, 4, 5, 6, 7, 8, 11, 12, 13, 14, 19, 20, 24, 29, 30
Mejores días para el dinero: 5, 6, 7, 8, 13, 14, 16, 17, 22, 23, 24, 25, 27
Mejores días para la profesión: 1, 9, 10, 13, 14, 17, 18, 27, 28

Este mes tenemos un fenómeno interesante. Si bien los planetas rápidos están llegando a su nadir (el punto más bajo de tu carta) y, técnicamente, estás cerca de la medianoche de tu año, la entrada de Marte en Escorpio el 18 hace la mitad superior de la carta tan fuerte como la inferior. No será muy fácil tener «una buena noche de descanso» para trabajar con los métodos de la noche; es como si te mantuvieran despierto para atender los asuntos externos. Tu reto este mes será ocuparte de la profesión «y» del hogar, la familia y las necesidades emocionales. Atiende a las exigencias de la profesión, lógicamente, pero echa tus siestas siempre que te sea posible. Un ritmo gogó nunca es aconsejable, pero a veces no se puede evitar.

Júpiter hace un importante traslado el 16 de este mes, pasa de Cáncer a Leo, de tu tercera casa a la cuarta, y continuará en esta el resto del año y hasta bien entrado el próximo. Esto suele indicar mudanza o renovaciones en la casa. La vida hogareña es fundamentalmente feliz, y hay buen apoyo familiar. Un familiar, tal vez un progenitor o figura parental, podría tener experiencias dramáticas, una intervención quirúrgica o un encuentro con la muerte, pero esto sólo son baches en el camino. El apoyo familiar continúa fuerte el resto del año.

El 18 Marte entra en tu séptima casa, la del amor. Esto complica una situación amorosa ya complicada. Si no vas con cuidado pueden aumentar los conflictos. Con mucha probabilidad habrá negatividad, pero de ti depende reducirla al mínimo o aumentarla al máximo; es mejor reducirla todo lo posible. Marte es tu planeta de la espiritualidad; así pues, el mensaje es confiar la vida amorosa a un Poder Superior y dejar que este lleve las cosas. Cuando esto se hace sinceramente, de corazón, entra la paz en la situación.

Las finanzas continúan muy bien; tal vez no tan activas como el mes pasado, pero bien. Tu planeta del dinero retoma el movimiento directo el 2, y el juicio financiero vuelve a su nivel normalmente bueno. La casa del dinero continúa poderosa hasta el 18; esto indica intensa atención a las finanzas, y conseguimos aquello en que centramos la atención. Las ventas, la comercialización, la publicidad y las buenas relaciones públicas son siempre importantes para ti en el plano financiero, pero este mes lo son más que de costumbre. Tu planeta del dinero está en Géminis hasta el 13, fecha en que entra en tu tercera casa, la de la comunicación. Estas actividades están bajo el dominio de Géminis y de la tercera casa. Las operaciones bursátiles también son buena fuente de ingresos este mes.

Este mes está muy poderosa tu tercera casa, la de la comunicación y los intereses intelectuales. Por lo tanto, este es un buen mes para ponerte al día en la correspondencia, llamadas y *e-mails* que debes; es muy bueno para hacer cursos en temas que te interesan; es bueno para leer y estudiar. Si eres estudiante tienes un mes exitoso.

Agosto

Mejores días en general: 8, 16, 17, 25, 26, 27
Días menos favorables en general: 3, 4, 10, 23, 24, 30, 31
Mejores días para el amor: 3, 4, 12, 13, 23, 24, 30, 31
Mejores días para el dinero: 5, 6, 13, 14, 15, 18, 19, 23, 24, 25, 26
Mejores días para la profesión: 5, 6, 9, 10, 13, 14, 23, 24

Igual que el mes pasado, tienes que hacer malabarismos para mantener el delicado equilibrio entre el hogar y la profesión. Ambas facetas te exigen mucha atención y has de atender bien a cada una. Normalmente en esta época del año dejarías estar la profesión para centrar la atención en el hogar y la familia; estarías reuniendo fuerzas para el siguiente empuje profesional. Pero este año las cosas no ocurren así. Este mes hay muchas novedades profesionales estimulantes y felices; es como si a medianoche te despertara alguien diciendo «ve a la oficina, te han ascendido». Se sientes feliz y seguro que te levantas, pero pierdes una noche de sueño; este es el precio que entraña esto. Lo bueno es que la familia comprende y apoya tus objetivos profesionales. El progreso profesional podría ser la causa de una próxima mudanza.

La salud necesita más atención este mes; muchos planetas están en alineación desfavorable contigo. Haz lo que sea necesario hacer, pero procura programar más ratos de descanso. Podría convenirte invertir en masajes y pasar el tiempo libre en un balneario de salud. También te conviene fortalecer la salud de las maneras mencionadas en las previsiones para el año. A esto puedes añadir prestar más atención al estómago y la dieta hasta el 12, y después al corazón; si eres mujer deberás centrarte en los pechos este mes. Venus, tu planeta de la salud, está en el signo Cáncer hasta el 12, y a partir de esta fecha transita por tu cuarta casa. La armonía y el equilibrio emocional (que están bajo el dominio de Cáncer y la cuarta casa) son ultra importantes para la salud. Mantén tu armonía a toda costa.

Este es un mes tumultuoso, de muchas impresiones y sorpresas (muchas de ellas buenas, pero las cosas buenas pueden ser tan estresantes y requerir tanto tiempo como las malas). Muchos planetas reactivan un punto del eclipse solar del 29 de abril; es como si tuviéramos muchas minirrepeticiones de este eclipse. La principal reactivación para ti es el tránsito de Venus del 18 al 20; se hace necesario reducir las actividades esos días (todo lo que puedas). El tránsito de

Mercurio el 5 y el 6 afecta a las finanzas y a los hijos; pero esto es un trastorno de corta duración; viene después de una racha de beneficios financieros del 1 al 3; el apoyo familiar es bueno todo el año, pero en especial en estos días. Las conexiones familiares son útiles este mes también. La inversión en inmobiliaria se ve interesante. El 15 Mercurio entra en Virgo y los aspectos financieros se hacen mucho más favorables. Hay suerte en las especulaciones y en el trabajo, ambas cosas producen beneficios. Este es un periodo para «dinero feliz», dinero que ganas de modos felices (trabajar puede ser diversión a veces también). Gastas en actividades entretenidas, de diversión; disfrutas de tu riqueza.

El amor. ¿Qué podemos decir aquí? Procura no empeorar las cosas más de lo inevitable. Después del 23 tendrían que mejorar.

Septiembre

Mejores días en general: 4, 5, 12, 13, 22, 23
Días menos favorables en general: 6, 7, 19, 20, 27, 28
Mejores días para el amor: 2, 3, 4, 5, 12, 13, 22, 23, 27, 28
Mejores días para el dinero: 1, 2, 3, 4, 10, 11, 12, 13, 14, 15, 19, 20, 21, 28, 29, 30
Mejores días para la profesión: 2, 3, 6, 7, 10, 11, 19, 20, 29, 30

La salud y la energía comenzaron a mejorar el 23 del mes pasado y este mejoran aún más. El 14 Marte ya habrá salido de su aspecto desfavorable para ti. Desaparece gran parte de la presión negativa de los planetas rápidos. Si ha habido algún problema de salud deberías tener buenas noticias este mes. Para empezar, fortalece la salud de los modos mencionados en las previsiones para el año. A partir del 5 da más atención al intestino delgado (la dieta es importante entonces). Con el tránsito de tu planeta de la salud por Leo y luego por tu quinta casa, el horóscopo dice que la felicidad (la diversión y la alegría) son potentes fuerzas sanadoras este mes. Si te sientes indispuesto haz algo que sea agradable, divertido. Que las carcajadas sigan y sigan; evita la depresión como a la peste.

Hay muchísima atención a la salud este mes; muchos planetas están en Virgo (el signo de la salud) y en tu sexta casa (la que rige la salud). Esto es bueno: estás atento, no permites que las cosas pequeñas se hagan grandes.

Este poder en Virgo y en la sexta casa es bueno si buscas trabajo; hay buena suerte y muchas oportunidades de trabajo.

El mes pasado el poder planetario hizo un importante traslado del sector oriental al occidental. El 70 por ciento de los planetas, y a veces el 80, están ahora en tu sector occidental. Por ahora ha acabado tu ciclo de independencia personal; será mucho más difícil cambiar las condiciones y circunstancias (se puede hacer pero con mucho, muchísimo esfuerzo). Es mejor que te adaptes a las situaciones y tomes nota de lo que te desagrada; así, cuando vuelva tu ciclo de independencia personal podrás hacer esos cambios. Ahora vas a vivir con las condiciones que te creaste, vas a experimentar el karma, bueno o malo. Has tenido seis meses para desarrollar la iniciativa y ahora el Cosmos te llama a afinar y desarrollar las dotes sociales; tiene su manera de hacer esto, diferente para cada persona. En general Tauro tiene buenas dotes sociales, pero siempre se pueden mejorar.

El 23 del mes pasado el Sol entró en tu quinta casa y tú entraste en otra cima anual de placer personal, que continúa hasta el 23 de este mes. Es un periodo de fiestas. La creatividad será más fuerte que de costumbre también; mejora tu capacidad para relacionarte con los hijos, o con los niños. El 23 entras en un periodo más serio, orientado al trabajo. Será bueno para hacer esas tareas minuciosas, aburridas, que has ido dejando para después: poner al día las cuentas, la cuenta corriente, archivar, etcétera.

Octubre

Mejores días en general: 1, 2, 9, 10, 19, 20, 28, 29
Días menos favorables en general: 3, 4, 16, 17, 18, 24, 25, 31
Mejores días para el amor: 1, 2, 3, 9, 10, 12, 13, 19, 20, 22, 23, 24, 25, 28, 29
Mejores días para el dinero: 5, 6, 7, 8, 12, 13, 17, 18, 22, 23, 26, 27, 31
Mejores días para la profesión: 3, 4, 7, 8, 16, 17, 18, 26, 27, 31

Cuando Marte salió de tu séptima casa el 14 del mes pasado tendrían que haber disminuido los problemas en el amor; las luchas de poder en el amor no son nunca agradables. Pero dos eclipses este mes se encargan de poner más a prueba el amor, ¡como si no hubiera habido ya pruebas suficientes! Si la relación ha sobrevivido a estas pruebas de los dos años pasados es probable que sobreviva a cualquier cosa. Una relación menos perfecta lo más probable es que llegue a su fin. A Tauro no le gusta el cambio, aun cuando el cambio sea bueno en último término; tiene la tendencia a «aferrarse» a las cosas y a veces el Cos-

mos tiene que usar medidas drásticas para obligarlo a soltarlas. Nadie
aguanta tanto como un Tauro.

Los principales titulares del mes son dos eclipses, el 8 y el 23.

El eclipse lunar del 8 es relativamente benigno contigo, pero no te
hará ningún daño reducir tus actividades de todos modos. Ocurre en
tu casa 12, la de la espiritualidad, y señala cambios a largo plazo en tu
práctica espiritual, profesor y enseñanza (tu planeta de la espiritualidad, Marte, está «fuera de límites» todo el mes, lo que sugiere que sales de tus límites normales en tu práctica espiritual, tomando un camino menos hollado). Hay trastornos y reestructuración en una
organización espiritual u obra benéfica en la que colaboras. Todos los
eclipses lunares ponen a prueba el coche y el equipo de comunicación, y afectan a la comunicación en general. Este no es diferente. Te
conviene conducir con más prudencia en este periodo también. Este
eclipse ocurre exactamente sobre Urano, tu planeta de la profesión,
lo que indica que ocurren importantes cambios profesionales. Aun
cuando continúes en la misma profesión o el mismo puesto de trabajo, cambian «las reglas del juego». Ocurren acontecimientos dramáticos en la vida de los padres, figuras parentales y jefes. Este eclipse
toca «de refilón» a Plutón, tu planeta del amor; más pruebas para la
relación actual si la hay; las sociedades de negocios y las amistades
también son puestas a prueba.

El eclipse solar del 23 es un poco más fuerte en ti, así que reduce
tus actividades y evita todo lo posible las arriesgadas o estresantes; si
son optativas, prográmalas para otra ocasión. Este eclipse ocurre en
tu séptima casa, la del amor y el matrimonio; así pues, nuevamente es
puesta a prueba la relación actual o una sociedad de negocios. Todos
los eclipses solares afectan al hogar y la familia, y este no es diferente. Los familiares están propensos a ser más temperamentales; ocurren dramas en la vida de un progenitor o figura parental.

La salud necesita más atención a partir del 23. Como siempre, la
primera línea de defensa es mantener elevada la energía, por lo tanto,
descansa y relájate más. Si puedes programar masajes o una estancia
en un balneario de salud, sería maravilloso. Fortalece la salud de las
maneras mencionadas en las previsiones para el año, pero, además,
da más atención a los riñones y caderas hasta el 23, y después al colon, la vejiga y los órganos sexuales. Los regímenes de desintoxicación serán potentes después del 23 también.

Noviembre

Mejores días en general: 6, 7, 15, 16, 17, 25, 26
Días menos favorables en general: 13, 14, 20, 21, 27, 28
Mejores días para el amor: 2, 3, 6, 7, 11, 12, 15, 16, 17, 20, 21, 22, 23, 25, 26
Mejores días para el dinero: 1, 4, 5, 8, 9, 10, 11, 14, 20, 21, 23
Mejores días para la profesión: 4, 5, 13, 14, 22, 23, 27, 28

El amor, como hemos dicho, está pasando por severas pruebas, pero también hay cosas buenas. El 23 del mes pasado entraste en una cima social anual que continúa hasta el 22 de este mes. Hay una atención más intensa hacia el amor y esta atención, este impulso, te permite sobrellevar todas las dificultades que surgen. Puede que la relación sea problemática, pero la vida amorosa en general va bien, es muy activa. El matrimonio continúa siendo improbable y sigue siendo no aconsejable, pero puedes disfrutar de las muchas oportunidades sociales que se presentan, considerándolas lo que son.

Desde el 23 del mes pasado eres más popular; te desvives por los demás; estás por tus amigos. Eres más osado en el amor, vas en pos de lo que deseas.

La salud continúa delicada hasta el 22. Repasa lo que hablamos el mes pasado. Puedes fortalecerla de las maneras mencionadas el mes pasado, pero después del 17 da más atención al hígado y los muslos; masajes periódicos en los muslos irán bien. La salud y la energía mejoran muchísimo después del 22.

Las finanzas se presentan algo más difíciles este mes. Mercurio, tu planeta del dinero, está muy lejos de su casa natural; viaja por lugares lejanos; no está tan fuerte como podría estar. Generalmente, Tauro se siente más cómodo cuando centra su atención en su propio interés financiero. Pero este mes el Cosmos te llama a centrar la atención en los intereses financieros de otras personas, incluso a anteponer sus intereses a los tuyos. Cuando haces prosperar a otros se produce naturalmente tu prosperidad. Además, esta actitud hace más fácil vender cualquier proposición o idea que tengas.

Siguen haciéndose sentir los eclipses del mes pasado. Urano, tu planeta de la profesión está acampado en un punto de eclipse todo el mes; así pues, están en marcha cambios profesionales. Hay cambios drásticos en la empresa o la industria en que trabajas, y hay dramas en la vida de los padres, figuras parentales y jefes.

Del 8 al 12 Marte viaja con Plutón y del 12 al 14 forma cuadratura con Urano. Es un tránsito muy dinámico. Esto refuerza los cambios profesionales de que hemos hablado. Pero también es un periodo para conducir con más prudencia y evitar las actividades arriesgadas. Esto vale para los padres y figuras parentales también.

La reactivación por Mercurio de un punto de eclipse del 8 al 10 genera trastornos financieros de corta duración. Procura no empeorar las cosas más de lo inevitable. Esto pasará.

Diciembre

Mejores días en general: 3, 4, 13, 14, 22, 23, 30, 31
Días menos favorables en general: 10, 11, 18, 19, 24, 25
Mejores días para el amor: 1, 2, 3, 4, 12, 13, 14, 18, 19, 21, 22, 23, 30, 31
Mejores días para el dinero: 1, 2, 5, 6, 10, 11, 20, 21, 22, 28, 29, 30, 31
Mejores días para la profesión: 1, 2, 10, 11, 20, 21, 24, 25, 28, 29

El amor sigue inestable este mes, pero hay mucha mejoría. El 24 Saturno sale de tu séptima casa; ya ha hecho su trabajo. Has eliminado las relaciones mediocres. Tu relación amorosa ha pasado por las peores pruebas. Tu vida social ha sido puesta en orden. Junto con esto, tu planeta del amor, Plutón, recibe mucha estimulación positiva después del 9. En realidad, podemos decir que el 9 entras en otra cima social anual.

Urano continúa acampado en el punto del eclipse lunar del 8 de octubre, por lo tanto hay mucho cambio en la profesión. Gran parte del cambio es bueno, te beneficia, aunque tal vez no es agradable. El 80 por ciento de los planetas, y a veces el 90, están sobre el horizonte de tu carta; el poder cósmico está en la mitad superior. La ambición es potente; hay mucho progreso y éxito profesional. Marte cruza tu mediocielo el 5 y entra en tu décima casa; las exigencias de la profesión son fuertes; mantienes a raya a competidores y rivales. Puedes favorecer tu profesión (y tu imagen pública) colaborando en obras benéficas y causas altruistas.

El impulso planetario es abrumadoramente de avance. Entre el 80 y el 90 por ciento de los planetas están en movimiento directo. Así pues, hay rápido progreso hacia tus objetivos.

Puede que el amor haya sido problemático, pero me parece que la vida sexual no ha sufrido. Tu octava casa ha estado poderosa desde el 22 del mes pasado y continúa poderosa hasta el 22 de este mes. Sea cual sea tu edad o fase en la vida, la libido está más fuerte que de costumbre.

Tauro es gran «adquirente»; le gusta poseer cosas y tiende a aferrarse a ellas. Pero en este periodo, hasta el 22, podría convenirte hacer inventario y librarte de lo que ya no necesitas o no usas. Regálalo a una obra benéfica o véndelo. Limpia, despeja el terreno. No hay nada malo en «tener», pero hay periodos para soltar también. Uno no siempre inspira, tiene que espirar también.

Tal como la entiendo, la ley espiritual sobre las posesiones es la siguiente: tenemos derecho a cualquier cosa que podemos usar y disfrutar. Puedes pedir estas cosas y el Cosmos te las dará; el Cosmos desea que las tengas. Por caras que sean, llegarán a ti legal y legítimamente. Pero las cosas que no usamos o disfrutamos son simplemente cargas, no verdadera riqueza, sólo dolores de cabeza. De estas hay que liberarse.

Géminis

♊

Los gemelos
Nacidos entre el 21 de mayo y el 20 de junio

Rasgos generales

GÉMINIS DE UN VISTAZO
Elemento: Aire

Planeta regente: Mercurio
    Planeta de la profesión: Neptuno
    Planeta de la salud: Plutón
    Planeta del amor: Júpiter
    Planeta del dinero: la Luna

Colores: Azul, amarillo, amarillo anaranjado
    Colores que favorecen el amor, el romance y la armonía social:
    Azul celeste
    Colores que favorecen la capacidad de ganar dinero: Gris, pla-
    teado

Piedras: Ágata, aguamarina

Metal: Mercurio

Aromas: Lavanda, lila, lirio de los valles, benjuí

Modo: Mutable (= flexibilidad)

Cualidad más necesaria para el equilibrio: Pensamiento profundo
en lugar de superficial

Virtudes más fuertes: Gran capacidad de comunicación, rapidez y agilidad de pensamiento, capacidad de aprender rápidamente

Necesidad más profunda: Comunicación

Lo que hay que evitar: Murmuración, herir con palabras mordaces, superficialidad, usar las palabras para confundir o malinformar

Signos globalmente más compatibles: Libra, Acuario

Signos globalmente más incompatibles: Virgo, Sagitario, Piscis

Signo que ofrece más apoyo laboral: Piscis

Signo que ofrece más apoyo emocional: Virgo

Signo que ofrece más apoyo económico: Cáncer

Mejor signo para el matrimonio y/o las asociaciones: Sagitario

Signo que más apoya en proyectos creativos: Libra

Mejor signo para pasárselo bien: Libra

Signos que más apoyan espiritualmente: Tauro, Acuario

Mejor día de la semana: Miércoles

La personalidad Géminis

Géminis es para la sociedad lo que el sistema nervioso es para el cuerpo. El sistema nervioso no introduce ninguna información nueva, pero es un transmisor vital de impulsos desde los sentidos al cerebro y viceversa. No juzga ni pesa esos impulsos; esta función se la deja al cerebro o a los instintos. El sistema nervioso sólo lleva información, y lo hace a la perfección.

Esta analogía nos proporciona una indicación del papel de los Géminis en la sociedad. Son los comunicadores y transmisores de información. Que la información sea verdadera o falsa les tiene sin cuidado; se limitan a transmitir lo que ven, oyen o leen. Enseñan lo que dice el libro de texto o lo que los directores les dicen que digan. Así pues, son tan capaces de propagar los rumores más infames como de transmitir verdad y luz. A veces no tienen muchos escrúpulos a la hora de comunicar algo, y pueden hacer un gran bien o muchísimo daño con su poder. Por eso este signo es el de los Gemelos. Tiene una naturaleza doble.

Su don para transmitir un mensaje, para comunicarse con tanta facilidad, hace que los Géminis sean ideales para la enseñanza, la literatura, los medios de comunicación y el comercio. A esto contribuye el hecho de que Mercurio, su planeta regente, también rige estas actividades.

Los Géminis tienen el don de la palabra, y ¡menudo don es ése! Pueden hablar de cualquier cosa, en cualquier parte y en cualquier momento. No hay nada que les resulte más agradable que una buena conversación, sobre todo si además pueden aprender algo nuevo. Les encanta aprender y enseñar. Privar a un Géminis de conversación, o de libros y revistas, es un castigo cruel e insólito para él.

Los nativos de Géminis son casi siempre excelentes alumnos y se les da bien la erudición. Generalmente tienen la mente llena de todo tipo de información: trivialidades, anécdotas, historias, noticias, rarezas, hechos y estadísticas. Así pues, pueden conseguir cualquier puesto intelectual que les interese tener. Son asombrosos para el debate y, si se meten en política, son buenos oradores.

Los Géminis tienen tal facilidad de palabra y de convicción que aunque no sepan de qué están hablando, pueden hacer creer a su interlocutor que sí lo saben. Siempre deslumbran con su brillantez.

Situación económica

A los Géminis suele interesarles más la riqueza del aprendizaje y de las ideas que la riqueza material. Como ya he dicho, destacan en profesiones como la literatura, la enseñanza, el comercio y el periodismo, y no todas esas profesiones están muy bien pagadas. Sacrificar las necesidades intelectuales por el dinero es algo impensable para los Géminis. Se esfuerzan por combinar las dos cosas.

En su segunda casa solar, la del dinero, tienen a Cáncer en la cúspide, lo cual indica que pueden obtener ingresos extras, de un modo armonioso y natural, invirtiendo en propiedades inmobiliarias, restaurantes y hoteles. Dadas sus aptitudes verbales, les encanta regatear y negociar en cualquier situación, pero especialmente cuando se trata de dinero.

La Luna rige la segunda casa solar de los Géminis. Es el astro que avanza más rápido en el zodiaco; pasa por todos los signos y casas cada 28 días. Ningún otro cuerpo celeste iguala la velocidad de la Luna ni su capacidad de cambiar rápidamente. Un análisis de la Luna, y de los fenómenos lunares en general, describe muy bien las actitudes geminianas respecto al dinero. Los Géminis son versátiles y flexibles en los asuntos económicos. Pueden ganar dinero de muchas maneras. Sus actitudes y necesidades en este sentido parecen variar diariamente. Sus estados de ánimo respecto al dinero son cambiantes. A veces les entusiasma muchísimo, otras apenas les importa.

Para los Géminis, los objetivos financieros y el dinero suelen ser solamente medios para mantener a su familia y tienen muy poco sentido en otros aspectos.

La Luna, que es el planeta del dinero en la carta solar de los Géminis, tiene otro mensaje económico para los nativos de este signo: para poder realizar plenamente sus capacidades en este ámbito, han de desarrollar más su comprensión del aspecto emocional de la vida. Es necesario que combinen su asombrosa capacidad lógica con una comprensión de la psicología humana. Los sentimientos tienen su propia lógica; los Géminis necesitan aprenderla y aplicarla a sus asuntos económicos.

Profesión e imagen pública

Los Géminis saben que se les ha concedido el don de la comunicación por un motivo, y que este es un poder que puede producir mucho bien o un daño increíble. Ansían poner este poder al servicio de las verdades más elevadas y trascendentales. Este es su primer objetivo: comunicar las verdades eternas y demostrarlas lógicamente. Admiran a las personas que son capaces de trascender el intelecto, a los poetas, pintores, artistas, músicos y místicos. Es posible que sientan una especie de reverencia sublime ante las historias de santos y mártires religiosos. Uno de los logros más elevados para los Géminis es enseñar la verdad, ya sea científica, histórica o espiritual. Aquellas personas que consiguen trascender el intelecto son los superiores naturales de los Géminis, y estos lo saben.

En su casa diez solar, la de la profesión, los Géminis tienen el signo de Piscis. Neptuno, el planeta de la espiritualidad y el altruismo, es su planeta de la profesión. Si desean hacer realidad su más elevado potencial profesional, los Géminis han de desarrollar su lado trascendental, espiritual y altruista. Es necesario que comprendan la perspectiva cósmica más amplia, el vasto fluir de la evolución humana, de dónde venimos y hacia dónde vamos. Sólo entonces sus poderes intelectuales ocuparán su verdadera posición y Géminis podrá convertirse en el «mensajero de los dioses». Es necesario que cultive la facilidad para la «inspiración», que no se origina «en» el intelecto, sino que se manifiesta «a través» de él. Esto enriquecerá y dará más poder a su mente.

Amor y relaciones

Los Géminis también introducen su don de la palabra y su locuacidad en el amor y la vida social. Una buena conversación o una contienda verbal es un interesante preludio para el romance. Su único problema en el amor es que su intelecto es demasiado frío y desapasionado para inspirar pasión en otra persona. A veces las emociones los perturban, y su pareja suele quejarse de eso. Si estás enamorado o enamorada de una persona Géminis, debes comprender a qué se debe esto. Los nativos de este signo evitan las pasiones intensas porque estas obstaculizan su capacidad de pensar y comunicarse. Si adviertes frialdad en su actitud, comprende que esa es su naturaleza.

Sin embargo, los Géminis deben comprender también que una cosa es hablar del amor y otra amar realmente, sentir el amor e irradiarlo. Hablar elocuentemente del amor no conduce a ninguna parte. Es necesario que lo sientan y actúen en consecuencia. El amor no es algo del intelecto, sino del corazón. Si quieres saber qué siente sobre el amor una persona Géminis, en lugar de escuchar lo que dice, observa lo que hace. Los Géminis son muy generosos con aquellos a quienes aman.

A los Géminis les gusta que su pareja sea refinada y educada, y que haya visto mucho mundo. Si es más rica que ellos, tanto mejor. Si estás enamorado o enamorada de una persona Géminis, será mejor que además sepas escuchar.

La relación ideal para los Géminis es una relación mental. Evidentemente disfrutan de los aspectos físicos y emocionales, pero si no hay comunión intelectual, sufrirán.

Hogar y vida familiar

En su casa, los nativos de Géminis pueden ser excepcionalmente ordenados y meticulosos. Tienden a desear que sus hijos y su pareja vivan de acuerdo a sus normas y criterios idealistas, y si estos no se cumplen, se quejan y critican. No obstante, se convive bien con ellos y les gusta servir a su familia de maneras prácticas y útiles.

El hogar de los Géminis es acogedor y agradable. Les gusta invitar a él a la gente y son excelentes anfitriones. También son buenos haciendo reparaciones y mejoras en su casa, estimulados por su necesidad de mantenerse activos y ocupados en algo que les agrada hacer. Tienen muchas aficiones e intereses que los mantienen ocupados cuando están solos. La persona Géminis comprende a sus hijos y se lleva bien con ellos, sobre todo porque ella misma se mantiene joven. Dado que es una excelente comunicadora, sabe la manera de explicar las cosas a los niños y de ese modo se gana su amor y su respeto. Los Géminis también alientan a sus hijos a ser creativos y conversadores, tal como son ellos.

Horóscopo para el año 2014*

Principales tendencias

Desde junio de 2012 te encuentras en un ciclo de prosperidad, que continúa este año, particularmente la primera mitad del año. Volveremos sobre este tema.

Plutón transita por tu octava casa desde hace varios años y continuará ahí muchos años más. Esto indica que estás lidiando con el tema de la muerte. Es posible que hayas tenido alguna experiencia de casi muerte o experimentado la pérdida de un ser querido. Comprender la muerte es tal vez tan importante como comprender la vida. Y este es el programa cósmico en este periodo.

En 2012 Neptuno hizo un importante traslado, de larga duración; salió de tu novena casa y entró en la décima, la de la profesión. Esto ha traído una nueva racha de entusiasmo idealista por tu profesión. No te basta simplemente hacer dinero y tener éxito en el plano mundano; tu profesión tiene que tener un sentido espiritual, tiene que intervenir en la elevación espiritual de la humanidad en su totalidad. Volveremos sobre este punto.

Desde 2011 Urano ha estado transitando por tu casa once, la de las amistades. Hay, por lo tanto, muchísima agitación en esta faceta. Las amistades pasan por pruebas y muchas se van al garete. Cuando Urano haya acabado su trabajo contigo estarás en un círculo de amistades totalmente nuevo.

La salud es esencialmente buena, aunque ha habido unos cuantos

---

* Las previsiones de este libro se basan en el Horóscopo Solar y todos los signos que derivan de él; tu Signo Solar se convierte en el Ascendente, y las casas se numeran a partir de él. Tu horóscopo personal, el trazado concretamente para ti (según la fecha, hora y lugar exactos de tu nacimiento) podrían modificar lo que decimos aquí. Joseph Polansky

sustos los últimos años. Tal vez ha habido también una operación quirúrgica. Esta faceta continúa inestable este año. Hablaremos más de esto.

El 16 de julio Júpiter entrará en tu tercera casa, la de la comunicación y los intereses intelectuales. Siempre eres un comunicador dotado, Géminis, pero ahora este don se realza y tal vez es más reconocido. Tu mente ya aguda se agudiza más aún.

En tu carta hay un viaje al extranjero después del 16 de julio. El próximo año también.

Las facetas de mayor interés para ti este año son: las finanzas (hasta el 16 de julio); la comunicación y las actividades intelectuales (a partir del 16 de julio); la diversión, la creatividad y los hijos (hasta el 26 de julio); la salud y el trabajo (casi todo el año, hasta el 24 de diciembre); la sexualidad, la transformación y reinvención personales, la muerte y los asuntos relativos a la muerte, la vida después de la muerte; la profesión; las amistades, los grupos, las actividades en grupo y las *online*.

Los caminos para tu mayor realización o satisfacción este año son: las finanzas (hasta el 16 de julio); la comunicación y los intereses intelectuales (a partir del 16 de julio); la salud y el trabajo (hasta el 19 de febrero); la diversión, la creatividad y los hijos (a partir del 19 de febrero).

Salud

(Ten en cuenta que esta es una perspectiva astrológica de la salud, no una médica. Antaño no había ninguna diferencia, ambas eran idénticas, pero en esta época podrían diferir muchísimo. Para una perspectiva médica, por favor, consulta a tu médico o a otro profesional de la salud.)

La salud y la vitalidad son fundamentalmente buenas este año. Sólo hay un planeta lento en alineación desfavorable contigo: Neptuno. Los demás o bien te forman aspectos armoniosos o te dejan en paz. Es cierto que podrías necesitar intervención quirúrgica, y si es así, se ve exitosa. Te recuperas bien. La vitalidad básica es muy importante para la recuperación de una operación, y la tienes.

Tu sexta casa, la de la salud, está poderosa este año, por lo tanto hay mucha atención a ella.

Siendo Plutón tu planeta de la salud, tienes predisposición a la intervención quirúrgica, la tendencia a considerarla una «solución rápida» a los problemas de salud. Pero ten presente que Plutón también rige la desintoxicación. Con frecuencia una desintoxicación hace más que una operación, aunque, eso sí, el proceso es mucho más lento. En caso de que te recomienden operarte, busca una segunda opinión.

Si bien la salud es buena, puedes mejorarla aún más. Da más atención a las siguientes zonas, las zonas que serán vulnerables este año:

El colon, la vejiga y los órganos sexuales: Esto siempre es importante para ti. Las lavativas podrían ir bien. El colon debe estar limpio, libre de todas las acumulaciones tóxicas. También son importantes el sexo seguro y la moderación sexual.

La columna, las rodillas, la dentadura, la piel y la alineación esquelética general: Masajes periódicos en la espalda irán bien para la columna. También debes dar masajes a las rodillas y protegerlas más cuando hagas ejercicio. Para estar al aire libre usa un buen protector solar para la piel. Te conviene hacer visitas periódicas a un osteópata o quiropráctico. Es necesario mantener bien alineada la columna; el yoga, Pilates, la técnica Alexander o Feldenkreis son excelentes terapias para la columna.

La vesícula biliar: El masaje en la espalda va bien no sólo para la espalda sino también para la vesícula; a lo largo de la columna hay puntos reflejos que llegan a todos los órganos del cuerpo.

Si prestas atención a estas zonas puedes prevenir muchos problemas. Y si no se pueden prevenir totalmente, lo cierto es que se aminoran muchísimo.

Tu planeta de la salud, Plutón, está en Capricornio, signo que rige la columna, las rodillas, la dentadura, los huesos, la piel y la alineación esquelética general, de ahí la importancia de estas zonas en la salud. Saturno, el planeta que rige estas zonas, está en tu sexta casa, la de la salud, lo que refuerza todo lo dicho.

Plutón, el planeta que rige la cirugía, está en tu octava casa, la de la cirugía, y esto refuerza lo que hemos dicho. Y, también como hemos dicho, Plutón y la octava casa rigen la desintoxicación.

En los años pasados hemos visto muchos cambios drásticos en el programa de salud, y esto continúa este año. Estos cambios serán fundamentalmente buenos.

Los números favorables para la salud son el 8, el 11, el 13 y el 20. Sería útil si pudieras incorporarlos en tu programa de salud. Si haces afirmaciones o ejercicios, hazlos en conjuntos de 8, 11, 13 y 20. Con su creatividad, seguro que encontrará otras maneras de usar estos números.

Hogar y vida familiar

El hogar y la familia son siempre importantes para ti; Mercurio, el señor de tu horóscopo, es también el señor de tu cuarta casa, la del hogar y la familia. Esto indica lo cerca que está esto de tu corazón. También indica un lazo especial entre tú y uno de tus progenitores o figuras parentales de tu vida: una intimidad especial; la sensación de que sois una «misma carne» (esto podría modificarlo tu horóscopo personal, hecho con la fecha y la hora exactas de tu nacimiento).

En todo caso, este año no se ven novedades ni cambios en el hogar y la familia: tu cuarta casa está prácticamente vacía, sólo transitan por ella los planetas rápidos, y su efecto será temporal.

Así pues, el Cosmos te da plena libertad en esta faceta. Tienes la libertad para hacer lo que quieras, el Cosmos no te impulsa ni en un sentido ni en otro. Pero con la falta de interés, la tendencia es a dejar las cosas como están. Por lo general no hacemos cambios a no ser que nos «empujen» las circunstancias.

Esto lo interpreto también como satisfacción con las cosas como están. No hay ninguna necesidad de hacer cambios drásticos.

Al parecer un progenitor o figura parental se mudó de casa uno de estos años pasados, pero este año no se ven mudanzas; y ni siquiera parece aconsejable durante un tiempo. Es posible que un progenitor o figura parental pase por una intervención quirúrgica; esto podría haber ocurrido en los últimos años, pero el aspecto está en vigor este año también. Una de las figuras parentales experimenta una gran transformación espiritual; su cuerpo se refina y sensibiliza; esta persona ha de evitar el alcohol y las drogas.

Los hermanos o figuras fraternas de tu vida entran en un ciclo de prosperidad el 16 de julio. Viajan más que de costumbre y llevan una buena vida. Pero este año las mudanzas no son aconsejables.

Los hijos en edad de vivir independientes podrían no mudarse, pero parece que invierten en la casa. Hay probabilidades de renovaciones a fondo. Sus matrimonios o relaciones amorosas se ven muy inestables.

Para los nietos en edad de vivir independientes el año se presenta sin novedades ni cambios en lo hogareño y doméstico. Hay posibilidades de boda para alguno de ellos en la segunda parte del año.

Profesión y situación económica

Como hemos dicho, desde 2012 estás en un ciclo de prosperidad. Aumentan las oportunidades financieras y de riqueza. Los bienes que posees ganan en valor. Coges las rachas financieras afortunadas.

Júpiter, tu planeta del amor, está en tu casa del dinero hasta el 16 de julio. Esto indica la posibilidad de sociedades de negocios o empresas conjuntas. Así fue el año pasado y la tendencia continúa en vigor la primera mitad del año.

Este tránsito también indica la importancia de la dimensión social en los ingresos. Las personas que conoces, tus conexiones sociales, son tan importantes como lo que posees. Las declaraciones financieras son herramientas fabulosas, pero en tu caso podrían ser inexactas: no mostrarían tus bienes ocultos, tus amigos ricos y su apoyo económico.

Gran parte de tu vida social se ve relacionada con los negocios este año. Volveremos sobre este tema.

Genéricamente, Júpiter rige la industria editorial, los viajes y la formación superior. Muchos Géminis sois escritores. Y este es un buen año para publicar tus obras (el año pasado también). También me gusta este campo como inversión: en editoriales, universidades de pago y empresas de viajes.

Asimismo, se ven beneficiosas este año las inversiones en el extranjero o en empresas extranjeras. También tienes más viajes relacionados con trabajo o negocios.

Plutón lleva unos cuantos años en tu octava casa. El señor de tu octava casa, Saturno, está en recepción mutua con Plutón. Esto indica una colaboración fabulosa entre estos dos planetas. Cada uno es huésped en la casa del otro. Por lo tanto, hay buen acceso a dinero ajeno. Este año debería aumentar tu crédito: es fuerte tu capacidad para endeudarte y pagar deudas (según tus necesidades). Si tienes buenas ideas me parece que te será fácil atraer inversores a tus proyectos. Además, tendrás oportunidades para invertir en propiedades o empresas con problemas e incluso en bancarrota (o incapaces de redimir sus hipotecas) y hacerlas recuperarse.

Se dice que la principal diferencia entre la persona pobre y la persona rica es que la rica tiene acceso a dinero ajeno. Las empresas funcionan con préstamos, con crédito, rara vez con dinero propio. Por lo tanto, este fácil acceso al crédito que tienes es otra señal de éxito financiero. La única pega es que ese dinero de crédito hay que usarlo, no abusar de él. Y te encuentras en un ciclo en que estás aprendiendo estas cosas: la diferencia entre deuda constructiva y deuda destructiva.

El 16 de julio Júpiter sale de tu casa del dinero. Esto lo interpreto como que has conseguido muchos objetivos financieros (nunca los conseguimos totalmente puesto que siempre hay más, más y más por tener, pero hay una sensación de saciedad). Comenzarás a volver la atención a tu verdadero amor y verdadero don: la comunicación y los intereses intelectuales. En el plano financiero, el paso de Júpiter de la segunda a la tercera casa indica mayores ingresos procedentes del ahorro y la inversión. En general, esto viene por mayores dividendos o intereses.

La Luna es tu planeta del dinero. Como saben nuestros lectores, es el planeta más rápido de todos; mientras el raudo Mercurio transita por todos los signos y casas del horóscopo en un año, la Luna transita por todos ellos en un mes; mes tras mes. Por lo tanto, hay muchas tendencias a corto plazo en las finanzas que es mejor tratar en las previsiones mes a mes.

Tus números financieros favorables son el 2, el 4, el 7 y el 9.

Amor y vida social

Los años 2012 y 2013 fueron excepcionalmente fuertes en lo amoroso y social. Es posible que te hayas casado o entrado en una relación «parecida» al matrimonio. O tal vez conociste a una persona con la que considerarías la posibilidad de casarte, persona que era buen «material para matrimonio». Este año no está poderosa tu séptima casa, la del amor y el matrimonio, y esto lo interpreto como satisfacción con las cosas como están. No hay ninguna necesidad de hacer cambios drásticos; es un año amoroso en que las cosas continúan como están. Si estás casado o casada tiendes a continuar así, y si estás soltero o soltera, también.

En 2013 los aspectos eran favorables para relaciones de tipo sociedad de negocios o empresa conjunta, lo que también es una forma de matrimonio, aunque en el plano económico. Esto puede ocurrir este año también.

Siendo Júpiter tu planeta del amor tienes afinidad natural con personas de tipo «jet-set», y este año la tienes más aún. Júpiter pasa la primera parte del año en tu casa del dinero. Decididamente la riqueza es un excitante romántico.

Pero la riqueza sola no basta. Júpiter en el signo Cáncer indica que el ser amado debe tener fuertes valores familiares. La intimidad emocional, la comunicación de las emociones y el cariño, son muy importantes en el amor, tal vez tan importantes como los aspectos físicos. Hay algo especial en la relación sexual emocional; el acto sexual tiene que ocurrir emocional y físicamente.

Como el año pasado, demuestras el amor de formas materiales, dando apoyo financiero y regalos materiales. Y así es como te sientes amado también.

Si estás soltero o soltera y sin compromiso, hasta el 16 de julio encuentras oportunidades amorosas cuando estás trabajando en tus objetivos financieros y tal vez con personas relacionadas con tus finanzas.

Pasado el 16 de julio comienza a cambiar la actitud amorosa, pues tu planeta del amor entra en Leo, tu tercera casa. Se vuelve importante la conexión intelectual. La comunicación siempre es importante para ti, pero ahora se convierte en un asunto amoroso. Necesitas compatibilidad mental, necesitas enamorarte de la mente tanto como del cuerpo. La facilidad de comunicación es un excitante romántico; la conversación es una forma de juego preliminar; la mente es una zona erógena.

Cuando Júpiter entre en Leo las oportunidades amorosas se presentarán en el barrio y tal vez con personas vecinas. El amor está cerca de casa. Las oportunidades amorosas también se presentan en ambientes de tipo educativo, en el colegio, funciones del colegio, en charlas y seminarios, en la biblioteca o en el quiosco local de revistas y diarios. Estos son buenos lugares, pues el intercambio de intereses mentales es un buen primer paso en el amor, una buena primera conexión.

El horóscopo no sólo indica las necesidades en el amor, sino también la terapia para los problemas en el amor. Hasta el 16 de julio un bonito regalo alivia los sentimientos heridos y tiende a restablecer la armonía. Esto cambia después. Podría ser conveniente leer el mismo libro (juntos, como pareja) o asistir a charlas o hacer cursos juntos. Esto creará la armonía en el plano mental, que es lo que se necesita ahora.

Tus números favorables para el amor son el 4, el 9, el 10 y el 14. Con su creatividad, Géminis sabrá la manera de aplicar esto.

Progreso personal

Saturno ha transitado por tu sexta casa, la de la salud, desde octubre de 2012, y continuará ahí la mayor parte de este año. Aparte de los aspectos físicos de la salud, de los que hemos hablado, esto indica cambios de actitud. Indica la necesidad de evitar los remedios o tratamientos «rápidos», cosas que sólo procuran alivio temporal, y centrar la atención en la curación y prevención a largo plazo. Por lo general esto entraña modificación del estilo de vida. También indica la necesidad, y la capacidad, para emprender un programa diario de salud riguroso y disciplinado. Esto es positivo para la salud. Sin embargo, este tránsito también hace a la persona ultraconservadora en asuntos de salud, no dispuesta a probar terapias o modalidades nuevas y tal vez beneficiosas. Simplemente que sea nuevo no significa que sea malo. Haz tu trabajo y reflexión.

Neptuno, como hemos dicho, está en tu décima casa, la de la profesión, por muchos años más, unos doce más o menos. Esto aporta idealismo a la profesión, como hemos dicho. En muchos casos indica una colaboración en una organización de tipo no lucrativo, o benéfico; tal vez la paga no sea la que te gustaría, pero te dará muchísima satisfacción, algo que el dinero no puede comprar. En otros casos esto indicaría una profesión de tipo espiritual: pastoral, sacerdotal, del campo de la telepatía, videncia o astrología, canalización espiritual, música, poesía o bellas artes. Cualquier vocación en que intervenga el «flujo» de la inspiración espiritual te atraería. Cualquiera que haya experimentado este flujo puede atestiguar que es «eufórico». La persona «se coloca» sin droga ni alcohol (la manera correcta de «colocarse»). Muchos Géminis vais a experimentar esto en los próximos años; esta es una euforia que no tiene nada que ver con ninguna cosa ni acontecimiento físico o material. Es algo interior. Si te ocurre, esto podría indicar que tu verdadera misión (en lugar de tu profesión o trabajo externo) es tu práctica espiritual, tu crecimiento espiritual. Aunque estas prácticas parecen solitarias y sutiles (parece que no ocurre nada visible) son muy potentes. Primero cambian la condición interna en el plano personal; esto a su vez influye en la condición interna de la familia y de las personas con las que contactas. Después las ondas se extienden a la comunidad, la ciudad, el país y el mundo.

Muchas personas creen que los cambios en el mundo ocurren en la Sala Oval, el palacio de Buckingham, el Congreso o el Parlamento. La verdad es que lo que cambia el mundo es el progreso espiritual hecho por practicantes solitarios, lejos de la multitud, focos, flashes y bombo. Las actividades de los políticos y gobernantes son sencillamente el resultado final, la ratificación, de cambios que hizo tal vez un yogui desnudo meditando en una cueva del Himalaya. O tal vez alguien como tú meditando en su casa.

Así pues, desde la perspectiva espiritual de las cosas, estas actividades son un camino profesional válido.

Es posible que te preguntes qué puedes hacer con tu vida, qué camino seguir. Teniendo a Neptuno en tu décima casa, recibirás muchas revelaciones sobre esto. Presta atención a tus sueños. Astrólogos, adivinos, pastores, sacerdotes, canalizadores espirituales, este tipo de personas te ofrecerán orientación sobre estos temas.

Previsiones mes a mes

Enero

Mejores días en general: 3, 4, 12, 13, 22, 23, 30, 31
Días menos favorables en general: 5, 6, 19, 20, 26, 27
Mejores días para el amor: 1, 2, 5, 6, 9, 10, 14, 15, 19, 20, 24, 25, 26, 27, 28, 29
Mejores días para el dinero: 1, 2, 5, 6, 9, 10, 14, 15, 21, 22, 24, 25, 30, 31
Mejores días para la profesión: 5, 6, 14, 24

Comienzas el año con el poder planetario principalmente en la mitad superior de tu carta; el 60 y a veces el 70 por ciento de los planetas están en el hemisferio superior. Estás en la última hora de la mañana de tu año, periodo para ser físicamente activo e ir en pos de tus objetivos de una manera física, con los métodos del día. Es aconsejable y no hay riesgo en dejar estar los asuntos familiares y emocionales por un tiempo y centrar la atención en la profesión y los objetivos externos. Durante los próximos meses estás en un ciclo de éxito profesional.

Además, el poder planetario está principalmente en tu sector occidental, el social. La independencia personal aun no es lo que debería ser o será. Es más difícil cambiar las condiciones y circunstancias, así que es mejor que te adaptes a ellas todo lo posible. Toma nota de lo que te desagrada para que cuando comience el ciclo de independencia personal, que llegará, hagas los cambios apropiados. Estos ocurrirán de modo fácil y natural. Ahora cultiva tus dotes sociales; tu manera podría no ser la mejor en este periodo; consulta a los demás, acepta consejos, esfuérzate por encontrar consenso y colaboración.

Las finanzas en general serán maravillosas este año. Verás un considerable aumento en tus ingresos y activos netos. Si tus objetivos financieros son estratosféricos es posible que no veas su consecución total, pero sí un buen avance hacia ellos: esto deberás considerarlo un éxito. Las finanzas se ven bien este mes. Siendo la Luna tu planeta del dinero, los días de Luna nueva y Luna llena son especialmente potentes en finanzas. Este mes tenemos dos Lunas nuevas, el 1 y el 30 (por lo general sólo hay una); el Cosmos te regala un día de paga extra. La Luna llena (también día financiero potente) es el 16 (y encima ocurre en tu casa del dinero). En general, el poder adquisitivo es más fuerte cuando la Luna está en fase creciente; esto será del 1 al 16 y el 30 y 31.

Tienes algunos días financieros buenos también cuando la Luna está en fase menguante, pero no tan buenos como los buenos cuando la Luna está en creciente.

El amor es más complicado este mes. Júpiter, tu planeta del amor, está retrógrado todo el mes. Así pues, tienes la sensación de estar «sin dirección» en el amor y en una relación actual. Este es un periodo para hacer revisión de la vida amorosa, no para tomar decisiones. Tránsitos de planetas rápidos difíciles para Júpiter podrían darte una falsa impresión de la situación de una relación actual y de tus perspectivas amorosas en general. Haz revisión, enfrenta la realidad y deja que el amor se desarrolle a su aire. Después del 20 las cosas mejorarán.

La salud es fundamentalmente buena este mes. Puedes fortalecerla más de las maneras mencionadas en las previsiones para el año.

Febrero

Mejores días en general: 8, 9, 18, 19, 26, 27
Días menos favorables en general: 1, 2, 15, 16, 17, 22, 23, 28
Mejores días para el amor: 1, 2, 5, 6, 7, 10, 11, 16, 17, 20, 21, 22, 23, 24, 25, 28
Mejores días para el dinero: 1, 2, 8, 9, 10, 11, 12, 20, 21, 28
Mejores días para la profesión: 1, 2, 10, 20, 28

Lo que el Cosmos dio el mes pasado lo quita este mes; este mes no hay Luna nueva, cosa también muy insólita. Pero la prosperidad en general continúa intacta; Júpiter sigue ocupando tu casa del dinero. Llegan ingresos, pero no tanto como el mes pasado. La Luna llena del 14 será un día financiero potente, como también el periodo en creciente del 1 al 14.

Tu novena casa estuvo fuerte el mes pasado y está muy fuerte hasta el 18. Así pues, te llaman otras tierras; se huele viaje; llegarán las oportunidades. Este es también un periodo excelente si eres estudiante; tendría que irte bien en los estudios. El interés y el deseo de aprender están presentes, y esto es el 90 por ciento del éxito. Si tienes inclinación religiosa harás progreso religioso y filosófico; es un buen periodo para el estudio de la literatura sagrada.

El 18 entras en una de tus cimas profesionales del año, aunque esto lo sentirás antes; Mercurio, el señor de tu carta, cruza tu mediocielo el 1 y entra en tu décima casa; hasta el 13 estará acampado (estacionado) justo sobre Neptuno, tu planeta de la profesión. Esto indica éxito y elevación profesional. Estás en la cima durante un tiempo, al mando, por encima de tu mundo. No obstante, Mercurio inicia movimiento retrógrado el 6 y tú comienzas a alejarte de esto. Tal vez no es lo que creías que sería; no sabes muy bien si lo deseas. Mercurio estará retrógrado hasta el 28. En este periodo te irá bien hacer revisión de tus aspiraciones personales y profesionales. Pese al movimiento retrógrado tendrás éxito profesional; el próximo mes podría ser mejor, pero este mes está bien.

Sigue siendo bueno centrar la atención en la profesión y dejar en segundo plano los asuntos familiares por un tiempo. Estando retrógrado Mercurio no es mucho lo que se puede hacer para resolver problemas familiares; sólo el tiempo los resolverá.

El estacionamiento de Mercurio sobre Neptuno no sólo es un aspecto bueno para la profesión sino uno muy espiritual también. La vida onírica es más activa y, tal vez, profética; se intensifican las facultades de percepción extrasensorial. Hay probabilidades de adelantos espirituales importantes. Es intensa la sensación de felicidad cuando ocurren estas cosas; estos adelantos tienden a «cambiar el panorama».

En general la salud es buena, pero el 18 entras en un periodo vulnerable de corta duración; comparado con otros periodos del año es «menos fácil». Así pues, programa más ratos de descanso; no te permitas cansarte en exceso. Como saben nuestros lectores, la energía elevada es la primera línea de defensa contra la enfermedad. Fortalece la salud de las maneras indicadas en las previsiones para el año.

Marzo

Mejores días en general: 7, 8, 17, 18, 26, 27
Días menos favorables en general: 1, 2, 15, 16, 22, 23, 28, 29
Mejores días para el amor: 1, 2, 7, 10, 11, 17, 18, 19, 20, 22, 23, 26, 27, 28, 29
Mejores días para el dinero: 1, 2, 10, 11, 19, 20, 21, 22, 28, 29, 30, 31
Mejores días para la profesión: 1, 2, 10, 19, 28, 29

Hasta el 20 sigue siendo necesario dar más atención a la salud. El éxito (el que estás teniendo) suele ser tan estresante como el fracaso (aunque más agradable). Repasa lo que hablamos el mes pasado. Después del 20 volverán la salud y la energía.

Si bien la energía general podría estar mejor, te ocurren muchas cosas buenas. Hasta el 20 sigues en una cima profesional anual. Mercurio, el señor de tu horóscopo, cruza tu mediocielo el 17 y entra en tu décima casa, la de la profesión. Esto indica que nuevamente estás en la cima, valorado, honrado, respetado. La apariencia personal es un factor importante en tu profesión a partir del 17, así que pon atención a ello. Del 17 al 19 Mercurio viaja con Neptuno, tu planeta de la profesión, lo que también produce elevación y oportunidades profesionales (esto es repetición de lo que vimos el mes pasado, sólo que ahora Mercurio va en movimiento directo).

Mercurio en movimiento directo significa más seguridad en ti mismo y más autoestima.

El amor fue bastante pasable el mes pasado, sobre todo después del 18, pero Júpiter en movimiento retrógrado complicaba las cosas. El 6 de este mes Júpiter retoma el movimiento directo; avanza una relación actual; hay más confianza social. A partir del 17 Mercurio forma aspectos hermosos a tu planeta del amor, en especial del 24 al 27. Si estás soltero o soltera y sin compromiso vivirás un episodio romántico uno de esos días. Si ya tienes una relación, esta tendría que ser más romántica. También podría formarse una sociedad de negocios.

Si estás soltero o soltera encuentras oportunidades románticas cuando estás atendiendo a tus objetivos profesionales y financieros o con personas relacionadas con esas dos facetas. La riqueza es un excitante en el amor, ha sido así desde el año pasado.

Lo que el Cosmos quitó el mes pasado lo da este mes. Nuevamente tenemos dos Lunas nuevas, el 1 y el 30; tienes un día de paga extra.

La Luna llena, también un bonito día de paga, ocurre el 16. En general, el poder adquisitivo será más fuerte del 1 al 16 y el 30 y 31, cuando la Luna está en fase creciente. Deberías explorar también las posibilidades de formar una sociedad de negocios o empresa conjunta.

Del 21 al 23 Venus reactiva un punto de eclipse. Los hijos o figuras filiales deberán tener un programa de actividades más relajado. Esto puede producir cambios en la espiritualidad también.

Del 11 al 18 Marte reactiva un punto de eclipse. El ordenador podría dar problemas; será necesario repararlo o reemplazarlo. Las amistades deberán conducir con más prudencia y evitar enfrentamientos.

Abril

Mejores días en general: 3, 4, 5, 13, 14, 15, 22, 23
Días menos favorables en general: 11, 12, 18, 19, 24, 25
Mejores días para el amor: 4, 5, 6, 7, 16, 17, 18, 19, 24, 25
Mejores días para el dinero: 6, 7, 9, 10, 16, 17, 19, 20, 24, 25, 29, 30
Mejores días para la profesión: 6, 7, 16, 17, 24, 25

El 17 del mes pasado el poder planetario comenzó a trasladarse de tu sector occidental al oriental; el 6 de este mes el traslado queda establecido. Ahora domina en tu carta el sector oriental, el de independencia personal. El don de gentes es fabuloso, pero ahora es el periodo para hacerte valer más y para seguir tu camino personal hacia la dicha. Es de esperar que hayas tomado nota de los cambios que necesitas hacer y este (ahora y los cinco próximos meses más o menos) es el periodo para hacerlos. Te serán más fáciles, te exigirán menos esfuerzo. Este es el periodo para complacerte a ti mismo. Tu manera es la mejor para ti; mientras no hagas daño a los demás, date el gusto. El Cosmos desea que seas feliz.

Este mes tenemos dos eclipses; esto asegura un mes de cambios drásticos. Las cosas o proyectos que no concuerdan con el plan cósmico caen derribadas; normalmente las que concuerdan con el plan se dejan en paz.

El eclipse lunar del 15 ocurre en tu quinta casa. Este podría poner a prueba una aventura amorosa (no un matrimonio o relación comprometida). Produce cambios y dramas en la vida de los hijos o figuras filiales. Si estás en edad de concebir, podría indicar un embarazo. También se ponen a prueba las amistades; este eclipse ocurre justo sobre Marte. Hay dramas en la vida de personas amigas, y tal vez se ponen a prueba sus relaciones amorosas. Si participas en actividades de ocio, procura que no sean arriesgadas. Todos los eclipses lunares producen cambios y reorganización financieros, y este no es diferente. Es positivo que dos veces al año tengas la oportunidad de hacer los cambios y mejoras necesarios.

El eclipse solar del 29 ocurre en tu casa doce, la de la espiritualidad. Esto señala cambios espirituales a largo plazo; el cambio no ocurrirá de la noche a la mañana, sino a lo largo de seis meses. Si no estás en el camino, podrías embarcarte en uno. Si ya estás en el camino, harás cambios importantes: tal vez de profesor o práctica. La actitud espiritual es puesta a prueba por la «realidad de la vida». Todos los eclipses solares afectan a los hermanos (o figuras fraternas), a los vecinos y a tu barrio, por lo tanto se producen dramas o trastornos; podría haber obras de construcción en el barrio y durante unos meses es incómodo el paso. Se ponen a prueba los coches y el equipo de comunicación. Conduce con más prudencia durante este periodo.

La salud es fundamentalmente buena, pero no te hará ningún daño reducir tus actividades durante los periodos de los eclipses.

Si trabajas en el mundo del arte tienes inspiración especial del 10 al 18. Si estás soltero o soltera tendrás oportunidades románticas con personas de tipo espiritual: pintores, músicos, poetas, yoguis, ese tipo de personas.

Mayo

Mejores días en general: 1, 2, 11, 12, 19, 20, 28, 29
Días menos favorables en general: 8, 9, 10, 15, 16, 21, 22
Mejores días para el amor: 3, 4, 5, 6, 13, 14, 15, 16, 21, 22, 24, 25, 31
Mejores días para el dinero: 3, 4, 5, 8, 9, 10, 13, 14, 17, 18, 21, 22, 28, 29, 31
Mejores días para la profesión: 3, 4, 13, 14, 21, 22, 31

El 20 del mes pasado entraste en un periodo muy espiritual, que continúa hasta el 21 de este mes. Sería normal que sintieras deseos de estar solo, de estar más tiempo tranquilo, más tiempo a solas. No te ocurre nada malo; este es muy buen periodo para estudios y prácticas espirituales. También es bueno para colaborar más en obras benéficas o en causas que consideras buenas y dignas. Este periodo espiritual es bueno en otros sentidos también. Cumples años este mes o el próximo. Tu cumpleaños (en realidad, tu retorno solar) es tu día del año nuevo personal. Terminas un año viejo y comienzas un nuevo ciclo. Sería muy bueno que hicieras revisión del año pasado para ver qué has realizado y qué no. ¿Qué podrías haber hecho mejor? ¿Qué errores cometiste? ¿Sientes algún pesar? La corrección de los errores pasados se llamaba «expiación» en el antiguo lenguaje religioso; eso es la expiación: confesamos y corregimos. Una vez hecho esto, fija tus objetivos para el año que comienza. De esta manera comienzas tu nuevo año con el pizarrón limpio.

El 21, cuando el Sol entra en tu signo, comienzas una de tus cimas anuales de placer personal. Este es el periodo para mimar al cuerpo y permitirle que goce de sus placeres. Tu cuerpo no es tú, le pertenece al reino animal; pero es bueno mimar al animal de vez en cuando.

La entrada del Sol en tu signo es maravillosa para la salud y la energía. La salud debería ser buena; rezumas más vitalidad, y esto se refleja en tu apariencia personal; tienes más de «aquella» cualidad: carisma y magnetismo. También aumentan tu autoestima y seguridad en ti mismo. Por lo general esto es bueno para el amor porque aumenta tu atractivo para el sexo opuesto. Pero para funcionar, el amor necesita algo más que sólo atracción física. La vida amorosa irá mucho mejor el mes que viene.

El 11, el 28 y el 29 ten más paciencia con los mayores, las figuras parentales y los jefes. Si necesitas algún favor de estas personas elige otro día para solicitarlo.

Mercurio avanza raudo este mes, lo que indica que estás activo y cubres mucho terreno. Esto también indica buena autoestima y seguridad. Además, a partir del 12 Mercurio está «fuera de límites», así que te alejas de tu entorno normal en este periodo. Tomas el camino menos hollado en tu búsqueda de la felicidad.

La profesión sigue siendo importante, pero su importancia empieza a disminuir; los planetas están comenzando a trasladarse a la mitad inferior de tu carta. El traslado no ocurre del todo este mes, pero se están preparando. El mes próximo el traslado ya estará establecido. Este mes estás en un periodo crepuscular; repartes tu atención entre el hogar y la profesión.

Las finanzas van bien este mes, pero el próximo irán mejor aún.

Junio

Mejores días en general: 7, 8, 16, 17, 24, 25, 26
Días menos favorables en general: 5, 6, 12, 13, 18, 19
Mejores días para el amor: 1, 5, 6, 10, 11, 12, 13, 14, 15, 18, 19, 23, 24, 27, 28
Mejores días para el dinero: 1, 7, 8, 10, 11, 16, 17, 18, 19, 27, 28
Mejores días para la profesión: 1, 9, 10, 18, 19, 27, 28

El 23 se hace dominante la mitad inferior de tu carta. Ha llegado el momento de quitar la atención de la profesión y los objetivos externos y centrarla en la familia y en tu bienestar emocional. Los próximos cinco o seis meses serán para reunir fuerzas para el próximo empuje profesional. Es como tener una buena noche de sueño. Pareces inactivo, pero en esta inactividad ocurren potentes procesos. La mente más profunda está ocupada en incorporar las pautas para el día siguiente.

El mes pasado y este los planetas están en su posición oriental máxima del año. Te encuentras, pues, en tu periodo de mayor independencia personal. Cambia lo que debe cambiarse y crea tu vida de acuerdo a tus condiciones. Todo depende de ti. El mundo se adaptará a ti.

Este es un mes fundamentalmente feliz. Los objetivos profesionales se han conseguido más o menos; y si no conseguido totalmente, has hecho mucho progreso hacia ellos. La salud sigue excelente. Te ves mejor aún que el mes pasado, porque el 23 entra Venus en tu signo. Esto da estilo y belleza a la imagen; estás elegante; tienes la mente despejada y aguda. El 21 entras en una cima financiera anual, un periodo de prosperidad. Aumentarán los ingresos y los activos netos. El amor también va bien. Venus en tu signo te aumenta el atractivo para el sexo opuesto. Júpiter, tu planeta del amor, comienza a recibir estimulación positiva.

El único problema es que Mercurio estará retrógrado a partir del 7. Esto disminuye un tanto tu autoestima y seguridad en ti mismo; ambas siguen siendo buenas, pero no tan fuertes como podrían estar. Además, este mes tenemos la actividad retrógrada máxima del año: el 40 por ciento a partir del 9. Este año no se superará este porcentaje. Así pues, el ritmo de la vida es más lento; las cosas se hacen con más lentitud. Paciencia, paciencia, paciencia.

Géminis no es particularmente fértil este año (claro que tu carta personal, hecha sólo para ti, podría modificar esto), pero con la entrada de Venus en tu primera casa el 23 se abre una posibilidad de mayor fertilidad.

Las finanzas son excelentes a partir del 21, como hemos dicho, pero tienes bonitos días de paga el 13, con la Luna llena, y el 27, con la Luna nueva. El poder adquisitivo también será más fuerte del 1 al 13 y a partir del 27, cuando la Luna está en fase creciente.

Julio

> *Mejores días en general:* 4, 5, 6, 13, 14, 22, 23
> *Días menos favorables en general:* 2, 3, 9, 10, 15, 16, 29, 30, 31
> *Mejores días para el amor:* 4, 5, 6, 7, 8, 9, 10, 13, 14, 16, 17, 24, 27
> *Mejores días para el dinero:* 7, 8, 15, 16, 17, 24, 25, 27
> *Mejores días para la profesión:* 7, 8, 15, 16, 24, 25

Las finanzas son el principal titular de este mes. Te encuentras en una cima financiera anual que continúa hasta el 22. Tu segunda casa, la del dinero, es con mucho la más poderosa del horóscopo: el 50 por ciento de los planetas o están instalados en ella o transitan por ella este mes. Esto significa muchísimo poder financiero. Los ingresos tendrían que ser extraordinariamente fuertes. Haces las cosas que haces siempre y sin embargo prosperas. De repente la gente desea comprar lo que tienes para ofrecer; tienes la varita mágica de las finanzas.

El 22 ya tendrías que haber conseguido tus objetivos financieros a corto plazo y tienes la libertad para dedicarte a tu primer amor, el desarrollo intelectual, el estudio, la lectura, la expansión mental.

El 16 Júpiter hace un importante traslado, entra en tu tercera casa, la de la comunicación, y continuará en ella el resto del año y hasta bien entrado el próximo. En el plano puramente mundano esto indica que te llega un coche nuevo (de lujo) y un nuevo equipo de comunicación. Del «cómo» se encarga el Cosmos (esto es probable este mes, pero también puede ocurrir en los próximos seis meses).

El 22 el Sol entra en tu tercera casa y se une a Mercurio. Esto es el cielo de Géminis. Te llegan todo tipo de libros nuevos e información. Siempre estás de ánimo para estudiar y aprender, pero ahora lo estás más aún. Excelente periodo si eres estudiante. Tienes un mes fabuloso si eres escritor, profesor, agente de ventas o de comercialización; tus habilidades están muy realzadas.

Este mes (y el resto del año) conoces de qué va realmente Géminis: mensajero y portavoz de los dioses.

La salud es excelente y puedes fortalecerla más de las maneras mencionadas en las previsiones para el año.

El paso de Júpiter de Cáncer a Leo señala un cambio en la vida y la actitud amorosa. La riqueza es menos importante para ti (seguro que porque has conseguido ya muchos de tus objetivos financieros). Ahora te interesa la compatibilidad intelectual y mental. Deseas una persona con la que te resulte fácil hablar, una persona que sepa escuchar, una persona con la que puedas intercambiar ideas. Deseas enamorarte de la mente tanto como del cuerpo. También deseas una persona que sepa hacerte pasar un buen rato. Una persona agradable, entretenida; una persona feliz. También cambian los lugares para el romance; las oportunidades románticas se presentan en el barrio y tal vez con personas del vecindario, en ambientes educativos, charlas y seminarios; tal vez en la biblioteca.

Agosto

Mejores días en general: 1, 2, 10, 18, 19, 28, 29
Días menos favorables en general: 5, 6, 11, 12, 25, 26, 27
Mejores días para el amor: 3, 4, 5, 6, 12, 13, 14, 23, 24
Mejores días para el dinero: 5, 6, 13, 14, 20, 21, 22, 23, 24, 25
Mejores días para la profesión: 3, 4, 11, 12, 20, 21, 30, 31

Ya te acercas a la medianoche de tu año. Disminuye la actividad externa, pero hay una dinámica actividad interior. La profesión es menos importante (aunque el mes pasado hubo éxito y oportunidad del 17 al 20). Es el periodo para recargar las pilas, para ocuparse del hogar y la familia y poner en orden la vida emocional. Este es el periodo para apuntalar los cimientos del futuro éxito profesional; para trabajar en tu profesión con los métodos de la noche, mediante visualización y entrando en el estado psíquico del lugar donde deseas estar; sueños controlados. La acción vendrá a su debido tiempo de modo muy natural. Tu planeta de la profesión lleva unos meses retrógrado, por lo tanto no hay riesgo en dejar en un segundo plano la profesión (relativamente) y centrar la atención en el hogar y la familia.

Este es un mes para adelanto interior psíquico, no para progreso externo; el uno está relacionado con el otro. El progreso interior lleva al progreso exterior y viceversa. Sólo es cuestión de entender tu lugar en el ciclo.

Hasta el 23 continúas en el cielo de Géminis. Lee, estudia, haz cursos y refuerza tu base de conocimientos. Escribir irá muy bien este mes; si trabajas en ventas y mercadotecnia disfrutas del éxito.

Sigues en un periodo de independencia personal pero este acabará pronto. Si aún te quedan cambios personales por hacer, este es el periodo para hacerlos; más adelante será más difícil.

El amor va bien este mes. Entre el 1 y el 3 tiene lugar un feliz encuentro romántico. Si ya estás en una relación, esto podría indicar una feliz oportunidad social.

La salud necesita más atención después del 23.

Este mes no hay eclipses, pero dado que muchos planetas reactivan puntos de eclipse, dará la impresión de que hay eclipses. Habrá muchos acontecimientos repentinos e impresionantes.

El 1 y el 2 el Sol transita por un punto de eclipse; ten más prudencia al conducir; podría haber problemas en la comunicación.

El 5 y el 6 Mercurio transita por este punto; se hace necesario reducir las actividades y tomarse las cosas con calma.

Del 24 al 31 Júpiter transita por este punto; esto tiende a ocasionar dramas en el amor. Ten más paciencia con el ser amado estos días.

Septiembre

Mejores días en general: 6, 7, 14, 15, 24, 25
Días menos favorables en general: 2, 3, 8, 9, 22, 23, 29, 30
Mejores días para el amor: 1, 2, 3, 10, 11, 12, 13, 19, 20, 23, 29, 30
Mejores días para el dinero: 1, 2, 3, 4, 5, 10, 11, 12, 13, 17, 18, 19, 20, 23, 24, 29, 30
Mejores días para la profesión: 8, 9, 16, 17, 26, 27

El poder planetario se traslada este mes, de tu sector oriental al occidental. El 5, cuando Venus se traslada al sector occidental, el social, comienza a dominar este sector. Termina tu periodo de independencia personal. Ahora, y el resto del año, tendrás que vivir con tus creaciones, buenas o malas. Si tus creaciones no han sido buenas, experimentarás la incomodidad de los errores para ver cómo puedes corregirlas a lo largo del camino. Esto se llama «pagar karma». No es tan terrible como parece. Las creaciones tienen consecuencias y mientras no experimentamos las consecuencias no entendemos verdaderamente lo que hemos creado. Estos no son castigos, sino simplemente experiencias. Ahora y el resto del año estás llamado a desarrollar nuevamente tus dotes sociales. Es más difícil actuar arbitrariamente; necesitas a los demás para conseguir tus objetivos. La simpatía es, muy posiblemente, tan importante como tus habilidades personales.

Tu cuarta casa, la del hogar y la familia, se hizo poderosa el 23 del mes pasado y continúa poderosa hasta el 23 de este mes. Geminis es persona mental; nadie puede expresar mejor los sentimientos que Géminis. Pero sentir, experimentar de verdad un sentimiento, ah, eso es otra historia; otro universo, un universo extraño. Pero esto es lo que ocurre este mes. El mundo de los sentimientos tiene su propia lógica y eso es lo que experimentas este mes.

La salud ha estado delicada desde el 23 del mes pasado. No te pasa nada grave, pero este no es tu mejor mes para la salud. La energía no está a la altura normal y esto puede hacer que parezcan peores las molestias ya existentes o hacerte vulnerable a invasiones oportunistas. Por lo tanto, descansa y relájate más. Haz todo lo posible por mantener elevada la energía. Programa sesiones de masaje o pasa un tiempo en un balneario de salud. También puedes fortalecer la salud de las maneras explicadas en las previsiones para el año.

Las finanzas no han sido importantes desde que Júpiter salió de tu casa del dinero. Esto lo considero positivo. Estás más o menos satisfecho con las cosas como están. El poder adquisitivo será más fuerte del 1 al 8 y del 24 al 30, cuando la Luna está en fase creciente. La Luna llena del 8 y la Luna nueva del 24 son buenos días de paga.

El amor es pasable este mes, no ocurre nada especial, pero no hay ningún desastre. Después del 14 deberías ver mejoría.

Octubre

Mejores días en general: 3, 4, 12, 13, 21, 22, 23, 31
Días menos favorables en general: 5, 6, 19, 20, 26, 27
Mejores días para el amor: 3, 7, 8, 12, 13, 17, 18, 22, 23, 26, 27
Mejores días para el dinero: 3, 4, 7, 8, 12, 13, 14, 15, 17, 18, 22, 23, 26, 27
Mejores días para la profesión: 5, 6, 14, 23, 24

El 23 del mes pasado entraste en otra de tus cimas anuales de placer personal, que continúa hasta el 23 de este mes. Un mes de fiestas, un mes para diversión y actividades de ocio. Aunque el mes es tumultuoso para el mundo (tenemos dos eclipses), tú te las arreglas para divertirte. Si logramos disfrutar en medio de todo tipo de crisis, habremos conseguido algo fabuloso.

El eclipse lunar del 8 ocurre en tu casa once. Esto significa que la amistad pasará por pruebas. Normalmente estas pruebas ocurren debido a dramas en la vida personal de la persona amiga, no debido necesariamente a la relación en sí; pero si la relación es defectuosa podría romperse. Este eclipse ocurre muy cerca de Urano, el señor de tu novena casa. Es mejor evitar los viajes al extranjero innecesarios alrededor de este periodo. También indica que se ponen a prueba tus creencias religiosas y filosóficas (a lo largo de seis meses) y habrá muchos cambios en estas cosas. A veces produce una «crisis de fe». Este eclipse toca de refilón a Plutón, tu planeta de la salud y el trabajo; por lo tanto, habrá trastornos en el trabajo o el lugar de trabajo; tal vez cambies de trabajo. Habrá cambios en el programa general de salud (proceso de seis meses también). Todos los eclipses lunares producen cambios en las finanzas y este no es diferente. Por lo general no hacemos cambios a no ser que haya una crisis, y esta es la finalidad de la crisis.

El eclipse solar del 23 ocurre en la cúspide de tu sexta casa. Esto también indica trastornos en el trabajo o lugar de trabajo y tal vez cambio de trabajo. Este cambio puede ser dentro de la empresa en que trabajas o cambio a otra. También indica cambios en el programa de salud y la dieta. A veces produce sustos relativos a la salud. Puesto que la salud es fundamentalmente buena, sólo serán sustos. Busca una segunda opinión. Durante un eclipse solar suele haber problemas o interrupciones en la comunicación, y este no es diferente. Se ponen a prueba los coches y el equipo de comunicación.

La salud es fundamentalmente buena este mes. Puedes fortalecerla más de las maneras mencionadas en las previsiones para el año.

Si buscas trabajo deberías tener buena suerte a partir del 23; tu sexta casa se hace muy poderosa. Estás de ánimo para trabajar, tu atención se centra en eso, y este es el 90 por ciento de la batalla. Los posibles empleadores se fijan en esto.

Marte pasa gran parte del mes en tu séptima casa, la del amor. Me parece que estás más osado en el amor y en los asuntos sociales en este periodo. Evita las luchas de poder en el amor; este es el principal peligro ahora.

El poder adquisitivo es más fuerte del 1 al 8 y del 23 en adelante, cuando la Luna está en fase creciente.

Noviembre

Mejores días en general: 8, 9, 18, 19, 27, 28
Días menos favorables en general: 2, 3, 15, 16, 17, 22, 23, 29, 30
Mejores días para el amor: 2, 3, 4, 5, 11, 12, 14, 22, 23
Mejores días para el dinero: 2, 3, 4, 5, 10, 11, 12, 14, 21, 22, 23
Mejores días para la profesión: 2, 3, 10, 11, 20, 29, 30

El poder planetario hace un importante traslado este mes, pasa de la mitad inferior de tu carta a la superior; el traslado comienza el 22 y el 28 es más intenso aún. Es la primera hora de la mañana en tu año, la hora de levantarse y trabajar con los métodos diurnos. Es el periodo para centrar la atención en tu vida externa, tu profesión y objetivos externos. Si has empleado los métodos nocturnos los seis meses pasados, las medidas que tomes serán naturales y espontáneas. Simplemente harás el «seguimiento» del trabajo interior. Puedes comenzar a dejar en segundo plano los asuntos domésticos y familiares (aunque siempre serán importantes para ti) y dar más atención a la profesión. Tu planeta de la profesión retoma el movimiento directo el 16, así que el juicio profesional estará mucho mejor.

Este mes es excelente si buscas trabajo. Hay muchas oportunidades felices. La dificultad no está en «conseguir un empleo», sino en elegir entre las muchas posibilidades.

Si ya estás en un trabajo tienes más éxito, eres más productivo. Los superiores se fijan. Este periodo también es bueno para hacer esas tareas minuciosas y aburridas que es necesario hacer, como poner orden en las cuentas, la cuenta corriente, archivar, etcétera.

La salud es buena hasta el 22; después es algo más delicada. La salud general es fundamentalmente buena, pero la energía no está a la altura habitual. Procura dormir lo suficiente. Podrían convenirte más masajes. Fortalece la salud de las maneras indicadas en las previsiones para el año.

El 22 entras en una cima amorosa y social anual. La vida social se vuelve muy activa. Además, los planetas le forman aspectos muy hermosos a Júpiter, tu planeta del amor. A partir del 17 Júpiter formará parte de un trígono en fuego (poco preciso). Si estás soltero o soltera es probable que conozcas a una persona especial en este periodo; si ya estás en una relación habrá más armonía con el ser amado. Es posible que decidas casarte en este periodo.

Las amistades continúan delicadas. Ten más paciencia con tus amigos. Hay mucha agitación y cambios en las organizaciones comerciales o profesionales con las que te relacionas. Los ordenadores y equipo de alta tecnología se vuelven temperamentales. Los coches y el equipo de comunicación estarán bastante más temperamentales del 17 al 19.

En las finanzas las cosas se mantienen más o menos sin novedades. El poder adquisitivo es más fuerte del 1 al 6 y del 22 al 30, cuando la Luna está en fase creciente. El 6 y el 22 son bonitos días de paga.

Diciembre

Mejores días en general: 5, 6, 15, 16, 24, 25
Días menos favorables en general: 13, 14, 20, 21, 26, 27
Mejores días para el amor: 1, 2, 10, 11, 12, 13, 20, 21, 22, 28, 29, 30, 31
Mejores días para el dinero: 1, 2, 8, 9, 10, 11, 20, 21, 28, 29, 30, 31
Mejores días para la profesión: 8, 18, 26, 27

Acabas tu año bastante igual a como lo comenzaste (aunque sin duda más rico y más sabio). El poder planetario está concentrado en tu sector occidental y en el hemisferio superior de tu carta. La atención está centrada en la profesión y la vida social. Vas a afilar tus dotes sociales. Probablemente tu manera no es la mejor. Acepta los consejos y aportes de los demás; consigue tus objetivos mediante el consenso y la colaboración. Tus habilidades son siempre importantes, pero en este periodo el factor «simpatía» es tal vez igual de importante. Si hay condiciones que te resultan incómodas, adáptate lo mejor posible. El periodo para hacer cambios llegará dentro de unos meses.

Sigue siendo necesaria la atención a la salud hasta el 22. Descansa y relájate más y fortalece la salud de las maneras explicadas en las previsiones para el año. Ahora que Saturno va a entrar en Sagitario (el 24), la salud y la energía van a ser muy importantes los próximos dos años. Ahora sólo sientes el comienzo de este tránsito, sobre todo si naciste en los primeros días del signo (21 a 23 de mayo).

La vida amorosa continúa excelente. Sigues en una cima amorosa y social anual. Júpiter continúa recibiendo aspectos positivos, pero el 8 inicia movimiento retrógrado, así que si tienes planes para una boda o fiesta procura programarla para antes de esta fecha. La entrada de Saturno en Sagitario el 24 afectará a la vida amorosa también. Has expandido tu vida social estos últimos años, ahora Saturno va a poner a prueba estas cosas, va a separar el trigo de la paja. Esto lo notarás más el próximo año; ahora sólo son los comienzos.

A partir del 22 se hace poderosa tu octava casa; insólitamente poderosa. El 60 por ciento de los planetas están en ella o transitan por ella este mes. Es un mes sexualmente activo. Sea cual sea tu edad o fase en la vida, la libido está más fuerte que de costumbre. También es un mes para afrontar la muerte y asuntos de la muerte; tendrás encuentros. Es muy probable que asistas a más funerales o actos conmemorativos. Es el periodo para comprender con mayor profundidad esta faceta de la vida; cuando comprendemos la muerte comprendemos la vida de modo diferente.

Este es un muy buen mes para hacer inventario y librarte de las posesiones que ya no necesitas o no usas. Siendo Géminis tiene que haber una gran abundancia de posesiones «intelectuales»: libros, revistas, folletos, panfletos. Ahora te conviene limpiar y despejar. También hay que limpiarse de ideas y conceptos: los contenidos de la mente; el 90 por ciento no es válido. Podría ser interesante, pero no verdaderamente útil.

El cónyuge, pareja o ser amado actual está en una cima financiera anual y es muy probable que sea generoso contigo. Tienes buenos días de paga el 6 y el 21. El poder adquisitivo será más fuerte del 1 al 6 y del 21 al 31.

Cáncer

El Cangrejo
Nacidos entre el 21 de junio y el 20 de julio

Rasgos generales

CÁNCER DE UN VISTAZO
Elemento: Agua

Planeta regente: Luna
    Planeta de la profesión: Marte
    Planeta de la salud: Júpiter
    Planeta del amor: Saturno
    Planeta del dinero: el Sol
    Planeta de la diversión y los juegos: Plutón
    Planeta del hogar y la vida familiar: Venus

Colores: Azul, castaño rojizo, plateado
    Colores que favorecen el amor, el romance y la armonía social: Negro, azul índigo
    Colores que favorecen la capacidad de ganar dinero: Dorado, naranja

Piedras: Feldespato, perla

Metal: Plata

Aromas: Jazmín, sándalo

Modo: Cardinal (= actividad)

Cualidad más necesaria para el equilibrio: Control del estado de ánimo

Virtudes más fuertes: Sensibilidad emocional, tenacidad, deseo de dar cariño

Necesidad más profunda: Hogar y vida familiar armoniosos

Lo que hay que evitar: Sensibilidad exagerada, estados de humor negativos

Signos globalmente más compatibles: Escorpio, Piscis

Signos globalmente más incompatibles: Aries, Libra, Capricornio

Signo que ofrece más apoyo laboral: Aries

Signo que ofrece más apoyo emocional: Libra

Signo que ofrece más apoyo económico: Leo

Mejor signo para el matrimonio y/o las asociaciones: Capricornio

Signo que más apoya en proyectos creativos: Escorpio

Mejor signo para pasárselo bien: Escorpio

Signos que más apoyan espiritualmente: Géminis, Piscis

Mejor día de la semana: Lunes

La personalidad Cáncer

En el signo de Cáncer los cielos han desarrollado el lado sentimental de las cosas. Esto es lo que es un verdadero Cáncer: sentimientos. Así como Aries tiende a pecar por exceso de acción, Tauro por exceso de inacción y Géminis por exceso de pensamiento, Cáncer tiende a pecar por exceso de sentimiento.

Los Cáncer suelen desconfiar de la lógica, y tal vez con razón. Para ellos no es suficiente que un argumento o proyecto sea lógico, han de «sentirlo» correcto también. Si no lo sienten correcto lo rechazarán o les causará irritación. La frase «sigue los dictados de tu corazón» podría haber sido acuñada por un Cáncer, porque describe con exactitud la actitud canceriana ante la vida.

Sentir es un método más directo e inmediato que pensar. Pensar es un método indirecto. Pensar en algo jamás toca esa cosa. Sentir es una facultad que conecta directamente con la cosa o tema en cuestión. Realmente la tocamos y experimentamos. El sentimiento es casi otro sentido que poseemos los seres humanos, un sentido psíquico. Dado que las realidades con que nos topamos durante la vida a menudo son dolorosas e incluso destructivas, no es de extrañar que Cáncer elija erigirse barreras de defensa, meterse dentro de su caparazón, para proteger su naturaleza vulnerable y sensible. Para los Cáncer se trata sólo de sentido común.

Si se encuentran en presencia de personas desconocidas o en un ambiente desfavorable, se encierran en su caparazón y se sienten protegidos. Los demás suelen quejarse de ello, pero debemos poner en tela de juicio sus motivos. ¿Por qué les molesta ese caparazón? ¿Se debe tal vez a que desearían pinchar y se sienten frustrados al no poder hacerlo? Si sus intenciones son honestas y tienen paciencia, no han de temer nada. La persona Cáncer saldrá de su caparazón y los aceptará como parte de su círculo de familiares y amigos.

Los procesos del pensamiento generalmente son analíticos y separadores. Para pensar con claridad hemos de hacer distinciones, separaciones, comparaciones y cosas por el estilo. Pero el sentimiento es unificador e integrador. Para pensar con claridad acerca de algo hay que distanciarse de aquello en que se piensa. Pero para sentir algo hay que acercarse. Una vez que un Cáncer ha aceptado a alguien como amigo, va a perseverar. Tendrías que ser muy mala persona para perder su amistad. Un amigo Cáncer jamás te abandonará, hagas lo que hagas. Siempre intentará mantener cierto tipo de conexión, incluso en las circunstancias más extremas.

Situación económica

Los nativos de Cáncer tienen una profunda percepción de lo que sienten los demás acerca de las cosas, y del porqué de esos sentimientos. Esta facultad es una enorme ventaja en el trabajo y en el mundo de los negocios. Evidentemente, es indispensable para formar un hogar y establecer una familia, pero también tiene su utilidad en los negocios. Los cancerianos suelen conseguir grandes beneficios en negocios de tipo familiar. Incluso en el caso de que no trabajen en una empresa familiar, la van a tratar como si lo fuera. Si un Cáncer trabaja para otra persona, entonces su jefe o jefa se convertirá en la figura parental y sus compañeros de trabajo en sus hermanas y hermanos. Si la persona Cáncer es el jefe o la jefa, entonces considerará a todos los empleados sus hijos. A los cancerianos les gusta la sensación de ser los proveedores de los demás. Disfrutan sabiendo que otras personas reciben su sustento gracias a lo que ellos hacen. Esta es otra forma de proporcionar cariño y cuidados.

Leo está en la cúspide de la segunda casa solar, la del dinero, de Cáncer, de modo que estas personas suelen tener suerte en la especulación, sobre todo en viviendas, hoteles y restaurantes. Los balnearios y las salas de fiesta son también negocios lucrativos para los nativos de Cáncer. Las propiedades junto al mar los atraen. Si bien básicamente son personas convencionales, a veces les gusta ganarse la vida de una forma que tenga un encanto especial.

El Sol, que es el planeta del dinero en la carta solar de los Cáncer, les trae un importante mensaje en materia económica: necesitan tener menos cambios de humor; no pueden permitir que su estado de ánimo, que un día es bueno y al siguiente malo, interfiera en su vida laboral o en sus negocios. Necesitan desarrollar su autoestima y un sentimiento de valía personal si quieren hacer realidad su enorme potencial financiero.

Profesión e imagen pública

Aries rige la cúspide de la casa 10, la de la profesión, en la carta solar de los Cáncer, lo cual indica que estos nativos anhelan poner en marcha su propia empresa, ser más activos en la vida pública y política y más independientes. Las responsabilidades familiares y el temor a herir los sentimientos de otras personas, o de hacerse daño a sí mismos, los inhibe en la consecución de estos objetivos. Sin embargo, eso es lo que desean y ansían hacer.

A los Cáncer les gusta que sus jefes y dirigentes actúen con libertad y sean voluntariosos. Pueden trabajar bajo las órdenes de un superior que actúe así. Sus líderes han de ser guerreros que los defiendan.

Cuando el nativo de Cáncer está en un puesto de jefe o superior se comporta en gran medida como un «señor de la guerra». Evidentemente sus guerras no son egocéntricas, sino en defensa de aquellos que están a su cargo. Si carece de ese instinto luchador, de esa independencia y ese espíritu pionero, tendrá muchísimas dificultades para conseguir sus más elevados objetivos profesionales. Encontrará impedimentos en sus intentos de dirigir a otras personas.

Debido a su instinto maternal, a los Cáncer les gusta trabajar con niños y son excelentes educadores y maestros.

Amor y relaciones

Igual que a los Tauro, a los Cáncer les gustan las relaciones serias y comprometidas, y funcionan mejor cuando la relación está claramente definida y cada uno conoce su papel en ella. Cuando se casan, normalmente lo hacen para toda la vida. Son muy leales a su ser amado. Pero hay un profundo secretillo que a la mayoría de nativos de Cáncer les cuesta reconocer: para ellos casarse o vivir en pareja es en realidad un deber. Lo hacen porque no conocen otra manera de crear la familia que desean. La unión es simplemente un camino, un medio para un fin, en lugar de ser un fin en sí mismo. Para ellos el fin último es la familia.

Si estás enamorado o enamorada de una persona Cáncer debes andar con pies de plomo para no herir sus sentimientos. Te va a llevar un buen tiempo comprender su profunda sensibilidad. La más pequeña negatividad le duele. Un tono de voz, un gesto de irritación, una mirada o una expresión puede causarle mucho sufrimiento. Advierte el más ligero gesto y responde a él. Puede ser muy difícil acostumbrarse a esto, pero persevera junto a tu amor. Una persona Cáncer puede ser una excelente pareja una vez que se aprende a tratarla. No reaccionará tanto a lo que digas como a lo que sientas.

Hogar y vida familiar

Aquí es donde realmente destacan los Cáncer. El ambiente hogareño y la familia que crean son sus obras de arte personales. Se esfuerzan por hacer cosas bellas que los sobrevivan. Con mucha frecuencia lo consiguen.

Los Cáncer se sienten muy unidos a su familia, sus parientes y, sobre todo, a su madre. Estos lazos duran a lo largo de toda su vida y maduran a medida que envejecen. Son muy indulgentes con aquellos familiares que triunfan, y están apegados a las reliquias de familia y los recuerdos familiares. También aman a sus hijos y les dan todo lo que necesitan y desean. Debido a su naturaleza cariñosa, son muy buenos padres, sobre todo la mujer Cáncer, que es la madre por excelencia del zodiaco.

Como progenitor, la actitud de Cáncer se refleja en esta frase: «Es mi hijo, haya hecho bien o mal». Su amor es incondicional. Haga lo que haga un miembro de su familia, finalmente Cáncer lo perdonará, porque «después de todo eres de la familia». La preservación de la institución familiar, de la tradición de la familia, es uno de los principales motivos para vivir de los Cáncer. Sobre esto tienen mucho que enseñarnos a los demás.

Con esta fuerte inclinación a la vida de familia, la casa de los Cáncer está siempre limpia y ordenada, y es cómoda. Les gustan los muebles de estilo antiguo, pero también les gusta disponer de todas las comodidades modernas. Les encanta invitar a familiares y amigos a su casa y organizar fiestas; son unos fabulosos anfitriones.

Horóscopo para el año 2014*

Principales tendencias

2011 fue un año tremendamente difícil, Cáncer. 2012 fue difícil también, pero menos. En 2013 las cosas se hicieron más fáciles. Es como si hubieras pasado por un túnel largo y oscuro y ahora salieras a la luz. La salud está mucho mejor que en 2011 y 2012, pero sigue siendo necesario prestarle atención. Volveremos sobre este tema.

A pesar de todos los retos que has enfrentado, han ocurrido muchas cosas agradables. El año pasado, el 27 de junio, Júpiter entró en tu signo, iniciando un ciclo de prosperidad de varios años para ti. Este ciclo de prosperidad está en pleno apogeo este año.

Los siete primeros meses de este año (hasta el 26 julio) hay una gran cuadratura en el cielo que te afecta fuertemente. Parece que participas en una empresa importante, de envergadura, algo grande, algo fuera de lo corriente. Tal vez vas a fundar una empresa o institución; tal vez trabajas en esto en nombre o representación de otras personas. Estas cosas son estimulantes, pero delicadas y estresantes. Estando Júpiter en tu signo, se ve exitoso.

La situación amorosa fue buena en 2013 y se ve buena este año también. Es posible que hayas conocido a una persona especial. O tal vez entraste en una relación que es «como» un matrimonio. Hubo oportunidades románticas y este año sigue habiéndolas. Hablaremos más de esto.

---

* Las previsiones de este libro se basan en el Horóscopo Solar y todos los signos que derivan de él; tu Signo Solar se convierte en el Ascendente, y las casas se numeran a partir de él. Tu horóscopo personal, el trazado concretamente para ti (según la fecha, hora y lugar exactos de tu nacimiento) podrían modificar lo que decimos aquí. Joseph Polansky

Urano ha estado en tu décima casa, la de la profesión, desde 2011, por lo tanto ha habido mucho cambio, inestabilidad, en la profesión. Estos cambios no son solamente personales sino que también afectan a la industria y la empresa en que trabajas. Lo bueno es que la profesión es muy estimulante, glamurosa incluso. Jamás un momento aburrido. En cualquier momento puede ocurrir cualquier cosa. Esto mantiene en circulación la adrenalina. Esta tendencia continúa este año.

Las facetas de interés más importantes para ti este año son: el cuerpo, la imagen y el placer personal (hasta el 16 de julio); las finanzas (después del 16 de julio); el hogar y la familia (hasta el 26 de julio); los hijos, la diversión y la creatividad; el amor, el romance y las actividades sociales; la religión, la filosofía, la formación superior y los viajes al extranjero; la profesión.

Los caminos para tu mayor realización o satisfacción este año son: el cuerpo, la imagen y el placer personal (hasta el 16 de julio); las finanzas (a partir del 16 de julio); los hijos, la diversión y la creatividad (hasta el 19 de febrero); el hogar y la familia (a partir del 19 de febrero).

Salud

(Ten en cuenta que esta es una perspectiva astrológica de la salud, no una médica. Antaño no había ninguna diferencia, ambas eran idénticas, pero en esta época podrían diferir muchísimo. Para una perspectiva médica, por favor, consulta a tu médico o a otro profesional de la salud.)

Tu sexta casa no es casa de poder este año (se hace poderosa el 24 de diciembre, para serlo sólo seis días de este año). Por lo general, esto lo considero positivo para la salud, pero este año no estoy tan seguro. La gran cuadratura de que hemos hablado está en vigor hasta el 26 de julio; estas cosas tienden a ser desfavorables, agotan la energía. Es muy probable que trabajes muchísimo, tal vez en exceso. Así pues, en este contexto, la sexta casa vacía podría indicar que estás tan concentrado en tu proyecto (o proyectos) que no prestas atención a la salud. Más adelante podría haber consecuencias que pagar (la entrada de Saturno en tu sexta casa al final del año indica la necesidad de prestar atención a la salud).

Como bien saben nuestros lectores, lo más importante es mantener elevada la energía. Así pues, descansa cuando estés cansado, aunque esto será difícil este año con tu ajetreado programa. Son grandes tus ocupaciones. Si centras la atención en lo esencial y dejas estar las «cosas sin importancia», tendrías que poder sobrellevar tu carga de trabajo y mantener la salud. Habrá que tomar decisiones difíciles; no todos estarán contentos con ellas. Podría ser aconsejable pasar un tiempo libre en un balneario de salud o programar masajes periódicos; esto te aumentará la energía.

Es mucho lo que puedes hacer para fortalecer la salud y prevenir problemas. Como hemos dicho, lo más importante es mantener elevada la energía. Además, puedes prestar especial atención a las siguientes zonas:

El corazón: Evita la preocupación y la ansiedad, que son las causas espirituales de los problemas cardiacos. Si puedes hacer algo positivo para arreglar una situación, hazlo, actúa, pero si no se puede hacer nada, ¿de qué te sirve preocuparte? Archívala en el estante de actos futuros y niégate a preocuparte. La meditación es muy útil en esto. Unas sesiones de reflexología irían muy bien.

El estómago y los pechos: Estas siempre son zonas importantes para ti. Controla la dieta, come poco a poco y en la actitud del orador. Eleva el acto de comer de un apetito simplemente animal a algo sublime, un acto de culto. Esto cambiará la relación energética del alimento y tu cuerpo.

El hígado y los muslos: Da masajes periódicos a los muslos.

Estas son las zonas más vulnerables este año. Dales energía extra, manteniéndolas en forma, y esto tenderá a evitar que se generen problemas. Y aun en el caso de que no se puedan prevenir del todo, se pueden «suavizar», y «minimizar» bastante.

Júpiter estará en tu signo hasta el 16 de julio. Este es en esencia un aspecto feliz, pero tiene su lado negativo. Puede llevar a un exceso de complacencia, demasiada buena vida, y después hay que pagar el precio. Controla más tu peso también.

Si estás en edad de concebir, eres más fértil que de costumbre en este periodo.

Ya es difícil tener tres planetas lentos en alineación desfavorable, pero habrá periodos en el año en que participarán otros, los rápidos, en este aspecto difícil. Hay periodos más vulnerables en que tendrás que procurar descansar más y tal vez programar más masajes o tratamientos de salud. Estos periodos serán: del 1 al 20 de enero y del 21 de marzo al 19 de abril. El periodo comprendido entre el 23 de septiembre y el 23 de octubre también es delicado, aunque menos que los dos anteriores. Hablaremos de esto también en las previsiones mes a mes.

Hogar y vida familiar

El hogar y la familia son siempre importantes para ti, Cáncer, pero este año, en especial la primera mitad, lo son aún más que de costumbre. Marte estará más de seis meses en tu cuarta casa, lo que es muy insólito. Por lo general pasa entre un mes y medio y dos en un signo.

Marte en la cuarta casa presenta muchas lecturas o interpretaciones. Generalmente indica que hay obras de construcción o reparaciones importantes en la casa. Los familiares podrían estar temperamentales; hay conflictos en la familia. Mantener el buen humor será un reto para ti.

Mientras Marte esté en tu cuarta casa, estará en oposición con Urano y en cuadratura con Plutón (en diferentes grados de exactitud). Esto sugiere la necesidad de observar más las medidas de seguridad en la casa. Deberás comprobar que estén en buen funcionamiento los detectores de humo y la alarma; comprobar que no haya ningún elemento tóxico (en la pintura o muebles, etcétera) o campos geopatológicos negativos (hay zahoríes especializados en este tipo de trabajo); mantener fuera del alcance de los niños los objetos peligrosos (cuchillos u objetos afilados). De hecho, si vas a hacer renovaciones, y es muy posible que las hagas, deberás tener muy presente estas cosas. Tengo entendido que existen artilugios portátiles para controlar la seguridad de la casa incluso estando lejos. Esto podría ser muy conveniente en este periodo.

Marte es tu planeta de la profesión. El mensaje obvio es que tu hogar y tu familia son tu verdadera profesión en este periodo, sea cual sea tu trabajo o profesión. Indica que trabajas más desde casa. Una empresa montada en casa sería interesante. La casa parece tanto un lugar de trabajo o negocio como un hogar.

Un progenitor o figura parental pasa por una operación quirúrgica o experiencia de casi muerte este año. También es posible que los padres o figuras parentales se muden; la mudanza se ve feliz. O tal vez compran otra casa.

La situación familiar en general se ve inestable y por lo tanto necesita tu total atención. Hay muchos dramas y crisis este año. Deberás estar atento, disponible.

No se ve una mudanza personal; hay más probabilidades de obras de renovación. Después del 16 de julio es posible que se mude de casa un hijo o figura filial de tu vida; la mudanza se ve feliz. Para los hermanos o figuras fraternas es más conveniente que continúen donde están y hagan mejor uso del espacio que tienen. Los nietos (y aquellos que tienen ese papel en tu vida) tienen un año doméstico sin novedades ni cambios.

Venus, tu planeta de la familia, es de movimiento muy rápido; cada año transita por todos los signos y casas del horóscopo, por lo tanto, hay muchas tendencias a corto plazo en la familia que es mejor tratar en las previsiones mes a mes.

El 15 de abril hay un eclipse lunar en tu cuarta casa, y es fuerte en ti y en tu familia. Haz todo lo posible por evitar que los familiares sufran algún daño o peligro; procura que pasen más tiempo tranquilamente en casa.

Profesión y situación económica

Las finanzas han sido un problema importante para ti desde hace muchos años. Ah, te has ganado la vida, pero la pasión no estaba en eso. Las cosas comienzan a cambiar. Como hemos dicho, en 2013 entraste en un ciclo de prosperidad. Este año las cosas se calientan más aún.

Hasta el 16 de julio Júpiter transita por tu signo, por tu primera casa. En general es un tránsito fabuloso, tiende a la felicidad y al éxito, pero también es fabuloso para las finanzas. Es posible que el año pasado escribiéramos acerca de esto, pero sigue en vigor este año. Indica que llevas un estilo de vida de persona «rica». (Claro que esto es relativo. Tal vez no vivas como un multimillonario, pero sí de acuerdo a tu concepto de la «buena vida».) Comerás en buenos restaurantes, viajarás y gozarás de los placeres de los cinco sentidos. Se hacen realidad las fantasías sensuales, dentro de lo que te permiten tus circunstancias. Con este tránsito no tiene importancia la cantidad de dinero que se tiene en el banco o como ingresos, simplemente la persona vive «como si» fuera rica, vive en un estilo superior y, lo mejor de todo: le llega el dinero para pagárselo.

Te sientes rico y más optimista; vistes ropa más cara. La magia del dinero es poderosa: por estos medios te atraes oportunidades de riqueza y a una clase de personas más ricas.

Júpiter es el señor de tu sexta casa, la de la salud y el trabajo. Así pues, te llegan felices oportunidades de trabajo. Esto fue así el año pasado también. Es muy posible que ya hayas encontrado un buen trabajo, pero si no, los aspectos continúan buenos este año. Como el año pasado, no es mucho lo que necesitas hacer para esto; no hay necesidad de buscar en las secciones de ofertas de trabajo de los diarios ni *online*. El empleo te encontrará.

Si eres empleador, te atraes justo el tipo conveniente de personal, con poco trabajo o esfuerzo.

Júpiter en el propio signo tiende a dar lo que el mundo llama «buena suerte». Así pues, sería recomendable que invirtieras sumas inocuas en lotería u otro tipo de especulación; pero hazlo solamente cuando te lo dicte la intuición. Esto nunca debe ser un acto automático.

El 16 de julio Júpiter entra en tu casa del dinero y transita por ella el resto del año y hasta bien entrado el próximo. Esto es un clásico indicador de prosperidad. Bienes que posees aumentan su valor; en el ático o en el sótano podrías encontrar cosas que resultan tener muchísimo más valor del que creías; el valor de un paquete de acciones que tienes se eleva por las nubes. Continúan llegando felices oportunidades de trabajo.

Aun cuando tienes «suerte» este año, Júpiter en tu casa del dinero indica ingresos procedentes del trabajo; el dinero se gana (Júpiter es tu planeta del trabajo). Esto lo interpreto en el sentido de que tu «trabajo» te genera buena suerte como efecto secundario. La suerte podría aumentar los ingresos, pero es el trabajo el que produce la parte más importante.

Cuando Júpiter entre en tu casa del dinero (el 16 de julio) comenzará a formar aspectos muy hermosos a Urano, el señor de tu octava casa. Esto suele indicar una herencia, aunque es de esperar que nadie muera. Alguien podría nombrarte en su testamento o designarte ejecutor o alguna otra función en su testamento. Otra posibilidad es que recibas una buena devolución de Hacienda. A veces indica el pago de más impuestos de lo habitual, lo que también es una señal de prosperidad; por lo general, mayores impuestos indican mayores ingresos. Aumenta tu capacidad para atraer dinero ajeno, o bien por préstamo o por inversiones. También indica la prosperidad del cónyuge, pareja o ser amado actual; esta persona será más generosa contigo.

Habrá periodos en el año en que la prosperidad será más fuerte o más débil; esto dependerá de la posición del Sol y de los aspectos que forme con otros planetas. Estas tendencias es mejor tratarlas en las previsiones mes a mes.

El dinero no es un problema este año.

Tus números favorables en finanzas son el 5, el 6, el 8 y el 19.

En la profesión hay mucho cambio e inestabilidad este año, como hemos dicho. Lo importante es estar al día de las últimas tecnologías. Tu pericia en alta tecnología es muy importante. Cáncer tiene un don natural para los negocios en el sector inmobiliario, alimentación, restaurantes, hoteles y empresas familiares, y este año aún más.

Amor y vida social

Desde el 27 de junio del año pasado has estado en un buen ciclo para el amor, y esta tendencia continúa este año; la entrada de Júpiter en tu signo fue un excelente aspecto para el amor, pues comenzó a formar aspectos hermosos a tu planeta del amor, Saturno. De hecho, más o menos desde entonces tu planeta del amor ha formado parte del gran trígono en agua. Esto sigue en vigor la primera parte de este año.

Si aún no has encontrado a esa persona especial, todavía es posible que esto ocurra este año. Muchos nativos de Cáncer ya la han encontrado. Aunque tal vez no ha habido boda, es posible que estés en una relación que es «semejante a» un matrimonio. El matrimonio es un mero «formalismo»; el horóscopo muestra la «realidad».

Saturno, tu planeta del amor, y Plutón (el ocupante de tu séptima casa, la del matrimonio) están en «recepción mutua»* casi todo el año. También fue así todo el año pasado. Esto indica muchísima colaboración entre estos dos planetas. Plutón es el señor de tu quinta casa, la de las aventuras amorosas, la diversión y la creatividad. Esto significa que este año en tu matrimonio o relación amorosa hay más diversión, más romance tipo luna de miel. Si estás soltero o soltera y sin compromiso, indicaría que tienes opciones, que puedes optar por relaciones tipo aventura o relaciones comprometidas; hay probabilidades para ambos tipos de relación.

Este año las oportunidades románticas y sociales se presentan en los lugares habituales; en fiestas, balnearios, locales de diversión, el teatro o el cine, salas de juego, sitios de esta naturaleza. El amor va de diversión; te atrae la persona capaz de hacerte pasarlo bien; y, lógicamente, el magnetismo y la química sexual son extraordinariamente importantes.

Con este tipo de carta podría existir la tendencia a dar demasiada importancia a la química sexual. Nadie niega su importancia, pero por sí sola no basta para producir una relación feliz y duradera. Es necesario tomar en cuenta otros factores, y es posible que esto no lo hagas. Esto puede conducir a sufrimiento más adelante. Incluso la mejor química sexual tiene una duración de más o menos un año; cuando esta se agota, tienes que tratar con la verdadera persona. El año pasado tuviste estas mismas tendencias.

* Cada uno es huésped en el signo y casa cuyo regente es el otro.

A fin de año, después del 24 de diciembre, habrá un cambio en la actitud amorosa. La química sexual seguirá siendo importante (Plutón continuará en tu séptima casa), pero también desearás a una persona que «haga algo por ti», que sirva a tus intereses.

Este año te atraen personas tipo empresario, personas tradicionales; tal vez personas mayores que tú y más establecidas. Tienes esta tendencia por nacimiento, pero se vuelve mucho más fuerte en este periodo.

El año se ve activo sexualmente. Además de lo que hemos dicho, a partir del 16 de julio Júpiter formará aspectos potentes al señor de tu octava casa. Sea cual sea tu edad o fase en la vida, la libido será más fuerte que de costumbre.

Tus números favorables para el amor son el 3, el 10, el 15 y el 21.

Progreso personal

Teniendo a Urano en tu décima casa, y por muchos años, es probable que te cause aburrimiento hacer siempre «lo mismo» en tu profesión. Necesitas una profesión que te ofrezca mucha variedad y cambios, una profesión en que las misiones o tareas cambien periódicamente. Muchas veces esto favorece el tipo de profesión autónoma. Pero sería bueno si pudieras conseguir esta variedad en tu actual profesión. También es importante ser original en el camino profesional. No intentes imitar lo que hacen otros, a ti no te resultará. Deberías explorar tu originalidad innata.

Neptuno está en tu novena casa desde febrero de 2012. Esto significa que se están espiritualizando más tus ideas, tu filosofía de la vida, tu visión del mundo. Eres capaz (y esto aumentará en años futuros) de interpretar los acontecimientos personales y mundiales desde una perspectiva más espiritual, de verlos como operaciones de Fuerzas Superiores. Esto cambiará muchos otros aspectos de tu vida y mejorará tus reacciones psíquicas a las cosas. Este año y en los venideros me gustan los caminos más místicos y experimentales. El árido estudio de las Escrituras y la repetición automática de las oraciones no son para ti. Toda religión tiene su tradición mística y esto es lo que debes buscar ahora. Esto te producirá más satisfacción y realización.

Saturno está en tu quinta casa, la de los hijos, desde octubre de 2012. Así pues, el Cosmos está poniendo esta faceta en el orden correcto. Disciplinar a los hijos o figuras filiales de tu vida es una elevada forma de arte; es necesario hacerla del modo apropiado. Si la exageras (y parece que esta es la tendencia en este periodo) sofocas al niño y le inspiras miedo, y se puede atrofiar su desarrollo. Si la minimizas, tienes un caos, y esto también es dañino para el niño. Si un problema de conducta pudo haberse tratado cuando el niño era pequeño y después el chico comete un delito o un acto nefasto, el karma será tuyo tanto como del chico. Los niños necesitan libertad, es cierto, pero la libertad tiene que tener sus «límites». Ciertas líneas no se deben cruzar; el comportamiento destructivo hay que castigarlo rápidamente, no con ira, pero sí con firmeza. El equilibrio correcto de la libertad y sus límites es la principal lección para este año.

Previsiones mes a mes

Enero

Mejores días en general: 5, 6, 14, 15, 24, 25
Días menos favorables en general: 1, 2, 7, 8, 22, 23, 28, 29
Mejores días para el amor: 1, 2, 5, 6, 9, 10, 14, 15, 19, 20, 24, 25, 28, 29
Mejores días para el dinero: 1, 2, 5, 6, 9, 10, 14, 15, 17, 18, 21, 22, 24, 25, 30, 31
Mejores días para la profesión: 3, 4, 7, 8, 12, 13, 22, 23, 30, 31

Comienzas el año en medio de una cima amorosa y social anual. El romance va muy bien; la vida social es hiperactiva. Si estás en una relación podrías decidir casarte en este periodo (y esta decisión podrías haberla tomado el mes pasado también). Si estás soltero o soltera y sin compromiso, es posible que encuentres buenas perspectivas. El amor impregna el ambiente. El único problema para el amor es que Venus está retrógrado todo el mes, así que no te precipites a casarte demasiado pronto; y tal vez sea mejor que programes la boda para más adelante.

El poder planetario está principalmente en tu sector occidental; el 70 y a veces el 80 por ciento de los planetas están en este sector occidental o social. Por lo tanto, este es un periodo para desarrollar el don de gentes y cultivar la buena voluntad y favor de los demás. Tus intereses personales no son muy importantes ahora; cultiva las buenas relaciones. Si hay condiciones que te fastidian, toma nota mental, pero adáptate a ellas lo mejor que puedas. Llegará el periodo (no falta mucho) en que podrás hacer los cambios apropiados.

El mes pasado el poder planetario se trasladó de la mitad inferior de tu carta a la superior. El hogar y la familia son siempre importantes para ti, pero ahora los servirás mejor triunfando en tu vida externa.

La salud es fundamentalmente buena, pero ahora no estás en uno de tus mejores periodos en lo que a salud se refiere, en especial hasta el 20. Procura descansar bastante. Fortalece la salud de las maneras mencionadas en las previsiones para el año. Tu planeta de la salud está retrógrado, así que evita hacer cambios drásticos en tu dieta o programa de salud; este es un periodo para analizar estas cosas, no para actuar.

La salud y la energía mejorarán espectacularmente después del 20.

Si buscas trabajo tienes buenas oportunidades este mes (y muchos meses venideros), pero no te precipites a aceptar un trabajo sin antes tener claros todos los detalles; haz preguntas, resuelve las dudas.

Las finanzas son excelentes. Tu planeta del dinero transita por puntos de eclipse del 14 al 17 y el 30 y 31; esto puede causar trastornos financieros temporales y tú tendrás que hacer cambios y ajustes. Pero estos cambios serán buenos. Estas cosas son baches en el camino, no problemas duraderos.

Del 1 al 7 hay dramas en la familia. Ten más paciencia con los familiares esos días; tenderán a estar temperamentales. Sobrelleva los dramas y mantén la atención centrada en la profesión.

Febrero

Mejores días en general: 1, 2, 10, 11, 12, 20, 21, 28
Días menos favorables en general: 3, 4, 18, 19, 24, 25
Mejores días para el amor: 2, 5, 6, 7, 11, 12, 16, 17, 21, 24, 25, 28
Mejores días para el dinero: 1, 2, 8, 9, 10, 11, 12, 13, 14, 20, 21, 28
Mejores días para la profesión: 3, 4, 8, 9, 18, 19, 26, 27

El impulso planetario es abrumadoramente de avance este mes. Hasta el 6 el 90 por ciento de los planetas están en movimiento directo; después el 80 por ciento. Si tienes pensado lanzar un nuevo producto o iniciar una nueva empresa, este es un buen mes para hacerlo (del 1 al 6 son los mejores días; la Luna está en fase creciente).

En general, las cosas se hacen más rápido que de costumbre.

Me parece que, en general, las cosas te van bien. Desde el mes pasado tenemos un gran trígono en elemento agua; el agua es tu elemento natural. El 18, cuando el Sol entra en Piscis, el poder del elemento agua se vuelve más fuerte aún. Esto es muy agradable para ti. Las personas están más sensibles a los sentimientos de los demás; es más fácil comunicarse mutuamente los sentimientos.

El amor va muy bien. No estás tan activo socialmente como el mes pasado, pero la vida amorosa va bien. Venus está en movimiento directo este mes y tu planeta del amor recibe aspectos muy hermosos. Si estás soltero o soltera y sin compromiso, este es un buen mes para conocer a esa persona especial. Si estás casado o casada o en una relación, tendrás más armonía con el ser amado.

El cónyuge, pareja o ser amado actual entró en una cima financiera anual el 20 del mes pasado, y continúa en la cima este mes. En general, la prosperidad es excelente para esta persona y es probable que sea más generosa contigo. Teniendo a tu planeta del dinero en tu octava casa hasta el 18, prosperas haciendo prosperar a otros. Tienes que pensar en los intereses financieros de otros, comprenderlos y ayudarlos a conseguir sus objetivos. Al hacer esto tu prosperidad te llega de modo muy natural. Además, comprender los verdaderos intereses de la otra persona te servirá para presentar mejor tus propuestas.

El viaje está en tu carta desde hace muchos meses, pero después del 18, cuando el Sol entra en tu novena casa, la tendencia es más fuerte aún. Un viaje al extranjero no sólo es agradable en sí sino que al parecer favorece tu economía también. Hay un viaje de negocios o trabajo después del 18. Hay oportunidades financieras en otros países y con extranjeros.

La salud está mucho mejor que el mes pasado. Teniendo a Júpiter en tu signo, el único problema es un exceso de lo bueno, demasiado de la buena vida, demasiado de buenas comidas y bebidas. Tendrás que controlar el peso.

Si buscas trabajo tienes buena suerte el 28. Pero, repito, es necesario más análisis.

Marzo

Mejores días en general: 1, 2, 10, 11, 19, 20, 28, 29
Días menos favorables en general: 3, 4, 17, 18, 24, 25, 30, 31
Mejores días para el amor: 1, 2, 7, 10, 11, 17, 18, 19, 20, 24, 25, 26, 27, 28, 29
Mejores días para el dinero: 1, 2, 10, 11, 12, 13, 19, 20, 21, 22, 28, 29, 30, 31
Mejores días para la profesión: 3, 4, 7, 8, 17, 18, 26, 27, 30, 31

Has trabajado arduo en lo que va de año. Me parece que estás involucrado en un proyecto de envergadura y complicado; esta tendencia continúa este mes. La salud ha estado buena en lo que va de año, pero después del 20 debes prestarle más atención. Lo que es necesario hacer lo haces, no podrás evitarlo, pero deja estar las cosas menos importantes. Fortalece la salud de las maneras explicadas en las previsiones para el año. La adicción al trabajo parece ser el principal peligro.

El mes es ajetreado pero exitoso. El 20 entras en una cima profesional anual. El hogar y la familia son siempre importantes, siempre un centro de atención, pero puedes servirlos mejor triunfando en el mundo externo.

Las finanzas se ven bien, es un mes próspero. Hasta el 20 tu planeta del dinero está en tu novena casa, posición afortunada por lo general. Indica expansión financiera; mayores ingresos, elevados objetivos. Las oportunidades financieras se presentan en otros países y tal vez con extranjeros. Hay un viaje de negocios o de trabajo. La intuición financiera es excepcional. El 20 tu planeta del dinero cruza tu mediocielo y entra en tu décima casa. Esto indica una gran atención al dinero y a los ingresos; son muy importantes para ti. Conseguimos aquello en que fijamos la atención. Pero también indica que en las finanzas gozas del favor de los superiores de tu vida: padres, figuras parentales, mayores y jefes. Muchas veces este aspecto significa aumento de sueldo; tu buena fama profesional es recompensada en el plano financiero. A veces también indica dinero procedente de organismos gubernamentales, que te llega de forma directa o indirecta.

El amor se ve muy feliz en este periodo. Si estás en una relación, esta es muy armoniosa, y si estás sin compromiso no tienes ningún problema para encontrar romance. La única complicación es que Saturno inicia movimiento retrógrado el 2. Tal vez a ti y al ser amado os falta dirección en la relación; es más o menos como si fueseis «vadeando». No hay por qué preocuparse, sólo es necesario entenderlo. Tu planeta del amor estará retrógrado varios meses. Esto no impide el amor ni el romance, sólo enlentece un poco las cosas. Este es un periodo para obtener más claridad en tus objetivos sociales; también te conviene hacer revisión de tu vida amorosa para ver en qué puedes hacer mejoras.

Tómate las cosas con calma, y reduce tus actividades alrededor de la Luna nueva del 30. Esta Luna nueva es próspera para el cónyuge, pareja o ser amado actual.

Presta atención a tus sueños los días 21 y 31; me parece que son muy importantes.

Del 17 al 19 ten más paciencia con los familiares; estarán más temperamentales.

Abril

Mejores días en general: 6, 7, 16, 17, 24, 25
Días menos favorables en general: 13, 14, 15, 20, 21, 26, 27
Mejores días para el amor: 4, 5, 6, 7, 16, 17, 20, 21, 24, 25
Mejores días para el dinero: 6, 7, 8, 9, 10, 16, 17, 19, 20, 24, 25, 29, 30
Mejores días para la profesión: 3, 4, 5, 13, 14, 15, 22, 23, 26, 27

Los planetas se están trasladando lentamente de tu sector occidental al oriental. El traslado quedará establecido el próximo mes, pero tu ya sientes el cambio ahora. La independencia personal se va reforzando día a día. Cada día tienes más poder para cambiar las cosas que no te gustan y crearte las condiciones como las deseas. Es de esperar que en los meses anteriores hayas tomado nota de lo que es necesario cambiar. Ahora puedes comenzar a hacerlo.

Ser indpendiente no significa pisotear a los demás; sólo significa que no necesitamos depender de ellos para nuestra felicidad. Mientras esto no sea destructivo para los demás, debes (y puedes) tener las cosas a tu manera.

Continúas en tu cima profesional anual, así que mantén la atención centrada en tus objetivos externos. Sigues teniendo éxito.

Hasta el 20 sigue siendo necesario estar atento a la salud. No tienes nada grave, pero este no es tu mejor periodo para la salud; la energía general no está a la altura habitual, por lo tanto, cualquier malestar ya existente podría empeorar (por un tiempo); la baja energía te hace vulnerable a invasiones oportunistas (microbios, etc.). Así pues, procura descansar y relajarte más. Fortalece la salud de las maneras explicadas en las previsiones para el año. Después del 20 notarás una mejoría increíble.

Este mes tenemos dos eclipses. El eclipse lunar del 15 ocurre en tu cuarta casa y afecta a Marte, tu planeta de la profesión. Todos los eclipses lunares son fuertes en ti, ya que la Luna es la regente de tu horóscopo. Reduce las actividades en este periodo. Este eclipse produce dramas en la casa, con los familiares y padres o figuras parentales. También habrá cambios en la profesión, que me parecen buenos. Ten más paciencia con los familiares en este periodo.

El eclipse solar del 29 ocurre en tu casa once y, como todos los eclipses solares, afecta a tus finanzas. La vida financiera va fundamentalmente bien, pero tal vez necesita ciertos «retoques» y el eclipse te obliga a hacer los cambios necesarios. Además, a causa de este eclipse podría haber dramas financieros en la vida de tus amistades. La amistad podría pasar por pruebas; a veces hay dramas en la vida de los amigos, de aquellos que cambian la vida, y estos podrían afectar a la amistad. Te convendrá hacer copias de seguridad de tus documentos importantes, pues se pone a prueba el equipo de alta tecnología.

Entre el 1 y el 2 te llega un beneficio imprevisto; a veces se presenta en forma de un gasto repentino, que lleva al beneficio inesperado.

A pesar de que tu planeta del amor está retrógrado, el amor va maravillosamente. Es romántico y tierno. Venus entra en Piscis el 6 y comienza a formar aspectos fabulosos a tu planeta del amor. Del 23 al 26 son días excepcionalmente buenos para el amor. Pero no hay ninguna prisa; tómate las cosas con calma.

Mayo

Mejores días en general: 3, 4, 5, 13, 14, 21, 22, 31
Días menos favorables en general: 11, 12, 17, 18, 24, 25
Mejores días para el amor: 3, 4, 5, 6, 13, 14, 17, 18, 21, 22, 24, 25, 31
Mejores días para el dinero: 3, 4, 5, 6, 7, 8, 9, 10, 13, 14, 17, 18, 21, 22, 28, 29, 31
Mejores días para la profesión: 1, 2, 11, 12, 19, 20, 24, 25, 29, 30

A partir del 3 queda establecido el cambio del poder planetario a tu sector oriental. Es el periodo para tener tu vida según tus condiciones, mientras esto no sea destructivo. Si los demás no están de acuerdo con tus planes, tienes el poder para lanzarte solo. Ahora es el periodo para explorar tu felicidad personal y hacer uso de la iniciativa.

En general la vida amorosa va bien, pero hasta el 21 de este mes se ve algo complicada. Podría haber desacuerdos financieros con el ser amado, tal vez diferencias de opinión en otros temas también. Esto es de corta duración. El 21 ya estarán resueltas estas cosas y la vida amorosa volverá a ser armoniosa.

Marte está más o menos en oposición con Urano todo el mes. Es necesario hacer más segura la casa; los padres o figuras parentales

deben evitar las actividades arriesgadas y pesadas. Hay ciertos trastornos en la profesión, tal vez en tu industria o en la jerarquía de la
empresa en la que trabajas. Cambian las reglas del juego.

Las finanzas van bien; este es un mes fundamentalmente próspero. Hasta el 21 la dimensión social es importante en las finanzas
(como el mes pasado). Las amistades y las conexiones sociales tienen
un gran papel, y positivo. También es importante la alta tecnología; te
conviene mantenerte al día de los últimos avances. Es muy probable
que gastes en estas cosas. También te conviene participar con grupos,
organizaciones comerciales o profesionales. El 21 tu planeta del dinero entra en tu espiritual casa doce; la intuición financiera tendría
que ser buena y deberás fiarte de ella. Este es un periodo en que profundizas en las dimensiones espirituales de la riqueza. Eres más caritativo en este periodo también; participar en organizaciones espirituales y relacionarte con personas de tipo espiritual favorece la
economía.

La salud es buena este mes. Puedes fortalecerla más de las maneras mencionadas en las previsiones para el año.

El 14 y el 15 Venus viaja con Urano. Ten más paciencia con los familiares y las amistades estos días; van a estar más temperamentales. Es
probable que los hijos y figuras filiales de tu vida estén más rebeldes.

El 11 necesitan más verificación los sueños y las intuiciones.

El 30 y el 31 las figuras de autoridad (jefes, padres, figuras parentales) te apoyan financieramente.

Junio

Mejores días en general: 1, 9, 10, 18, 19, 27, 28
Días menos favorables en general: 7, 8, 14, 15, 20, 21
Mejores días para el amor: 1, 5, 6, 9, 10, 14, 15, 18, 19, 23, 24, 27,
    28
Mejores días para el dinero: 1, 2, 3, 7, 8, 10, 11, 16, 17, 18, 19, 27,
    28, 29, 30
Mejores días para la profesión: 7, 8, 16, 17, 20, 21, 25, 26

Tienes un mes feliz y próspero. El único problema es el elevado porcentaje de planetas retrógrados: el 40 por ciento después del 9. Esto
no impide que ocurra tu bien, pero enlentece un poco las cosas.

Cuando tienes muchos planetas retrógrados el Cosmos te llama a
perfeccionarte en todo lo que haces. Hay que evitar los atajos (son
ilusiones). Ser perfecto en todos los detalles te enlentecerá un poco,

pero la manera lenta es la más rápida. Vendrán errores a fastidiarte y tendrás que rehacer el trabajo o pasar más tiempo enderezando las cosas.

Tu casa doce, la de la espiritualidad, se hizo poderosa el 21 del mes pasado y continúa poderosa hasta el 21 de este. Estás, pues, en un fuerte periodo espiritual. Hay adelanto espiritual si te interesa. Es un periodo muy bueno para la meditación y los estudios espirituales. También es muy bueno si eres artista, poeta o músico; hay más inspiración. Los estudios espirituales serán útiles en la vida financiera también, de modo sutil, interior.

El 21 el Sol cruza tu ascendente y entra en tu primera casa. Esto trae aumento en los ingresos y oportunidades financieras. El poder adquisitivo es más fuerte. Gastas en ti. Tienes la apariencia de una persona rica. Adoptas la imagen de la riqueza, lo que a su vez te atrae mayores oportunidades financieras. Este tránsito es maravilloso también para la apariencia e imagen personal. Y es bueno para la salud. Te ves bien; tienes más atractivo estelar que de costumbre; tu cuerpo resplandece. Entras en uno de tus periodos anuales de placer personal (estás en un periodo de placer personal desde hace casi un año, pero ahora es más fuerte). Los deseos del cuerpo se satisfacen muy bien.

Si buscas trabajo tienes buena suerte este mes. Si tienes empleo, del 21 al 26 hay trastornos en el lugar de trabajo. Si eres empleador habrá inestabilidad entre los empleados en este periodo.

El amor es bueno todo el mes, pero en especial después del 21. Después de esta fecha hay oportunidades de formar una sociedad de negocios o empresa conjunta.

Nuevamente pareces involucrado en un proyecto de envergadura y complicado, pero se ve exitoso. Además, tienes toda la energía que necesitas para hacerlo.

Los padres y figuras parentales deben conducir con más prudencia y evitar las actividades arriesgadas todo el mes, pero en especial del 22 al 26. También hay cambios en la profesión estos días.

Julio

Mejores días en general: 7, 8, 15, 16, 24, 25
Días menos favorables en general: 4, 5, 6, 11, 12, 17, 18
Mejores días para el amor: 4, 5, 6, 7, 8, 11, 12, 13, 14, 15, 16, 24, 25
Mejores días para el dinero: 1, 7, 8, 15, 16, 17, 27, 28
Mejores días para la profesión: 4, 5, 6, 13, 14, 17, 18, 24, 25

El elemento agua ha estado fuerte en todo lo que va de año, pero especialmente el mes pasado y este. El mes pasado el 40 y a veces el 50 por ciento de los planetas estaban en signos de agua. Este mes, hasta el 22, el porcentaje es mayor aún: el 60 y a veces el 70 por ciento. En el plano mundano esto indica un tiempo más lluvioso y húmedo. Pero en lo personal es muy bueno para ti. Estás en una «época de buenos sentimientos». Eres más poderoso cuando estás de buen ánimo (esto le pasa a todo el mundo, pero en especial a ti). De buen ánimo puedes conquistar el mundo, de mal ánimo, no ocurre mucho.

El poder del elemento agua tiene consecuencias metafísicas si practicas la oración y la meditación. Una oración tiene éxito cuando la persona entra en la «sensación» de que «está hecho». Cuando hay tanta agua es mucho más fácil entrar en esta sensación que en otras ocasiones.

Hasta el 22 continúas en una de tus cimas anuales de placer personal. Disfruta de todos los placeres del cuerpo, cómo no, pero no hace ninguna falta excederse.

El 18 Venus cruza tu ascendente y entra en tu primera casa. Te llega equipo o aparatos de alta tecnología. Te ves bien; te vistes elegante, con un sentido natural del estilo. Has gastado en ti desde el mes pasado, y ahora harías muy bien comprándote ropa y complementos si los necesitas. Tienes una elegancia natural en este periodo. Atraes al sexo opuesto. El amor será feliz este mes; tu planeta del amor, Saturno, recibe aspectos hermosos todo el mes; además, el 20 retoma el movimiento directo. La relación actual se clarifica; comienza a avanzar. También mejora la confianza social.

Este mes y el pasado has tenido más o menos la vida según tus condiciones. Ahora es el periodo, tal vez el mejor del año, para crear las condiciones como las deseas.

Del 24 al 27 el Sol viaja con Júpiter. Esto indica que habrá un bonito día de paga. También trae una feliz oportunidad de trabajo. El día de Luna nueva, el 26, se ve particularmente lucrativo.

El 16 Júpiter hace un importante traslado, sale de tu signo y entra en Leo. La prosperidad ha sido fuerte en lo que va de año y está a punto de serlo aún más.

Este tránsito afecta a tus objetivos laborales. En cuanto al trabajo, hasta ahora lo importante era tu satisfacción y agrado, ahora lo importante será estrictamente la paga. Si la paga es buena, te sentirás satisfecho.

También cambian las necesidades en la salud. Ahora debes prestar más atención al corazón.

Agosto

Mejores días en general: 3, 4, 11, 12, 20, 21, 22, 30, 31
Días menos favorables en general: 1, 2, 8, 13, 14, 28, 29
Mejores días para el amor: 3, 4, 7, 8, 11, 12, 13, 20, 21, 22, 23, 24, 30, 31
Mejores días para el dinero: 5, 6, 13, 14, 23, 24, 25
Mejores días para la profesión: 3, 4, 11, 12, 13, 14, 20, 21, 30, 31

El 23 del mes pasado el Sol entró en tu casa del dinero y tú en una de tus cimas financieras anuales; el Sol se unió a Júpiter, que entró el 16. Así pues, esta cima financiera tendría que ser mucho más fuerte que la de los años anteriores. Ahora hay mucha suerte en el dominio financiero. Pero esta buena suerte la creará tu trabajo. El dinero que te llega es dinero feliz, ganado de modos felices. Gastas más también en actividades de ocio. Disfrutas de tu riqueza, y no todo el mundo puede decir esto.

Este mes el poder planetario se traslada de la mitad superior de tu carta a la inferior. Tu planeta de la profesión, Urano, inició movimiento retrógrado el 22 del mes pasado. El mensaje es muy claro: los asuntos profesionales sólo los resolverá el tiempo. Ahora conviene pasar la atención al hogar, la familia y tu bienestar emocional. La profesión sigue siendo importante para ti, pero no tanto como lo ha sido desde el comienzo del año. Ahora te conviene trabajar en tus objetivos profesionales con métodos interiores: meditación, visualización, oración, y fijando objetivos. Esto también es trabajo, pero no de tipo físico. Es bueno entrar en «la sensación o sentimiento» de lo que deseas conseguir. Imagínate que ya has alcanzado el objetivo; siente intensamente esa situación y luego déjalo marchar. Repite esto cuantas veces sea necesario. Ahora es importante encontrar tu punto de armonía emocional y funcionar con ella. Hasta ahora todo iba de «hacerlo bien»; ahora va de «sentirte bien».

El mes pasado entraste en una cima financiera anual y este mes es más fuerte aún. Entre el 40 y el 50 por ciento de los planetas o están instalados en tu casa del dinero o transitan por ella. Esto es muchísimo poder financiero. Es un mes próspero. Cuentas con mucha ayuda de todo tipo: el trabajo, la familia, los padres o figuras parentales, jefes y hermanos (o figuras fraternas). Además, la intuición financiera es muy buena, sobre todo hasta el 15.

El amor es más problemático este mes, pero no ocurre ninguna crisis importante, sólo desacuerdos y conflictos de corta duración. El cónyuge, pareja o ser amado actual debe tener más prudencia en sus asuntos financieros, pues su planeta del dinero está retrógrado.

La salud es buena ahora, mejor que el mes pasado ya que Marte te forma aspectos armoniosos.

Hay ciertos baches en el camino, pero nada que no puedas manejar. Muchos planetas reactivan puntos de eclipse este mes y esto tiende a producir «minitrastornos».

El 1 y el 2 el Sol transita por un punto de eclipse; esto indica cambios en las finanzas, tal vez un trastorno. Pero las finanzas, como hemos dicho, van maravillosamente.

El 5 y el 6 Mercurio transita por este mismo punto, y esto indica la necesidad de conducir con más prudencia y tener más cuidado en las comunicaciones.

Del 18 al 20 Venus transita por este punto, y esto indica la necesidad de tener más paciencia con los familiares.

Del 10 al 14 Marte transita por este punto; un progenitor o figura parental experimentará cambios profesionales y dramas.

Septiembre

Mejores días en general: 8, 9, 17, 18, 27, 28
Días menos favorables en general: 4, 5, 10, 11, 24, 25
Mejores días para el amor: 2, 3, 4, 5, 8, 9, 12, 13, 17, 18, 23, 27, 28
Mejores días para el dinero: 1, 2, 3, 4, 5, 10, 11, 12, 13, 19, 20, 23, 24, 29, 30
Mejores días para la profesión: 1, 8, 9, 10, 11, 19, 29, 30

La riqueza es algo maravilloso que todo el mundo debería poseer. Pero no es un fin en sí misma. Uno de los privilegios de la riqueza es el tiempo libre; tiempo para leer, estudiar y dedicarse a los intereses intelectuales. Y esto es lo que tienes en este periodo. Comenzó el 23 del mes pasado y continúa hasta el 23 de este mes. Este es un periodo para explorar los placeres de la mente, los placeres del aprendizaje y de la expansión mental. Es un placer muy desconocido para muchas personas. Es maravilloso recostarse en un sofá con las piernas recogidas a leer un buen libro de un buen escritor y entrar en su mundo. Es una forma de viaje astral. Regresamos del viaje cambiados de manera sutil, y si el escritor es bueno, cambiados de buenas maneras. Este es un mes para ese tipo de cosas. También es bueno para hacer cursos en temas que te interesan y asistir a charlas o seminarios. La mente está más aguda y absorbe mejor la información.

El 23 entras en el cielo de Cáncer. Se hace poderosa tu cuarta casa, la del hogar y la familia. El Cosmos te impulsa a hacer lo que más te gusta. Esto marca la medianoche de tu año. Disminuye la actividad externa, pero hay mucha actividad interior dinámica. La cuarta es la casa de los finales y los comienzos. Acaba el día viejo, ha muerto, y comienza el día nuevo, la medianoche, la cuarta casa, cuando empieza técnicamente el nuevo día. Aun no es visible, pero ha comenzado. Así pues, digieres el año profesional pasado, y la psique, la mente más profunda, prepara el terreno para el día que viene (tu año que viene). Este es un periodo para progreso y descubrimientos psíquicos. Ya tienes una buena comprensión de estas cosas, pero ahora las profundizas.

A partir del 23 es necesario estar más atento a la salud. En general tu salud es muy buena, pero este es un periodo de vulnerabilidad. Procura descansar y relajarte más; la medianoche es para dormir. Puedes fortalecer tu salud de las maneras explicadas en las previsiones para el año.

Las finanzas van bien este mes. Hasta el 23 hay suerte en las especulaciones. Son importantes las ventas, la mercadotecnia y el buen uso de los medios de comunicación. Es necesario dar a conocer tu producto o servicio. Hay dinero para hacer en el comercio, la compra y la venta. El 23 tu planeta del dinero entra en tu cuarta casa. Es probable que entonces gastes más en la casa y la familia, pero también puedes ganar de esto. La familia y las conexiones familiares tienen un importante papel en las finanzas en este periodo. Hay buen apoyo familiar, y buen apoyo de un progenitor o figura parental.

El amor va mucho mejor que el mes pasado.

Octubre

Mejores días en general: 5, 6, 14, 15, 24, 25
Días menos favorables en general: 1, 2, 7, 8, 21, 22, 23, 28, 29
Mejores días para el amor: 1, 2, 3, 5, 6, 12, 13, 14, 15, 22, 23, 24, 25, 28, 29
Mejores días para el dinero: 3, 4, 7, 8, 12, 13, 16, 17, 18, 22, 23, 26, 27
Mejores días para la profesión: 7, 8, 17, 18, 28

El mes pasado el poder planetario pasó de tu sector oriental independiente al sector occidental de «los demás». Este es un importante cambio psíquico para ti. Ha terminado el periodo de independencia personal, de tener las cosas a tu manera y de crear tus circunstancias. Ahora es el periodo de vivir con las consecuencias, buenas o malas, de lo que has creado. Si creaste bien, los próximos seis meses serán agradables; tendrás «buen karma». Si cometiste errores, te enterarás de ellos, experimentarás las consecuencias y tendrás la oportunidad de corregirlos cuando llegue el siguiente ciclo de independencia personal. Mientras tanto, adáptate a las actuales circunstancias y condiciones lo mejor que puedas. El Cosmos te llama nuevamente a desarrollar el don de gentes. Ahora tu bien te llega a través de los demás.

Este mes dos eclipses aseguran un mes turbulento para el mundo en general, un mes activo, agitado.

El eclipse lunar del 8 ocurre en tu décima casa y es fuerte en ti. Reduce tus actividades y tómate las cosas con calma en ese periodo (en realidad deberías tomarte las cosas con calma hasta el 23, pero en especial durante el periodo del eclipse, unos cuantos días antes y otros tantos después). Todos los eclipses lunares producen una redifinición de la imagen y la personalidad, una redefinición del concepto de ti mismo, y este no es diferente. Pero también hay cambios en la profesión; tal vez continúas en la misma profesión pero de otro modo; tal vez cambias de camino profesional. Hay trastornos y reorganización en tu industria y en la jerarquía de la empresa en que trabajas. A veces se imponen nuevas normas y cambian las reglas del juego. Hay dramas familiares y dramas en la vida de un progenitor o figura parental (estas personas también deberían reducir sus actividades). Este eclipse afecta a Urano, así que el cónyuge, pareja o ser amado actual va a hacer cambios financieros drásticos. Este eclipse también afecta a los hijos; ellos también hacen cambios personales drásticos.

El eclipse solar del 23 ocurre en la cúspide de tu quinta casa. Este eclipse también afecta a los hijos; deberán mantenerse fuera de peligro y programar actividades relajadas. Todos los eclipses solares traen cambios en las finanzas, cambios en la forma de pensar y en la estrategia financiera. A veces esto ocurre debido a algún trastorno o crisis. Pero una vez hechos los cambios, la crisis se resuelve y las finanzas tendrían que ir mejor que antes. Este eclipse podría traer intervención quirúrgica o una experiencia de casi muerte a un progenitor o figura parental, no necesariamente una muerte física real, sino un encuentro con ella.

Hasta el 23 es necesaria más atención a la salud. Procura descansar lo suficiente. Fortalece la salud de las maneras explicadas en las previsiones para el año. A partir del 23 mejorará.

Noviembre

Mejores días en general: 2, 3, 10, 11, 20, 21, 29, 30
Días menos favorables en general: 4, 5, 18, 19, 25, 26
Mejores días para el amor: 2, 3, 11, 12, 21, 22, 23, 25, 26, 30
Mejores días para el dinero: 2, 3, 4, 5, 10, 11, 12, 13, 14, 21, 22, 23
Mejores días para la profesión: 4, 5, 6, 7, 15, 16, 17, 25, 26

La prosperidad general sigue muy intacta y continuará hasta bien entrado el próximo año. Pero hasta el 22 hay ciertos baches temporales en el camino. Si estos se manejan bien debería aumentar aún más la prosperidad. El 6 y el 7 tu planeta del dinero, el Sol, reactiva un punto de eclipse; esto prodría producir un trastorno financiero, un gasto o pago inesperado; normalmente esto lleva a un cambio positivo. Del 17 al 19 el Sol viaja con Saturno; esto produce una sensación de «estrechez», de carencia. Nuevamente, si haces algunos cambios, un retoque por aquí, otro por allá, tendrás los recursos que necesitas. Tu planeta del dinero está en Escorpio hasta el 22; Escorpio va de «recortar», eliminar el derroche y lo superfluo. Se requiere el método de un cirujano para hacer esto: extirpar, eliminar sólo lo que es innecesario (te conviene también hacer una revisión de tus posesiones y vender o regalar a una obra benéfica las cosas que ya no usas o no necesitas). Eliminar el derroche es tan parte de la prosperidad como unos ingresos mayores. El 22 tu planeta del dinero, el Sol, entra en Sagitario, señal muy positiva de prosperidad; la confianza financiera es buena; gastas con más libertad pero también ganas más. Los objetivos financieros son muy elevados.

Este es un mes muy bueno también si buscas trabajo. Hasta el 22 hay dificultades; dificultades en el trabajo actual, dificultades para encontrar trabajo, según sea tu situación. Pero después del 22 se despeja el camino. Se presentan muchas oportunidades laborales felices, ya sea en la misma empresa en que trabajas o para encontrar trabajo en otra.

La salud es excelente este mes; tienes la energía de diez personas. Esto en sí ensancha tu visión de la vida y de lo que puedes o no puedes realizar. Con energía el mundo está a tus pies; sin ella hasta lo más insignificante se convierte en trabajo pesado.

El amor también se ve muy feliz. Si estás soltero o soltera conoces a posibles parejas románticas. Habiendo tanto poder en el elemento agua hasta el 22, tienes mucho carisma; atraes al sexo opuesto. Si ya estás en una relación, esta se profundiza.

Urano está muy cerca de un punto de eclipse todo el mes. Esto indica que el cónyuge, pareja o ser amado actual hace cambios drásticos en sus finanzas; también indicaría que este mes vas a tener algún encuentro con el tema o asuntos de la muerte, tal vez asistiendo a funerales o actos conmemorativos.

A partir del 22 se hace dominante el elemento fuego. Por lo general, esto significa un tipo de energía «optimista». Los acontecimientos se producen más rápido, el progreso es rápido. También ha disminuido la actividad retrógrada; después del 16 el 90 por ciento de los planetas estarán en movimiento directo, y esto refuerza lo que hemos dicho.

Diciembre

Mejores días en general: 8, 9, 18, 19, 26, 27
Días menos favorables en general: 1, 2, 15, 16, 22, 23, 28, 29
Mejores días para el amor: 1, 2, 8, 9, 12, 13, 19, 21, 22, 23, 28, 30, 31
Mejores días para el dinero: 1, 2, 10, 11, 20, 21, 28, 29, 30, 31
Mejores días para la profesión: 1, 2, 3, 4, 15, 16, 24, 25, 28, 29

Este mes el poder planetario está en su posición occidental máxima; es un mes social. Tómate un descanso de ti mismo y de tus intereses personales y centra más la atención en los demás. El interés propio es algo bueno, pero a veces se exagera. El cambio periódico de los planetas de un sector al otro es la manera que tiene el Cosmos de mantener el equilibrio. La felicidad de los demás es otra forma de interés propio y favorece nuestros intereses. Estas son las lecciones de este mes. No es un periodo para cambiar las condiciones desagradables. Adáptate lo mejor que puedas. Dentro de unos meses llegará el periodo para hacer cambios y para la creación personal.

El 22, cuando el Sol entra en tu séptima casa, tú entras en una cima anual amorosa y social. El amor chispea. El 24 tu planeta del amor, Saturno, hace un importante traslado (el que hace cada dos años y medio más o menos): sale de Escorpio y entra en Sagitario, pasa de tu quinta casa a la sexta. Esto señala un cambio a largo plazo en tu actitud y necesidades en el amor. Durante los dos años y medio pasados el magnetismo sexual era el principal atractivo en el amor; continuará siendo importante, pero habrá otras cosas importantes también.

Deseas una persona que no sólo te dé placer, sino que también «haga algo» por ti, que sirva a tus intereses. Así es como te sientes amado y así es como demuestras el amor. Habrá una mayor atracción por profesionales de la salud, compañeros de trabajo y personas relacionadas con tu salud. Perderán interés para ti las personas con las que puedas tener sólo una aventura o divertirte. También comenzarán a cambiar los lugares para encuentros románticos (esta es una tendencia a largo plazo); las oportunidades románticas se presentarán en el trabajo, el balneario de salud, el gimnasio o la consulta del médico, cuando estás atendiendo a tus objetivos de salud y de trabajo.

Después del 22 la salud necesita más atención. La salud general continúa buena, pero este es un problema pasajero causado por los planetas rápidos. Como siempre, procura descansar lo suficiente; no te permitas cansarte en exceso; no hagas de la noche día.

Continúas en una tendencia general a la prosperidad. Este mes se ve próspero también. Hasta el 22 el Sol (tu planeta del dinero) está en Sagitario, indicando elevados objetivos y confianza financieros. Esto tiende a la prosperidad. Pero el problema podría ser tener demasiado de lo bueno; esto te puede llevar a gastar en exceso. El 22 se resuelve este problema, pues tu planeta del dinero entra en el conservador Capricornio. El juicio financiero será bueno; mirarás la riqueza a largo plazo. Muy buen periodo para hacer planes de inversión y de ahorro, para establecer riqueza para el futuro. A la larga, si uno se atiene a las reglas, la riqueza es sencillamente inevitable. El problema es que para muchas personas este método es «aburrido». A muchas personas les gusta ver resultados rápidos y esto suele meterlas en problemas. Pero ahora, después del 22, estás con esta mentalidad.

Leo

♌

El León
Nacidos entre el 21 de julio y el 21 de agosto

Rasgos generales

LEO DE UN VISTAZO
Elemento: Fuego

Planeta regente: Sol
   Planeta de la profesión: Venus
   Planeta de la salud: Saturno
   Planeta del amor: Urano
   Planeta del dinero: Mercurio

Colores: Dorado, naranja, rojo
   Colores que favorecen el amor, el romance y la armonía social:
   Negro, azul índigo, azul marino
   Colores que favorecen la capacidad de ganar dinero: Amarillo,
   amarillo anaranjado

Piedras: Ámbar, crisolita, diamante amarillo

Metal: Oro

Aroma: Bergamota, incienso, almizcle

Modo: Fijo (= estabilidad)

Cualidad más necesaria para el equilibrio: Humildad

Virtudes más fuertes: Capacidad de liderazgo, autoestima y confianza en sí mismo, generosidad, creatividad, alegría

Necesidad más profunda: Diversión, alegría, necesidad de brillar

Lo que hay que evitar: Arrogancia, vanidad, autoritarismo

Signos globalmente más compatibles: Aries, Sagitario

Signos globalmente más incompatibles: Tauro, Escorpio, Acuario

Signo que ofrece más apoyo laboral: Tauro

Signo que ofrece más apoyo emocional: Escorpio

Signo que ofrece más apoyo económico: Virgo

Mejor signo para el matrimonio y/o las asociaciones: Acuario

Signo que más apoya en proyectos creativos: Sagitario

Mejor signo para pasárselo bien: Sagitario

Signos que más apoyan espiritualmente: Aries, Cáncer

Mejor día de la semana: Domingo

La personalidad Leo

Cuando pienses en Leo, piensa en la realeza; de esa manera te harás una idea de cómo es Leo y por qué los nativos de este signo son como son. Es verdad que debido a diversas razones algunos Leo no siempre expresan este rasgo, pero aun en el caso de que no lo expresen, les gustaría hacerlo.

Un monarca gobierna no por el ejemplo (como en el caso de Aries) ni por consenso (como hacen Capricornio y Acuario), sino por su voluntad personal. Su voluntad es ley. Sus gustos personales se convierten en el estilo que han de imitar todos sus súbditos. Un rey tiene en cierto modo un tamaño más grande de lo normal. Así es como desea ser Leo.

Discutir la voluntad de un Leo es algo serio. Lo considerará una ofensa personal, un insulto. Los Leo nos harán saber que su voluntad implica autoridad, y que desobedecerla es un desacato y una falta de respeto.

Una persona Leo es el rey, o la reina, en sus dominios. Sus subordinados, familiares y amigos son sus leales súbditos. Los Leo reinan con benevolente amabilidad y con miras al mayor bien para los demás. Su presencia es imponente, y de hecho son personas poderosas. Atraen la atención en cualquier reunión social. Destacan porque son los astros en sus dominios. Piensan que, igual que el Sol, están hechos para brillar y reinar. Creen que nacieron para disfrutar de privilegios y prerrogativas reales, y la mayoría de ellos lo consiguen, al menos hasta cierto punto.

El Sol es el regente de este signo, y si uno piensa en la luz del Sol, es muy difícil sentirse deprimido o enfermo. En cierto modo la luz del Sol es la antítesis misma de la enfermedad y la apatía. Los Leo aman la vida. También les gusta divertirse, la música, el teatro y todo tipo de espectáculos. Estas son las cosas que dan alegría a la vida. Si, incluso en su propio beneficio, se los priva de sus placeres, de la buena comida, la bebida y los pasatiempos, se corre el riesgo de quitarles su voluntad de vivir. Para ellos, la vida sin alegría no es vida.

Para Leo la voluntad humana se resume en el poder. Pero el poder, de por sí, y al margen de lo que digan algunas personas, no es ni bueno ni malo. Únicamente cuando se abusa de él se convierte en algo malo. Sin poder no pueden ocurrir ni siquiera cosas buenas. Los Leo lo saben y están especialmente cualificados para ejercer el poder. De todos los signos, son los que lo hacen con más naturalidad. Capricornio, el otro signo de poder del zodiaco, es mejor gerente y administrador que Leo, muchísimo mejor. Pero Leo eclipsa a Capricornio con su brillo personal y su presencia. A Leo le gusta el poder, mientras que Capricornio lo asume por sentido del deber.

Situación económica

Los nativos de Leo son excelentes líderes, pero no necesariamente buenos jefes. Son mejores para llevar los asuntos generales que los detalles de la realidad básica de los negocios. Si tienen buenos jefes, pueden ser unos ejecutivos excepcionales trabajando para ellos. Tienen una visión clara y mucha creatividad.

Los Leo aman la riqueza por los placeres que puede procurar. Les gusta llevar un estilo de vida opulento, la pompa y la elegancia. Incluso aunque no sean ricos, viven como si lo fueran. Por este motivo muchos se endeudan, y a veces les cuesta muchísimo salir de esa situación.

Los Leo, como los Piscis, son generosos en extremo. Muchas veces desean ser ricos sólo para poder ayudar económicamente a otras personas. Para ellos el dinero sirve para comprar servicios y capacidad empresarial, para crear trabajo y mejorar el bienestar general de los que los rodean. Por lo tanto, para los Leo, la riqueza es buena, y ha de disfrutarse plenamente. El dinero no es para dejarlo en una mohosa caja de un banco llenándose de polvo, sino para disfrutarlo, distribuirlo, gastarlo. Por eso los nativos de Leo suelen ser muy descuidados con sus gastos.

Teniendo el signo de Virgo en la cúspide de su segunda casa solar, la del dinero, es necesario que los Leo desarrollen algunas de las características de análisis, discernimiento y pureza de Virgo en los asuntos monetarios. Deben aprender a cuidar más los detalles financieros, o contratar a personas que lo hagan por ellos. Tienen que tomar más conciencia de los precios. Básicamente, necesitan administrar mejor su dinero. Los Leo tienden a irritarse cuando pasan por dificultades económicas, pero esta experiencia puede servirles para hacer realidad su máximo potencial financiero.

A los Leo les gusta que sus amigos y familiares sepan que pueden contar con ellos si necesitan dinero. No les molesta e incluso les gusta prestar dinero, pero tienen buen cuidado de no permitir que se aprovechen de ellos. Desde su «trono real», a los Leo les encanta hacer regalos a sus familiares y amigos, y después disfrutan de los buenos sentimientos que estos regalos inspiran en todos. Les gusta la especulación financiera y suelen tener suerte, cuando las influencias astrales son buenas.

Profesión e imagen pública

A los Leo les gusta que los consideren ricos, porque en el mundo actual la riqueza suele equivaler a poder. Cuando consiguen ser ricos, les gusta tener una casa grande, con mucho terreno y animales.

En el trabajo, destacan en puestos de autoridad y poder. Son buenos para tomar decisiones a gran escala, pero prefieren dejar los pequeños detalles a cargo de otras personas. Son muy respetados por sus colegas y subordinados, principalmente porque tienen el don de comprender a los que los rodean y relacionarse bien con ellos. Generalmente luchan por conquistar los puestos más elevados, aunque hayan comenzado de muy abajo, y trabajan muchísimo por llegar a la cima. Como puede esperarse de un signo tan carismático, los Leo siempre van a tratar de mejorar su situación laboral, para tener mejores oportunidades de llegar a lo más alto.

Por otro lado, no les gusta que les den órdenes ni que les digan lo que han de hacer. Tal vez por eso aspiran a llegar a la cima, ya que allí podrán ser ellos quienes tomen las decisiones y no tendrán que acatar órdenes de nadie.

Los Leo jamás dudan de su éxito y concentran toda su atención y sus esfuerzos en conseguirlo. Otra excelente característica suya es que, como los buenos monarcas, no intentan abusar del poder o el éxito que consiguen. Si lo llegan a hacer, no será voluntaria ni intencionadamente. En general a los Leo les gusta compartir su riqueza e intentan que todos los que los rodean participen de su éxito.

Son personas muy trabajadoras y tienen buena reputación, y así les gusta que se les considere. Es categóricamente cierto que son capaces de trabajar muy duro, y con frecuencia realizan grandes cosas. Pero no olvidemos que, en el fondo, los Leo son en realidad amantes de la diversión.

Amor y relaciones

En general, los Leo no son del tipo de personas que se casan. Para ellos, una relación es buena mientras sea agradable. Cuando deje de serlo, van a querer ponerle fin. Siempre desean tener la libertad de dejarla. Por eso destacan por sus aventuras amorosas y no por su capacidad para el compromiso. Una vez casados, sin embargo, son fieles, si bien algunos tienen tendencia a casarse más de una vez en su vida. Si estás enamorado o enamorada de un Leo, limítate a procurar que se lo pase bien, viajando, yendo a casinos y salas de fiestas, al teatro y a discotecas. Ofrécele un buen vino y una deliciosa cena; te saldrá caro, pero valdrá la pena y os lo pasaréis muy bien.

Generalmente los Leo tienen una activa vida amorosa y son expresivos en la manifestación de su afecto. Les gusta estar con personas optimistas y amantes de la diversión como ellos, pero acaban asentándose con personas más serias, intelectuales y no convencionales. Su pareja suele ser una persona con más conciencia política y social y más partidaria de la libertad que ellos mismos. Si te casas con una persona Leo, dominar su tendencia a la libertad se convertirá ciertamente en un reto para toda la vida, pero ten cuidado de no dejarte dominar por tu pareja.

Acuario está en la cúspide de la casa siete, la del amor, de Leo. De manera, pues, que si los nativos de este signo desean realizar al máximo su potencial social y para el amor, habrán de desarrollar perspectivas más igualitarias, más acuarianas, con respecto a los demás. Esto no es fácil para Leo, porque «el rey» sólo encuentra a sus iguales entre otros «reyes». Pero tal vez sea esta la solución para su desafío social: ser «un rey entre reyes». Está muy bien ser un personaje real, pero hay que reconocer la nobleza en los demás.

Hogar y vida familiar

Si bien los nativos de Leo son excelentes anfitriones y les gusta invitar a gente a su casa, a veces esto es puro espectáculo. Sólo unos pocos amigos íntimos verán el verdadero lado cotidiano de un Leo. Para este, la casa es un lugar de comodidad, recreo y transformación; un retiro secreto e íntimo, un castillo. A los Leo les gusta gastar dinero, alardear un poco, recibir a invitados y pasárselo bien. Disfrutan con muebles, ropa y aparatos de última moda, con todas las cosas dignas de reyes.

Son apasionadamente leales a su familia y, desde luego, esperan ser correspondidos. Quieren a sus hijos casi hasta la exageración; han de procurar no mimarlos ni consentirlos demasiado. También han de evitar dejarse llevar por el deseo de modelar a los miembros de su familia a su imagen y semejanza. Han de tener presente que los demás también tienen necesidad de ser ellos mismos. Por este motivo, los Leo han de hacer un esfuerzo extra para no ser demasiado mandones o excesivamente dominantes en su casa.

Horóscopo para el año 2014*

Principales tendencias

Desde el 27 de junio del año pasado Júpiter ha transitado por tu casa doce, la de la espiritualidad, y continuará en ella hasta el 16 de julio de este año. Estás, pues, en un periodo de profundo crecimiento espiritual, de desarrollo interior. Todavía no es visible para los demás este crecimiento y desarrollo, pero está ocurriendo. La segunda parte del

---

* Las previsiones de este libro se basan en el Horóscopo Solar y todos los signos que derivan de él; tu Signo Solar se convierte en el Ascendente, y las casas se numeran a partir de él. Tu horóscopo personal, el trazado concretamente para ti (según la fecha, hora y lugar exactos de tu nacimiento) podrían modificar lo que decimos aquí. Joseph Polansky

año pasado y la primera de este es un periodo para progreso espiritual. Y cuando esto ocurre (que ocurrirá) es muy feliz. Cambia toda
la perspectiva de la vida. Y esto producirá finalmente un cambio positivo en la vida externa.

Cuando Júpiter entre en tu signo el 16 de julio, entrarás en un ciclo
de prosperidad, y esto lo experimentarás los años siguientes, hasta
bien entrado 2016. Volveremos a hablar de esto.

En el frente amoroso, ten paciencia. El año comienza muy lentamente en esta faceta, pero acabará con éxito; a partir del 16 de julio
hay amor serio en el ambiente. Mientras tanto, te preparas interiormente. Volveremos sobre este tema.

Urano en tu novena casa desde 2011 indica que se ponen a prueba
tus creencias religiosas y filosóficas. Hay grandes cambios en esta faceta. Los cambios en la filosofía y religión personales siempre conducen a cambios en los demás asuntos de la vida, pues los acontecimientos se interpretan de forma diferente. Además, se eliminan muchas
creencias que son ataduras.

Desde octubre de 2012 Saturno te ha formado aspectos desfavorables, y esto continúa casi todo este año. Aunque es necesario estar
atento a la energía, la salud es fundamentalmente buena. La salud
mejorará a fin de año, cuando Saturno salga de su aspecto difícil. Hablaremos más de esto.

Las facetas de interés más importantes para ti este año son: el
cuerpo, la imagen y el placer personal (después del 16 de julio); el
hogar y la familia; la salud y el trabajo; la sexualidad, la transformación personal, los impuestos, las deudas, las propiedades, las ciencias
ocultas; la religión, la filosofía, la formación superior y los viajes al
extranjero; la espiritualidad (hasta el 16 de julio).

Los caminos para tu mayor realización o satisfacción este año son:
la espiritualidad (hasta el 16 de julio); el cuerpo, la imagen y el placer
personal (a partir del 16 de julio); el hogar y la familia (hasta el 19 de
febrero); la comunicación y los intereses intelectuales (a partir del 19
de febrero).

Salud

(Ten en cuenta que esta es una perspectiva astrológica de la salud, no
una médica. Antaño no había ninguna diferencia, ambas eran idénticas, pero en esta época podrían diferir muchísimo. Para una perspectiva médica, por favor, consulta a tu médico o a otro profesional de la
salud.)

Tu sexta casa, la de la salud, es casa de poder este año, como lo ha sido desde hace varios años. Esto lo considero positivo este año. Estando Saturno en aspecto difícil contigo, debes centrar más la atención en tu salud.

Saturno solo no basta para causar enfermedad, pero cuando los planetas rápidos se unan a él en los aspectos difíciles, pueden ocurrir cosas si no tienes cuidado. Estos periodos vulnerables serán del 20 de enero al 18 de febrero; del 20 de abril al 20 de mayo, y del 23 de octubre al 21 de noviembre. Procura descansar mucho durante estos periodos. Podría convenirte programar sesiones de masaje, reflexología o acupuntura en estos periodos. Tal vez también pasar un tiempo en un balneario de salud o clínica.

El aspecto desfavorable de Saturno tiende a debilitar la energía general. Es como conducir un coche con el freno de mano puesto; el coche avanza, pero más lento y gastando más gasolina. Usas más energía sólo para hacer las actividades normales, imagínate para las cosas extras. Así pues, es necesario mantener la energía. Como saben nuestros lectores, esto es lo más importante. Descansa cuando estés cansado; centra la atención en las cosas verdaderamente importantes y deja estar las demás; alterna las actividades; trabaja con ritmo.

También puedes fortalecer la salud dando más atención a las siguientes zonas:

El corazón: Esto es siempre importante para ti, pero este año lo es más. Te irán bien sesiones de reflexología para trabajar los puntos del corazón. Haz todo lo posible por evitar la preocupación y la ansiedad, las dos emociones que son las principales causas de los problemas cardiacos. Si es posible tomar medidas o hacer algo para solucionar una situación, hazlo; si no, espera el momento apropiado para hacerlo y, mientras tanto, no te preocupes, disfruta de la vida. La preocupación no hace nada en tu favor.

La columna, las rodillas, la dentadura, los huesos, la piel y la alineación esquelética general: Estas zonas también son siempre importantes para ti. El masaje periódico en la espalda es potente. También debes dar masaje a las rodillas y protegerlas más cuando hagas ejercicio. Si estás al aire libre y hay sol, ponte una buena crema protectora. El yoga, Pilates, las técnicas Alexander y Feldenkreis son excelentes terapias para la columna. También podrían convenirte visitas periódicas a un quiropráctico u osteópata.

La vesícula biliar.

El colon, la vejiga y los órganos sexuales: Estos órganos se hicieron importantes para ti cuando Plutón entró en tu sexta casa. El sexo seguro y la moderación sexual son importantes en este periodo. Me parece que este año eres más activo sexualmente; el deseo está, así que este consejo es importante. Satisfácelo, pero no exageres. La energía sexual se ve más floja este año; procura no forzar las cosas. También podría convenirte hacerte una o dos lavativas; es necesario tener limpio el colon.

Dado que tu planeta de la salud está en Escorpio, que rige la desintoxicación, y en tu sexta casa está Plutón, el planeta que rige la desintoxicación, respondes bellamente a estos tratamientos. A veces este aspecto indica la tendencia a recurrir a intervenciones quirúrgicas, pero la desintoxicación suele tener el mismo efecto, aunque lleva más tiempo.

Tu planeta de la salud, Saturno, está en tu cuarta casa, la del hogar y la familia, casi todo el año; sale de ella el 24 de diciembre. Por lo tanto, es necesario tener en armonía las relaciones familiares. Si hay problemas en esto, pueden afectar a la salud física. Hay que tratar de mantener constructivos los estados de ánimo y las emociones; evita la depresión como la peste. Afortunadamente, Leo rara vez está deprimido demasiado tiempo.

En general Leo es un signo fértil, pero este año, si estás en edad de concebir, lo eres más aún, en especial después del 16 de julio.

Los números favorables para la salud son el 3, el 10, el 15 y el 21.

Hogar y vida familiar

Tu cuarta casa ha estado poderosa desde octubre de 2012, cuando entró en ella Saturno, planeta lento. Continuará poderosa casi todo el año. Así pues, esta faceta es un importante centro de atención.

Es necesario reorganizar la casa y la vida doméstica, poner las cosas en orden. El Cosmos hace esto ejerciendo presión. Tal vez llegan nuevas responsabilidades familiares; tal vez te cae la carga de la salud de un familiar; tal vez sientes la casa estrecha, no hay suficiente espacio, pero no te puedes mudar (no es aconsejable este año) y te ves obligado a hacer mejor uso del espacio que tienes. La realidad es que sí tienes suficiente espacio, sólo es necesario que redistribuyas un poco las cosas.

Las responsabilidades familiares podrían parecer abrumadoras en este periodo, pero esto es sólo la «apariencia». Si reorganizas las cosas comprobarás que lo puedes manejar todo.

Aunque este año se ve feliz en lo personal, sobre todo después del 16 de julio, no ocurre así en la vida familiar. Se ve una carga, una faena, una lata. No te sientes seguro para expresar tus verdaderos sentimientos (y es posible que los familiares tampoco). Y tal vez se reprimen estos sentimientos.

Es posible crear felicidad en el hogar. De hecho, debe crearse, pero hará falta un esfuerzo y trabajo consciente. Cada día procura hacer algo que haga las cosas más felices; tal vez un nuevo cuadro en la pared, tal vez poner en la repisa una figurita simpática, que haga sonreír; tal vez una amabilidad, una palabra cariñosa, un acto amable, a un familiar (en especial a uno de los progenitores). Estas cosas pequeñas, si se practican con asiduidad, tienen un efecto acumulativo.

Saturno es tu planeta de la salud. Su posición en la cuarta casa indica que trabajas en hacer de la casa un lugar más sano, en diversos sentidos. Esto se puede conseguir eliminando accesorios o sustancias dañinas o no sanas, eliminando campos geopatológicos o impurezas en el aire o el agua. A veces esto se realiza comprando aparatos de salud para la casa o instalando un gimnasio, equipo para ejercicio, sauna o jacuzzi. Si pudieras imponerte, la casa parecería tanto un balneario de salud como un hogar.

Saturno es también tu planeta del trabajo. Así pues, aunque tal vez trabajas en una empresa, llevas más trabajo a casa. Es posible que instales una oficina en casa este año (esto podría haber ocurrido el año pasado también).

Un progenitor o figura parental parece deprimido; la autoestima y seguridad en sí mismo no son lo que debieran. Esta persona siente su edad; se ve pesimista acerca de su vida y de sí misma. Necesita de tu buen humor y ánimo. Es posible también que su salud no esté como es debido. Es interesante observar que esta persona se ve muy exitosa en su profesión; también podría tener el problema de exceso de trabajo.

Profesión y situación económica

Tal como ocurre en el amor, el año comienza lento en las finanzas; parece que no ocurre nada especial en este frente, no hay desastres, pero tampoco nada en el lado positivo. Las cosas continúan más o menos como están. Pero a medida que avanza el año la vida financiera (y la vida en general) va mejorando más y más. Mientras tanto te estás preparando. Las cosas buenas, las cosas grandes, no pueden ocurrir sin una buena preparación; muchas veces la fase preparatoria es más larga y exige más trabajo que el acontecimiento que ocurre. Esto lo vemos en muchas facetas de la vida. Eso demuestra que se disfrutó, y tal vez duró una o dos horas. Pero la preparación para eso podría haber durado años. Esto es lo que te ocurre ahora. El año pasado y la primera mitad de este van de preparación para la riqueza y el éxito; para estar preparado psíquicamente. Cuando se manifieste de modo físico, tangible, serás capaz de manejarlo.

El tránsito de Júpiter por cualquier signo siempre es feliz y positivo. Pero en tu signo la parte positiva será mayor aún, pues Júpiter no sólo es Júpiter, es también el señor de tu quinta casa, una de las casas más benéficas. Júpiter se comporta como un «mega Júpiter». Trae placer personal, la satisfacción de los deseos sensuales, los placeres del cuerpo, optimismo y lo que el mundo llama buena suerte.

Leo tiende a ser especulador. Apuesto a que si una persona entrara en un casino y al azar averiguara los cumpleaños, encontraría un porcentaje desproporcionado de Leos (y si profundizara más y comprobara los horóscopos vería muy prominentes el signo Leo y planetas en su quinta casa). Sugiero que te refrenes un poco en esto hasta el 16 de julio, cuando Júpiter entra en tu signo. Entonces las especulaciones serán más favorables, más rentables.

Júpiter no sólo trae dinero, trae también una mejora en el estilo de vida. Posea lo que posea, la persona vive «como» si tuviera mucho dinero. Vive mejor de lo que le permite su estatus.

Es un año de diversión a partir del 16 de julio, un año de fiestas.

Júpiter también trae viajes al extranjero. Un estilo de vida casi «jet set» (de acuerdo cada uno con su concepto de «jet set»). Me parece que estos viajes no están relacionados con el trabajo; son más de diversión, viajes de placer.

Muchos Leo (también un porcentaje desproporcionado) trabajan en el campo del espectáculo, ya sea en la actuación propiamente dicha o en trabajos relacionados con la actuación. Este es un buen año para esas actividades. Las industrias relacionadas con niños también serán lucrativas y habrá muchas oportunidades en ese campo. Aumenta la creatividad personal y será más comerciable.

Mercurio, tu planeta del dinero, es un planeta de movimiento muy rápido, como saben nuestros lectores. Durante el año transita por todos los signos y casas del horóscopo, recibe todo tipo de aspectos e incluso hace movimiento retrógrado tres veces al año. Hay, por lo tanto, muchas tendencias en las finanzas que es mejor tratar en las previsiones mes a mes.

Tus números favorables en las finanzas son el 1, el 3, el 6, el 8 y el 9.

Amor y vida social

Tu séptima casa, la del amor y el matrimonio, no está poderosa este año, Leo. Por lo tanto, no es probable que haya boda. El próximo año se ve mucho mejor que este para el matrimonio. Pero a medida que avance el año, y en especial después del 16 de julio, la situación amorosa mejora espectacularmente.

Así como con las finanzas, es necesario tener paciencia en la primera mitad del año. «La paciencia», dice Isidore Friedman, «no es otra cosa que el conocimiento consciente de lo que ocurre realmente». Si un pastel necesita tres horas para hornearse, lo lógico es darle esas tres horas. Te estás preparando para el amor serio; deja que ocurra la preparación. La buena preparación es el 95 por ciento del éxito en cualquier empresa, incluido el amor. Es necesario un cierto grado de crecimiento espiritual, interior, y esto es lo que va a ocurrir.

La espera vale la pena. Júpiter, que se porta como un «mega Júpiter», comenzará a formar aspectos fabulosos a tu planeta del amor a partir del 16 de julio. Sería un error precipitarse a formar una relación seria en la primera parte del año, movido por la sensación de que hay que «establecerse» o «comprometerse». Lo que realmente deseas está en camino.

La relación se ve muy feliz, parecida a una luna de miel. Tiene las trazas de una aventura amorosa, pero se convertirá en algo más serio. Esta persona es sin duda «material» para matrimonio.

Tu planeta del amor está en Aries desde marzo de 2011. Por naturaleza eres el tipo de persona de «amor a primera vista», y ahora lo eres más aún. Tu tendencia sería lanzarte a una relación seria muy prematuramente. Disfruta del amor, pero deja que se desarrolle naturalmente. Es posible que desees obrar con demasiada anticipación y casarte este año, pero, como hemos dicho, el próximo año será mejor para eso.

Muchas de las tendencias de que hemos hablado en los años anteriores siguen en vigor este año. Urano es un planeta de movimiento lento. Te atraen personas de tipo «no convencional», la persona experta en informática, astróloga o astrónoma, la persona rebelde, profesor o pastor religioso. Las personas extranjeras son particularmente atractivas en este periodo. Y los viajes al extranjero (que habrá este año) pueden conducir al amor.

El amor se presenta en otros países y en ambientes religiosos y educativos, en la universidad o en servicios religiosos.

Te inclinas hacia personas muy cultas, refinadas y, tal vez, religiosas. Tienes los aspectos de la persona que se enamora del profesor o pastor religioso. Te atraen personas de las que puedes aprender, que ensanchen tus horizontes mentales y filosóficos.

La química física es siempre importante para ti, pero en este periodo la compatibilidad filosófica y religiosa es tal vez igual de importante. Necesitas que la persona esté en tu misma onda en lo relativo a la visión del mundo, la visión de la vida. Cualquier problema en esto anulará incluso la mejor química física.

Si estás casado o casada vas a disfrutar de más diversión en la relación, emprenderéis viajes y actividades de entretenimiento o diversión. El matrimonio se ve muy feliz. Sería bueno programar una segunda luna de miel después del 16 de julio.

El año se ve feliz en el amor si estás en el primer, segundo o cuarto matrimonio, o con miras a casarte. Si estás pensando en un tercer matrimonio, el año se presenta sin novedades, pues las cosas tienden a continuar como están.

Los números favorables para el amor son el 0, el 2, el 11 y el 17.

Progreso personal

La espiritualidad, como hemos dicho, fue importante el año pasado y seguirá siéndolo la primera mitad de este. El tránsito de Júpiter por tu casa doce indica que esta es una faceta agradable y exitosa de la vida.

En general las personas Leo son extraordinariamente creativas; pero este año la creatividad se inspira en el espíritu, se hace manifiesto un nivel nuevo (y mejor) de creatividad. Simplemente sé receptivo y acéptalo. El camino de la creatividad es un camino espiritual válido este año. No hay nada malo en los métodos normales, ir a tu lugar de culto, asistir a charlas, hacer meditación y yoga, pero me parece que progresarás más en lo espiritual dejando fluir tu creatividad. Esto no sólo es placentero, pues el flujo creativo es eufórico, sino que también es educacional. Las mismas leyes que intervienen en la creación de una canción, una pintura o una escultura son las que usa el Creador Supremo para crear universos y galaxias. Imitando al Ser Supremo (aunque sea en un pequeñísimo grado) accedemos a la comprensión de estas leyes.

El Ser Supremo está siempre ocupado en la creación de belleza, en dar siempre más alegría al mundo. Este es un proceso incesante, eterno. Y si estamos receptivos, nos usa para estas actividades; somos sus canales.

Este es un año en que las experiencias sobrenaturales se vuelven normales y naturales, en especial si estás en el camino. Si no estás en el camino habrá muchos momentos en que te sorprenderás, te rascarás la cabeza pensando ¿cómo ocurrió eso? ¿Cómo pude haber soñado contigo antes de conocerte? ¿Cómo supe que me llamarías antes que me llamaras? ¿Cómo supiste que necesitaba un lavavajillas y me lo enviaste de regalo? ¿Cómo se me ocurrió ver esa película en que el protagonista dice exactamente lo que yo necesitaba oír?

El mundo invisible (el origen y fuente de todas las cosas visibles) te llama, te hace saber que existe; tiene muchas maravillas para revelarte. Si le permites actuar sin intromisiones transformará esta experiencia aburrida, monótona, en algo mágico y milagroso.

Neptuno está en tu octava casa y continuará ahí los próximos doce años más o menos. Tu vida sexual se eleva y espiritualiza en este periodo. Leo es una persona muy sexual por naturaleza. Pero el horóscopo dice que no es más y más actividad sexual lo que necesitas, sino una de mejor calidad. Es necesario elevar el acto sexual de ser un simple apetito animal, una rutina, a algo sublime y sagrado, a un acto de culto. Esto no sólo hará más dichoso el acto sexual, sino que también mejorará la salud, será menos gravoso en los órganos sexuales, que son vulnerables este año. Con el paso del tiempo profundizarás más en las dimensiones espirituales de la relación sexual. Si estás en el camino oriental te enseñaría el yoga kundalini o el tantra. Si estás en el camino occidental te enseñaría los métodos de la ciencia hermética y la cábala. Un excelente libro para leer sobre este tema es *The esoteric philosophy of love and marriage*, de Dion Fortune.

Previsiones mes a mes

Enero

Mejores días en general: 7, 8, 17, 18, 26, 27
Días menos favorables en general: 3, 4, 9, 10, 24, 25, 30, 31
Mejores días para el amor: 1, 2, 3, 4, 7, 8, 9, 10, 17, 18, 19, 20, 26, 27, 28, 29, 30, 31
Mejores días para el dinero: 1, 2, 5, 6, 10, 11, 14, 15, 19, 20, 22, 23, 24, 25, 30, 31
Mejores días para la profesión: 1, 2, 9, 10, 19, 20, 28, 29

El rey está en el exilio este mes. El Sol, el señor de tu horóscopo, está lejos, muy lejos de su casa, lejos de su hábitat natural (el signo Leo).

Y así es como te sientes. Estando el 70 por ciento de los planetas, y a veces el 80 por ciento (incluido el Sol), en tu sector occidental, tu atención está centrada en los demás y no en ti. Es como si el rey estuviera en un «viaje de audiencias» para enterarse de las necesidades y preocupaciones de la gente, de la gente de su reino, de sus súbditos; este tipo de información es esencial para un gobernante o soberano. Los demás están en primer lugar en ese periodo; tus intereses pueden esperar. Más adelante, cuando los planetas se trasladen a tu sector oriental, tendrás muchísimo tiempo para ocuparte de esas cosas. Lo bueno es que te veo más popular que de costumbre. Estás por el ser amado y por tus amistades. El 20 entras en una cima amorosa y social anual. La vida social se ve activa y feliz.

Este mes el poder planetario se traslada del la mitad inferior de tu carta a la superior. Es la mañana de tu año, es la hora de despertar y centrar la atención en tu profesión y tus objetivos externos. Soñar y visualizar ha sido maravilloso durante los seis meses anteriores, pero ahora llega el periodo de hacer realidad esos sueños por medios físicos, con los métodos diurnos. Sin embargo, no hay por qué precipitarse a actuar: el ciclo acaba de comenzar, simplemente te preparas. Además, estando Venus, tu planeta de la profesión, retrógrado todo el mes, necesitas tener claros tus objetivos profesionales.

Hasta el 20 está muy fuerte tu sexta casa, la de la salud, así que centras la atención en los asuntos de salud. Esto es bueno. El régimen de salud que sigas hasta el 20 te será muy útil después cuando la salud esté más delicada. Después del 20 procura descansar lo suficiente; fortalece la salud de las maneras mencionadas en las previsiones para el año.

Del 14 al 17 y el 30 y 31 el Sol reactiva puntos de eclipse. Evita las actividades arriesgadas y estresantes; no hay ninguna necesidad de hazañas temerarias esos días.

Del 8 al 11 y el 18 y 19 tu planeta del dinero transita por puntos de eclipse. Esto podría ser causa de trastornos financieros, tal vez una factura inesperada o una pérdida financiera aparente (sólo aparente). Las cosas no son lo que parecen y el trastorno sólo es temporal. La finalidad es incitarte a hacer cambios necesarios en las finanzas.

En general, las finanzas van bien este mes. Hasta el 11 Mercurio, tu planeta del dinero, está en Capricornio, lo que indica juicio financiero bueno y estable. El dinero se gana a la manera antigua, por el trabajo. Entonces no son aconsejables las especulaciones (actividad favorita de Leo). El 11 Mercurio entra en Acuario, tu séptima casa. Esto indica la importancia de la dimensión social en las finanzas. Tu bien financiero ocurre a través de otros; tu buen talante social, tu capacidad para llevarte bien con los demás, es esencial en las finanzas. Cuentas con el apoyo de tus amistades.

Febrero

Mejores días en general: 3, 4, 13, 14, 22, 23
Días menos favorables en general: 5, 6, 7, 20, 21, 26, 27
Mejores días para el amor: 3, 4, 5, 6, 7, 13, 14, 16, 17, 22, 23, 24, 25, 26, 27
Mejores días para el dinero: 1, 2, 10, 11, 12, 15, 16, 17, 19, 20, 21, 26, 27, 28
Mejores días para la profesión: 5, 6, 7, 16, 17, 24, 25

El poder planetario continúa principalmente en tu sector occidental y tú sigues en una cima anual amorosa y social. Adáptate a las circunstancias lo mejor que puedas; este no es el periodo para crearte nuevas circunstancias; ya llegará más adelante. Repasa lo que hablamos el mes pasado.

Mercurio, tu planeta del dinero, inicia movimiento retrógrado el 6 y continuará retrógrado hasta fin de mes. Procura dejar cerrados los tratos de compras e inversiones importantes antes del 6. Después te irá bien revisar tus finanzas para ver qué mejoras puedes hacer. Cuando el próximo mes Mercurio esté en movimiento directo podrás poner por obra tus planes. El movimiento retrógrado de Mercurio no impedirá que entren ingresos, sólo enlentecerá un poco las cosas. Ten especial cuidado en tu forma de comunicarte en asuntos monetarios (en negocios, bancos, agencias bursátiles, etc.); no des las cosas por descontadas; tómate un tiempo extra para asegurarte de que la otra persona ha comprendido tu mensaje y tú has comprendido el de ella; esto te ahorrará muchísima irritación después. Mercurio retrógrado tiende a aumentar el porcentaje de errores, confusión y desastres que ocurren, pero por lo general estos tienden a solucionarse (son más molestias que daño serio). Un desacuerdo financiero con un familiar, progenitor o figura parental del 18 al 20 es simplemente incómodo, muy probablemente la causa es la mala comunicación.

Hasta el 18 sigue siendo necesario estar atento a la salud. Lo más importante es que descanses lo suficiente. La energía elevada es la principal defensa contra la enfermedad. También fortalece la salud de las maneras explicadas en las previsiones para el año.

Después del 18 deberías sentir una mejoría espectacular en la salud y la energía general. Si buscas trabajo tienes buena suerte después del 18.

La sexualidad de Leo es legendaria, y después del 18 se amplifica; se hace muy poderosa tu octava casa, la de la sexualidad. Esto debe entenderse según la edad y la fase de la vida de la persona; la sexualidad de una persona de 80 años no es igual a la de una de 20; pero la libido estará más fuerte que de costumbre. Del 22 al 24 se presenta una feliz oportunidad sexual. Estos días te irá bien conducir con más prudencia y evitar los enfrentamientos.

El poder de la octava casa abarca mucho más que la sexualidad, aunque esta es una parte. Va de «resurrección» y transformación. En este periodo tienes una especial capacidad para estas cosas. Es posible que estés ocupado en este tipo de trabajo, la transformación y renovación personal, en dar a luz a la persona que deseas ser, y este trabajo va bien en este periodo.

Un régimen de desintoxicación irá bien, en especial del 22 al 24. Este es muy buen periodo para un régimen de adelgazamiento también.

El poder en la octava casa indica que el cónyuge, pareja o ser amado actual prospera este mes; está en una cima financiera anual.

Marzo

Mejores días en general: 3, 4, 12, 13, 22, 23, 30, 31
Días menos favorables en general: 5, 6, 19, 20, 26, 27
Mejores días para el amor: 3, 4, 7, 12, 13, 17, 18, 22, 23, 26, 27, 30, 31
Mejores días para el dinero: 1, 2, 7, 8, 10, 11, 15, 16, 19, 20, 28, 29
Mejores días para la profesión: 5, 6, 7, 17, 18, 26, 27

La mayoría de los planetas están sobre el horizonte de tu carta, en la mitad superior, y Venus, tu planeta de la profesión, está en movimiento directo. Así pues, puedes, sin riesgo, restar importancia a los asuntos domésticos y familiares y centrar la atención en la profesión. Estando Venus en movimiento directo deberías tener claridad respecto a tus objetivos, y esto es el 90 por ciento de la batalla. El juicio profesional es bueno.

El mes se ve próspero. El 1 y el 2 el Sol forma aspectos hermosos a Júpiter (también le formó aspectos buenos el 28 del mes pasado) y esto indica buena suerte en general. Hay suerte en las especulaciones. Además, Mercurio, tu planeta del dinero, ya ha retomado el movimiento directo. El juicio financiero es bueno y hay más seguridad. Hasta el 17 sigue siendo importante la dimensión social en las finanzas. Los contactos sociales (y tu capacidad para caer bien) dan impulso a tus finanzas; hay buenas oportunidades para formar una sociedad de negocios o empresa conjunta. Hasta el 20 tu atención debería centrarse en la prosperidad de otros. Es importante entender esto cuando hagas una presentación o propuesta. Pero también hay una ley kármica en esto: cuando haces prosperar a otros también llega tu prosperidad, tal vez no inmediatamente, pero llegará. Este trabajo y esfuerzo en bien de otros es como dinero en una cuenta de ahorros espiritual que acumula intereses. Podrás retirar de ella cuando tengas necesidad.

Tu planeta del dinero estará en tu octava casa a partir del 17, y esto refuerza lo que hemos dicho. También indica la necesidad de hacer inventario de tus finanzas: los gastos, las cuentas repetidas innecesariamente, el derroche, y eliminarlos. Crece podando la madera muerta. Ahora es el momento. Hay aspectos en tu vida financiera que necesitan «resurrección y renovación» y esto ocurrirá cuando elimines lo innecesario. También indica que tienes oportunidades para invertir en o comprar propiedades o empresas con problemas y restaurarlas. Tu planeta del dinero en el místico signo Piscis indica buena intuición financiera, en especial del 21 al 23, días en que Mercurio viaja con Neptuno. Presta atención a tus sueños estos días, tienen mensajes financieros para ti.

La vida sexual ha sido más activa desde el 18 del mes pasado, pero, como todo el mundo sabe, amor y sexo son cosas diferentes. Este mes hay más romance. La Luna nueva del 30 hace ocurrir esto. Si estás en una relación esta debería hacerse más fuerte. Si estás soltero o soltera y sin compromiso encontrarás prometedoras posibilidades de romance.

La salud es buena este mes.

Abril

Mejores días en general: 8, 9, 10, 18, 19, 26, 27
Días menos favorables en general: 1, 2, 16, 17, 22, 23, 29, 30
Mejores días para el amor: 4, 5, 6, 9, 10, 16, 17, 18, 19, 22, 23, 24, 25, 26, 27
Mejores días para el dinero: 6, 7, 8, 11, 12, 16, 17, 18, 19, 24, 25, 29, 30

Mejores días para la profesión: 1, 2, 4, 5, 6, 16, 17, 24, 25, 29,
30

Este es un mes activo y tumultuoso pero de mucho éxito. La profesión es uno de los principales titulares. El 20 entras en una cima profesional anual. Aspiras a las alturas y las alcanzas. Normalmente estas cosas no se dan tan fáciles, así que puedes esperar unos cuantos baches por el camino. El 29 hay un eclipse solar que ocurre en tu décima casa y sacude tu profesión y la jerarquía de la empresa en que trabajas, tal vez incluso esa industria.

Este mes te veo en el lugar que te corresponde, por encima de todas las personas de tu mundo, al mando, llevando la voz cantante. La apariencia y carisma personales soy muy importantes en la profesión en este periodo.

Los otros titulares del mes son dos eclipses. Estos agitan las cosas en el mundo en general. Cuando es necesario derribar las barreras que impiden del progreso, los eclipses tienden a hacerlo, a veces de modos muy drásticos.

El eclipse lunar del 15 ocurre en tu tercera casa y es relativamente suave en ti. Dado que ocurre en tu tercera casa afecta a tu coche y equipo de comunicación. Este eclipse suele producir dificultades en la comunicación, aventuras en la oficina de Correos, en los envíos de e-mails o textos. Ocurren acontecimientos dramáticos en la vida de los hermanos, figuras fraternas y vecinos y en el barrio. Este eclipse afecta a Marte, así que no es aconsejable un viaje al extranjero durante el periodo del eclipse. Si debes viajar, prográmalo para otra fecha. Todos los eclipses lunares afectan a tu vida espiritual y producen cambios, en la práctica, de profesor y tal vez de doctrina o enseñanza. Este no es diferente. También trae trastornos y reestructuración en obras benéficas u organizaciones espirituales con las que te relacionas.

El eclipse solar del 29 es mucho más fuerte en ti, así que reduce tus actividades en este periodo (a partir del 20 necesitas descansar más de todos modos, pero en especial en el periodo del eclipse). Si naciste entre el 31 de julio y el 2 de agosto vas a sentir más fuerte este eclipse que los demás Leo. Ocurrirán grandes cambios para ti en los próximos seis meses. Este eclipse, como hemos dicho, afecta a la profesión, a la jerarquía de la empresa y a la industria en que trabajas. Ocurren grandes cambios; cambian las reglas del juego; entran en vigor nuevas normas. Ocurren acontecimientos dramáticos en la vida de jefes, mayores, padres o figuras parentales. Todos los eclipses solares afectan a tu imagen y concepto de ti mismo. Es maravilloso que dos veces al año tengas la oportunidad de mejorar esta faceta de tu vida.

La salud es más delicada a partir del 20, así que procura descansar muchísimo. Si te sientes indispuesto, una buena noche de sueño podría beneficiarte más que una visita al profesional de la salud. Fortalece la salud de las maneras indicadas en las previsiones para el año.

Mayo

Mejores días en general: 6, 7, 15, 16, 24, 25
Días menos favorables en general: 13, 14, 19, 20, 26, 27
Mejores días para el amor: 6, 7, 13, 14, 15, 16, 19, 20, 24, 25
Mejores días para el dinero: 3, 4, 5, 8, 9, 10, 11, 12, 13, 14, 19, 20, 21, 22, 29, 30, 31
Mejores días para la profesión: 6, 13, 14, 24, 25, 26, 27

Hasta el 21 continúas en una cima profesional anual; sigues en la cima en que te corresponde estar, tu lugar legítimo. Uno de los problemas de esto, y lo ves claramente, es que te conviertes en blanco de aquellos que están por debajo de ti, compañeros de trabajo. Por cualquier cosa que les vaya mal, aunque sea en su vida personal, tienden a echarle la culpa al que está arriba, a la persona más visible. Venus, tu planeta de la profesión, cruza tu mediocielo el 29 y entra en tu décima casa; esto también te trae éxito y oportunidades profesionales.

Sigue siendo necesario estar atento a la salud. Estás en uno de tus periodos más vulnerables del año en lo que a salud se refiere. Saturno ha estado en aspecto difícil contigo todo lo que va de año, pero ahora se le unen en este aspecto los planetas rápidos. Por lo tanto, tal como el mes pasado, procura descansar lo suficiente. Estás ocupado en tu profesión y tienes muchas cosas en la cabeza. Lleva las cosas lo mejor que puedas y descansa todo lo posible; deberías eliminar o reducir las actividades optativas. Después del 21 la salud y la energía mejorarán espectacularmente.

El amor no es un gran interés este mes; es un mes muy social, sobre todo después del 21, pero no necesariamente romántico. Hay más relación con amistades y grupos, y participación en actividades en grupo. La amistad de la mente, la amistad entre espíritus afines, es más importante que el romance. Hay placer en estas cosas también. En lo romántico en este mes no hay novedades ni cambios. La relación actual se ve intacta. El 14 y el 15 Venus viaja con Urano y esto trae oportunidades románticas si estás sin compromiso. También indica que alternas socialmente con personas de elevada posición y categoría.

Las finanzas se ven bien. Es un mes próspero. Tu planeta del dinero, Mercurio, está en movimiento directo y avanza raudo. Hay confianza financiera. Del 12 al 31 Mercurio está «fuera de límites»; esto significa que sales de tu esfera habitual en busca de ingresos, estás receptivo a nuevas ideas, entras en territorio no explorado, sales de tus límites. Me parece que tienes éxito. Hasta el 7 el dinero lo ganas por tu buena fama profesional; con este aspecto suele haber aumento de sueldo (a veces este aumento es manifiesto y a veces no; podría dársele otro nombre, pero el efecto es «similar» a un aumento de sueldo). En finanzas cuentas con el favor de jefes, padres y figuras parentales. Del 7 al 29 la dimensión social es importante en las finanzas. Las personas que conoces son tal vez tan importantes como lo que tienes. Las amistades te apoyan y te presentan oportunidades financieras. Te conviene involucrarte en grupos y organizaciones, tanto por el placer como por la perspectiva financiera. Las conexiones sociales son lucrativas. El 29 Mercurio entra en tu casa doce; este es un periodo para dejarte guiar por la intuición, para trabajar en los objetivos financieros de un modo espiritual, para aplicar las leyes de la riqueza espiritual.

Junio

Mejores días en general: 2, 3, 12, 13, 20, 21, 29, 30
Días menos favorables en general: 9, 10, 16, 17, 22, 23
Mejores días para el amor: 2, 3, 5, 6, 12, 13, 14, 15, 16, 17, 20, 21, 23, 24, 29, 30
Mejores días para el dinero: 1, 5, 6, 9, 10, 11, 17, 18, 19, 25, 26, 27, 28
Mejores días para la profesión: 5, 6, 14, 15, 22, 23, 24

El mes pasado fue rápido el progreso financiero, cubriste mucho terreno. Ahora es necesario que moderes un poco el ritmo, reúnas información, analices más y, en general, consigas claridad. Esto es más trabajo interior que exterior. Mercurio, tu planeta del dinero, inicia movimiento retrógrado el 7. Ya antes de iniciar este movimiento avanza más lento, y eso debes hacer tú. Si tienes que hacer compras o inversiones o tomar decisiones importantes, procura hacerlo antes del 7. El movimiento retrógrado de Mercurio no impide los ingresos, sólo enlentece un poco las cosas. Ten presente que nos referimos a compras importantes, no a cosas como los alimentos o los artículos que necesitas diariamente.

El movimiento retrógrado de tu planeta del dinero funciona de forma muy similar a una buena noche de sueño; la actividad externa se enlentece e interiormente reúnes las fuerzas para el próximo empuje financiero. Estas pausas periódicas (para ti tres veces al año) son saludables. Si se aprovechan bien la expansión financiera que la sigue será mucho más sana.

La profesión sigue siendo importante este mes, sobre todo hasta el 23, y sigue exitosa. Venus, tu planeta de la profesión, está en su signo y casa y actúa poderosamente en tu bien. Pero después del 23 la profesión comienza a disminuir en importancia. Más o menos se han conseguido los objetivos a corto plazo. Tal vez los a largo plazo no se han conseguido aún (nunca los conseguimos del todo), pero se ha hecho progreso. Y esto debe considerarse un éxito. A partir del 23 te preparas para cambiar de marcha. Te preparas para entrar en el crepúsculo de tu año, te preparas para las actividades nocturnas. Esto ocurrirá el próximo mes, pero te estás preparando. Has salido de la oficina y te diriges a casa.

La salud está mucho mejor este mes. Saturno sigue en aspecto desfavorable, pero los planetas rápidos o están en armonía contigo o te dejan en paz. Fortalece la salud de las maneras explicadas en las previsiones para el año.

Este sigue siendo un mes muy social, como el mes pasado. El romance va bien y hay muchas oportunidades si estás soltero o soltera, pero la atención está más centrada en las amistades y en las actividades de grupo, como el mes pasado.

El 5 y el 6 Venus transita por un punto de eclipse. Esto indica cambios en la profesión y dramas con los padres, figuras parentales o jefes. No te hará ningún daño conducir con más prudencia esos días también.

Del 21 al 26 Júpiter transita por un punto de eclipse. Evita las especulaciones estos días; hay que procurar mantener a salvo de peligro a los hijos (o figuras filiales). Es posible que estén más temperamentales estos días.

Del 22 al 26 Marte estará en oposición con Urano. Evita los viajes al extranjero innecesarios. Ten más paciencia con el ser amado. La relación amorosa actual pasa por pruebas.

Julio

Mejores días en general: 1, 9, 10, 17, 18, 27, 28
Días menos favorables en general: 7, 8, 13, 14, 19, 20, 21
Mejores días para el amor: 1, 4, 5, 6, 9, 10, 13, 14, 17, 18, 24, 27, 28
Mejores días para el dinero: 2, 3, 5, 6, 7, 8, 13, 14, 16, 17, 24, 25, 27, 29, 30, 31
Mejores días para la profesión: 4, 5, 6, 13, 14, 19, 20, 21, 24

El 21 del mes pasado se hizo poderosa tu casa doce, la de la espiritualidad, y continúa poderosa hasta el 23. La espiritualidad ha sido importante en lo que va de año, pero ahora es más importante aún. Has hecho progreso espiritual, pero este mes lo harás más. Esto es muy importante. Un verdadero progreso espiritual es un acontecimiento que cambia la vida; nada es jamás igual una vez que ocurre. La manifestación externa de este cambio suele ocurrir después, pero el cambio queda establecido.

Este es un mes fabuloso para estudios espirituales, para la meditación, la oración y el estudio de las Sagradas Escrituras. Además, dado que ocurre antes de tu cumpleaños, es magnífico para hacer revisión del año pasado, corregir errores y fijar objetivos para el año que viene, que, desde el punto de vista astrológico, comienza el día de tu cumpleaños.

Este mes el poder planetario está en su posición oriental máxima del año. Estás en tu periodo de mayor independencia personal. No es egoísmo pensar en tu felicidad y hacer los cambios necesarios para eso. Si eres feliz estás en condiciones para hacer felices a los demás. El Cosmos desea que seas feliz. Ahora puedes tener la vida según tus condiciones. Tienes el poder para crearte las condiciones de acuerdo a tus especificaciones. Ahora no es necesario que te adaptes a las cosas. Si una condición te desagrada, la cambias.

El 16 Júpiter entra en tu signo y tú comienzas un ciclo de prosperidad de varios años. El 23 el Sol entra en tu signo y tú entras en una de tus cimas anuales de placer personal. La Dama Fortuna te sonríe y te concede sus dádivas. Del 24 al 27 el Sol viaja con Júpiter, clásica señal de prosperidad y buena suerte; las especulaciones son favorables esos días; no te hará ningún daño invertir una suma inocua de dinero en la lotería o algún otro tipo de especulación.

El amor y el romance serán excelentes a partir del 23. Se huele amor serio. Una boda no sería una sorpresa. Pero no hay ninguna prisa: Urano, tu planeta del amor, inicia movimiento retrógrado el 22; deja que el amor se desarrolle naturalmente. El movimiento retrógrado de Urano no pondrá freno a tu vida amorosa, pero enlentecerá un poco las cosas.

La salud es excelente este mes. Te ves bien. Tu autoestima (siempre fuerte) y tu seguridad en ti mismo se hacen más fuertes aún.

Vas a vivir la buena vida el resto del año, pero en especial este mes.

Agosto

Mejores días en general: 5, 6, 13, 14, 23, 24
Días menos favorables en general: 3, 4, 10, 16, 17, 30, 31
Mejores días para el amor: 3, 4, 5, 6, 9, 10, 12, 13, 14, 23, 24
Mejores días para el dinero: 5, 6, 13, 14, 15, 23, 24, 25, 26, 27
Mejores días para la profesión: 3, 4, 12, 13, 16, 17, 23, 24

La vida es buena. Hay ciertos baches en el camino, pero los baches se experimentan de modo diferente en un paraíso tropical y en las trincheras de una batalla. El clima psíquico general cambia la perspectiva. El presente es bueno y el futuro se ve aún más brillante.

Continúas en una de tus cimas anuales de placer personal. Podría ser que esta fuera la cima de placer personal de toda una vida; gozas de todos los placeres del cuerpo: buena comida, buena bebida, bienestar físico y viajes. A veces esto se exagera y luego hay que pagar el precio: debes controlar tu peso este año.

La vida amorosa va mejor aún que el mes pasado. Sin embargo, tu atractivo podría ir en tu contra. Tienes tantas oportunidades amorosas que tu ser amado actual se siente amenazado. Las aventuras sexuales podrían erosionar la relación actual, aun cuando haya amor. La infidelidad es el mayor peligro para la relación en este periodo.

Eres una estrella en tu mundo este mes y la gente te ve así. Tienes las cosas a tu manera. Estás en un periodo en que debes imponer tu voluntad.

Este mes el poder planetario se traslada a la mitad inferior de tu carta. De todos modos se te presentan oportunidades profesionales felices después del 12. Ahora bien, puedes ser más selectivo. Necesitas oportunidades que no vulneren tu zona de agrado emocional. Entre el 17 y el 19 se presenta una oportunidad particularmente feliz. En este periodo te llega un coche o un equipo de comunicación nuevo (de alta calidad).

La buena vida que llevas podría disgustar a algunas de las personas religiosas de tu vida o incluso vulnerar tus creencias religiosas. Hay cierto conflicto en esto.

Las finanzas son excelentes este mes también. Mercurio, tu planeta del dinero, está en tu primera casa hasta el 15. Esto trae buenas rachas de suerte en las finanzas (hay, por cierto, un bonito día de paga entre el 1 y el 3) y oportunidades. Indica que las oportunidades financieras te buscan, no tú a ellas. No tienes que hacer nada especial, sólo estar presente. El 15 Mercurio entra en su signo y casa, lo que lo hace más fuerte en lo relativo a tu bien. El 23 el Sol entra en tu casa del dinero y comienzas una cima financiera anual.

La salud y la energía están excelentes, en su máxima anual.

No está mal, ¡disfrútalo!

Septiembre

Mejores días en general: 2, 3, 10, 11, 19, 20, 29, 30
Días menos favorables en general: 6, 7, 12, 13, 27, 28
Mejores días para el amor: 2, 3, 6, 7, 10, 11, 12, 13, 19, 20, 23, 29, 30
Mejores días para el dinero: 1, 2, 3, 4, 10, 11, 12, 13, 19, 20, 21, 22, 23, 28, 29, 30
Mejores días para la profesión: 2, 3, 12, 13, 23

El 1 del mes pasado el poder planetario pasó de la mitad superior de tu carta a la inferior, y el 12 la mitad inferior se hizo más fuerte aún. Entre el 70 y el 80 por ciento de los planetas están ahora bajo el horizonte de tu carta. Es el periodo para poner en segundo plano la profesión y las actividades externas y centrar la atención en el hogar, la familia y tu bienestar emocional. Es el periodo para recargar las pilas. Esto no significa que abandonas tu trabajo, sino solamente que pasas más energía a la vida interior, a los asuntos domésticos y familiares. Estas cosas son tan parte de una profesión exitosa como las cosas externas que haces cada día. Son lo que los psicólgos llaman «factores que posibilitan» el éxito. Son los cimientos psíquicos y emocionales sobre los que se apoya el éxito profesional, y ahora necesitan que se les preste más atención. Desde ahora hasta fin de año harás acopio de las fuerzas que necesitas para el próximo empuje profesional; así, el próximo empuje será sano y natural.

Marte está en tu cuarta casa desde el 18 de julio y continúa en ella hasta el 14 de este mes. Muchas veces esto indica que hay obras de construcción o reparación en la casa. Podría haber conflicto con la familia o en la unidad familiar. Otro motivo para que prestes más atención a esta faceta.

Hasta el 23 continúas en una cima financiera anual. Este es un mes próspero de un año próspero. El Sol en tu casa del dinero hasta el 23 indica que trabajas personalmente en tus finanzas, no delegas esta tarea en otros. La apariencia personal, tu porte en general, tiene un importante papel en los ingresos, y no te hará ningún daño invertir en ropa y complementos. Ahora te conviene presentar una imagen de riqueza, sea cual sea tu saldo en tu cuenta corriente. Mercurio, tu planeta del dinero, entra en tu tercera casa el 2. Las buenas ventas, la mercadotecnia y las relaciones públicas son siempre importantes para ti, pero este mes lo son más aún. Los hermanos y figuras fraternas te ayudan financieramente. Los beneficios pueden proceder del comercio, compra y venta. El 5 Venus entra en tu casa del dinero; este es un tránsito muy agradable; Venus siempre es benéfica. Esto refuerza la importancia de las ventas y mercadotecnia, pero también indica aumento de sueldo (manifiesto o encubierto) y el favor financiero de jefes, padres o figuras parentales. El dinero podría proceder de un organismo gubernamental, ya sea en forma de pago por algo o por buen talante del gobierno.

El amor es feliz este mes. Del 23 al 30 Júpiter forma trígono con Urano y esto produce encuentros y oportunidades románticas importantes. También llegan felices invitaciones sociales.

La salud es excelente y estará mejor aún después del 14, cuando Marte sale de su aspecto desfavorable para ti.

Octubre

Mejores días en general: 7, 8, 16, 17, 18, 26, 27
Días menos favorables en general: 3, 4, 9, 10, 24, 25, 31
Mejores días para el amor: 3, 4, 7, 8, 12, 13, 16, 17, 18, 22, 23, 26, 27, 31
Mejores días para el dinero: 5, 6, 7, 8, 13, 17, 18, 19, 20, 22, 23, 26, 27, 31
Mejores días para la profesión: 3, 9, 10, 12, 13, 22, 23

Este mes dos eclipses crean inestabilidad en tu mundo y el mundo en general. Se derriban los bloqueos y obstrucciones al progreso para que pueda proceder el Plan Superior. Los dos eclipses son fuertes en ti, así que reduce tus actividades durante esos periodos.

El eclipse lunar del 8 ocurre en tu novena casa. Así pues, pasan por pruebas tus creencias religiosas y filosóficas. Estas pruebas son saludables; nuestras creencias nos determinan la vida y es bueno que se revelen las incorrectas (o parcialmente correctas) para que podamos hacer modificaciones y correcciones; muchas veces esto produce una «crisis de fe». Ha de evitarse un viaje al extranjero innecesario durante el periodo de este eclipse; si debes viajar procura programar los vuelos en otras fechas. Este eclipse ocurre sobre Urano y toca de refilón a Plutón. Urano es tu planeta del amor, así que esto indica pruebas para el matrimonio o relación amorosa actual; salen a la luz los trapos sucios para que se puedan hacer las correcciones pertinentes; una buena relación sobrevivirá e incluso mejorará, pero si es fundamentalmente defectuosa podría explotar. Ten más paciencia con el ser amado en este periodo, es probable que esté más temperamental. Tal vez esta persona tiene problemas personales que afectan a su ánimo y a vuestra relación. El impacto del eclipse en Plutón afecta al hogar y la familia, y a un progenitor o figura parental; tiende a producir dramas, acontecimientos que cambian la vida de esta persona. Si hay problemas en la casa, ahora será cuando los descubras; podrían ser necesarias obras de reparación.

El eclipse solar del 23 es mucho más fuerte en ti. Todos los eclipses solares son fuertes en ti, pues el Sol es el señor de tu horóscopo, pero este lo es más: ocurre en cuadratura con tu signo. Si naciste entre el 22 y el 24 de julio te afecta más. Este eclipse también produce dramas en la familia y problemas en la casa; lo que sea que no se enfrentó con el eclipse del 8 se ve ahora. Todos los eclipses solares traen cambios, redefinición de la imagen, concepto de ti mismo y de cómo deseas que te vean los demás. Si no te defines tú lo harán otros, y eso no sería muy agradable.

Después del 23 la salud está más delicada, así que procura descansar bastante.

La vida financiera en general continúa excelente, pero Mercurio hace movimiento retrógrado del 4 al 25. El juicio financiero no es todo lo realista que debiera. Procura dejar concluidas las compras o inversiones importantes antes del 4, si no, hazlas pasado el 25. El periodo retrógrado de Mercurio deberías aprovecharlo para obtener claridad mental acerca de tus finanzas y ver en qué puedes mejorarlas. Esta es la «pausa que renueva», no hay nada tremendamente mal en tu vida financiera.

Noviembre

Mejores días en general: 4, 5, 13, 14, 22, 23
Días menos favorables en general: 6, 7, 20, 21, 27, 28
Mejores días para el amor: 2, 3, 4, 5, 11, 12, 13, 14, 22, 23, 27, 28
Mejores días para el dinero: 1, 4, 5, 10, 11, 14, 15, 16, 17, 20, 21, 23
Mejores días para la profesión: 2, 3, 6, 7, 11, 12, 22, 23

Marte ha estado fuera de límites todo el mes pasado y continúa así hasta el 21 de este mes. Esto significa que en asuntos religiosos y filosóficos exploras nuevos mundos, nuevo territorio, sales de las filosofías y visiones del mundo en que te educaron. En el plano físico viajas a lugares exóticos, poco explorados.

Hasta el 22 sigue siendo necesario prestar atención a la salud. Como siempre, descansa más y fortalécela de las maneras mencionadas en las previsiones para el año. Después del 22 la salud mejorará sobremanera. El malestar actual es temporal, está causado por los planetas rápidos.

Desde el 23 del mes pasado el poder planetario está firmemente instalado en tu sector occidental. Tu ciclo de independencia personal se acaba por un tiempo. El Cosmos desea que seas feliz, pero parte de tu felicidad es la felicidad de los demás. Ahora los demás están en primer lugar. Podría parecerte que sacrificas tu felicidad por el bien de los demás; pero esto es sólo apariencia. En realidad tu felicidad aumentará, tal vez no inmediatamente, pero sí a su debido tiempo. Podría ser que tu manera no sea la mejor ahora; otras personas podrían tener mejores ideas. Ahora estás en un ciclo para cultivar el don de gentes. Al regio Leo le gusta hacer las cosas de forma autocrática, pero ahora no es el periodo para eso. Los reyes y reinas de hoy en día hacen su voluntad tanto por consenso como por decreto.

Teniendo muy poderosa tu cuarta casa desde el 23 del mes pasado estás en un periodo para hacer progreso psíquico; este es un progreso interior. Aumenta muchísimo tu percepción de los estados de ánimo y los sentimientos. A veces vienen con mucha fuerza los recuerdos del pasado; esto forma parte del progreso psíquico. Miras estas cosas desde tu actual estado de crecimiento y toman un sabor diferente. Mucho de lo que antes considerabas un trauma y un desastre lo ves como verdadera bendición. ¡Gracias a Dios que las cosas ocurrieron como ocurrieron! Mirar en retrospectiva es una fabulosa cura de muchas enfermedades psíquicas.

El 22, cuando el Sol entra en tu quinta casa, tú comienzas otra cima anual de placer personal. Es un periodo de fiestas y diversión, y para explorar el lado éxtasis de la vida. El cielo de Leo. Este periodo es mucho más fuerte que en años anteriores. El Sol y el señor de tu quinta casa, Júpiter, se forman maravillosos aspectos entre sí y están en «recepción mutua». Esto indica una muy buena colaboración entre estos dos planetas, un maravilloso flujo de energía entre ellos. Este es un aspecto fabuloso para el amor, ya sea serio o de diversión y juego. Si estás soltero o soltera tienes para elegir; las posibilidades se ven abundantes para ambos tipos de amor. La principal dificultad para el amor serio ahora (como hemos visto en otros meses) es la infidelidad. Son tantas las ofertas que es difícil resistirse.

Urano sigue activando todo el mes el punto del eclipse lunar del mes pasado. Hay, pues, baches en el camino al amor. Tienes armonía con tu cónyuge, pareja o ser amado actual, pero en la vida de esta persona podría haber dramas que complican las cosas.

Diciembre

Mejores días en general: 1, 2, 10, 11, 20, 21, 28, 29
Días menos favorables en general: 3, 4, 18, 19, 24, 25, 30, 31
Mejores días para el amor: 1, 2, 10, 11, 12, 13, 20, 21, 22, 24, 25, 28, 29, 30, 31
Mejores días para el dinero: 1, 2, 10, 11, 13, 14, 20, 21, 22, 28, 29, 30, 31
Mejores días para la profesión: 1, 2, 3, 4, 12, 13, 21, 22, 30, 31

La fiesta continúa en pleno apogeo hasta el 22. Sigues en una muy potente cima anual de placer personal. Pero ni siquiera Leo puede continuar con la fiesta indefinidamente. Después del 22 te tomas un descanso «de trabajo»; estás en ánimo de trabajar. Te vendrá muy bien este periodo para hacer aquellas cosas vulgares, minuciosas y aburridas que has ido dejando para después, como poner al día tus cuentas, el saldo de tu cuenta corriente, ordenar archivos, etcétera. Si buscas trabajo tienes una suerte magnífica; hay muchas, muchas oportunidades; un cambio de trabajo no sería una sorpresa. Saturno, tu planeta del trabajo, hace un importante traslado este mes, sale de Escorpio y entra en Sagitario. Podrías pensar que es «hora de cambiar». Tal vez estos años pasados has estado trabajando desde casa y eso podrías encontrarlo «aburrido»; deseas estar con otras personas, en el mundo externo. Deseas un trabajo que te guste; necesitas disfrutar del acto de trabajar.

Hasta el 17 son favorables las especulaciones; después deberás tener más cuidado. Hasta el 17 el dinero se gana de formas felices, mientras te estás divirtiendo o entregado a actividades de ocio. Una fiesta o una función deportiva puede ser tan lucrativa como la oficina. Gastas más en ocio también. El principal peligro es gastar en exceso. Pero después del 17 el juicio financiero es más práctico, más sobrio, más serio. El dinero se gana mediante trabajo y servicio, trabajo honrado.

La salida de Saturno de Escorpio alivia mucho la presión familiar que has sentido en los últimos años. Un progenitor o figura parental se ve menos deprimido, menos malhumorado.

La salud es buena este mes; la felicidad es una fabulosa fuerza sanadora. Después del 22 pones más atención a los asuntos de salud, estás más dispuesto a adoptar un régimen serio. Puedes fortalecer aún más la salud dando más atención a las caderas y riñones a partir del 10; a los brazos, hombros, pulmones, intestino delgado y sistema respiratorio a partir del 17, y al corazón a partir del 22.

Del 4 al 7 evita viajar al extranjero innecesariamente.

El tránsito de Venus por un punto de eclipse del 21 al 23 trae cambios en la profesión.

El impulso planetario es abrumadoramente de avance este mes; el 90 por ciento de los planetas estarán en movimiento directo a partir del 21. Dado que el solsticio de invierno es la Luna nueva solar, el nacimiento del ciclo solar anual, este es un periodo excelente para iniciar nuevos proyectos o empresas o lanzar nuevos productos. El mes que viene también será bueno.

Virgo

♍

La Virgen
Nacidos entre el 22 de agosto y el 22 de septiembre

Rasgos generales

VIRGO DE UN VISTAZO
Elemento: Tierra

Planeta regente: Mercurio
   Planeta de la profesión: Mercurio
   Planeta de la salud: Urano
   Planeta del dinero: Venus
   Planeta del hogar y la vida familiar: Júpiter
   Planeta del amor: Neptuno
   Planeta de la sexualidad: Marte

Colores: Tonos ocres, naranja, amarillo
   Color que favorece el amor, el romance y la armonía social: Azul
   Colores que favorecen la capacidad de ganar dinero: Jade, verde

Piedras: Ágata, jacinto

Metal: Mercurio

Aromas: Lavanda, lila, lirio de los valles, benjuí

Modo: Mutable (= flexibilidad)

Cualidad más necesaria para el equilibrio: Ver el cuadro completo

Virtudes más fuertes: Agilidad mental, habilidad analítica, capacidad para prestar atención a los detalles, poderes curativos

Necesidad más profunda: Ser útil y productivo

Lo que hay que evitar: Crítica destructiva

Signos globalmente más compatibles: Tauro, Capricornio

Signos globalmente más incompatibles: Géminis, Sagitario, Piscis

Signo que ofrece más apoyo laboral: Géminis

Signo que ofrece más apoyo emocional: Sagitario

Signo que ofrece más apoyo económico: Libra

Mejor signo para el matrimonio y/o las asociaciones: Piscis

Signo que más apoya en proyectos creativos: Capricornio

Mejor signo para pasárselo bien: Capricornio

Signos que más apoyan espiritualmente: Tauro, Leo

Mejor día de la semana: Miércoles

La personalidad Virgo

La virgen es un símbolo particularmente adecuado para los nativos de este signo. Si meditamos en la imagen de la virgen podemos comprender bastante bien la esencia de la persona Virgo. La virgen, lógicamente, es un símbolo de la pureza y la inocencia, no ingenua sino pura. Un objeto virgen es fiel a sí mismo; es como siempre ha sido. Lo mismo vale para una selva virgen: es prístina, inalterada.

Aplica la idea de pureza a los procesos de pensamiento, la vida emocional, el cuerpo físico y las actividades y proyectos del mundo cotidiano, y verás cómo es la actitud de los Virgo ante la vida. Desean la expresión pura del ideal en su mente, su cuerpo y sus asuntos. Si encuentran impurezas tratarán de eliminarlas.

Las impurezas son el comienzo del desorden, la infelicidad y la inquietud. El trabajo de los Virgo es eliminar todas las impurezas y mantener solamente lo que el cuerpo y la mente pueden aprovechar y asimilar.

Aquí se revelan los secretos de la buena salud: un 90 por ciento del arte del bienestar es mantener puros la mente, el cuerpo y las emociones. Cuando introducimos más impurezas de las que el cuerpo y la mente pueden tratar, tenemos lo que se conoce por malestar o enfermedad. No es de extrañar que los Virgo sean excelentes médicos, enfermeros, sanadores y especialistas en nutrición. Tienen un entendimiento innato de la buena salud y saben que no sólo tiene aspectos físicos. En todos los ámbitos de la vida, si queremos que un proyecto tenga éxito, es necesario mantenerlo lo más puro posible. Hay que protegerlo de los elementos adversos que tratarán de socavarlo. Este es el secreto subyacente en la asombrosa pericia técnica de los Virgo.

Podríamos hablar de las capacidades analíticas de los nativos de Virgo, que son enormes. Podríamos hablar de su perfeccionismo y su atención casi sobrehumana a los detalles. Pero eso sería desviarnos de lo esencial. Todas esas virtudes son manifestaciones de su deseo de pureza y perfección; un mundo sin nativos de Virgo se habría echado a perder hace mucho tiempo.

Un vicio no es otra cosa que una virtud vuelta del revés, una virtud mal aplicada o usada en un contexto equivocado. Los aparentes vicios de Virgo proceden de sus virtudes innatas. Su capacidad analítica, que debería usarse para curar, ayudar o perfeccionar un proyecto, a veces se aplica mal y se vuelve contra la gente. Sus facultades críticas, que deberían utilizarse constructivamente para perfeccionar una estrategia o propuesta, pueden a veces usarse destructivamente para dañar o herir. Sus ansias de perfección pueden convertirse en preocupación y falta de confianza; su humildad natural puede convertirse en autonegación y rebajamiento de sí mismo. Cuando los Virgo se vuelven negativos tienden a dirigir en su contra sus devastadoras críticas, sembrando así las semillas de su propia destrucción.

Situación económica

Los nativos de Virgo tienen todas las actitudes que crean riqueza: son muy trabajadores, diligentes, eficientes, organizados, ahorrativos, productivos y deseosos de servir. Un Virgo evolucionado es el sueño de todo empresario. Pero mientras no dominen algunos de los dones sociales de Libra no van ni a acercarse siquiera a hacer realidad su potencial en materia económica. El purismo y el perfeccionismo pueden ser muy molestos para los demás si no se los maneja con corrección y elegancia. Los roces en las relaciones humanas pueden ser devastadores, no sólo para nuestros más queridos proyectos, sino también, e indirectamente, para nuestro bolsillo.

A los Virgo les interesa bastante su seguridad económica. Dado que son tan trabajadores, conocen el verdadero valor del dinero. No les gusta arriesgarse en este tema, prefieren ahorrar para su jubilación o para los tiempos de escasez. Generalmente hacen inversiones prudentes y calculadas que suponen un mínimo riesgo. Estas inversiones y sus ahorros normalmente producen buenos dividendos, lo cual los ayuda a conseguir la seguridad económica que desean. A los Virgo ricos, e incluso a los que no lo son tanto, también les gusta ayudar a sus amigos necesitados.

Profesión e imagen pública

Los nativos de Virgo realizan todo su potencial cuando pueden comunicar sus conocimientos de manera que los demás los entiendan. Para transmitir mejor sus ideas, necesitan desarrollar mejores habilidades verbales y maneras no críticas de expresarse. Admiran a los profesores y comunicadores; les gusta que sus jefes se expresen bien. Probablemente no respetarán a un superior que no sea su igual intelectualmente, por mucho dinero o poder que tenga. A los Virgo les gusta que los demás los consideren personas educadas e intelectuales.

La humildad natural de los Virgo suele inhibirlos de hacer realidad sus grandes ambiciones, de adquirir prestigio y fama. Deberán consentirse un poco más de autopromoción si quieren conseguir sus objetivos profesionales. Es necesario que se impulsen con el mismo fervor que emplearían para favorecer a otras personas.

En el trabajo les gusta mantenerse activos. Están dispuestos a aprender a realizar cualquier tipo de tarea si les sirve para lograr su objetivo último de seguridad económica. Es posible que tengan varias ocupaciones durante su vida, hasta encontrar la que realmente les gusta. Trabajan bien con otras personas, no les asusta el trabajo pesado y siempre cumplen con sus responsabilidades.

Amor y relaciones

Cuando uno es crítico o analítico, por necesidad tiene que reducir su campo de aplicación. Tiene que centrarse en una parte y no en el todo, y esto puede crear una estrechez de miras temporal. A los Virgo no les gusta este tipo de persona. Desean que su pareja tenga un criterio amplio y una visión profunda de las cosas, y lo desean porque a veces a ellos les falta.

En el amor, los Virgo son perfeccionistas, al igual que en otros aspectos de la vida. Necesitan una pareja tolerante, de mentalidad abierta y de manga ancha. Si estás enamorado o enamorada de una persona Virgo, no pierdas el tiempo con actitudes románticas nada prácticas. Haz cosas prácticas y útiles por tu amor Virgo; eso será lo que va a apreciar y lo que hará por ti.

Los nativos de Virgo expresan su amor con gestos prácticos y útiles, de modo que no te desanimes si no te dice «Te amo» cada dos días. No son ese tipo de persona. Cuando aman lo demuestran de modos prácticos. Siempre estarán presentes; se interesarán por tu salud y tu economía; te arreglarán el fregadero o la radio. Ellos valoran más estas cosas que enviar flores, bombones o tarjetas de san Valentín.

En los asuntos amorosos, los Virgo no son especialmente apasionados ni espontáneos. Si estás enamorado o enamorada de una persona Virgo, no interpretes esto como una ofensa. No quiere decir que no te encuentre una persona atractiva, que no te ame o que no le gustes. Simplemente es su manera de ser. Lo que les falta de pasión lo compensan con dedicación y lealtad.

Hogar y vida familiar

No hace falta decir que la casa de un Virgo va a estar inmaculada, limpia y ordenada. Todo estará en su lugar correcto, ¡y que nadie se atreva a cambiar algo de sitio! Sin embargo, para que los Virgo encuentren la felicidad hogareña, es necesario que aflojen un poco en casa, que den más libertad a su pareja y sus hijos y que sean más generosos y de mentalidad más abierta. Los miembros de la familia no están para ser analizados bajo un microscopio; son personas que tienen que expresar sus propias cualidades.

Una vez resueltas estas pequeñas dificultades, a los Virgo les gusta estar en casa y recibir a sus amigos. Son buenos anfitriones y les encanta hacer felices a amigos y familiares y atenderlos en reuniones de familia y sociales. Aman a sus hijos, pero a veces son muy estrictos con ellos, ya que quieren hacer lo posible para que adquieran un sentido de la familia y los valores correctos.

Horóscopo para el año 2014*

Principales tendencias

Los dos años pasados han sido muy fuertes en la profesión. Fuiste elevado, ascendido y, tal vez, recibiste honores por tus consecuciones profesionales. Te llegaron oportunidades profesionales muy felices. Este año hay una sensación de saciedad; se han conseguido los principales objetivos y la atención está más centrada en las amistades, grupos y organizaciones. El 16 de julio Júpiter entrará en tu casa doce, la de la espiritualidad, iniciando un ciclo de crecimiento, desarrollo y éxito espirituales; este ciclo continuará hasta bien entrado el próximo año.

Urano entró en tu octava casa en 2011 y continuará en ella muchos años más. Sea cual sea tu edad o fase en la vida estás en un periodo más activo sexualmente; la libido es más fuerte que de costumbre. Esto también indica mucha experimentación sexual. Mientras esta no sea destructiva, te aumentará el placer y te dará nuevos conocimientos.

Tal vez el principal titular este año (y comenzó en febrero de 2012) es el tránsito de Neptuno por tu séptima casa, la del amor y el matrimonio. La vida amorosa y social se hace más espiritual, más refinada. Te atraen personas más refinadas. La vida amorosa fue excelente el año pasado y la tendencia continúa este año. La vida amorosa es mucho más estable de lo que lo ha sido desde hace muchos años. Volveremos sobre este tema.

Saturno ha estado en tu tercera casa desde octubre de 2012 y continuará en ella la mayor parte de este año (sólo sale de ella el 24 de diciembre). Así pues, los hermanos (o figuras fraternas) y vecinos han sido un reto, difíciles de tratar. Es muy posible que esto no se deba a la relación contigo en sí sino a que hay problemas en sus vidas. Este aspecto también indica la necesidad de moderar el lenguaje, de limitar lo que se dice, de hablar solamente cuando es necesario y pensarlo bien antes de decir nada. Si eres estudiante (no universitario

---

* Las previsiones de este libro se basan en el Horóscopo Solar y todos los signos que derivan de él; tu Signo Solar se convierte en el Ascendente, y las casas se numeran a partir de él. Tu horóscopo personal, el trazado concretamente para ti (según la fecha, hora y lugar exactos de tu nacimiento) podrían modificar lo que decimos aquí. Joseph Polansky

aún) tienes más dificultad en tus estudios y debes esforzarte más. Este es un año para esforzarse más, apretar fuerte, en el colegio. Es posible que hace poco hayas cambiado de colegio, y este año se ven más cambios.

Las facetas de mayor interés para ti este año son: la comunicación y las actividades intelectuales; los hijos, la diversión y la creatividad; el amor y el romance; la sexualidad, la reinvención y transformación personales, las deudas, los impuestos, las propiedades, las ciencias ocultas; las amistades, los grupos y las actividades en grupo (hasta el 16 de julio); la espiritualidad (a partir del 16 de julio).

Los caminos para tu mayor satisfacción y realización este año son: la comunicación y los intereses intelectuales (hasta el 19 de febrero); las finanzas (a partir del 19 de febrero); las amistades, los grupos y las actividades en grupo (hasta el 16 de julio); la espiritualidad (a partir del 16 de julio).

Salud

(Ten en cuenta que esta es una perspectiva astrológica de la salud, no una médica. Antaño no había ninguna diferencia, ambas eran idénticas, pero en esta época podrían diferir muchísimo. Para una perspectiva médica, por favor, consulta a tu médico o a otro profesional de la salud.)

La salud es siempre importante para ti, Virgo, siempre un centro de atención, pero este año lo es menos; tu sexta casa, la de la salud, no está poderosa. La salud es fundamentalmente buena y no hay ninguna necesidad de prestarle atención.

Este año sólo hay un planeta lento en alineación difícil contigo, Neptuno. Todos los demás o bien te forman aspectos armoniosos o te dejan en paz. Así pues, la salud y la energía son buenas. Claro que habrá periodos en que la salud esté más vulnerable que de costumbre; estas cosas se deben a los tránsitos temporales de los planetas rápidos, no son la tendencia del año. Cuando acaba el tránsito desfavorable vuelven la salud y la vitalidad normales. Este año estos periodos serán del 18 de febrero al 20 de marzo; del 21 de mayo al 20 de junio, y del 22 de noviembre al 21 de diciembre. Procura descansar más durante esos periodos.

Por buena que sea tu salud siempre puedes fortalecerla más. Presta más atención a las siguientes zonas, que son más vulnerables este año:

El intestino delgado: Este órgano siempre es importante para ti. Te irá bien sesiones de reflexología en que te trabajen los puntos reflejos pertinentes.

Los tobillos y las pantorrillas: Esta es otra zona que es siempre importante para ti. Será bueno darles masajes periódicos y proteger más los tobillos cuando hagas ejercicio. Los tobillos débiles suelen ser causa oculta de lesiones en otras partes del cuerpo.

La cabeza, la cara y el cuero cabelludo: Masajes periódicos en el cuero cabelludo serán maravillosos este año (y en años venideros). Dado que la cara y el cuero cabelludo contienen puntos reflejos de todo el cuerpo, este masaje fortalece todo el cuerpo, no sólo la cara y el cuero cabelludo. La terapia sacrocraneal también será maravillosa. Los huesos del cráneo tienden a moverse y es necesario manetenerlos correctamente alineados.

Las suprarrenales: Evita la rabia y el miedo, las dos emociones que hacen trabajar en exceso a estas glándulas. A veces no podemos evitar estas emociones, pero si te ocurre esto, no te quedes estancado en la emoción; sal de ella lo más rápido posible. La práctica de la meditación es una gran ayuda en este sentido.

El colon, la vejiga y los órganos sexuales: El sexo seguro y la moderación sexual son importantes en este periodo. Es necesario mantener limpio el colon; una o dos lavativas no te irían mal.

Tu planeta de la salud es Urano; en el cuerpo físico rige los tobillos y las pantorrillas, de ahí la importancia de estas zonas en la salud general.

Urano rige tu salud desde el signo Aries, que rige la cabeza, la cara y el cuero cabelludo; de ahí la importancia de estas zonas también.

Urano rige tu salud desde la octava casa, la que está conectada con el colon, la vejiga y los órganos sexuales, de ahí la importancia de estos órganos.

La octava casa rige la cirugía y la desintoxicación. Genera la tendencia a recurrir a intervención quirúrgica como «remedio rápido» para un problema de salud. A veces lo es, a veces no. Busca una segunda opinión. La octava casa rige, además, los regímenes de desintoxicación; estos serán potentes este año también.

Hogar y vida familiar

Tu cuarta casa, la del hogar y la familia, no estará poderosa prácticamente en todo el año; esto cambiará muy al final, la última semana, cuando Saturno entre en ella. Este factor será más importante el próximo año que este.

Así pues, este año es más o menos sin novedades ni variaciones en el frente hogareño. Estás fundamentalmente satisfecho con la casa y la organización doméstica actuales y no tienes necesidad de hacer ningún cambio importante. No hay nada en contra de una mudanza o renovación, pero tampoco nada que las favorezca. Este año tienes mucha libertad en esta faceta.

Mientras la casa física y la organización doméstica no son un centro de atención, los hijos (o figuras filiales) sí lo son. Plutón está en tu quinta casa desde hace unos años y continuará en ella muchos años más.

Plutón en la quinta casa tiende a complicar los partos. A veces indica aborto, intencionado o espontáneo, o cesárea, aunque no siempre. Es posible que esté el peligro de alguna de estas cosas durante el embarazo, o se recomiende aborto o cesárea; a veces hay motivos médicos para esto; no significa necesariamente que deba hacerse. Si te ocurre, busca una segunda opinión.

Tu reto este año será mantener a salvo, evitar peligros para los hijos (o figuras filiales). Es posible que en años anteriores haya habido alguna experiencia de casi muerte o intervención quirúrgica. Plutón rige todas estas cosas. La dificultad será mantenerlos a salvo sin atrofiar o sofocar su desarrollo. Será necesaria cierta creatividad.

Este año también será importante protegerlos de abusos sexuales (lo ha sido en los años anteriores también).

Júpiter, tu planeta de la familia, pasa la primera parte del año en Cáncer, tu casa once. Júpiter está en su signo de «exaltación»; en este signo llega a su forma de expresión más elevada. Esto es buena señal para los asuntos familiares. Podría indicar que trabajas por formar «espíritu de equipo» en la familia y que tienes éxito en ello. Este espíritu de equipo puede ser una potente protección para los hijos o figuras filiales de tu vida. Todos cuidan mutuamente de todos. También indica que instalas aparatos de alta tecnología en la casa.

El 16 de julio Júpiter entra en Leo, tu casa doce. Esto tiene muchas interpretaciones. La primera y más obvia es que la atención está centrada en los hijos, lo que refuerza lo dicho anteriormente. Indica que deseas hacer de la casa un lugar más placentero, de diversión, y compras juguetes o entretenimientos. Esto tambien puede ser una protección para los hijos. Si se pueden divertir en la casa no necesitan estar al aire libre o ir a otros lugares, que podrían ser menos seguros. Indica que tu comprensión espiritual te ayudará en los asuntos o problemas familiares. Si tienes problemas con la familia, consulta a la Divinidad que está en tu interior. Hay revelaciones para ti sobre este tema.

El planeta de la familia en la casa doce indica que recibes en ella a personas espirituales u organizas funciones o reuniones espirituales en tu hogar.

Esta tendencia se ve en un progenitor o figura parental también. Los padres o figuras parentales podrían haberse mudado el año pasado; si no, esto podría ocurrir este año también. O tal vez hacen obras de renovación en su casa o compran otra casa. Esto se ve muy feliz.

Después del 16 de julio los hermanos o figuras fraternas tienen buenas oportunidades para mudarse, o hacer mejoras en la casa.

Este año podría haber muchas mudanzas entre los hijos o figuras filiales; esto podría ocurrir dentro de la casa o en otra parte. Si son pequeños, podría haber cambios de dormitorio u obras de renovación en estas habitaciones. Si son mayores, podrían mudarse a otra parte. Parecen nómadas.

Hay probabilidades de mudanza para los nietos (o personas que hacen este papel en tu vida) después del 16 de julio.

Profesión y situación económica

Tu segunda casa, la del dinero, está fuerte los primeros siete meses más o menos, hasta el 18 de julio. Hay muchísima atención y cambios en esta faceta. Además, el 15 de abril hay un eclipse lunar que ocurre en tu casa del dinero, lo que refuerza todo lo dicho.

Marte pasa una cantidad de tiempo insólita en tu casa del dinero, casi siete meses; esto es muy insólito, su tránsito normal por un signo es de mes y medio a dos meses. Además, Marte forma parte de una gran cuadratura en los signos cardinales. Por lo tanto, algo ocurre en esta faceta, algo grande. Participas (y al parecer, con la familia) en una empresa importante, de envergadura. Lo más probable es que sea un negocio, uno a gran escala. Estas cosas siempre son complicadas. Hace falta mucho valor, mucha ambición, mucho trabajo, y Marte da todo esto.

Marte en la casa del dinero tiende a volver a la persona arriesgada. Por lo general, Virgo no es dado a correr riesgos; como todos los signos de tierra, suele ser conservador en las finanzas. Por eso, esto también es insólito. Dado que Marte rige tu octava casa, la de las deudas, es posible que te endeudes en una cantidad importante, tal vez una cantidad desagradable, onerosa, lo que es arriesgado.

Este es un buen año para comprender la diferencia entre deuda constructiva y deuda destructiva. La deuda constructiva, el préstamo para comprar cosas o hacer inversiones que aumentan su valor, te hace rico. Todas las grandes empresas financian sus operaciones con préstamos o deudas; pero las usan juiciosamente. El rendimiento o ganancia siempre excede con mucho al «coste del dinero». Deuda destructiva es pedir un préstamo para comprar o invertir en cosas que disminuyen de valor, por ejemplo, unas vacaciones, comidas o ropa cara. Pasado un tiempo estas cosas no tienen ningún valor y estás clavado con la deuda. Hace unos años vimos esto en el mercado de bienes inmobiliarios. Muchas personas pidieron prestadas enormes cantidades de dinero para comprar casas que perdieron su valor. Este tipo de deuda empobrece. A veces (como en el caso del mercado de bienes inmobiliarios) es difícil saber si el préstamo es constructivo o destructivo, y ahí está el riesgo.

La presencia del señor de la octava casa en la casa del dinero suele indicar herencia. Es de esperar que nadie tenga que morir, pero podrían nombrarte en un testamento, o designarte para una función provechosa para ti. Es posible que tengas que hacer muchísima planificación en patrimonio, y esto y los asuntos de impuestos van a influir en muchas de tus decisiones. Me parece que muchos Virgo vais a pagar más impuestos este año (lo que es positivo, pues generalmente indica mayores ingresos) y muchos vais a recibir buenas devoluciones de Hacienda.

Marte en la casa del dinero indica osadía en las finanzas. Marte cree que «atraemos la riqueza», que nuestra ambición e iniciativa la atraen. Marte desea conquistar, dominar el mercado, no sólo obtener «buenas ganancias» o «ganarse la vida». El problema es que se puede exagerar en esto y llevar a conflictos innecesarios. Trabaja arduo y ejerce tu iniciativa personal, faltaría más, pero debes evitar los conflictos innecesarios (a veces esto no se puede, pero debes siempre que sea posible).

Si eres inversor, con este aspecto serás «comprador de beneficios» y «jugador por impulso», más parecido a cazador que a inversor.

Venus, tu planeta del dinero, es de movimiento rápido. Durante el año transita por todo el horóscopo. Por lo tanto, el dinero te puede llegar de muchas formas diversas y a través de diversas personas, todo según dónde esté Venus y el tipo de aspectos que reciba. Estas son tendencias a corto plazo en las finanzas y las trataremos en las previsiones mes a mes.

Como hemos dicho, la profesión no es un gran centro de atención este año. Algunos años son así. Acabas de salir de una época muy fuerte en la profesión y es el momento de pasar la atención a otra cosa: a las amistades, a los grupos y organizaciones, y también a la espiritualidad. En la profesión las cosas deberían continuar más o menos como están.

Amor y vida social

Desde que Urano salió de tu séptima casa en 2011 la vida amorosa ha sido más estable. Antes, para ser franco, era una verdadera locura. El amor iba y venía; las amistades entraban y salían del cuadro. Desde los años 2003-2004, ha cambiado todo tu círculo social.

Bajo todo esto estaba un programa o plan cósmico. Se te liberó para que siguieras tu ideal en el amor, para cumplir el plan cósmico para tu vida amorosa. Y esto está comenzando a ocurrir. En 2012 tu planeta del amor, Neptuno, entró en tu séptima casa, la del amor y el matrimonio. Cuando Júpiter entró en Cáncer el año pasado comenzó a formar aspectos fabulosos a tu planeta del amor, y también Saturno. Así pues, hay amor en el ambiente y a mí me parece que este es el amor «ideal», el amor soñado. El año pasado tal vez hubo boda para muchos Virgo, y esto todavía puede ocurrir este año. Júpiter sigue formando aspectos hermosos a tu planeta del amor durante la primera mitad del año.

Como saben nuestros lectores, no hay que interpretar el matrimonio en su sentido literal. Es posible que entraras en una relación «parecida» al matrimonio o conocieras a una persona que es «material para el matrimonio».

Neptuno está en su signo y casa y continuará ahí por mucho tiempo, otros doce años más o menos. Esto es señal positiva para el amor. Neptuno es más fuerte, más eficaz, en su signo y casa, actúa más de acuerdo con su naturaleza. Por lo tanto, tu magnetismo social es muy potente en este periodo.

Virgo siempre tiene un criterio elevado para el amor. Es perfeccionista en este sentido como lo es en todas las facetas de la vida. En este periodo este criterio es aún más elevado que de costumbre; no se conformará con nada menos que el ideal. Y este parece alcanzable.

Tal vez el principal desafío en este periodo es discernir entre el verdadero ideal y aquellos que sólo «lo parecen». Neptuno te hace muy idealista y es posible que pases por alto muchos signos reveladores. Pero con el tiempo aprenderás a discernir. Tu intuición se ejercita en los asuntos amorosos en este periodo; aprende a fiarte de ella.

Los amigos y seres queridos, personas mundanas, podrían acusarte de vivir en una «utopía del amor», con expectativas no realistas. Eso está bien. El verdadero amor es una especie de «utopía», con sus reglas y leyes. Es mejor vivir en la «utopía del amor» que en la lúgubre prisión sin amor del mundo material duro y disipado.

Cuando Júpiter salga de Cáncer el 16 de julio, es muy probable que ya hayas conseguido tus objetivos sociales. Será el momento de pasar a otras cosas, como el crecimiento espiritual.

La vida social en general es buena este año, no solamente el romance. Júpiter en tu casa once hasta el 16 de julio sugiere un ensanchamiento del círculo social; entran amistades nuevas e importantes en el cuadro. Hay romance, pero también hay mucha participación en grupos y organizaciones. Es muy posible también que encuentres oportunidades románticas y sociales *online*, aunque también las encontrarás de las maneras normales, en fiestas, bodas y reuniones; y a través de las relaciones familiares.

Los números favorables para el amor son el 1, el 12 y el 18.

Progreso personal

El crecimiento espiritual se produce en dos frentes este año. El primero, la vida amorosa y social, en tus interacciones sociales y en lo que aprendes acerca de ti mismo en la relación romántica. El segundo (a partir del 16 de julio) es a través de tus relaciones familiares. Todo lo que ocurre en estas dos facetas no es lo que parece. Detrás de las cosas hay un programa espiritual exacto. Todo lo que ocurre, agradable y desagradable, es para tu mayor bien. A veces es difícil verlo, sobre todo cuando las cosas son desagradables, pero lo es de todos modos. Lo desagradable es en realidad una puerta, un portal, a una comprensión más profunda. Pero hay que saber la manera de entrar por la puerta. El primer paso es reconocer que la intención del Cosmos es un bien para ti, sean cuales sean las apariencias. El segundo paso es no juzgar el acontecimiento (bueno o malo), sino simplemente observarlo y observar tus reacciones interiores. El simple conocimiento que te da esta observación te revelará la finalidad oculta detrás del acontecimiento. Los seres humanos tenemos un concepto limitado del bien, pero el concepto del Cosmos es vasto y de largo alcance. No juzgues. Si tus reacciones son tan abrumadoras que no logras tomar «conciencia» (esto puede ocurrir, sobre todo tratándose de asuntos tan profundamente asentados como el amor y la familia), saca fuera la negatividad, descárgala sin riesgo siguiendo los pasos explicados en los capítulos dos y tres de *A tecnique for meditation*. Esto reducirá la negatividad y podrás acceder sin obstáculos a tu conciencia y conocimiento superior.

En el amor se te conduce paso a paso hasta el amor ideal más definitivo; el amor transpersonal de lo Divino. Esto no ocurre de la noche a la mañana. El Cosmos tiene muchos caminos para llevarte allí, por lo general experimentando relaciones que a ti te parecen ideales. Hasta el más elevado concepto del amor en el plano humano palidece comparado con el Amor Divino. Pero para ver esto tienes que pasar por las experiencias del amor humano, las alturas y las bajuras. Y esto es lo que ocurre en este periodo. Cuando conectes con el Amor Divino siempre tendrás amor en tu vida. Estés en una relación o no, siempre sentirás que estás en tu luna de miel.

Algunas personas creen que hay que sacrificar o renunciar a las relaciones humanas para alcanzar el Amor Divino, pero no es así. La relación es justo uno de los instrumentos que usa el Cosmos para amarte. Pero no se limita a eso, puede actuar directamente en tu mente y emociones (e incluso en tu cuerpo) si quiere.

Todos tenemos una familia espiritual, o una familia del alma, si te gusta más esta expresión. Generalmente (el 95 por ciento de las veces), la familia del alma es muy diferente de la familia biológica. A la familia biológica podríamos llamarla «familia kármica». Es necesario resolver viejos asuntos de encarnaciones pasadas; la familia biológica es uno de los laboratorios donde adquirimos conocimiento y comprensión. A la familia del alma podríamos llamarla «familia ideal». Estos seres nos aman y apoyan incondicionalmente, como debería amarnos una verdadera familia. Algunos miembros de esta familia podrían estar encarnados, y otros no. Una persona puede pasar toda su vida sin conocer a uno de ellos en carne y hueso. Sin embargo, en el plano espiritual están siempre presentes. Cuando Júpiter entre en tu casa doce el 16 de julio, comenzarás a conocer a algunas de estas personas. A algunas las conocerás en el plano físico, a otras en los planos interiores. Tomarás conciencia de su presencia.

Previsiones mes a mes

Enero

Mejores días en general: 1, 2, 9, 10, 19, 20, 28, 29
Días menos favorables en general: 5, 6, 12, 13, 26, 27
Mejores días para el amor: 1, 2, 5, 6, 9, 10, 14, 19, 20, 24, 28, 29

Mejores días para el dinero: 1, 2, 5, 6, 9, 10, 14, 15, 19, 20, 22, 23, 24, 25, 28, 29

Mejores días para la profesión: 1, 2, 10, 11, 12, 13, 22, 23, 30, 31

Comienzas el año con la mayor parte del poder planetario bajo el horizonte de tu carta. Sigues en la noche de tu año. Continúas en el periodo en que el centro de atención debe ser la casa, la familia y tu bienestar emocional. Sentirte bien es mejor que hacerlo bien. Es importante estar en tu punto de armonía emocional; estando en él puedes ser poderoso en tus asuntos externos.

El impulso planetario es de avance este mes: el 80 por ciento de los planetas están en movimiento directo. Es un buen mes para iniciar nuevos proyectos o empresas o lanzar nuevos productos al mundo (también actúan otros factores favorables en esto). Del 1 al 16 y del 30 al 31 son periodos especialmente favorables.

El poder planetario está concentrado principalmente en el sector occidental o social de tu carta. Sigues viviendo con los efectos secundarios de tu anterior ciclo de independencia. Adáptate a las situaciones lo mejor posible; antepón a los demás y cultiva las dotes sociales. Al hacer esto estarán bien cuidados tus intereses.

El mes es fundamentalmente feliz. Te encuentras en una de tus cimas anuales de placer personal; periodo de fiestas, para actividades agradables, de recreación. Es la hora de recreo en el colegio. El 20, cuando el Sol entra en tu sexta casa, tú entras en modalidad trabajo, lo que para un Virgo es otra forma de diversión.

Las finanzas son delicadas este mes, pero tranquilo, es un problema de corta duración. Venus, tu planeta del dinero, está en uno de sus no anuales movimientos retrógrados (sólo lo hace cada dos años). Llegarán los ingresos, pero con más lentitud. Los retrasos o contratiempos en los pagos son bastante normales cuando está retrógrado el planeta del dinero. Considéralo como consideras el mal tiempo. No empeores las cosas. Puedes hacer que este retrógrado funcione en tu beneficio haciendo revisión de tus finanzas, buscando puntos débiles y medidas correctivas. El próximo mes, cuando Venus esté en movimiento directo, podrás poner por obra tus planes. Lo bueno es que cuentas con el apoyo de tu cónyuge, pareja o ser amado actual. Si buscas trabajo tienes suerte después del 20.

La salud es excelente este mes. Solamente un planeta lento está en alineación desfavorable contigo. Los planetas rápidos o te forman aspectos armoniosos o te dejan en paz. Puedes fortalecer aún más la salud de las maneras explicadas en las previsiones para el año.

El amor fue bien el año pasado y va bien este mes. Estando Venus retrógrado no es mes para el matrimonio, pero se puede gozar del amor sin boda formal.

Febrero

Mejores días en general: 5, 6, 7, 15, 16, 17, 24, 25
Días menos favorables en general: 1, 2, 8, 9, 22, 23, 28
Mejores días para el amor: 1, 2, 5, 6, 7, 10, 16, 17, 20, 24, 25, 28
Mejores días para el dinero: 1, 2, 5, 6, 7, 10, 11, 12, 16, 17, 18, 19, 20, 21, 24, 25, 28
Mejores días para la profesión: 1, 8, 9, 10, 19, 26, 27

Venus está en movimiento directo este mes. Puedes comenzar a poner por obra tus mejoras en las finanzas. Supongo que ya has conseguido la claridad mental, esa era la finalidad del movimiento retrógrado. El juicio financiero es mucho mejor que el mes pasado. Venus está en el signo Capricornio, y esto es otro punto positivo para la riqueza; hay un saludable realismo acerca de las finanzas y los gastos, con una larga perspectiva. Este es buen periodo para hacer planes de ahorro e inversión a largo plazo. Si estas cosas se hacen bien y te atienes a ellas, a la larga la riqueza es inevitable; esto no es cuestión de suposiciones.

Marte, el señor de tu octava casa (y clásico señor de la octava casa) está en tu casa del dinero. Esto nos da muchos mensajes. Indica, como hemos dicho, el buen apoyo del cónyuge o pareja, pero también indica la necesidad de desintoxicar la vida financiera, desintoxicarte de posesiones. Como el granjero que poda sus viñas, creces «podando» la madera muerta, las cosas o gastos que en realidad no necesitas; tapas las «goteras» de tu conciencia financiera. Este es un buen periodo (y tienes muchos meses para hacerlo) para revisar tus posesiones y regalar o vender lo que no necesitas o usas. Reduce el atiborramiento; si hay una cosa que no usas, líbrate de ella.

Si buscas trabajo tienes excelentes aspectos hasta el 18.

El 18 el Sol entra en tu séptima casa y tú comienzas una cima anual amorosa y social. La vida social se vuelve hiperactiva; asistes a más bodas y fiestas, hay más invitaciones sociales. Si estás soltero o soltera y sin compromiso encuentras prometedoras posibilidades amorosas. El amor se ve especialmente feliz del 22 al 24, cuando el Sol activa a tu planeta del amor. Hay un encuentro con una persona especial, tal vez pintor, poeta o músico. En todo caso, ese es el tipo de persona que te atrae; tu planeta del amor está en el místico Piscis y por muchos años venideros.

La salud es más delicada después del 18. No te pasa nada grave, simplemente este no es uno de tus mejores periodos para la salud. Los malestares los causan los planetas rápidos y son temporales; no es la tendencia para el año ni para tu vida. Cuando vienen estos periodos puede parecer que malestares ya existentes se agravan. Procura descansar más. La energía elevada es la principal defensa contra la enfermedad.

El 6 inicia movimiento retrógrado Mercurio, el señor de tu horóscopo y tu planeta de la profesión. Toca hacer revisión de tus objetivos personales y profesionales; no es un periodo para tomar decisiones importantes en estas facetas. Necesitas claridad mental; el próximo mes tendrías que tenerla.

Marzo

Mejores días en general: 5, 6, 15, 16, 24, 25
Días menos favorables en general: 1, 2, 7, 8, 22, 23, 28, 29
Mejores días para el amor: 1, 2, 7, 10, 17, 18, 19, 26, 27, 28, 29
Mejores días para el dinero: 1, 2, 7, 10, 11, 17, 18, 19, 20, 26, 27, 28, 29
Mejores días para la profesión: 7, 8, 19, 28, 29

Mercurio ya está en movimiento directo desde el 28 del mes pasado. Avanzan los asuntos profesionales y personales. La toma de decisiones en estos asuntos será mucho mejor.

Los planetas se trasladan este mes. La mitad inferior de tu carta ya no domina; las mitades superior e inferior están más o menos igualadas en poder (esto cambiará el mes próximo). Las actividades profesionales y externas van a ser más importantes; los asuntos domésticos y familiares están más o menos resueltos, aunque no del todo. Este mes oscilas entre la profesión y el hogar y la familia. Después del 6, cuando Júpiter retoma el movimiento directo, es un excelente periodo para resolver cualquier asunto no resuelto en la casa; pero también lo es para preparar tu inminente empuje profesional.

Este mes continúas en una cima anual amorosa y social. Técnicamente esta termina el 20, pero estando el señor de tu horóscopo en tu séptima casa, esta cima continuará después del 20. Me parece que eres más popular que nunca este mes, sobre todo después del 17; estás por tus amistades y tu ser amado, y ellos lo saben. La Luna nueva del 1 ocurre muy cerca de tu planeta del amor y favorece la vida amorosa y social; a medida que avanza el mes debería traer felices invitaciones sociales y claridad en el amor.

Del 21 al 23 Mercurio viaja con Neptuno. Si estás soltero o soltera esto trae un feliz encuentro romántico. Si estás casado o casada o en una relación tendrás más intimidad en la relación. El amor ha sido idealista desde hace unos años y este mes lo es aún más. Es mucho más que sólo lujuria carnal o gratificación personal; es algo espiritual y elevado.

El tránsito de Mercurio cerca de Neptuno es un periodo espiritual para ti también. La vida onírica será más activa (y debes prestar atención a tus sueños). Los contactos sociales son útiles en la profesión.

Hasta el 20 sigue siendo necesario prestar más atención a la salud. Como el mes pasado, procura descansar lo suficiente. Haz todo lo posible por mantener elevada la energía. Después del 20 mejorará la salud.

Venus, tu planeta del dinero, transita por un punto de eclipse del 17 al 19. Esto traerá cambios financieros necesarios; por lo general ocurre debido a algún trastorno o problema.

Del 11 al 18 Marte transita por un punto de eclipse; evita los enfrentamientos y las actividades arriesgadas. El cónyuge, pareja o ser amado actual pasa por un trastorno financiero de corta duración, que llevará a cambios necesarios.

Abril

Mejores días en general: 1, 2, 11, 12, 20, 21, 29, 30
Días menos favorables en general: 3, 4, 5, 18, 19, 24, 25
Mejores días para el amor: 4, 5, 6, 7, 16, 17, 24, 25
Mejores días para el dinero: 4, 5, 6, 7, 13, 14, 15, 16, 17, 24, 25
Mejores días para la profesión: 3, 4, 5, 7, 8, 18, 19, 29, 30

Dos eclipses sacuden al mundo en general este mes, pero me parece que tú sales ileso. El eclipse lunar del 15 ocurre en tu segunda casa, la del dinero. Habrá, pues, cambios financieros importantes y drásticos; esto será un proceso de seis meses, normalmente no ocurre todo a la vez. Vas a tener que cambiar tu actitud hacia las finanzas, tu forma de pensar y tus estrategias. Las finanzas pasan por un «control de realidad». Los cambios que hagas serán buenos, pero podrían resultar desagradables mientras ocurren. Este eclipse también afecta a las finanzas del cónyuge, pareja o ser amado actual; lo que te ocurre a ti también le ocurre a esta persona. Todos los eclipses lunares ponen a prueba la amistad; tienden a producir dramas en la vida de amistades, dramas de aquellos que cambian la vida. Este eclipse no es diferente. Aunque a ti no te afecta mucho físicamente, no te hará ningún daño reducir las actividades de todos modos durante el periodo del eclipse.

El eclipse solar del 29 también se ve benigno contigo. Ocurre en tu novena casa; es mejor evitar viajes al extranjero en este periodo. Este eclipse produce dramas en la vida de las personas con quienes rindes culto, las personas religiosas de tu vida. Hay trastornos en tu iglesia, sinagoga o mezquita. Si eres estudiante universitario haces cambios importantes en tus planes de estudio, tal vez cambias de asignatura principal o de colegio. Todos los eclipses solares traen cambios espirituales, cambios de actitud y de práctica. Este me parece fuerte en este aspecto, ya que también se ponen a prueba tus creencias religiosas y filosóficas; esto podría deberse a experiencias de tipo espiritual. Los cambios en el sistema de creencias también cambian finalmente todas las demás facetas de la vida. Y para mejor.

Aun cuando el cónyuge, pareja o ser amado actual pasa por dificultades financieras debido al eclipse, su prosperidad general continúa buena. Esta persona está en una cima financiera anual hasta el 20; hay una gran atención a las finanzas y esto tiende al éxito, a pesar de las dificultades. Tus finanzas también se resolverán bien, a pesar de tus dificultades. Las amistades te apoyan y ayudan, como también el cónyuge, pareja o ser amado actual. La intuición financiera es especialmente aguda a partir del 6, pero en especial del 10 al 13. Te llegará importante información y orientación financiera en forma de sueños o tal vez a través de videntes, pastores religiosos o canalizadores espirituales. Si buscas trabajo tienes buena suerte del 13 al 15. Hay cambios profesionales en este periodo también.

Ese periodo del 10 al 13 también trae oportunidades románticas. El amor en general es feliz este mes; Venus en tu casa del amor y el matrimonio es siempre un punto positivo.

La salud es buena este mes; puedes fortalecerla más de las maneras explicadas en las previsiones para el año.

Mayo

Mejores días en general: 8, 9, 10, 17, 18, 26, 27
Días menos favorables en general: 1, 2, 15, 16, 21, 22, 28, 29
Mejores días para el amor: 3, 4, 6, 13, 14, 21, 22, 24, 25, 31
Mejores días para el dinero: 3, 4, 5, 6, 11, 12, 13, 14, 21, 22, 24,

25, 31
Mejores días para la profesión: 1, 2, 11, 12, 19, 20, 28, 29, 30

El 6 del mes pasado el poder planetario se trasladó a la mitad superior de tu carta; ahora domina la mitad superior. Es el periodo para dar ese empuje a tu profesión, el periodo para poner por obra de modo físico los planes que has estado ideando los muchos meses anteriores. Servirás mejor a tu familia teniendo éxito en tu vida externa. El 21 entras en una cima profesional anual, pero esto lo sentirás antes, a partir del 7; Mercurio cruza tu mediocielo el 7 y entra en tu décima casa. Esto indica éxito y elevación personal (a veces ocurre de modo encubierto, pero ocurre). Se te honra y respeta por tus consecuciones. Colaborar en obras benéficas y causas altruistas también beneficia tu profesión.

Marte y Urano están en oposición este mes, en diversos grados de exactitud. Evita las actividades que entrañan riesgo, las hazañas temerarias, los enfrentamientos, etcétera. Las personas pueden reaccionar de modo exagerado en este periodo. También indica que continúan los cambios en las finanzas del cónyuge, pareja o ser amado actual; esto lleva ya unos meses.

El amor sigue bien, pero este mes hay ciertos baches de corta duración en el camino. Ten más paciencia con el ser amado los días 11, 28 y 29. A partir del 21 pisas terreno escabroso. No hay nada que ande muy mal en la vida amorosa, solamente las dificultades causadas por los planetas rápidos; son cosas temporales.

Aun cuando tú y tu cónyuge, pareja o ser amado actual hacéis cambios drásticos en vuestras respectivas finanzas, continuáis apoyándoos mutuamente. Venus y Marte (vuestros planetas del dinero) están en «recepción mutua» del 3 al 29. Esto señala buena colaboración financiera. Esta persona te ayuda y tú a ella.

La salud es más delicada después del 21. La salud a largo plazo es buena; ahora simplemente no estás en uno de tus mejores meses. Las molestias están causadas por los planetas rápidos y son temporales. Como siempre, procura descansar lo suficiente y tal vez programa uno o dos (o tres) masajes y pasa más tiempo en el balneario de salud. Mantén cargadas las pilas.

Mercurio, el señor de tu horóscopo y tu planeta de la profesión, está «fuera de límites» del 12 al 31. Esto indica que en tu profesión y en lo personal sales de tu esfera normal, sales de tus límites. Tal vez esto es lo que se necesita en este periodo: tu apertura y receptividad a nuevas ideas favorece tu profesión.

Junio

Mejores días en general: 5, 6, 14, 15, 22, 23
Días menos favorables en general: 12, 13, 18, 19, 24, 25, 26
Mejores días para el amor: 1, 5, 6, 9, 10, 14, 15, 18, 19, 23, 24, 27, 28
Mejores días para el dinero: 1, 5, 6, 7, 8, 10, 11, 14, 15, 18, 19, 23, 24, 27, 28
Mejores días para la profesión: 1, 9, 10, 17, 24, 25, 26

Continúas bien establecido en tu cima profesional anual. La profesión es próspera pero más complicada que el mes pasado; Mercurio inicia movimiento retrógrado el 7; esto no detiene el progreso profesional, sólo enlentece un poco las cosas. Normalmente el movimiento retrógrado del planeta de la profesión sugiere una revisión de la profesión, que no actos manifiestos; pero estos no podrás evitarlos. Es probable que no te sea posible distanciarte de la profesión, son demasiadas las exigencias. De todos modos, puedes procurar que todo lo que hagas sea «perfecto», en todos sus detalles. Esto te ahorrará muchos problemas más adelante. Parece más lento, pero al final es más rápido.

Las finanzas se ven bien este mes. Venus, tu planeta del dinero está en su signo y casa, en Tauro; está fuerte a tu favor; el poder adquisitivo es más fuerte. Además, Venus estará en tu novena casa hasta el 23, y esto tiende a la expansión financiera. El 5 y el 6 Venus transita por un punto de eclipse; esto podría producir algún trastorno de corta duración, tal vez un gasto o compromiso inesperado. A veces este aspecto revela un defecto en tu forma de pensar y planificar. En cierto modo esto es bueno, aunque no siempre agradable: te obliga a hacer los cambios y ajustes necesarios. El 23 Venus cruza tu mediocielo y entra en tu décima casa. Esto también es una buena señal financiera; indica que hay acción; indica que los ingresos proceden de tu buena fama profesional y del favor de jefes, padres o figuras parentales. Los ingresos pueden provenir de algún organismo gubernamental también, ya sea en pago directo o con normas que te benefician. Con este tránsito suele haber aumento de sueldo; a veces esto no es algo «oficial» sino algo encubierto, pero el efecto es el mismo; es «como si» obtuvieras un aumento.

Marte sigue en oposición con Urano este mes, así que repasa lo que hablamos el mes pasado. Ten especial cuidado del 22 al 26, días en que este aspecto es más exacto.

El amor continúa delicado este mes. Tu planeta del amor, Neptuno, inicia movimiento retrógrado el 9, y esto enlentece las cosas. El juicio social no está a la altura habitual; estás en un periodo de revisión de la vida amorosa. A pesar del movimiento retrógrado el amor mejora mucho después del 21, cuando tu planeta del amor recibe mucha estimulación positiva. El amor está, serio o no serio, pero no hay ninguna prisa. Deja que se desarrolle a su aire, naturalmente.

Hasta el 21 sigue siendo necesario prestar atención a la salud. Repasa lo que hablamos el mes pasado. Después del 21 notarás una gran mejoría en la energía en general.

Cuando el Sol entra en tu casa once el 21 te encuentras en un fuerte periodo social, tanto en lo romántico (como hemos dicho) como con amistades y grupos. Este año has hecho nuevas e importantes amistades y después del 21 habrá más.

Julio

Mejores días en general: 2, 3, 11, 12, 19, 20, 21, 29, 30, 31
Días menos favorables en general: 9, 10, 15, 16, 22, 23
Mejores días para el amor: 4, 5, 6, 7, 8, 13, 14, 15, 16, 24, 25
Mejores días para el dinero: 2, 3, 4, 5, 6, 7, 8, 11, 12, 16, 17, 19, 20, 27, 29, 30
Mejores días para la profesión: 5, 6, 13, 14, 22, 23, 24, 25

El 23 del mes pasado el poder planetario se trasladó de tu sector occidental o social al oriental o de independencia. Entraste en un periodo de independencia personal, que continúa hasta diciembre. Las dotes sociales son fabulosas, los demás son maravillosos, pero ha llegado el periodo para trazar tu rumbo hacia la felicidad; tienes el poder para hacerlo; basta de adaptarte a las situaciones. Si una condición te desagrada, cámbiala. Si los demás no están de acuerdo contigo, actúa independientemente; te darán la razón a su debido tiempo. Es agradable avanzar sin esfuerzo y es agradable tener las cosas tal y como tú las quieres. Este es el periodo para tener las cosas a tu manera.

La profesión continúa próspera este mes. Se te honra, respeta y reconoce. También se honra tu apariencia personal. Se te reconoce por tus logros y también por ser quien eres. Pero el principal poder este mes está en tu casa once, la de las amistades y los grupos. La consecuencia natural del éxito profesional es las amistades que haces. Alternas en círculos diferentes y mejores.

El poder que hay en tu casa once es bueno no sólo en el plano social, sino también muy bueno para ampliar tus conocimientos de alta tecnología, astrología, ciencias y astronomía. Te llegará mucha información nueva. En mi trabajo he observado que las personas suelen solicitar que se les haga su primer horóscopo cuando está activado el señor de su casa once.

La consecuencia natural de la expansión del conocimiento científico es la expansión del conocimiento espiritual. Por eso la casa doce viene a continuación de la once. La ciencia sólo puede llevarnos hasta un cierto punto. Solamente la espiritualidad (la que se llama dominio sobrenatural) puede resolver los asuntos más profundos de la ciencia. A partir del 22 estará poderosa tu casa doce, la de la espiritualidad.

Ahora que Júpiter entra en tu casa doce el 16 (y continuará en ella el resto del año) será más espiritual todo lo que queda de año, no sólo este mes. Hay mucha expansión y progreso espiritual, y muchas experiencias espirituales. Acostúmbrate a lo sobrenatural, formará parte de tu vida cotidiana todo un año más o menos. La vida onírica empieza a ser hiperactiva y profética; comienzan a ocurrir todo tipo de sincronías o coincidencias; se agudiza la percepción extrasensorial. Podrás ver el interior de las personas sin siquiera pensarlo; la intuición será muy fuerte y fiable en general. El universo invisible te hace saber que existe.

Este mes y lo que queda de año es un periodo excelente para los estudios espirituales, para la meditación y el estudio de las Sagradas Escrituras. Si aun no estás en el camino, es probable que te embarques. Si ya lo estás, tienes mucho éxito y satisfacción en esta faceta.

Agosto

Mejores días en general: 8, 16, 17, 25, 26, 27
Días menos favorables en general: 5, 6, 11, 12, 18, 19
Mejores días para el amor: 3, 4, 11, 12, 13, 20, 21, 23, 24, 30, 31
Mejores días para el dinero: 1, 2, 3, 4, 5, 12, 13, 14, 23, 24, 28, 29
Mejores días para la profesión: 5, 6, 14, 15, 18, 19, 25, 26

Tu casa doce, la de la espiritualidad, es con mucho la más fuerte del horóscopo este mes. Entre el 40 y el 50 por ciento de los planetas están en ella o transitan por ella. Hasta el 23 es el verdadero eje de tu mundo; repasa lo que hablamos el mes pasado. Las batallas de la vida se luchan, y se ganan o se pierden en las cámaras del corazón y la mente. Lo que ocurre «fuera» sólo es un efecto secundario; si se gana una batalla interior la consecuencia es ganar una batalla exterior; la consecuencia no es la causa. Este es un mes en que profundizas en estas cosas. Hasta el 23 no intentes resolver un problema tridimensional por medios tridimensionales. Resuélvelo espiritualmente y quedará resuelto en el plano tridimensional.

Puesto que estás muy cerca de tu cumpleaños, es un buen periodo también para hacer una seria y sincera revisión del año pasado. Reconoce lo que has conseguido y lo que no. Mira los éxitos y los fracasos. Si hubo errores, decide corregirlos y fija los objetivos de lo que deseas para el año que va a comenzar. De este modo comienzas con buen pie tu año nuevo personal (que empieza el día de tu cumpleaños).

Los planetas están en su posición oriental máxima. Así pues, el poder y la independencia personales están en su grado más fuerte. Aprovecha tu independencia de modo positivo. Créate felicidad, diseña tu vida a tu manera. No necesitas la aprobación de nadie; el mundo se adaptará a ti.

Debes tener las cosas a tu manera en este periodo; pero tu independencia podría dificultar la vida amorosa o una relación actual. La persona amada desea las cosas a su manera y tú a la tuya. Ninguno de los dos lo hace mal. La persona amada debe comprender que si no eres feliz no puedes hacerla feliz. Dale tiempo para que se ajuste.

En todo caso, el amor no es el centro de atención este mes. Lo es tu felicidad personal. El 23, cuando el Sol entra en tu signo, comienzas otra de tus cimas anuales de placer personal. Conviene darle al cuerpo lo que desea, mimarlo y ponerlo en la forma que deseas. Descubrirás que si trabajas espiritualmente tendrás todo tipo de poder sobre tu cuerpo. Podrás modelarlo a tu voluntad. El cuerpo es más sensible a estas cosas este mes.

Este mes se ve muy próspero. A partir del 12 Venus viaja con Júpiter; el aspecto será más exacto del 17 al 19, pero lo sentirás después también. Esto indica que vienen bonitos días de paga. Un familiar, un progenitor o figura parental, es muy generoso contigo. La intuición financiera será excelente a partir del 12 también.

Septiembre

Mejores días en general: 4, 5, 12, 13, 22, 23
Días menos favorables en general: 2, 3, 8, 9, 14, 15, 29, 30
Mejores días para el amor: 2, 3, 8, 9, 12, 13, 16, 17, 23, 26, 27

Mejores días para el dinero: 1, 2, 3, 10, 11, 12, 13, 19, 20, 23, 24, 25, 29, 30
Mejores días para la profesión: 4, 12, 14, 15, 20, 21, 28

Técnicamente, el mejor periodo para iniciar nuevos proyectos o lanzar nuevos productos es la primera mitad del año, especialmente la primavera, cuando el Sol está en Aries. Pero en tu caso, debido a que acabas de cumplir años, o los cumplirás, estás en un periodo favorable para comenzar cosas nuevas. Estás en el comienzo de tu ciclo solar personal. Suma a esto el abrumador impulso hacia delante de los planetas (el 80 por ciento en movimiento directo a partir del 23) y es más favorable aún. A esto le sumas el poder que hay en tu primera casa y que estás en el periodo de independencia personal más fuerte del año y lo favorable aumenta más aún. El mejor periodo es a partir del 24, cuando la Luna está en fase creciente.

Este es un mes feliz y próspero. Sigues en el periodo de imponer tu voluntad (generalmente esto gusta, pero tiene sus pros y sus contras, pues suele causar problemas en el camino). Estás en una de tus cimas anuales de placer personal. Y el 23 entras en una cima financiera anual. La vida es buena, disfrútala.

La salud y la energía son excelentes. Tienes toda la energía que necesitas para realizar lo que sea que quieras realizar. Además, la apariencia personal resplandece; hay extraordinaria belleza y atractivo en tu imagen. El Sol en tu signo hasta el 23 te da mucho magnetismo, carisma. Venus en tu signo, a partir del 5, te da belleza, encanto y sentido de la elegancia. Te mueves de modo hermoso, los gestos de tu cuerpo son elegantes. Este es un mes muy bueno para comprar ropa y accesorios personales; las compras serán buenas.

La entrada de Venus en tu signo refuerza la prosperidad de que hemos hablado; Venus es tu planeta del dinero. Esto indica beneficios financieros inesperados. Las oportunidades financieras te buscan, no necesitas hacer nada especial, simplemente estar presente. Te vistes con ropa cara y la apariencia y porte en general tienen un importante papel en los ingresos. Hay una magia en adoptar la imagen de la riqueza, que es lo que haces este mes; te atrae riqueza y oportunidades de riqueza. Estás en el periodo de máxima independencia económica del año.

Este último tiempo tú y el ser amado habéis estado en los extremos opuestos del espectro. Tenéis posiciones y perspectivas diametralmente opuestas. Si lográis resolver vuestras diferencias el amor puede ser mejor que antes. Con el tiempo se irán limando esas diferencias.

Si buscas trabajo tienes oportunidades fabulosas del 23 al 30.

Octubre

Mejores días en general: 1, 2, 9, 10, 19, 20, 28, 29
Días menos favorables en general: 5, 6, 12, 13, 26, 27
Mejores días para el amor: 3, 5, 6, 12, 13, 14, 22, 23, 24
Mejores días para el dinero: 3, 7, 8, 12, 13, 17, 18, 21, 22, 23, 26, 27
Mejores días para la profesión: 5, 6, 12, 13, 22, 23, 31

Desde el 14 del mes pasado Marte está en tu cuarta casa, en aspecto desfavorable para ti, y continuará en ella hasta el 26 de este mes. Muchas veces esto indica obras de reparación, renovación o construcción en la casa. Si necesitas hacer estas cosas, este es un buen periodo. Las emociones están que arden en la casa; podría haber conflicto con familiares. Un familiar tiene experiencias dramáticas, tal vez de casi muerte o una intervención quirúrgica (que en astrología se considera experiencia de casi muerte o muerte temporal). Haz todo lo posible para procurar que la casa esté segura en este periodo. Hay una tendencia a los accidentes. En lo emocional, saldrá a luz muchísimo bagaje para que se limpie.

El principal titular este mes son dos eclipses, que garantizan un mes tumultuoso.

El eclipse lunar del 8 ocurre en tu octava casa. Pueden ocurrir muchas cosas: un encuentro con la muerte (normalmente en el plano psíquico), a veces una experienciaa de casi muerte; podrían recomendarte una intervención quirúrgica; pero la salud es buena, así que busca una segunda opinión. Este eclipse afecta a Urano, por lo tanto puede haber sustos en la salud y cambios laborales. Si eres empleador ves inestabilidad entre los empleados, lo que podría deberse a dramas en sus vidas personales. También afecta a Plutón, aunque no tan directamente; así pues, se ponen a prueba el coche y el equipo de comunicación. Te conviene conducir con más prudencia durante el periodo de este eclipse. Hay dramas con hermanos, figuras fraternas y vecinos. Es aconsejable reducir las actividades en este periodo (unos cuantos días antes y otros tantos después). Todos los eclipses lunares ponen a prueba las amistades; a veces ocurren acontecimientos dramáticos en la vida de amistades, de esos que cambian la vida.

El eclipse solar del 23 ocurre en tu tercera casa. Tal como con el eclipse lunar, se ponen a prueba el coche y el equipo de comunicación. Conduce con prudencia y conciencia. Si eres estudiante, no universitario, podrías cambiar de colegio o de plan de estudios; hay trastornos en el colegio al que asistes. Todos los eclipses solares traen cambios espirituales, de actitud, de perspectiva y de práctica. Es bueno renovar y mejorar periódicamente la práctica espiritual, y el eclipse te da la oportunidad.

El otro titular de este mes es el poder que hay en tu casa del dinero: el 40 por ciento de los planetas o están en ella o transitan por ella. Es un mes próspero.

Pese a los posibles sustos, la salud es fundamentalmente buena.

Noviembre

Mejores días en general: 6, 7, 15, 16, 17, 25, 26
Días menos favorables en general: 2, 3, 8, 9, 22, 23, 29, 30
Mejores días para el amor: 2, 3, 10, 11, 12, 20, 22, 23, 29, 30
Mejores días para el dinero: 2, 3, 4, 5, 11, 12, 14, 18, 19, 22, 23
Mejores días para la profesión: 1, 8, 9, 10, 11, 20, 21

El 23 del mes pasado se hizo poderosa tu tercera casa, la de la comunicación y los intereses intelectuales, y sigue poderosa hasta el 22. Los objetivos financieros se han conseguido más o menos; si eran muy elevados, has hecho buen progreso hacia ellos. Ahora es el periodo para gozar del fruto de la prosperidad, el tiempo libre para desarrollar la mente, aprender, ampliar la base de conocimientos. Estar bien arrellanado con un buen libro de un buen escritor siempre ha sido una dicha para mí. En la actualidad, sin embargo, este es en esencia un privilegio de los ricos, de la clase acomodada. Si eres estudiante este mes es muy bueno; la mente está más aguda y retiene más información; debería haber éxito en los estudios. Sea cual sea tu edad o fase en la vida, es un buen mes para hacer cursos en los temas que te interesan, asistir a charlas, seminarios y talleres. Si eres escritor, profesor o periodista tienes un muy buen mes; también si eres comerciante o agente de ventas o publicidad.

La salud estará más delicada después del 23. La salud general continúa buena, pero la energía no está a la altura habitual, por lo tanto, puede parecer que empeoran (por un tiempo) malestares ya existentes. Además, tu planeta de la salud está prácticamente acampado sobre un punto del eclipse del 8 del mes pasado; esto también puede producir sustos respecto a la salud. Pero estos problemas son temporales, causados por los planetas rápidos. Cuando hayan pasado (el mes que viene) volverán la salud y la energía. Mientras tanto, descansa todo lo que puedas.

Urano sobre el punto de eclipse indica cambios drásticos en el programa de salud. También habrá cambios laborales. Estos podrían ser dentro de la empresa en que trabajas o cambio a otra empresa. Las condiciones laborales son inestables en este periodo.

El tránsito de Mercurio por el punto de eclipse del 8 al 10 es un aspecto más serio; conduce con más prudencia y evita las actividades arriesgadas. Esto indicaría cambios en la profesión, o trastornos en la empresa o industria en que trabajas.

El impulso planetario es abrumadoramente de avance este mes; a partir del 16 el 90 por ciento de los planetas están en movimiento directo. Hay, pues, rápido progreso hacia tus objetivos; también los acontecimientos se suceden más rápidos en el mundo. Este sigue siendo un excelente periodo para iniciar nuevos proyectos o lanzar nuevos productos al mercado. Del 22 a fin de mes es el mejor periodo (la Luna está en fase creciente).

Si estás en una relación, el amor ya es más armonioso, hay más sincronía entre tú y el ser amado este mes. Del 10 al 12 son días particularmente buenos, la relación será más feliz. Si estás soltero o soltera encuentras buenas posibilidades románticas estos días.

Diciembre

Mejores días en general: 3, 4, 13, 14, 22, 23, 30, 31
Días menos favorables en general: 5, 6, 20, 21, 26, 27
Mejores días para el amor: 1, 2, 8, 12, 13, 18, 21, 22, 26, 27, 30, 31
Mejores días para el dinero: 1, 2, 10, 11, 12, 13, 15, 16, 20, 21, 22, 28, 29, 30, 31
Mejores días para la profesión: 1, 2, 5, 6, 10, 11, 21, 22, 30, 31

El 22 del mes pasado se hizo poderosa tu cuarta casa, la del hogar y la familia. Estás en la hora de «medianoche» de tu año. Este es un mes para hacer progreso psíquico y para hacer las paces con el pasado; cuando está fuerte la cuarta casa tienden a aflorar viejos recuerdos, aparentemente sin ton ni son, pero el Cosmos en el fondo tiene sus motivos. Asimilas el pasado en un nuevo plano, a la luz de tus conocimientos y comprensión actuales. Los recuerdos no cambian, los

hechos son los hechos, pero esos hechos los interpretas bajo otra luz.
En cierto sentido, reescribes, redefines, tu pasado. Ya no tendrá el
mismo poder sobre ti que tenía en otro tiempo.

Uno de los problemas del poder de la cuarta casa es la tendencia a
vivir en el pasado, el deseo de volver a «los viejos tiempos». Una
cosa es asimilar el pasado y otra muy diferente «vivir» en él. Mientras revisas tu pasado manténte en el presente, en el ahora. El pasado
es como una película, que estás mirando en el momento presente.

Teniendo fuerte la cuarta casa la atención está en el hogar y la familia y en alcanzar tu punto de armonía emocional. Los asuntos externos, la profesión y los objetivos externos, son menos importantes.
Lo necesario es establecer los cimientos, los cimientos psíquicos,
para el éxito externo; este es un trabajo interior, el trabajo de la medianoche.

Hasta el 22 sigue siendo necesario estar atento a la salud, así que
ten presente lo que hablamos el mes pasado. Después del 22 mejorarán la salud y la energía.

El otro titular de este mes es la entrada de Saturno en Sagitario, tu
cuarta casa, el 24. Los asuntos emocionales y psíquicos van a ser importantes los dos o tres próximos años. Además, este tránsito afecta a
la salud y la energía. Tendrás que tener más cuidado en estos asuntos
los próximos años.

La vida amorosa ha ido fundamentalmente bien desde hace unos
años. Se ha ampliado muchísimo el círculo social. Ahora (y en los
próximos años) se pondrán a prueba estas relaciones. Las buenas sobrevivirán e incluso mejorarán; las defectuosas, lo más probable es
que se disuelvan. Esto lo notarás más el próximo mes y el próximo
año, pero ahora experimentas el inicio de todo ello.

Del 4 al 7 Marte transita por un punto de eclipse; esto podría traer
un trastorno financiero de corta duración, pero también traerá los
cambios y ajustes necesarios.

Del 21 al 23 Venus transita por un punto de eclipse. Esto podría
ocasionar un trastorno financiero que aunque será de corta duración,
también hará necesarios ciertos cambios y ajustes.

Libra

Ω

La Balanza

Nacidos entre el 23 de septiembre y el 22 de octubre

Rasgos generales

LIBRA DE UN VISTAZO

Elemento: Aire

Planeta regente: Venus
    Planeta de la profesión: la Luna
    Planeta de la salud: Neptuno
    Planeta del amor: Marte
    Planeta del dinero: Plutón
    Planeta del hogar y la vida familiar: Saturno
    Planeta de la suerte: Mercurio

Colores: Azul, verde jade
    Colores que favorecen el amor, el romance y la armonía social: Carmín, rojo, escarlata
    Colores que favorecen la capacidad de ganar dinero: Borgoña, rojo violáceo, violeta

Piedras: Cornalina, crisolita, coral, esmeralda, jade, ópalo, cuarzo, mármol blanco

Metal: Cobre

Aromas: Almendra, rosa, vainilla, violeta

Modo: Cardinal (= actividad)

Cualidades más necesarias para el equilibrio: Sentido del yo, confianza en uno mismo, independencia

Virtudes más fuertes: Buena disposición social, encanto, tacto, diplomacia

Necesidades más profundas: Amor, romance, armonía social

Lo que hay que evitar: Hacer cosas incorrectas para ser aceptado socialmente

Signos globalmente más compatibles: Géminis, Acuario

Signos globalmente más incompatibles: Aries, Cáncer, Capricornio

Signo que ofrece más apoyo laboral: Cáncer

Signo que ofrece más apoyo emocional: Capricornio

Signo que ofrece más apoyo económico: Escorpio

Mejor signo para el matrimonio y/o las asociaciones: Aries

Signo que más apoya en proyectos creativos: Acuario

Mejor signo para pasárselo bien: Acuario

Signos que más apoyan espiritualmente: Géminis, Virgo

Mejor día de la semana: Viernes

La personalidad Libra

En el signo de Libra, la mente universal (el alma) expresa el don de la relación, es decir, el poder para armonizar diversos elementos de modo unificado y orgánico. Libra es el poder del alma para expresar la belleza en todas sus formas. Y ¿dónde está la belleza si no es dentro de las relaciones? La belleza no existe aislada; surge de la comparación, de la correcta relación de partes diferentes. Sin una relación justa y armoniosa no hay belleza, ya se trate de arte, modales, ideas o asuntos sociales o políticos.

Los seres humanos tenemos dos facultades que nos elevan por encima del reino animal. La primera es la facultad racional, como se expresa en los signos de Géminis y Acuario. La segunda es la facultad estética, representada por Libra. Sin sentido estético seríamos poco más que bárbaros inteligentes. Libra es el instinto o impulso civilizador del alma.

La belleza es la esencia de lo que son los nativos de Libra. Están aquí para embellecer el mundo. Podríamos hablar de la buena disposición social de este signo, de su sentido del equilibrio y del juego limpio, de su capacidad de ver y amar el punto de vista de los demás, pero eso sería desviarnos de su bien principal: su deseo de belleza.

Nadie existe aisladamente, no importa lo solo o sola que parezca estar. El Universo es una vasta colaboración de seres. Los nativos de Libra, más que la mayoría, lo comprenden y comprenden las leyes espirituales que hacen soportables y placenteras las relaciones.

Un nativo de Libra es un civilizador, armonizador y artista inconsciente, y en algunos casos consciente. Este es el deseo más profundo de los Libra y su mayor don. Por instinto les gusta unir a las personas, y están especialmente cualificados para hacerlo. Tienen el don de ver lo que puede unir a la gente, las cosas que hacen que las personas se atraigan en lugar de separarse.

Situación económica

En materia económica, muchas personas consideran a los nativos de Libra frívolos e ilógicos, porque parecen estar más interesados en ganar dinero para otros que para ellos mismos. Pero esta actitud tiene una lógica. Los Libra saben que todas las cosas y personas están relacionadas, y que es imposible ayudar a alguien a prosperar sin prosperar también uno mismo. Dado que colaborar para aumentar los ingresos y mejorar la posición de sus socios o su pareja va a fortalecer su relación, Libra decide hacerlo. ¿Qué puede ser más agradable que estrechar una relación? Rara vez nos encontraremos con un Libra que se enriquezca a expensas de otra persona.

Escorpio es el signo que ocupa la segunda casa solar de Libra, la del dinero, lo cual da a este signo una perspicacia no habitual en asuntos económicos y el poder de centrarse en ellos de un modo aparentemente indiferente. De hecho, muchos otros signos acuden a Libra para pedirle consejo y orientación en esta materia.

Dadas sus dotes sociales, los nativos de Libra suelen gastar grandes sumas de dinero invitando a los demás y organizando acontecimientos sociales. También les gusta pedir ayuda a otros cuando la necesitan. Harán lo imposible por ayudar a un amigo en desgracia, aunque tengan que pedir un préstamo para ello. Sin embargo, también tienen mucho cuidado en pagar todas sus deudas y procuran que jamás haya necesidad de recordárselo.

Profesión e imagen pública

En público a los Libra les gusta parecer paternales. Sus amigos y conocidos son su familia, y ejercen el poder político de manera paternal. También les gustan los jefes que son así.

Cáncer está en la cúspide de su casa diez, la de la profesión, por lo tanto, la Luna es su planeta de la profesión. La Luna es con mucho el planeta más rápido y variable del horóscopo; es el único entre todos los planetas que recorre entero el zodiaco, los 12 signos, cada mes. Nos da una clave importante de la manera como los Libra enfocan su profesión y también de algunas de las cosas que necesitan hacer para sacar el máximo rendimiento de su potencial profesional. La Luna es el planeta de los estados de ánimo y los sentimientos, y los Libra necesitan una profesión en la cual tengan libertad para expresar sus emociones. Por eso muchos se dedican a las artes creativas. Su ambición crece y mengua como la Luna. Tienden a ejercer el poder según su estado de ánimo.

La Luna «rige» las masas, y por eso el mayor objetivo de los Libra es obtener una especie de aplauso masivo y popularidad. Los que alcanzan la fama cultivan el amor del público como otras personas cultivan el cariño de un amante o amigo. En su profesión y sus ambiciones, los Libra suelen ser muy flexibles, y muchas veces volubles. Por otro lado, son capaces de conseguir sus objetivos de muchas y diversas maneras. No se quedan estancados en una sola actitud ni en una sola manera de hacer las cosas.

Amor y relaciones

Los nativos de Libra expresan su verdadero genio en el amor. No podríamos encontrar una pareja más romántica, seductora y justa que una persona Libra. Si hay algo que con seguridad puede destruir una relación, impedir el flujo de la energía amorosa, es la injusticia o el desequilibrio entre amante y amado. Si uno de los dos miembros de la pareja da o recibe demasiado, seguro que en uno u otro momento surgirá el resentimiento. Los Libra tienen mucho cuidado con esto. Si acaso, podrían pecar por el lado de dar más, jamás por el de dar menos.

Si estás enamorado o enamorada de una persona Libra, procura mantener vivo el romance. Preocúpate de las pequeñas atenciones y los detalles: cenas iluminadas con velas, viajes a lugares exóticos, flores y obsequios. Regálale cosas hermosas, aunque no necesariamente tienen que ser caras; envíale tarjetas; llámala por teléfono con regularidad aunque no tengas nada especial que decirle. Los detalles son muy importantes. Vuestra relación es una obra de arte: hazla hermosa y tu amor Libra lo apreciará. Si además muestras tu creatividad, lo apreciará aún más, porque así es como tu Libra se va a comportar contigo.

A los nativos de Libra les gusta que su pareja sea dinámica e incluso voluntariosa. Saben que esas son cualidades de las que a veces ellos carecen y por eso les gusta que su pareja las tenga. Sin embargo, en sus relaciones sí que pueden ser muy dinámicos, aunque siempre de manera sutil y encantadora. La «encantadora ofensiva» y apertura de Gorbachov a fines de la década de 1980, que revolucionó a la entonces Unión Soviética, es típica de un Libra.

Los nativos de este signo están resueltos a hechizar al objeto de su deseo, y esta determinación puede ser muy agradable si uno está en el puesto del receptor.

Hogar y vida familiar

Dado que los Libra son muy sociales, no les gustan particularmente las tareas domésticas cotidianas. Les encanta que su casa esté bien organizada, limpia y ordenada, que no falte nada de lo necesario, pero los quehaceres domésticos les resultan una carga, una de las cosas desagradables de la vida, que han de hacerse cuanto más rápido mejor. Si tienen dinero suficiente, y a veces aunque no lo tengan, prefieren pagar a alguien para que les haga las tareas domésticas. Pero sí les gusta ocuparse del jardín y tener flores y plantas en casa.

Su casa será moderna y estará amueblada con excelente gusto. Habrá en ella muchas pinturas y esculturas. Dado que les gusta estar con amigos y familiares, disfrutan recibiéndolos en su hogar y son muy buenos anfitriones.

Capricornio está en la cúspide de su cuarta casa solar, la del hogar y la familia. Sus asuntos domésticos los rige pues Saturno, el planeta de la ley, el orden, los límites y la disciplina. Si los Libra desean tener una vida hogareña feliz, deberán desarrollar algunas de las cualidades de Saturno: orden, organización y disciplina. Al ser tan creativos y necesitar tan intensamente la armonía, pueden tender a ser demasiado indisciplinados en su casa y demasiado permisivos con sus hijos. Un exceso de permisividad no es bueno: los niños necesitan libertad, pero también límites.

Horóscopo para el año 2014*

Principales tendencias

Salir de 2011 y 2012 con la salud y la cordura intactas ha sido todo un logro, Libra. Este año presenta sus retos, pero ahora tienes la musculatura mental-emocional para enfrentarlos. Deberías acabar el año con los colores del triunfo.

Pese a todas las dificultades, este año ocurren muchas cosas buenas. Te las ganarás una a una, pero ocurrirán.

El 27 de junio del año pasado entraste en un periodo fuerte y exitoso en la profesión; esto continúa este año hasta el 16 de julio. Se te eleva en tu empresa o profesión y te llegan muchas oportunidades profesionales felices. Volveremos sobre este tema.

La situación amorosa ha sido estimulante pero inestable desde hace unos años, desde 2011. De todos modos, hay romance este año. Lo único que está en duda es la estabilidad del romance. La entrada de Júpiter en tu casa once el 16 de julio indica que la vida social en general es buena y que haces nuevas e importantes amistades. Hablaremos más de esto.

Como el año pasado, Saturno estará en tu casa del dinero. Es necesario reorganizar y reestructurar las finanzas. Tal vez te sientes limitado o ceñido debido a responsabilidades extras. Pero si haces unos pocos cambios, reorganizas, tendrás todos los recursos que necesitas.

Este año será necesario prestar atención a la salud, pero has pasado por periodos peores. Volveremos sobre este tema.

Las facetas de mayor interés para ti este año son: el cuerpo, la imagen y el placer personal (hasta el 26 de julio); las finanzas; el hogar y la familia; la salud y el trabajo; el amor y el romance; la profesión (hasta el 16 de julio); las amistades, los grupos y las actividades en grupo (a partir del 16 de julio).

Los caminos para tu mayor satisfacción y realización este año son:

---

* Las previsiones de este libro se basan en el Horóscopo Solar y todos los signos que derivan de él; tu Signo Solar se convierte en el Ascendente, y las casas se numeran a partir de él. Tu horóscopo personal, el trazado concretamente para ti (según la fecha, hora y lugar exactos de tu nacimiento) podrían modificar lo que decimos aquí. Joseph Polansky

las finanzas (hasta el 19 de febrero); el cuerpo, la imagen y el placer personal (a partir del 19 de febrero); la profesión (hasta el 16 de julio); las amistades, los grupos y las actividades en grupo (a partir del 16 de julio).

Salud

(Ten en cuenta que esta es una perspectiva astrológica de la salud, no una médica. Antaño no había ninguna diferencia, ambas eran idénticas, pero en esta época podrían diferir muchísimo. Para una perspectiva médica, por favor, consulta a tu médico o a otro profesional de la salud.)

La salud es un reto este año, aunque más en la primera mitad que en la segunda. A partir del 16 de julio deberías notar una mejoría pareja. Por suerte tu sexta casa, la de la salud, está fuerte este año, por lo que estás atento a ella y eso es exactamente lo que se necesita. Si no le hicieras caso las cosas serían más graves. Los aspectos desfavorables para la salud no significan enfermedad necesariamente, pero sí la necesidad de más esfuerzo en mantenerla bien. Si pones el esfuerzo, y parece que lo harás, la salud será buena.

Comienzas el año con cuatro planetas lentos en alineación desfavorable contigo. Esto no es una broma. Durante la primera mitad del año habrá periodos en que los planetas rápidos aumentarán la vulnerabilidad, y esto podría hacer aún mayor el porcentaje, elevarlo hasta el 70 por ciento más o menos. Estos periodos serán del 1 al 20 de enero; del 21 de marzo al 19 de abril, y del 21 de junio al 16 de julio. No olvides descansar mucho en estos periodos. Sería aconsejable que programaras más masajes o pasaras más tiempo en un balneario de salud (no te iría mal hacer esto durante toda la primera mitad del año, aunque en especial durante esos periodos vulnerables). Hablaremos más sobre esto en las previsiones mes a mes.

Lo bueno es que es mucho lo que puedes hacer para fortalecer la salud y prevenir problemas. Como saben nuestros lectores, la primera línea de defensa es mantener elevada la energía. Sé implacable en esto. De ninguna manera gastes energía en bagatelas, en cosas que son «secundarias» a tus principales objetivos y finalidades. Evita la precupación, evita pensar demasiado y hablar demasiado; estas cosas son gastadoras ocultas de energía. Delega tareas siempre que sea posible. Trata de programar tus actividades de modo más eficiente, de hacer más con menos esfuerzo o trabajo. Necesitas toda tu energía, hasta la última gota.

La siguiente línea de defensa es dar más atención a estas zonas que son las vulnerables:

El corazón: Evita la preocupación y la ansiedad, que son las causas espirituales de los problemas cardiacos. La meditación te será útil para esto. Irán bien sesiones de reflexología en que te trabajen los puntos reflejos del corazón.

Los pies: Usa zapatos que te calcen bien y no te hagan perder el equilibrio. Es preferible la comodidad a la elegancia (aunque esto es una píldora amarga para Libra). Si puedes tener ambas cosas, mejor que mejor. Los masajes periódicos en los pies serán potentes. También serán buenos los baños de pies y el hidromasaje. En el mercado hay muchos artilugios para baños de pies con hidromasaje, y podría ser juicioso invertir en esto y usarlo periódicamente. Conviértelo en parte de tu régimen de salud.

Siendo Neptuno tu planeta de la salud, obtendrás bellos resultados de las técnicas de curación espiritual: meditación, imposición de las manos, reiki, manipulación de las energías sutiles. Si te sientes indispuesto, irá bien una visita a un terapeuta espiritual.

Este año Marte va a pasar muchísimo tiempo en tu signo; esto tiene puntos positivos: da energía, valor y empuje, ambición de éxito. No obstante, a veces puede impulsar a la persona a exigirle al cuerpo más allá de sus límites; también hace sentir impaciencia, una tendencia a las prisas, a precipitarse siempre, y esto puede llevar a lesiones, aun cuando la salud sea buena. También hace a la persona más agresiva, lo que puede llevar a conflictos e incluso a violencia. Controla tu genio; si sientes ira, haz una respiración profunda y cuenta hasta diez antes de hablar. Modera la agresividad.

Tu planeta de la salud rige desde un signo de agua (Piscis). Así pues, tienes una conexión especial con el poder curativo del elemento agua. Va bien beber más agua; la pureza del agua es importante para ti. El agua del grifo debe estar bien filtrada (y hay muchos artilugios para esto en el mercado), aunque tal vez sea mejor el agua embotellada. Te irá bien estar cerca del agua si te sientes indispuesto: cerca del mar, ríos, lagos, manantiales. La natación y los deportes acuáticos son saludables ejercicios. Siempre es mejor el agua natural, pero si no es práctico, puedes bañarte en tu bañera o jacuzzi. Son buenas las duchas, pero un baño largo en la bañera es mejor.

Hogar y vida familiar

Tu cuarta casa, la del hogar y la familia, ha estado poderosa desde hace muchos años y continuará estándolo muchos años más; esta es una tendencia ultralarga. Sin duda hemos hablado de esto en años anteriores, pero vale la pena volver a decirlo mientras la tendencia siga en vigor. En el círculo familiar se produce una desintoxicación cósmica. Las impurezas de la situación salen a la superficie, a la luz y claridad, y entonces se limpian y corrigen. La desintoxicación rara vez es agradable. Salen todo tipo de desechos desagradables, asuntos no resueltos, sentimientos negativos y sus causas. Hay mucha «eliminación». Pero el resultado final siempre es bueno. Habrá una renovación en la situación familiar y en la casa. Esto no ocurre de la noche a la mañana, sino con el tiempo.

Fundamentalmente esto es lo que hay detrás de todos los dramas que ocurren en la casa y con los familiares. En el plano mundano, produce una «crisis» en la familia; la necesidad de enfrentar situaciones de vida o muerte. A veces hay una muerte en la familia, y las consecuencias, el duelo y la revisión, son formas de desintoxicación. A veces hay una intervención quirúrgica o una experiencia de casi muerte en la familia, y esto también es una forma de desintoxicación: es necesario enfrentar los sentimientos profundos. A veces la familia se divide, hay rupturas en la conexión familiar, o bien debido a divorcio, a conflictos financieros o a otros factores. Es «como si muriera» la unidad familiar que conocías. Ten presente que después de una muerte siempre viene la resurrección, la renovación. La muerte y la resurrección son gemelas, nunca aparece la una sin la otra.

Plutón en la cuarta casa suele indicar obras de construcción y renovación en la casa física. Plutón trabaja en muchos planos y el físico es uno de ellos. Me parece que esta renovación es algo más que simplemente «embellecedora»: entraña echar abajo paredes, dar otra forma a las habitaciones, reemplazar las tuberías y cables viejos. Probablemente es cara. Mientras ocurre, tu casa es un caos, lo que por lo general no es agradable, pero el resultado final es bueno.

Cuando se entiende el resultado final es más fácil sobrellevar el caos (físico y emocional). La mayor parte del tiempo no vemos lo bueno hasta mucho después. Pero basta con saber que será revelado.

Finalmente, la unidad familiar se reconstituirá en un plano mejor y más sano.

El hogar y la familia son importantes también en el plano financiero. Gastas más en la casa y la familia, inviertes en ellos, y es muy probable que ganes con esto también. El apoyo económico familiar se ve bueno, aunque turbulento.

Un progenitor o figura parental prospera y al parecer interviene mucho en tu vida financiera, te apoya. Tú, a su vez, estás involucrado financieramente con este progenitor.

En cuanto a las mudanzas, hay más probabilidades el próximo año que en este. E incluso una mudanza significaría obras de construcción y renovación.

Un hermano o figura fraterna podría haberse mudado de casa el año pasado, pero si no, podría ocurrir en la primera mitad de este año; me gusta una casa cerca del agua para esta persona.

Los hijos o figuras filiales prosperan después del 16 de julio. Viajan muchísimo. Podría haber una mudanza.

Un progenitor o figura parental podría mudarse muchas veces o hacer muchas renovaciones en la casa. Da la impresión de que esta persona está «inquieta emocionalmente».

Profesión y situación económica

Tu casa del dinero estuvo fuerte el año pasado y lo estará este también. Esto es un punto positivo para las finanzas; sugiere interés y ambición, la disposición a superar todas las diversas dificultades que surjan. Esto lo considero más importante que los simples aspectos «fáciles».

Tendrás que habértelas con muchos retos financieros este año, en especial hasta el 26 de julio. Tu planeta del dinero forma parte de una gran cuadratura durante la primera mitad del año (técnicamente hasta el 16 de julio). Esto indica participación en un proyecto de envergadura, a lo grande. Por ejemplo, la fundación de una empresa o institución. Estos proyectos grandes siempre son complicados y necesitan mucho equilibrio.

Saturno en tu casa del dinero desde fines de 2012 sugiere la sensación de tensión o estrechez financiera. Asumes más responsabilidades y tienes que llevar más cargas. Estas parecen provenir de la familia, y se ven inevitables. Tal vez te sería posible evitarlas (los seres humanos somos poderosos y podemos hacer muchas cosas), pero no te conviene, no es juicioso evitarlas, ya que traen beneficios escondidos. Como hemos dicho, gastas más en la casa y la familia, pero ganas con esto también. Puede que la familia te limite la libertad financiera, pero te apoyan en esto, si no de modo tangible, físico, sí de forma emocional. Las conexiones familiares son importantes en las finanzas también.

Estas cargas extras te obligan a hacer cambios importantes y reorganización en las finanzas. Algunos de estos cambios serán drásticos, pero al final serán buenos. Ya sabes qué cambios es necesario hacer y este año los pones por obra.

Si haces los cambios, reorganizas, mueves esto o aquello, eliminas el despilfarro y lo superfluo, tendrás los recursos que necesitas.

Tu planeta del dinero está en el signo Capricornio, y Saturno (el regente de este signo) está en tu casa del dinero. Estos planetas están en «recepción mutua», cada uno es huésped en el signo y casa del otro. Esto es positivo. Indica buena colaboración entre los dos planetas; así pues, la familia y las conexiones familiares son importantes en las finanzas. Indica la capacidad para hacer dinero con la casa (o desde la casa). Favorece el sector inmobiliario (residencial y comercial), los restaurantes y hoteles, o las industrias que abastecen el hogar. Este es un buen aspecto financiero si eres psicoterapeuta.

La combinación del planeta del dinero en Capricornio y Saturno en la casa del dinero sugiere una especie de empresa de negocios, algo tradicional y socialmente aceptable; da un juicio financiero excelente; una perspectiva a largo plazo en las finanzas, una perspectiva a largo plazo en que las inversiones tendrán valor muchos años a partir de ahora.

Estos aspectos son maravillosos para poner en orden la vida financiera, buenos para programas de ahorro e inversión. Buenos para programas financieros serios diarios.

Esta combinación no es muy favorable para la especulación. Deberán evitarse las especulaciones durante la primera mitad del año, no se ven afortunadas. Pero pasado el 16 de julio son un poco más favorables (estas cosas siempre deben hacerse basándose en la orientación interior, nunca de forma mecánica).

Los dos planetas relacionados con tu vida financiera no son del tipo «riqueza rápida». La riqueza se logra lenta y metódicamente, con el tiempo, mediante buen juicio financiero y disciplina.

La profesión, como hemos dicho, fue bien el año pasado y sigue siendo poderosa este año, hasta el 16 de julio. Hasta entonces Júpiter está en tu décima casa. Este es un clásico indicador de éxito profesional. Si trabajas para otros habrá ascenso. Si eres autónomo, aumenta tu prestigio y categoría. Júpiter trae felices oportunidades profesionales también. Júpiter en el signo Cáncer favorece las empresas de tipo familiar. También indica que los hermanos y figuras fraternas tienen éxito este año y apoyan tus objetivos profesionales. La buena comercialización y promoción, las buenas dotes de comunicación, son muy importantes en la profesión.

Amor y vida social

El amor es interesante y emocionante este año, en especial hasta el 26 de julio, pero muy inestable. El círculo social experimenta cambios y trastornos. Si estás casado o casada la relación conyugal pasa por pruebas, tal vez muy severas. Esto ha sido así desde 2011. Si la relación es buena sobrevivirá a este tránsito, pero no será fácil. Será necesario mucho esfuerzo, muchísimo y arduo trabajo, para mantenerla. Por lo general, si la relación es tibia, ninguno de los dos miembros de la pareja está dispuesto a hacer el esfuerzo y por lo tanto se irá al garete.

Sin duda ha habido divorcios y separaciones entre los nativos de Libra, y esto puede continuar ocurriendo.

Normalmente los divorcios y separaciones no son experiencias agradables. De todos modos, el amor se te puede presentar en cualquier momento y lugar. Es como si estuvieras socialmente libre para explorar nuevos amores.

Marte, tu planeta del amor, pasará una cantidad de tiempo insólita en tu signo, desde el 1 de enero al 18 de julio. Esto indica amor y romance. Sea cual sea tu situación conyugal o relacional, hay amor en tu vida. Lo que me gusta de esto es que no es mucho lo que necesitas hacer al respecto. Esta persona te persigue, se ve dedicada a ti, antepone tus intereses a los de ella. De todos modos, como hemos dicho, la estabilidad de la relación es dudosa. Es probable que el matrimonio no sea aconsejable. Disfruta de la relación, pero mantente libre en tus opciones.

Hay otra manera de interpretar este tránsito. Marte en tu signo podría indicar también que tu pareja, consciente de las dificultades en el matrimonio, se esfuerza en reconquistarte, trabaja muchísimo en arreglar las cosas para mantener la relación. Pero la pregunta es, ¿basta eso? En el caso de muchos Libra, esto es lo que ocurre.

Son muchos los motivos de que la vida amorosa sea inestable. La primera es que tú y tu pareja parecéis más experimentales en el amor; deseáis cambios. Deseáis romper la rutina, hacer las cosas más estimulantes. Si esto se entiende, este deseo se podría aprovechar para remediar la relación. Romped la rutina, haced cosas no convencionales, como pareja. Como reza el refrán: «cread recuerdos duraderos». Deja que ocurra el cambio en la relación, esto es posible con un poquitín de creatividad.

También hay otros motivos para la crisis; la infidelidad es uno de ellos. Tal vez un embarazo no deseado. Tal vez una crisis en la vida de la pareja que le cambia la vida.

Te hará falta todo tu genio social (y tienes muchísimo) para mantener la unión.

Si estás soltero o soltera y con miras al primer matrimonio, no es conveniente que te cases en este periodo. Si estás en un segundo matrimonio o con miras a casarte por segunda vez, este año no hay novedades, las cosas tienden a continuar como están. Si estás con miras a un tercer matrimonio, hay romance y buena oportunidad de boda a partir del 16 de julio.

El 16 de julio Júpiter entra en tu casa once, la de las amistades. En realidad este no es un aspecto romántico, pero sí un buen aspecto social. Conoces a personas interesantes, importantes. Se ensancha tu círculo de amistades. Participas en grupos, actividades en grupos y organizaciones y pareces feliz. Esto también podría traer aventuras amorosas si estás soltero o soltera, y la oportunidad de este tipo de romance si estás casado o casada. Oportunidad no significa que tengas que complacerte en esto, simplemente se presenta la oportunidad. Tú decides.

Progreso personal

Como el año pasado, Saturno está en tu casa del dinero, y continuará ahí prácticamente todo el año. Por lo tanto, este es un periodo para controlar las finanzas, en especial los gastos, y no permitir que las finanzas te controlen a ti. Esta es la intención espiritual de este tránsito, sanear tus finanzas y enriquecerte. La prosperidad puede venir de dos maneras: la primera es mayores ingresos, la segunda con buena administración del dinero. Este año (y el año pasado) tu camino hacia la prosperidad es lo segundo. Si la administración es defectuosa, los mayores ingresos no aumentarán tu riqueza; los ingresos se desvanecerán con despilfarro. Pero con una buena administración, si aumentan los ingresos, aumenta la riqueza.

Saturno en la casa del dinero sugiere el buen uso de un presupuesto. A muchos practicantes metafísicos les desagradan los presupuestos, pues los consideran «falta» de pensamiento. Pero esto no tiene por qué ser así. En realidad un buen presupuesto va de control financiero, no de falta. Permite a la persona asignar fondos de la manera más eficaz. Un buen presupuesto debe incluir una asignación para diversión, ocio y el disfrute de la vida, no sólo para las necesidades.

Un porcentaje equis va a cada actividad o gasto importante. Debería destinarse una cantidad a ahorro e inversión también, para forjar la riqueza futura. El presupuesto da las directrices sobre cuánto y cómo se puede gastar. Esa es su utilidad.

Neptuno está en tu sexta casa desde febrero de 2012 (en 2011 le hizo una visita breve, y en 2012 entró para quedarse muchos años). En la sección Salud hablamos de los efectos puramente físicos de este tránsito, pero la salud no se limita sólo a lo físico, y Neptuno te va a enseñar esto de forma muy espectacular en los próximos años. Es posible que hayas hecho progresos en esto, pero vendrá más.

Neptuno en tu sexta casa (y señor de esta casa) indica curación espiritual. Vas a profundizar en esto; es una tendencia a largo plazo. Es probable que el año pasado escribiera sobre esto, pero vale la pena volver a hablarlo, pues la tendencia sigue muy en vigor. Lee todo lo que puedas sobre el tema. Emmet Fox, Joseph Murphy y Ernest Holmes son buenos escritores para comenzar. Después puedes extender la lectura a otros.

La curación espiritual es un tanto diferente de la curación mente-cuerpo, aunque son similares. La curación mente-cuerpo consiste principalmente en hacer declaraciones positivas, afirmaciones y visualizaciones para lograr que la mente sane al cuerpo. Esto es fabuloso; actualmente este método está muy extendido; recuerdo un tiempo en que no lo estaba. En la curación espiritual el proceso es diferente: usamos la mente y la imaginación para invitar a actuar a un poder que en esencia está «más allá» y «por encima» de la mente. Es el flujo de este poder el que hace la curación, no las afirmaciones ni las visualizaciones; estas son simples medios para un fin.

Este poder, llámalo Espíritu, Chi, Dios, Divinidad, Amor (los nombres no son importantes) suele actuar a través de instrumentos humanos (médicos, terapeutas, profesionales de la salud), pero no se limita a eso; también actúa directamente en el cuerpo.

Este es un tema de investigación muy interesante para Libra en este periodo. En mi opinión, finalmente va a revolucionar la medicina.

Previsiones mes a mes

Enero

Mejores días en general: 3, 4, 12, 13, 22, 23, 30, 31
Días menos favorables en general: 1, 2, 7, 8, 14, 15, 28, 29
Mejores días para el amor: 1, 2, 3, 4, 7, 8, 9, 10, 12, 13, 19, 20, 22, 23, 28, 29, 30, 31
Mejores días para el dinero: 1, 2, 5, 6, 9, 10, 14, 15, 19, 20, 24, 25, 28, 29
Mejores días para la profesión: 1, 2, 9, 10, 14, 15, 21, 22, 30, 31

Tenemos un mes muy agitado y estresante. Estás involucrado en una empresa importante y estas cosas son siempre complicadas. Lo principal ahora es estar atento a tu salud. Las exigencias de tus ocupaciones son grandes, pero procura encontrar ratos para descansar y relajarte; no será fácil pero puedes hacerlo. El 70 y a veces el 80 por ciento de los planetas (enorme porcentaje) están en aspecto desfavorable contigo hasta el 11. Este es el periodo más difícil, pero has de estar atento a la salud todo el mes, y en especial hasta el 20. No te preocupes de la fama ni de la gloria, simplemente consigue terminar el mes con la salud y la cordura intactas. Fortalece la salud de las maneras explicadas en las previsiones para el año. No te hará ningún daño recibir masajes periódicos y pasar un tiempo libre en un balneario de salud.

Marte en tu signo todo el mes te da más energía, pero a veces podría hacerte «abarcar demasiado». Evita las prisas y la precipitación.

Comienzas el año con el poder planetario principalmente bajo el horizonte de tu carta, en la mitad inferior. Estás en la medianoche de tu año personal. Este es un periodo para alcanzar la armonía emocional, para sentirte bien. Con esta armonía emocional tu vida externa procederá de modo natural y potente. Puedes, sin riesgo, poner en segundo plano la profesión y dar la atención a la familia. No podrás desentenderte de la profesión, las exigencias son fuertes, pero sí puedes desviar más energía hacia el hogar y la familia. Trabaja en tu profesión con los métodos interiores: meditación, oración, visualización y sueños controlados. Si hay un objetivo profesional que deseas, imagínate que ya lo has conseguido y entra en esa sensación o sentimiento. Más adelante, cuando se trasladen los planetas, tomarás las medidas necesarias para conseguirlo.

Este mes el poder planetario está principalmente en tu sector occidental o social, el sector favorito de Libra. El Cosmos te impulsa a hacer lo que más te gusta: vida social, mejorar tu don de gentes (siempre impresionante) y anteponer a los demás. Consigues lo que quieres por consenso y la buena voluntad de los demás durante todo este periodo.

El amor es agridulce. Llevas unos años en un ciclo de inestabilidad social y esta es la situación este mes. De todos modos, el amor te persigue; no necesitas hacer nada especial, simplemente estar presente. El cónyuge, pareja o ser amado actual se ve muy dedicado a ti (buena cosa este mes), pero la estabilidad de la relación es dudosa. Esta persona parece estar involucrada en un proyecto importante y complicado.

Febrero

Mejores días en general: 8, 9, 18, 19, 26, 27
Días menos favorables en general: 3, 4, 10, 11, 12, 24, 25
Mejores días para el amor: 3, 4, 5, 6, 7, 8, 9, 16, 17, 18, 19, 24, 25, 26, 27
Mejores días para el dinero: 1, 2, 5, 6, 7, 10, 11, 12, 15, 16, 17, 20, 21, 24, 25, 28
Mejores días para la profesión: 8, 9, 10, 11, 12, 20, 28

La salud está mucho mejor que el mes pasado, pero sigue necesitando atención. El porcentaje de dificultad bajó del 70-80 por ciento al 50-60 por ciento. La situación continúa difícil, pero menos. Si saliste bien del mes pasado, saldrás bien de este. Afortunadamente hay más atención a la salud a partir del 18. Esto es un punto positivo; el peligro sería que no hicieras caso de las cosas.

El amor sigue inestable; no es aconsejable el matrimonio en este periodo. Este mes tu pareja te manifiesta muchísima dedicación, pero al parecer eso no te basta; esta persona se esfuerza muchísimo, pero tú no estás de acuerdo. Tendrás que trabajar más en tu relación. Si estás soltero o soltera tienes muchas oportunidades, el amor te busca. Pero me parece que no te entusiasman las personas que te admiran. Disfruta de la vida amorosa tal como es sin proyectar mucho hacia el futuro. El amor tendría que mejorar el próximo mes.

El 20 del mes pasado entraste en una de tus cimas anuales de placer personal, que continúa hasta el 18 de este mes. Con toda la actividad y estrés en tu vida esta cima de placer personal no es tan fuerte como las que has experimentado en el pasado. De todos modos, el descanso y la recreación son cosas positivas en este periodo.

Continúas reorganizando tu vida financiera, pero este mes, sobre todo en la primera parte, vemos mayores ingresos. Venus está muy cerca de Plutón, tu planeta del dinero (también lo estaba a fines del mes pasado). Un progenitor o figura parental te apoya y es generoso. La familia y las conexiones familiares también te ayudan. Lo principal ahora, como hemos dicho, es hacer modificaciones aquí y allá. En realidad no necesitas grandes aumentos en tus ingresos sino mejor administración financiera. Cuentas con los recursos para lo que verdaderamente necesitas.

El 18 se hace poderosa tu sexta casa; excelente periodo si buscas trabajo; hay buena suerte; las oportunidades son muchas, no sólo una.

Mercurio inicia movimiento retrógrado el 6; evita viajes al extranjero innecesarios en este periodo; Júpiter, el señor genérico de los viajes al extranjero, también está retrógrado. Si debes viajar, calcula más tiempo para llegar a tu destino; programa con más tiempo entre ellos los vuelos de conexión; confirma tus billetes.

Continúa buscando tu punto de armonía emocional para funcionar a partir de ella. Mantén positivos los sentimientos todo cuanto sea posible (será difícil).

Marzo

Mejores días en general: 7, 8, 17, 18, 26, 27
Días menos favorables en general: 3, 4, 10, 11, 24, 25, 30, 31
Mejores días para el amor: 3, 4, 7, 8, 17, 18, 26, 27, 30, 31
Mejores días para el dinero: 1, 2, 5, 6, 10, 11, 15, 16, 19, 20, 24, 25, 28, 29
Mejores días para la profesión: 1, 2, 10, 11, 21, 22, 30, 31

Los planetas están en su posición occidental máxima; sigue siendo el cielo de Libra. Tus dotes sociales son siempre fabulosas, y ahora tienes la oportunidad de mejorarlas más aún. El 20 entras en una cima social anual; más cielo de Libra. El amor va mucho mejor. Después del 6 Venus entra en un aspecto armonioso con Marte, tu planeta del amor. El romance es más feliz, pero inestable de todos modos. El amor continúa cerca de casa, justo donde estás. No tienes necesidad de correr tras él.

A algunas personas les gusta la inestabilidad en el amor; es más estimulante. No sabes a quién vas a conocer ni cuándo. El amor puede presentarse en cualquier momento y de las formas más inesperadas. El amor golpea como un rayo, pero desaparece con igual rapidez. El amor es libre, sin compromiso.

Marte, tu planeta del amor, estará retrógrado todo el mes. No hay ninguna necesidad de tomar decisiones importantes en este sentido; es un periodo para conseguir claridad acerca de la vida amorosa. Determina claramente lo que deseas y necesitas; ve en qué puedes hacer mejoras. Entonces, cuando Marte retome el movimiento directo (dentro de unos meses), puedes poner por obra tus planes.

El único verdadero problema es la salud. Necesita más atención a partir del 20. No es tan problemática como en enero, pero no estás en tu mejor periodo para la salud. Procura dormir y descansar lo suficiente. Programa más masajes (quizás una vez a la semana o incluso cada día) y pasa más tiempo en el balneario de salud. También puedes fortalecerla de las maneras mencionadas en las previsiones para el año.

Del 11 al 18 Marte transita por un punto de eclipse; este tránsito pone a prueba el amor; ten más paciencia con el ser amado estos días; esta persona debe conducir con más prudencia y evitar las actividades que entrañan riesgo.

Del 17 al 19 Venus transita por un punto de eclipse; reduce las actividades esos días; evita las actividades arriesgadas.

Del 21 al 23 Mercurio viaja con Neptuno; este es un periodo muy espiritual; harás progreso espiritual si lo deseas. Si buscas trabajo tienes oportunidades en otros países o en empresas extranjeras.

Ahora que Mercurio y Júpiter están en movimiento directo (Mercurio lo retomó el 28 del mes pasado y Júpiter el 6 de este mes) es más aconsejable el viaje al extranjero.

Abril

Mejores días en general: 3, 4, 5, 13, 14, 15, 22, 23
Días menos favorables en general: 6, 7, 20, 21, 26, 27
Mejores días para el amor: 3, 4, 5, 6, 13, 14, 15, 16, 17, 22, 23, 24, 25, 26, 27
Mejores días para el dinero: 1, 2, 6, 7, 11, 12, 16, 17, 21, 24, 25, 29, 30
Mejores días para la profesión: 6, 7, 9, 10, 19, 20, 29, 30

Tenemos un mes turbulento; abróchate el cinturón de seguridad. Aunque en enero tenías aspectos más desfavorables, este mes podría ser más difícil; hasta el 20, el 60 y a veces el 70 por ciento de los planetas están en alineación desfavorable contigo. Es un poco menos que en enero, pero este mes hay dos eclipses. Esto aumenta el grado de presión. Concentra la atención en las cosas esenciales y deja estar las que no lo son. Delega tareas o da trabajos fuera de la empresa todo cuanto puedas. Evita las actividades arriesgadas o estresantes. Y, lógicamente, procura descansar lo suficiente.

Lo bueno es que prestas atención a la salud. Venus entra en tu sexta casa el 6. Entre el 10 y el 13 me parece que conoces a un terapeuta espiritual, o de medicina alternativa, y esto es bueno también. Respondes muy bien a ello.

El eclipse lunar del 15 es el más fuerte de los dos; ocurre en tu signo. Esto va a producir, a lo largo de seis meses, una redefinición de tu imagen y concepto de ti mismo. Presentarás al mundo una nueva apariencia, una nueva imagen. Por lo general, esto lleva a cambios en el guardarropa, en el corte y el color del pelo, etcétera. Si no has tenido cuidado en los asuntos dietéticos, puede producir una desintoxicación del cuerpo. El eclipse ocurre cerca de Marte, así que también pone a prueba el amor; podría haber crisis en la relación actual. Los eclipses lunares afectan a tu profesión, a la industria en que trabajas, a los padres, figuras parentales y a los jefes. Por lo tanto, podría haber trastornos y reorganización en la empresa; cambian las reglas del juego. También podría haber dramas en la vida de tus padres o figuras parentales. Tanto tú como tu pareja tendríais que reducir las actividades en el periodo del eclipse.

El eclipse solar del 29 ocurre en tu octava casa; esto produce trastornos financieros al cónyuge, pareja o ser amado actual; trastornos que conducen a cambios necesarios. Si tienes asuntos pendientes de impuestos, seguros o patrimonio, hay novedades impresionantes; los asuntos avanzan. Este eclipse, como todos los solares, pone a prueba las amistades y produce dramas en la vida de amigos. Produce trastornos o reestructuración en organizaciones o grupos a los que perteneces.

Después del 20 tus finanzas van mejor de lo que han ido desde hace muchos meses: Plutón recibe aspectos positivos. Pero Plutón inicia movimiento retrógrado el 14, así que puede haber retrasos y contratiempos. Los próximos meses serán para hacer revisión de las finanzas; la finalidad es conseguir claridad mental en todos estos asuntos.

Mayo

Mejores días en general: 1, 2, 11, 12, 19, 20, 28, 29
Días menos favorables en general: 3, 4, 5, 17, 18, 24, 25, 31
Mejores días para el amor: 1, 2, 6, 11, 12, 13, 14, 19, 20, 24, 25, 28, 29
Mejores días para el dinero: 3, 4, 5, 8, 9, 13, 14, 17, 18, 21, 22, 26, 27, 31
Mejores días para la profesión: 3, 4, 8, 9, 10, 17, 18, 28, 29, 31

Aunque el 20 de marzo entraste en el amanecer de tu año, la mitad superior de tu carta no comienza verdaderamente a dominar hasta el 3 de este mes (y con poco entusiasmo). Ha salido el sol, es de día, ya estás levantado, pero la luz del día no es tan fuerte como de costumbre. Sigue la noche contigo; no te importaría volver a la cama a dormir otro rato. Así pues, la profesión y los asuntos externos te llaman, pero una gran parte de ti sigue buscando la armonía emocional y desea ocuparse de la familia. Esto lo interpreto como el intento de estar a horcajadas entre los dos mundos, el de sentirte bien y el de actuar bien, entre el hogar y la profesión. Aunque en este periodo debes dar más atención a la profesión, el hogar y la familia siguen siendo importantes y tienes que prestarles atención. Es decir, tienes que hacer ambas cosas, triunfar en la profesión y tener una vida familiar armoniosa y feliz. Esto no es fácil; si estás establecido en tu punto de armonía emocional, será mucho más fácil.

La vida religiosa y educativa es muy interesante este mes. El 21 se hace poderosa tu novena casa, la de la educación, filosofía y formación superior (esto lo notarás antes, cuando Mercurio entre en tu novena casa el 7). Y no sólo eso, pues Mercurio, el señor de tu novena casa, está «fuera de límites» a partir del 12. Esto indica que exploras nuevas religiones, nuevas filosofías, nueva comprensión del sentido de la vida, fuera de los límites en que te educaron. Entras en «territorio prohibido». Finalmente, volverás a estar dentro de tus límites, pero con nuevos conocimientos y comprensión. Para comprender nuestra tradición religiosa es necesario, a veces, alejarnos unos pasos, separarnos de ella para mirarla con objetividad. Este fenómeno «fuera de límites» también afecta a los viajes y a los estudios (si eres estudiante). Si te gusta viajar desearás «salir de los límites», ir a lugares exóticos; si eres estudiante podrías ir a un colegio que esté muy lejos. Las normas no son interesantes este mes.

El amor se ve feliz este mes. Venus (tú) y Marte (el ser amado) están en «recepción mutua» del 3 al 29, la mayor parte del mes. Sí, tú y el ser amado sois opuestos y tenéis diferentes puntos de vista acerca de las cosas, pero sois capaces de resolver vuestras diferencias. Hay cariño y dedicación mutuos. Tú antepones los intereses del ser amado y esta persona antepone los tuyos.

La salud es bastante buena este mes, pero sigue siendo necesario prestarle atención. Fortalécela de las maneras explicadas en las previsiones para el año.

Del 14 al 15 evita las actividades arriesgadas y conduce con más prudencia.

Aunque la buena administración financiera sigue siendo muy importante, los ingresos aumentan hasta el 21 y luego a partir del 29. Plutón, tu planeta del dinero, continúa retrógrado, así que las finanzas siguen en revisión.

Junio

Mejores días en general: 7, 8, 16, 17, 24, 25, 26
Días menos favorables en general: 1, 14, 15, 20, 21, 27, 28
Mejores días para el amor: 5, 6, 7, 8, 14, 15, 16, 17, 20, 21, 23, 24, 25, 26
Mejores días para el dinero: 1, 5, 6, 9, 10, 11, 14, 15, 18, 19, 22, 23, 27, 28
Mejores días para la profesión: 1, 7, 8, 16, 17, 27, 28

Tu novena casa sigue poderosa hasta el 21, y el señor de tu novena casa, Mercurio, sigue «fuera de límites» hasta el 5. Repasa lo que hablamos el mes pasado.

Este mes es muy exitoso. El 21 empiezas una cima profesional anual. Júpiter continúa en tu décima casa, la de la profesión, donde has estado en lo que va de año. El éxito sería muchísimo mayor si pudieras poner toda la fuerza de tu atención en la profesión. Pero observamos una cierta «vacilación» al respecto. Sigues intentando unir dos mundos: el de los sentimientos y emociones y el de la profesión y vida externa. Al astrólogo no le toca juzgar. Tal vez unir los dos mundos es el verdadero éxito, no los acontecimientos externos que ocurren.

El 21 entras nuevamente en uno de tus periodos vulnerables para la salud. Aunque el problema no es tan fuerte como lo fue en enero y abril, es fuerte de todos modos. El 60 y a veces el 70 por ciento de los planetas están en alineación desfavorable contigo. Por lo tanto, haz lo que tengas que hacer, concéntrate en las cosas esenciales, y desatiende las no esenciales. Programa más periodos de descanso. Procura dormir lo suficiente. Programa sesiones de masaje o reflexología e intenta pasar más tiempo en el balneario de salud. Además, fortalece la salud de las maneras explicadas en las previsiones para el año.

Aunque del 8 al 11 tienes un bonito día de paga (incremento financiero), después del 21 las finanzas se vuelven más problemáticas. Llegan ingresos, pero tienes que trabajar más arduo por ellos; hay más dificultades (la atención a la profesión podría distraerte de las finanzas; el éxito profesional podría entrañar cierto sacrificio financiero).

El amor no va tan bien como el mes pasado, pero mejorará después del 23. Si estás sin compromiso tienes buenas oportunidades entonces. Como ha ocurrido desde comienzos del año, no necesitas hacer nada especial para atraer el amor; sigue persiguiéndote.

El 5 y el 6 evita las actividades arriesgadas.

El tránsito de Júpiter por un punto de eclipse del 21 al 26 indica dramas con la familia y con los padres o figuras parentales. Ten más paciencia con ellos estos días, parecen estar bajo presión.

Del 22 al 26 se pone a prueba el amor. El ser amado no debe exponerse a ningún peligro y evitar las actividades que entrañan riesgo.

Julio

Mejores días en general: 4, 5, 6, 13, 14, 22, 23
Días menos favorables en general: 11, 12, 17, 18, 24, 25
Mejores días para el amor: 4, 5, 6, 13, 14, 17, 18, 24, 25
Mejores días para el dinero: 2, 3, 7, 8, 11, 12, 16, 17, 19, 20, 27, 29, 30
Mejores días para la profesión: 7, 8, 15, 16, 24, 25, 27

Hay muchos cambios en tu horóscopo este mes, cambios importantes.

El 18 el poder planetario se traslada de tu sector occidental al oriental. Este es un traslado decisivo; el sector oriental comienza a dominar. Entras en un periodo de independencia personal. En general, las personas Libra están «orientadas a los demás», no les gusta mucho la independencia personal. Las relaciones lo son todo para ellas. Tienden a carecer de la capacidad de «valerse por sí mismas», arreglárselas solas si es necesario. Este es un periodo en que trabajas en esto, en desarrollar más esa cualidad. Es el periodo para preguntarte: «¿Qué me hace feliz?», «¿Cuál es mi dicha personal?» Una vez comprendido esto, es el periodo para aplicarse a crear las condiciones que conducen a ello.

El 16 Júpiter hace un importante traslado, sale de tu décima casa y entra en la once. Entonces ya tendrías que haber conseguido los objetivos profesionales a corto plazo y hecho buen progreso también hacia los de largo plazo. Entras en un periodo más social.

Marte, tu planeta del amor, ha estado en tu signo desde el comienzo del año. El 18 entra en Escorpio, tu casa del dinero. Esto es positivo para las finanzas. Cuentas con la ayuda del cónyuge, pareja o ser amado actual, y también de amistades. Podría formarse también una sociedad de negocios o empresa conjunta. Además, dado que Marte ha estado (más o menos) en oposición con Urano, ahora la vida amorosa será un poco más estable; no del todo, pero más estable de lo que lo ha sido en lo que va de año.

Este tránsito de Marte indica un cambio en la vida amorosa y en la actitud hacia el amor. Después del 18 la riqueza es un factor importante en el amor. Te atraen personas ricas, buenas proveedoras. Se presentan oportunidades románticas cuando estás atendiendo a tus objetivos financieros o con personas relacionadas con tus finanzas. Se hace más importante la compatibilidad sexual.

Hay buenas noticias en la faceta salud también. Hasta el 18 sigue siendo necesaria la atención a la salud, pero se alivia la presión. El 16 Júpiter sale de su aspecto desfavorable y comienza a formar aspectos armoniosos para ti. La salida de Marte de tu signo el 18 también es buena para la salud, hay menos probabilidades de accidentes o lesiones. El 22 el Sol sale de su aspecto desfavorable y comienza a formar aspectos armoniosos. A fin de mes te sentirás más sano de lo que te has sentido en lo que va de año.

Agosto

Mejores días en general: 1, 2, 10, 18, 19, 28, 29
Días menos favorables en general: 8, 13, 14, 20, 21, 22
Mejores días para el amor: 3, 4, 11, 12, 13, 14, 20, 21, 23, 24, 30, 31
Mejores días para el dinero: 3, 4, 5, 7, 8, 13, 14, 16, 17, 23, 24, 25, 26, 30, 31
Mejores días para la profesión: 5, 6, 13, 14, 20, 21, 22, 25

Después del 23 del mes pasado mejoró la salud; después del 12 de este mes mejora más aún, pues Venus sale de su alineación desfavorable. Has pasado las cosas peores; si pasaste enero, abril y julio, el resto del año será coser y cantar. Date una palmadita en la espalda. Si mantienes tu salud y cordura, quiere decir que te ha ido muy bien.

El mes pasado fue fuerte en la profesión; hasta el 23 estuviste en una cima profesional anual; el 18 Venus cruzó tu mediocielo y entró en tu décima casa, lo que indica éxito y elevación profesional; estabas en la cima y al mando. Venus continúa en tu décima casa hasta el 12 de este mes.

El principal titular este mes es el poder que hay en tu casa once hasta el 23; entre el 40 y el 50 por ciento de los planetas o están instalados en ella o transitan por ella. Este es un mes muy social; pero la actividad social de la casa once es diferente de la de la séptima casa. La séptima casa es la de la amistad del corazón, amistad romántica. La casa once es la de la amistad de la mente, la amistad de tipo platónico, amistad con personas de tu mismos intereses y mentalidad; estas amistades son sin compromiso; el afecto no es personal, sino de la mente y el interés propio. Este no es un mes particularmente romántico (estas amistades suelen ser más duraderas que las románticas).

Esta faceta es estimulante y feliz este mes. Haces nuevas e importantes amistades; participas más en grupos, organizaciones y actividades en grupo. Las conexiones familiares tienen un papel importante en las amistades.

Uno de los beneficios del éxito profesional son las personas que conoces en la cima. Y eso es lo que ocurre en este periodo.

Ten más paciencia en el amor este mes, no es uno de tus mejores meses románticos. Al parecer no estás de acuerdo con tu cónyuge, pareja o ser amado actual. Esto no significa necesariamente ruptura, pero hace falta más trabajo y esfuerzo para mantener la unión.

Aunque este mes no hay eclipses da la impresión de que hubiera muchos. Muchos planetas reactivan puntos de eclipse. Por lo tanto, habrá más turbulencia y tal vez acontecimientos impresionantes. Pero no es nada que no puedas manejar.

Del 18 al 20 evita las actividades que entrañan riesgo. Del 10 al 14 ten más paciencia con el ser amado (esta persona deberá evitar las situaciones peligrosas estos días). Del 24 al 31 ten más paciencia con los familiares, ya que Júpiter transita por un punto de eclipse.

Septiembre

Mejores días en general: 6, 7, 14, 15, 24, 25
Días menos favorables en general: 4, 5, 10, 11, 17, 18
Mejores días para el amor: 1, 2, 3, 8, 9, 10, 11, 12, 13, 19, 23, 29, 30
Mejores días para el dinero: 1, 2, 3, 4, 5, 10, 11, 12, 13, 19, 20, 22, 23, 27, 28, 29, 30
Mejores días para la profesión: 4, 5, 12, 13, 17, 18, 23, 24

Este mes y el próximo el poder planetario llega a su posición oriental máxima. Esto significa que estás en el periodo más fuerte de independencia personal del año. Es un periodo para imponer tu voluntad (aunque no para pisotear a los demás), para tener las cosas a tu manera, para crear las condiciones que te hagan feliz. No es necesario «agradar» en este periodo; puedes hacer las cosas como tú quieras. Si cometes errores los pagarás más adelante, cuando los planetas se trasladen a tu sector occidental y te enteres de los errores. Es el periodo para desarrollar más individualismo. El don de gentes es maravilloso, te abre puertas, pero al final es tu capacidad personal la que importa. Tienes que ser capaz de actuar.

La salud va mejor y mejor. El 23, cuando el Sol entra en tu signo, ya estarás rebosante de energía. Tienes toda la energía que necesitas para conseguir cualquier objetivo que desees. Puedes fortalecerla más de las maneras mencionadas en las previsiones para el año.

El amor es complicado este mes. Sigues necesitando trabajar más en tu relación actual. Además, la independencia personal suele complicar los asuntos amorosos. Marte continúa en tu casa del dinero hasta el 14. Hasta entonces la riqueza sigue siendo un gran atractivo. Las oportunidades románticas se presentan cuando estás atendiendo a tus objetivos financieros o con personas relacionadas con tus finanzas. El 14 Marte entra en Sagitario, tu tercera casa. Esto cambia la actitud en el amor; ahora te atraen personas intelectuales, escritores, profesores, periodistas. La buena comunicación con el ser amado es más importante que el simple dinero. Te atraen personas con las que te resulta fácil conversar, intercambiar ideas. Una buena sesión de conversación es tan parte del juego sexual preliminar como los actos físicos. Después del 14 el amor está cerca de casa; está en el barrio, o tal vez con vecinos. También hay oportunidades románticas en charlas, talleres, la biblioteca o la librería. Si estás soltero o soltera el amor te encuentra cuando estás atendiendo a tus intereses intelectuales.

El 23 del mes pasado se hizo fuerte tu casa doce, la de la espiritualidad, y continúa fuerte hasta el 23 de este mes. Este es, pues, un periodo para el estudio espiritual, para la meditación y la contemplación. También te beneficias colaborando en obras benéficas o causas altruistas. Siempre tenemos cerca el mundo espiritual, pero cada persona es más receptiva a él en diferentes ocasiones. Este es un periodo de gran receptividad por tu parte, así que si estás en el camino hay éxito y progreso en esto.

El 23 entras en una de tus cimas anuales de placer personal. Es el periodo para dar al cuerpo lo que necesita y desea, el periodo para hacer realidad las fantasías sensuales. Es el periodo para poner el cuerpo y la imagen en buena forma y orden.

Octubre

Mejores días en general: 3, 4, 12, 13, 21, 22, 23, 31
Días menos favorables en general: 1, 2, 7, 8, 14, 15, 28, 29
Mejores días para el amor: 3, 7, 8, 12, 13, 17, 18, 22, 23, 28
Mejores días para el dinero: 1, 2, 7, 8, 9, 10, 17, 18, 19, 20, 24, 25, 26, 27, 28, 29
Mejores días para la profesión: 3, 4, 12, 13, 14, 15, 22, 23

Este es un mes esencialmente feliz y próspero. No obstante, con dos eclipses, hay baches en el camino. No es nada que no puedas manejar, pero tienden a complicar las cosas.

El eclipse lunar del 8 se ve más fuerte en ti; ocurre en tu séptima casa, la del amor, y pone a prueba la relación actual y la sociedad de negocios. Ten más paciencia con el ser amado durante el periodo de este eclipse, porque tenderá a estar más temperamental. Una buena relación siempre sobrevive a estas pruebas, pero si es defectuosa podría no sobrevivir. Reduce tus actividades en este periodo; el eclipse te forma aspectos desfavorables. Y aunque la salud es buena, ten más cuidado durante este periodo. Todos los eclipses lunares producen cambios en la profesión, la necesidad de redefinir el camino profesional y la propia profesión; los acontencimientos te obligarán a hacerlo. Podría haber trastornos y reorganización en la empresa y la industria en que trabajas. A veces el gobierno cambia las normas. También podría haber dramas en la vida de los padres, figuras parentales y jefes.

El eclipse solar del 23 ocurre en la cúspide de tu segunda casa y afecta a las finanzas. Comenzarán a ocurrir cambios en las finanzas;

esto será un proceso de seis meses, no ocurrirá todo a la vez. Cambiarán tu forma de pensar y tu estrategia, y esto llevará a cambios manifiestos; es muy posible que tu manera de ver las cosas no fuera realista y el eclipse te revela esto para que puedas hacer los cambios. Puesto que el Sol, el planeta eclipsado, es el señor de tu casa once, este eclipse pone a prueba las amistades, el ordenador y el equipo de alta tecnología. Hay dramas en la vida de amistades (acontecimientos de esos que cambian la vida), y en grupos y organizaciones a los que perteneces. Este eclipse debería traerte prosperidad; los cambios financieros serán buenos y, además, a partir del 23 estarás en una cima financiera anual.

El amor mejora este mes. Venus en tu signo aporta belleza y elegancia a tu imagen; atraes al sexo opuesto. Además, Venus forma aspectos armoniosos con Marte, tu planeta del amor. El eclipse lunar complica el amor, pero, pase lo que pase, tendrás amor en tu vida. Si la relación actual se rompe, conocerás a otra persona. Los problemas en la relación actual se ven fáciles de resolver.

Tu planeta del amor pasa la mayor parte del mes en tu tercera casa, así que repasa lo que hablamos el mes pasado sobre esto. El 26 Marte entra en Capricornio, tu cuarta casa, y esto señala otro cambio más en la actitud hacia el amor y las necesidades en el amor. Te atraerán personas mayores, más serias. Los valores familiares adquieren importancia en el amor; son importantes la comunicación y el apoyo emocionales.

Noviembre

Mejores días en general: 8, 9, 18, 19, 27, 28
Días menos favorables en general: 4, 5, 10, 11, 25, 26
Mejores días para el amor: 2, 3, 4, 5, 6, 7, 11, 12, 15, 16, 17, 22, 23, 25, 26
Mejores días para el dinero: 4, 5, 6, 7, 14, 15, 16, 17, 20, 21, 23, 25, 26
Mejores días para la profesión: 2, 3, 10, 11, 12, 21, 22

Tu planeta del amor pasó «fuera de límites» todo el mes pasado, y esta es la situación hasta el 21 de este mes. Esto significa que buscas el amor fuera de tus límites o fronteras naturales. La vida social en general te empuja fuera de tus límites naturales. Adoptas nuevos métodos o estrategias en el amor.

Este último año no ha sido especialmente próspero, ha sido un año de consolidación y reorganización; pero este mes continúas en una cima financiera anual (comenzó el 23 del mes pasado). Así pues, los ingresos son más fuertes. Plutón, tu planeta del dinero, retomó el movimiento directo en septiembre, por lo que ahora avanza; este es otro punto positivo; el juicio financiero es bueno y realista. Puede que el progreso sea lento, pero lo hay. Del 8 al 12 Marte viaja con Plutón. Esto indica generosidad por parte del cónyuge, pareja o ser amado actual. Los amigos prosperan y te apoyan económicamente. Los objetivos financieros se pueden conseguir por medios sociales.

Marte, tu planeta del amor, pasa todo el mes en tu cuarta casa, por lo tanto, las oportunidades amorosas se presentan cerca de casa o a través de familiares o conexiones familiares. Un viejo amor podría reaparecer en el cuadro en este periodo (a veces no es exactamente la persona quien vuelve sino alguien que se le parece en personalidad, apariencia y gestos; desde el punto de vista psíquico es «como si» volvieras a ver a ese viejo amor). Esto no es algo al azar, tiene una finalidad cósmica: se pueden resolver viejos asuntos o problemas; se puede poner aquella relación en la perspectiva que le corresponde. Así quedas preparado para pasar a otra cosa; hay curación psíquica en esto.

Como el mes pasado, te atraen personas con sólidos valores familiares. Podrían atraerte personas mayores, más establecidas: estables, responsables, constantes. Hay una cierta sensación de seguridad y comodidad en esto, sobre todo dada la inestabilidad que ha habido en el amor desde hace unos años. La intimidad, comunicación y apoyo emocionales son lo más importante en este periodo; la intimidad emocional es tan importante como la intimidad física. Demuestras el amor dando apoyo emocional y así es como te sientes amado.

Del 12 al 14 Marte está en cuadratura con Urano, y esto podría poner a prueba el amor. Ten más paciencia con el ser amado y tus amistades esos días, podrían estar más temperamentales. El ser amado debe conducir con más prudencia y evitar enfrentamientos.

La salud es buena, es decir, de modo «relativo»; todavía hay dos planetas lentos y uno rápido en aspectos desfavorables, pero comparada con la que has tenido durante algunos meses este mismo año, es muy buena.

Diciembre

Mejores días en general: 5, 6, 15, 16, 24, 25
Días menos favorables en general: 1, 2, 8, 9, 22, 23, 28, 29
Mejores días para el amor: 1, 2, 3, 4, 12, 13, 15, 16, 21, 22, 24, 25, 28, 29, 30, 31
Mejores días para el dinero: 1, 2, 3, 4, 10, 11, 13, 14, 18, 19, 20, 21, 22, 23, 28, 29, 30, 31
Mejores días para la profesión: 1, 2, 8, 9, 10, 11, 20, 21, 30, 31

Desde fines de septiembre ha estado dominante la mitad inferior de tu carta. Este mes los planetas están en el punto inferior máximo (el nadir) de tu carta. El 22 estarás en la medianoche de tu año. La profesión se ha vuelto menos importante de lo habitual. Estás en un periodo para reunir las fuerzas para el siguiente empuje profesional; este comenzará la próxima primavera. Mientras tanto la atención está en el hogar, la familia y tu bienestar emocional. Este es el periodo para trabajar en la profesión con métodos interiores: meditación, oración, visualización, declaración de intenciones, etcétera. Cuando estás en armonía emocional estas actividades van mejor.

Este es un mes para progreso psíquico. Si estás en psicoterapia harás buen progreso. Aumenta tu percepción de los estados de ánimo, sentimientos y del pasado.

Cuando está fuerte la cuarta casa hay tendencia a la nostalgia, el deseo de volver a lo que llamamos «buenos tiempos», cuando las cosas eran más sencillas y no existían los problemas del presente. Es bueno mirar hacia el pasado, asimilarlo y extraer la nutrición de las experiencias pasadas, pero no es bueno vivir en el pasado o volver a él. La vida es siempre el presente. El momento presente es siempre el mejor.

La salud es más delicada después del 22, pero ni de cerca tan difícil como lo fue en la primera parte del año. Si pasaste enero y abril, pasarás bien este mes.

Saturno, que ha estado en tu casa del dinero los dos años anteriores, sale de ella el 24 y entra en tu tercera casa. Se acaba el largo suplicio de las pruebas. Deberías ver un casi inmediato aumento en los ingresos. Se marchan las cargas. Es de esperar que hayas aprovechado estos dos años para conseguir una mejor salud financiera. Tu siguiente expansión financiera será más sana y más durable. Este mes se ve próspero, en especial a partir del 24; Plutón, tu planeta del dinero, recibe mucha estimulación positiva. Los ingresos llegarán con facilidad y más fuertes. La familia y las conexiones familiares parecen ser la principal fuente. Así ha sido todo el año y lo será en los años venideros.

Tu planeta del amor entra en tu quinta casa el 5. Esto indica otro cambio en el amor. Ahora deseas diversión; te atrae la persona que sabe hacerte pasarlo bien. La comunicación emocional era agradable, pero tal vez deprimente. Necesitas a una persona «optimista y feliz».

Escorpio

♏

El Escorpión
Nacidos entre el 23 de octubre y el 22 de noviembre

Rasgos generales

ESCORPIO DE UN VISTAZO
Elemento: Agua

Planeta regente: Plutón
Planeta corregente: Marte
Planeta de la profesión: el Sol
Planeta de la salud: Marte
Planeta del amor: Venus
Planeta del dinero: Júpiter
Planeta del hogar y la vida familiar: Urano

Color: Rojo violáceo
Color que favorece el amor, el romance y la armonía social: Verde
Color que favorece la capacidad de ganar dinero: Azul

Piedras: Sanguinaria, malaquita, topacio

Metales: Hierro, radio, acero

Aromas: Flor del cerezo, coco, sándalo, sandía

Modo: Fijo (= estabilidad)

Cualidad más necesaria para el equilibrio: Visión más amplia de las cosas

Virtudes más fuertes: Lealtad, concentración, determinación, valor, profundidad

Necesidades más profundas: Penetración y transformación

Lo que hay que evitar: Celos, deseo de venganza, fanatismo

Signos globalmente más compatibles: Cáncer, Piscis

Signos globalmente más incompatibles: Tauro, Leo, Acuario

Signo que ofrece más apoyo laboral: Leo

Signo que ofrece más apoyo emocional: Acuario

Signo que ofrece más apoyo económico: Sagitario

Mejor signo para el matrimonio y/o las asociaciones: Tauro

Signo que más apoya en proyectos creativos: Piscis

Mejor signo para pasárselo bien: Piscis

Signos que más apoyan espiritualmente: Cáncer, Libra

Mejor día de la semana: Martes

La personalidad Escorpio

Un símbolo del signo de Escorpio es el ave fénix. Si meditamos sobre la leyenda del fénix podemos comenzar a comprender el carácter de Escorpio, sus poderes, capacidades, intereses y anhelos más profundos.

El fénix de la mitología era un ave capaz de recrearse y reproducirse a sí misma. Lo hacía de la manera más curiosa: buscaba un fuego, generalmente en un templo religioso, se introducía en él y se consumía en las llamas, y después renacía como un nuevo pájaro. Si eso no es la transformación más profunda y definitiva, ¿qué es entonces?

Transformación, eso es lo que los Escorpio son en todo, en su mente, su cuerpo, sus asuntos y sus relaciones (son también transformadores de la sociedad). Cambiar algo de forma natural, no artificial, supone una transformación interior. Este tipo de cambio es radical, en cuanto no es un simple cambio cosmético. Algunas personas creen que transformar sólo significa cambiar la apariencia, pero no es ese el tipo de cambio que interesa a los Escorpio. Ellos buscan el cambio profundo, fundamental. Dado que el verdadero cambio siempre procede del interior, les interesa mucho el aspecto interior, íntimo y filosófico de la vida, y suelen estar acostumbrados a él.

Los Escorpio suelen ser personas profundas e intelectuales. Si quieres ganar su interés habrás de presentarles algo más que una imagen superficial. Tú y tus intereses, proyectos o negocios habréis de tener verdadera sustancia para estimular a un Escorpio. Si no hay verdadera sustancia, lo descubrirá y ahí terminará la historia.

Si observamos la vida, los procesos de crecimiento y decadencia, vemos funcionar todo el tiempo los poderes transformadores de Escorpio. La oruga se convierte en mariposa, el bebé se convierte en niño y después en adulto. Para los Escorpio esta transformación clara y perpetua no es algo que se haya de temer. La consideran una parte normal de la vida. Esa aceptación de la transformación les da la clave para entender el verdadero sentido de la vida.

Su comprensión de la vida (incluidas las flaquezas) hace de los nativos de Escorpio poderosos guerreros, en todos los sentidos de la palabra. A esto añadamos su profundidad y penetración, su paciencia y aguante, y tendremos una poderosa personalidad. Los Escorpio tienen buena memoria y a veces pueden ser muy vengativos; son capaces de esperar años para conseguir su venganza. Sin embargo, como amigos, no los hay más leales y fieles. Poca gente está dispuesta a hacer los sacrificios que hará una persona Escorpio por un verdadero amigo.

Los resultados de una transformación son bastante evidentes, aunque el proceso es invisible y secreto. Por eso a los Escorpio se los considera personas de naturaleza reservada. Una semilla no se va a desarrollar bien si a cada momento se la saca de la tierra y se la expone a la luz del día. Debe permanecer enterrada, invisible, hasta que comience a crecer. Del mismo modo, los Escorpio temen revelar demasiado de sí mismos o de sus esperanzas a otras personas. En cambio, se van a sentir más que felices de mostrar el producto acabado, pero sólo cuando esté acabado. Por otro lado, les encanta conocer los secretos de los demás, tanto como les disgusta que alguien conozca los suyos.

Situación económica

El amor, el nacimiento, la vida y la muerte son las transformaciones más potentes de la Naturaleza, y a los Escorpio les interesan.

En nuestra sociedad el dinero es también un poder transformador y por ese motivo los Escorpio se interesan por él. Para ellos el dinero es poder, produce cambios y gobierna. Es el poder del dinero lo que los fascina. Pero si no tienen cuidado, pueden ser demasiado materialistas y dejarse impresionar excesivamente por el poder del dinero, hasta el punto de llegar a creer que el dinero gobierna el mundo.

Incluso el término plutocracia viene de Plutón, que es el regente de Escorpio. De una u otra manera los nativos de este signo consiguen la posición económica por la que luchan. Cuando la alcanzan, son cautelosos para manejar su dinero. Parte de esta cautela es en realidad una especie de honradez, porque normalmente los Escorpio trabajan con el dinero de otras personas, en calidad de contables, abogados, agentes de Bolsa, asesores bursátiles o directivos de empresa, y cuando se maneja el dinero de otras personas hay que ser más prudente que al manejar el propio.

Para lograr sus objetivos económicos, los nativos de Escorpio han de aprender importantes lecciones. Es necesario que desarrollen cualidades que no tienen naturalmente, como la amplitud de visión, el optimismo, la fe, la confianza y, sobre todo, la generosidad. Necesitan ver la riqueza que hay en la Naturaleza y en la vida, además de las formas más obvias del dinero y el poder. Cuando desarrollan esta generosidad, su potencial financiero alcanza la cima, porque Júpiter, señor de la opulencia y de la buena suerte, es el planeta del dinero en su carta solar.

Profesión e imagen pública

La mayor aspiración de los nativos de Escorpio es ser considerados fuente de luz y vida por la sociedad. Desean ser dirigentes, estrellas. Pero siguen un camino diferente al de los nativos de Leo, las otras estrellas del zodiaco. Un Escorpio llega a su objetivo discretamente, sin alardes, sin ostentación; un Leo lo hace abierta y públicamente. Los Escorpio buscan el encanto y la diversión de los ricos y famosos de modo discreto, secreto, encubierto.

Por naturaleza, los Escorpio son introvertidos y tienden a evitar la luz de las candilejas. Pero si quieren conseguir sus más elevados objetivos profesionales, es necesario que se abran un poco y se expresen más. Deben dejar de esconder su luz bajo un perol y permitirle que ilumine. Por encima de todo, han de abandonar cualquier deseo de venganza y mezquindad. Todos sus dones y capacidades de percibir en profundidad las cosas se les concedieron por un importante motivo: servir a la vida y aumentar la alegría de vivir de los demás.

Amor y relaciones

Escorpio es otro signo del zodiaco al que le gustan las relaciones comprometidas, claramente definidas y estructuradas. Se lo piensan mucho antes de casarse, pero cuando se comprometen en una relación tienden a ser fieles, y ¡Dios ampare a la pareja sorprendida o incluso sospechosa de infidelidad! Los celos de los Escorpio son legendarios. Incluso pueden llegar al extremo de detectar la idea o intención de infidelidad, y esto puede provocar una tormenta tan grande como si de hecho su pareja hubiera sido infiel.

Los Escorpio tienden a casarse con personas más ricas que ellos. Suelen tener suficiente intensidad para los dos, de modo que buscan a personas agradables, muy trabajadoras, simpáticas, estables y transigentes. Desean a alguien en quien apoyarse, una persona leal que los respalde en sus batallas de la vida. Ya se trate de su pareja o de un amigo, para un Escorpio será un verdadero compañero o socio, no un adversario. Más que nada, lo que busca es un aliado, no un contrincante.

Si estás enamorado o enamorada de una persona Escorpio, vas a necesitar mucha paciencia. Lleva mucho tiempo conocer a los Escorpio, porque no se revelan fácilmente. Pero si perseveras y tus intenciones son sinceras, poco a poco se te permitirá la entrada en las cámaras interiores de su mente y su corazón.

Hogar y vida familiar

Urano rige la cuarta casa solar de Escorpio, la del hogar y los asuntos domésticos. Urano es el planeta de la ciencia, la tecnología, los cambios y la democracia. Esto nos dice mucho acerca del comportamiento de los Escorpio en su hogar y de lo que necesitan para llevar una vida familiar feliz y armoniosa.

Los nativos de Escorpio pueden a veces introducir pasión, intensidad y voluntariedad en su casa y su vida familiar, que no siempre son el lugar adecuado para estas cualidades. Estas virtudes son buenas para el guerrero y el transformador, pero no para la persona que cría y educa. Debido a esto (y también a su necesidad de cambio y transformación), los Escorpio pueden ser propensos a súbitos cambios de residencia. Si no se refrena, el a veces inflexible Escorpio puede producir alboroto y repentinos cataclismos en la familia.

Los Escorpio necesitan desarrollar algunas de las cualidades de Acuario para llevar mejor sus asuntos domésticos. Es necesario que fomenten un espíritu de equipo en casa, que traten las actividades familiares como verdaderas relaciones en grupo, porque todos han de tener voz y voto en lo que se hace y no se hace, y a veces los Escorpio son muy tiranos. Cuando se vuelven dictatoriales, son mucho peores que Leo o Capricornio (los otros dos signos de poder del zodiaco), porque Escorpio aplica la dictadura con más celo, pasión, intensidad y concentración que estos otros dos signos. Lógicamente, eso puede ser insoportable para sus familiares, sobre todo si son personas sensibles.

Para que un Escorpio consiga todos los beneficios del apoyo emocional que puede ofrecerle su familia, ha de liberarse de su conservadurismo y ser algo más experimental, explorar nuevas técnicas de crianza y educación de los hijos, ser más democrático con los miembros de la familia y tratar de arreglar más cosas por consenso que por edictos autocráticos.

Horóscopo para el año 2014*

Principales tendencias

Saturno ha estado en tu signo desde octubre de 2012 y continuará ahí prácticamente todo este año (hasta el 24 de diciembre). Este es fundamentalmente un periodo serio de tu vida. Sí que te las arreglas para pasarlo bien y divertirte, pero tienes una actitud más seria. Piensas en el futuro y, tal vez, en la vejez, aun cuando seas muy joven. Estás más ambicioso y tienes una sólida ética laboral. Reflexionas acerca de qué has venido a hacer a la Tierra y de cómo hacerlo. En general, demasiada seriedad lleva al pesimismo, a una actitud negativa hacia las cosas y hacia el futuro. Pero no tiene por qué ser así. Con tu trabajo y disciplina puedes crearte un futuro feliz y dichoso.

---

* Las previsiones de este libro se basan en el Horóscopo Solar y todos los signos que derivan de él; tu Signo Solar se convierte en el Ascendente, y las casas se numeran a partir de él. Tu horóscopo personal, el trazado concretamente para ti (según la fecha, hora y lugar exactos de tu nacimiento) podrían modificar lo que decimos aquí. Joseph Polansky

Este tránsito afecta a la salud y la energía también. Volveremos sobre este tema.

Saturno en tu signo sugiere la necesidad de ponerte en segundo plano, de pasar desapercibido. No hay ninguna necesidad de alardear de ti o de tus consecuciones. Brilla, pero brilla en silencio, como el Sol.

Tu actitud seria y tu ética laboral son un buen presagio para la profesión este año. El 16 de julio Júpiter entrará en tu décima casa, la de la profesión, y esto generalmente trae éxito, elevación, ascenso e incluso honores. Hablaremos más sobre esto.

Plutón, el señor de tu horóscopo, lleva unos años en tu tercera casa y continuará ahí muchos años más. Esto indica una gran atención a la comunicación y los intereses intelectuales. Es un aspecto maravilloso si eres estudiante (sobre todo no universitario aún), profesor, escritor o periodista. La mente tenderá a estar despejada y aguda.

Júpiter entró en tu novena casa el 27 de junio del año pasado. Hay, por lo tanto, más viajes al extranjero en tu vida. Esta tendencia continúa hasta el 16 de julio de este año. Este es otro aspecto fabuloso si eres estudiante, aunque aún más si eres universitario o estás en un curso de posgrado. Hay buena suerte en los estudios.

Neptuno está en tu quinta casa desde febrero de 2012. Esto significa que tus placeres, tus actividades de ocio, se vuelven más espirituales y refinados. Un seminario de meditación o una charla espiritual podría ser más interesante para ti que una salida nocturna de diversión. Si estás preparado para recibirla, también indica creatividad e inspiración, sobre todo si te mueves en el mundo del arte. Los hijos y figuras filiales son más espirituales y sensibles.

Desde 2011 Urano está en tu sexta casa, la de la salud y el trabajo. Esto significa que hay muchos cambios laborales y también cambios drásticos en el programa de salud. Más adelante continuaremos con este tema.

Las facetas de mayor interés para ti este año son: el cuerpo, la imagen y el placer personal; la comunicación y las actividades intelectuales; los hijos, la diversión y la creatividad; la salud y el trabajo; la religión, la filosofía, la formación superior y los viajes al extranjero (hasta el 16 de julio); la profesión (a partir del 16 de julio).

Los caminos para tu mayor satisfacción y realización este año son: el cuerpo, la imagen y el placer personal (hasta el 19 de febrero); la espiritualidad (a partir del 19 de febrero); viajes al extranjero, formación superior, religión y filosofía (hasta el 16 de julio); la profesión (a partir del 16 de julio).

Salud

(Ten en cuenta que esta es una perspectiva astrológica de la salud, no una médica. Antaño no había ninguna diferencia, ambas eran idénticas, pero en esta época podrían diferir muchísimo. Para una perspectiva médica, por favor, consulta a tu médico o a otro profesional de la salud.)

Tu sexta casa, la de la salud, ha sido casa de poder desde 2011 y continuará poderosa unos cuantos años más. Y esto es positivo. Teniendo a Saturno en tu signo es necesario que prestes mucha atención a tu salud. Y una casa sexta fuerte significa que lo harás.

Aun cuando necesitas controlarla, la salud se ve fundamentalmente buena. Durante la primera parte del año sólo estará Saturno en alineación desfavorable contigo. Después, a partir del 16 de julio, también Júpiter estará en alineación difícil. Por lo demás, los otros planetas lentos o bien están en aspecto armonioso o te dejan en paz.

Saturno solo no basta para causar enfermedad. De todos modos, la energía no estará a la altura que debería y por lo tanto podrías no ser capaz de hacer las cosas que haces siempre normal y naturalmente. Esto es relativo. Por ejemplo, es posible que nunca te haya fastidiado una gripe, por lo que no necesitabas tomar precauciones; ahora está Saturno en el cuadro; el campo áurico está algo más débil que de costumbre y por lo tanto tú vas por ahí haciendo las cosas normales y coges la gripe; te falta la inmunidad normal que tenías. Estás acostumbrado a subir la escalera para coger las frutas de la copa del árbol; esto nunca ha sido un problema, pero ahora Saturno está en el cuadro y este acto aparentemente tan simple es más complicado; los reflejos, los aparatos sensoriales, el juicio, están algo desajustados, por debajo del estado normal; entonces haces un mal movimiento y te caes.

En realidad Saturno no ha causado el problema, pero sí ha creado las condiciones interiores en que pueden ocurrir los problemas.

La primera línea de defensa es mantener elevada la energía. Elimina de tu vida lo que te consume tiempo y energía. Observa e identifica cuáles son estas cosas y elimínalas. Mantén la atención en lo que es verdaderamente importante. Evita pensar y hablar inútilmente. La preocupación y la ansiedad son tremendos gastadores de energía. Descansa más. Programa tu día de forma que hagas más con menos esfuerzo. Delega tareas siempre que sea posible.

La segunda línea de defensa es fortalecer las zonas vulnerables del cuerpo. Por lo general esto previene los problemas. Y aún en el caso de que no se puedan prevenir totalmente, se pueden suavizar bastante.

Presta más atención a las siguientes zonas:

El corazón: Como hemos dicho, evita la preocupación y la ansiedad, que son las principales causas espirituales de los problemas cardiacos. Irán bien sesiones de reflexología en que te trabajen los puntos reflejos del corazón.

La cabeza, la cara y el cuero cabelludo: Masajes periódicos en la cara y el cuello cabelludo son siempre potentes para ti.

Los riñones y las caderas: Te conviene dar masajes periódicos a las caderas. Parece que los riñones están hiperactivados la primera mitad del año.

Las suprarrenales: Evita la rabia y el miedo, las dos emociones que sobrecargan de trabajo a estas glándulas. Irá bien que te trabajen esos puntos reflejos.

Los tobillos y las pantorrillas: Deberás dar masajes periódicos a estas zonas, y da más protección y mejor apoyo a los tobillos cuando hagas ejercicio.

Siendo Marte tu planeta de la salud, siempre es bueno el ejercicio físico vigoroso, de acuerdo, por supuesto, a tu nivel y capacidad. Es importante el buen tono muscular.

Tu planeta de la salud avanza relativamente rápido (aunque este año pasa casi siete meses en el signo Libra). Este año transitará por cinco signos y casas del horóscopo, por lo tanto hay tendencias a corto plazo en la salud que es mejor tratar en las previsiones mes a mes.

Tus números favorables para la salud son el 1, el 4, el 5 y el 16.

Hogar y vida familiar

Aunque tu cuarta casa no está poderosa este año, está casi vacía (sólo transitan brevemente por ella los planetas rápidos). Vemos mudanza o cambios este año; estos podrían ocurrir el próximo año también. Pero durante la primera mitad del año no hay novedades importantes en los asuntos domésticos y familiares.

El 16 de julio Júpiter entra en Leo y comienza a formar aspectos hermosos a tu planeta de la familia, Urano. Entonces podría haber mudanza. Pero, como saben nuestros lectores, la persona no siempre se muda de casa. A veces compra otra casa, o renueva o amplía la que tiene; y a veces compra artículos caros para la casa y el efecto es «como si» se hubiera mudado. El hogar es más feliz, la casa más cara.

Esta mudanza o renovación parece estar relacionada con la profesión. Júpiter estará en tu décima casa. Tal vez la empresa en que trabajas te asigna otro puesto, o se te presenta una oportunidad de trabajo en otra ciudad o país.

Este aspecto también indica que se ensancha el círculo familiar; por lo general esto ocurre por nacimientos o matrimonio. O a veces la persona conoce a otras personas que son como familiares.

Durante la primera mitad del año el apoyo familiar se ve débil. Las obligaciones familiares te resultan caras y no tienes nada para demostrarlo. Al parecer hay un desacuerdo entre tú y un progenitor o figura parental respecto a las finanzas. Pero todo esto cambiará después del 16 de julio. La familia te apoya. Tal vez gastas más en la familia, pero el apoyo o ayuda es mutuo. También puedes ganar dinero a través de familiares o conexiones familiares.

Urano, tu planeta de la familia, está en tu sexta casa, la de la salud, desde 2011. Así pues, es posible que compres todo tipo de aparatos para hacer ejercicio o deporte en casa, con lo que esta parecerá tanto un balneario de salud como un hogar. Es posible que instales en ella una oficina, convirtiéndola en un lugar de trabajo también. Esto no ocurrirá de la noche a la mañana, sino que es un proceso largo que culminará dentro de unos años.

Desde hace unos años has tenido problemas con un progenitor o figura parental, desacuerdos serios. La tendencia continúa este año. Simplemente tienes que esforzarte más para hacer funcionar la relación. En años pasados ha habido separaciones en la familia, pero al parecer sólo temporales.

Si eres estudiante podrías notar que la familia (o un progenitor o figura parental) afecta a tus estudios. Por su culpa te cuesta más concentrarte.

Para los padres o figuras parentales no hay probabilidades de mudanza este año. Ni deben mudarse, no es aconsejable.

Hermanos o figuras fraternas se han mudado en estos últimos años, y es posible que vuelvan a mudarse. Parecen nómadas, muy inquietos, buscando la casa perfecta. Y aun cuando la encuentren, cada año ven una más nueva y más perfecta.

Los hijos o figuras filiales tienen un año sin novedades en lo que a hogar y familia se refiere. El próximo año hay más probabilidades de mudanza o cambios que en este.

Profesión y situación económica

Tu casa del dinero sólo se convierte en casa de poder la última semana del año, porque casi todo el año está vacía (a no ser por los tránsitos de los planetas rápidos). Tal vez esta es la principal debilidad en las finanzas (en especial, la primera mitad del año). Es posible que no prestes la atención suficiente. En este periodo Júpiter está en oposición con Plutón, el señor de tu horóscopo, por lo tanto son muchas las cosas que preferirías hacer en lugar de hacer dinero.

En la primera mitad del año vemos muchos cambios en las finanzas, repentinos y drásticos. Tu planeta del dinero está en cuadratura con Urano, por lo tanto, detrás de los cambios está la familia. Tal vez surge un gasto inesperado a causa de la familia, o una reparación repentina de la casa (esto ocurrió el año pasado también).

Aunque hay mucha inestabilidad financiera durante la primera mitad del año, se ven bien la prosperidad y los ingresos; Júpiter está en su signo de exaltación. Esto indica fuerte poder adquisitivo, poder adquisitivo «exaltado». Además, Júpiter estará en tu novena casa, una de las casas más benéficas del horóscopo (los hindúes la consideran la casa «más» benéfica). La primera mitad del año Júpiter está en aspecto esencialmente armonioso con Neptuno, y esto indica suerte en las especulaciones. Los hijos y figuras filiales de tu vida prosperan.

Júpiter como planeta del dinero indica un don para las inversiones en el extranjero, para dinero extranjero o de extranjeros. Júpiter rige la industria editorial y los institutos y universidades de pago. En el signo Cáncer indicaría beneficios en inversiones en el sector inmobiliario residencial, restaurantes, hoteles y empresas de alimentación en general.

El 16 de julio Júpiter entra en Leo, tu décima casa. Esto debería mejorar aún más los ingresos. Se resolverán los desacuerdos familiares respecto a las finanzas. Como hemos dicho, habrá más apoyo familiar y de conexiones familiares en esta faceta. El dinero podría proceder de una empresa de tipo familiar. Indica el favor financiero de los padres, figuras parentales, jefes y figuras de autoridad. Apoyan tus objetivos financieros.

A veces este aspecto indica dinero procedente de organimos gubernamentales o de empresas gubernamentales contratistas. Tu buena fama profesional es importante entonces. Te ofrece buenas recomendaciones y otras oportunidades.

Tal vez lo más importante es tu atención. Júpiter en la décima casa indica que las finanzas se convierten en una importante prioridad. Las consideras tu «misión» y finalidad en ese periodo.

La presencia de Urano en tu sexta casa, la del trabajo, desde 2011, indica muchos cambios laborales. Necesitas más libertad en el trabajo, más variedad y más desahogo para expresar tus innovaciones y originalidad. Un trabajo que te permita esto es mejor para ti (más gratificante) que uno en que te paguen más pero no puedas expresarte. Si eres empleador, hay mucha inestabilidad en la fuerza laboral. Hay muchos cambios de personal, y tal vez repentinos.

Júpiter en tu décima casa (a partir del 16 de julio) es un clásico indicador de éxito profesional. Indica ascenso y elevación en tu empresa actual, o en tu profesión o negocio. Gozas de más categoría y prestigio. Tus logros profesionales reciben reconocimiento. Es posible que recibas honores. Siempre hay felices oportunidades profesionales.

El planeta del dinero en Leo también indica suerte en las especulaciones. Señala la prosperidad de los hijos o figuras filiales y aprecio por los productos o empresas que comercializan artículos para niños.

Tus números favorables en las finanzas son el 4, el 9, el 10 y el 14.

Amor y vida social

Tu séptima casa, la del amor y el matrimonio, no está poderosa este año. Tampoco lo está la casa once, la de las amistades. Este no es un año muy social. Algunos años son así. La intención del Cosmos es un desarrollo bien redondo, de modo que en diferentes periodos acentúa diferentes facetas de la vida. En general, este aspecto indica un año amoroso sin novedades ni cambios. Si estás casado o casada tenderás a continuar casado; si estás soltero o soltera, tenderás a continuar igual.

Pero las aventuras amorosas son otra historia. Se ven muchísimas, pero con la sola finalidad de divertirte; no tienen probabilidades de llevar a nada serio o comprometido.

Estando Saturno en tu signo (como lo estuvo también el año pasado), en general no contribuye a la popularidad social; no es el tipo de aspecto que te convierte en «el alma de la fiesta». Da una actitud más seria, sobria. Encuentras frívolas las actividades de ocio o diversión; también los cumplidos de rigor de la vida social. Es posible que mires con recelo a las personas que llevan una vida de fiestas y placeres. Esas cosas son muuuy efímeras, muuuy superficiales.

Las actividades amorosas y sociales deben servir a una finalidad útil, deben ser algo más que simple diversión y juegos.

Saturno en el propio signo suele hacer a la persona reservada, fría y distante. Hay una fuerte sensación de ser distinto de las demás personas. Esto podría ocurrir inconscientemente. Puede que no sea tu intención ser así, pero los demás lo notan y se distancian muchísimo. Esto se corrige fácilmente. Sólo tienes que hacer el esfuerzo consciente de proyectar afecto y simpatía hacia los demás. Es bueno ser serio y ambicioso, pero date permiso para divertirte un poco también. Deja salir tu sentido natural del humor. Serio, serio, serio todo el tiempo es desequilibrio.

Si estás con miras a un segundo matrimonio, este año tienes buenas oportunidades románticas y de matrimonio. El año pasado también fue bueno. Si no ocurrió nada especial, podría ocurrir este año.

Si estás con miras a un tercer matrimonio, el año se presenta sin novedades ni cambios; las cosas tienden a continuar como están.

Si un progenitor o figura parental está sin pareja, tiene buenas oportunidades románticas después del 16 de julio. En general, se calienta su vida social.

Un hermano o figura fraterna está inmerso en un romance y podría casarse este año. El año pasado también tuvo buenos aspectos.

Los hijos o figuras filiales de tu vida son atractivos y seductores, pero no hay novedades en el amor para ellos este año.

Tus números favorables para el amor son el 2, el 3, el 5, el 7 y también el 12.

Progreso personal

Saturno en el propio signo suele generar la sensación de pesimismo. Esto no es muy bueno para la vida social, puesto que a las personas no les gusta que las «depriman». El otro problema es que un pesimismo excesivo puede atraerte las cosas que temes. Esta es la ley espiritual. Hay dos tipos de pesimismo, el constructivo y el destructivo. Pesimismo constructivo es aquel en que uno mira el lado oscuro, la peor de las posibilidades (que normalmente no ocurre jamás) y se imagina las maneras de hacerle frente; entonces uno se vuelve «optimista» en medio del pesimismo; se acaba el miedo al lado oscuro; uno se siente libre. El pesimismo destructivo es aquel en que uno mira el lado oscuro y no tiene ningún plan para enfrentarlo; se queda estancado emocionalmente en el lado oscuro. Esto se convierte en depresión.

Si notas que te ocurre esto, te conviene hablar de tus sentimientos con una persona de confianza, un terapeuta profesional o un buen amigo. Muchas veces esto ayuda a ver más allá de las imágenes oscuras. Si esto no es factible, te conviene hacer «salir» esos sentimientos e imágenes de una manera sin riesgos. No te los guardes; exprésalo todo de las maneras que explicamos en los capítulos dos y tres de *A technique for meditation*.*

Saturno en tu signo tiene puntos positivos también. Es excelente para regímenes de adelgazamiento (si lo necesitaras).

Neptuno está en tu quinta casa desde febrero de 2012. Esto indica que tus gustos en cuanto a diversión son más espirituales, más refinados. Tus gustos musicales se orientan a lo espiritual, espirituales negros u otras formas de música sacra. Te atraerán las películas de naturaleza espiritual también. Como hemos dicho, podrías disfrutar más en una charla espiritual o seminario de meditación que en una salida nocturna de diversión.

Si estás en el camino espiritual tendrás buenos resultados en tus actividades creativas; el espíritu te inspira en este frente. La creatividad no sólo es placentera, sino que además favorece el crecimiento y la comprensión espirituales. El Poder Superior se comunicará contigo a través de tu creatividad.

Marte, tu planeta de la salud, pasa casi siete meses en tu casa doce, la de la espiritualidad. Esto sugiere un interés en la curación espiritual. Obtendrás resultados de este método. Si te sientes indispuesto, una visita a un terapeuta espiritual te será útil; las visitas periódicas serán un potente preventivo a la enfermedad. También indica que este año vas a profundizar en esto. Lee todo lo que puedas sobre el tema. Asiste a seminarios y cursos sobre el tema. Y, lo más importante, pon en práctica estas lecciones. Verás resultados increíbles.

* Escrito por un servidor.

Previsiones mes a mes

Enero

Mejores días en general: 5, 6, 14, 15, 24, 25
Días menos favorables en general: 3, 4, 9, 10, 17, 18, 30, 31
Mejores días para el amor: 1, 2, 9, 10, 19, 20, 28, 29
Mejores días para el dinero: 5, 6, 14, 15, 24, 25, 26, 27
Mejores días para la profesión: 1, 2, 9, 10, 17, 18, 21, 22, 30, 31

Comienzas el año con la mayoría de los planetas en el sector oriental de tu carta, el sector de la independencia personal. Pero esto no durará mucho; el 20 el poder planetario se traslada a tu sector occidental o social; este no dominará todavía, pero estará tan fuerte como el sector oriental. Estás en una situación cúspide (fronteriza) entre la independencia y la dependencia de los demás. Habrá ocasiones en que serás más independiente y otras en que serás más dependiente. Pero hasta el 20 tienes un espacio de tiempo en que puedes cambiar las condiciones a tu gusto. Después será más difícil.

Este mes la mitad inferior de tu carta está mucho más fuerte que la superior; el 70 y a veces el 80 por ciento de los planetas están bajo el horizonte de tu carta. Los planetas rápidos se están dirigiendo a su nadir (el punto más bajo del horóscopo). Te estás acercando a la medianoche de tu año. Deben dominar las actividades de la noche. Este es un periodo en que se crean y desarrollan las condiciones interiores necesarias para el éxito externo. El trabajo interior es más importante que el exterior. Para que tenga éxito el trabajo interior necesitas armonía emocional, así que esfuérzate en conseguirla. Además, tu planeta de la profesión, el Sol, entra en tu cuarta casa el 20 de este mes: esto refuerza lo que hemos dicho. Tu hogar, tu familia, tu bienestar emocional son tu verdadera profesión en este periodo. Una vez que esto esté en orden, la profesión externa puede proceder de modo sano.

La vida es rítmica. Una manera de definir la enfermedad sería estar «descompasado», sin ritmo. Todas las actividades de la vida tienen su ritmo natural y esto se ve en el horóscopo. La profesión no es diferente.

A partir del 20 es necesario estar atento a la salud. No hay nada grave, pero la energía general no está a su altura habitual. Por lo tanto, si no tienes cuidado, estás más vulnerable a los microbios e invasores oportunistas. A veces parece que los malestares ya existentes empeoran. En realidad no es que empeoren, pero dado que la energía está baja, se siente así. Cambia la energía y los síntomas se debilitan. Cuando los aspectos son favorables no hay ninguna necesidad de cambiar «artificialmente» la energía, pero cuando son desfavorables la persona tiene que hacerlo por su cuenta. Descansa y relájate más; procura dormir lo suficiente. Delega tareas o entrega trabajo fuera de la empresa todo lo que puedas.

Venus, tu planeta del amor, está en movimiento retrógrado (el que hace cada dos años). Por lo tanto, la vida amorosa está en revisión. Se enlentece la vida social. Si estás soltero o soltera hay amor y oportunidades amorosas, pero tómate las cosas con mucha calma; no hay ninguna prisa. Lo importante ahora es conseguir la claridad mental y emocional respecto a la relación, si la hay, y a la vida amorosa en general.

Las finanzas también están en revisión; tu planeta del dinero también está retrógrado. Esto no impide que lleguen ingresos, pero enlentece un poco las cosas. Los asuntos financieros deben llevarse con la mayor perfección posible; los atajos no son verdaderos atajos en este periodo.

Febrero

Mejores días en general: 1, 2, 10, 11, 12, 20, 21, 28
Días menos favorables en general: 5, 6, 7, 13, 14, 26, 27
Mejores días para el amor: 5, 6, 7, 16, 17, 24, 25
Mejores días para el dinero: 1, 2, 10, 11, 12, 20, 21, 22, 23, 28
Mejores días para la profesión: 8, 9, 13, 14, 20, 28

Hasta el 18 sigue prestando más atención a la salud. Puedes fortalecerla de las maneras explicadas en las previsiones para el año. Es un periodo fabuloso para hacer régimen de adelgazamiento.

Los asuntos domésticos y familiares son importantísimos este mes, en especial hasta el 18. El bienestar de la familia, poner en orden la casa y la situación doméstica es tu verdadera profesión en estos momentos. Sea cual sea tu trabajo externo, espiritualmente es la familia, los hijos y las figuras filiales de tu vida.

Ahora que Venus está en movimiento directo la vida amorosa va mucho mejor; avanza; hay más claridad. Este mes Venus viaja con Plutón; está más cerca la primera parte del mes. Por lo tanto, si estás soltero o soltera hay un encuentro romántico (esto también podría haber ocurrido a fines del mes pasado). El amor está cerca de casa, en el barrio o con una persona del vecindario. Tu planeta del amor en Capricornio indica atracción por personas mayores, más establecidas. Y aunque Venus ya está en movimiento directo, el amor tarda más tiempo en desarrollarse; a Capricornio le gustan las cosas más lentas. La dimensión mental es muy importante en el amor. Te atraen personas con las que te resulta fácil conversar. El intercambio de ideas es un excitante romántico. Te atraen personas intelectuales: escritores, profesores y periodistas, personas con el «don de la palabra». Los encuentros románticos pueden ocurrir en la biblioteca local, en una charla, un seminario o un taller.

Después del 18 la salud mejora espectacularmente.

El 18 el Sol entra en tu quinta casa y tú entras en una cima anual de placer personal. Es el periodo para gozar de la vida, asistir a fiestas y distraerte en actividades de ocio. Un periodo feliz.

Tu planeta del dinero continúa retrógrado este mes. De todos modos, a partir del 18 deberías ver un aumento en tus ingresos. Podría haber retrasos y contratiempos, pero finalmente llegan. Continúa haciendo revisión de tu vida financiera y ve en qué puedes hacer mejoras. Si buscas trabajo tienes mejores perspectivas antes del 18 que después.

Aunque este no es un periodo muy fuerte en lo profesional, pues la atención está en el hogar y la familia, el 28 se presenta una feliz oportunidad profesional. También hay buenas oportunidades profesionales para los hijos o figuras filiales de tu vida.

Marzo

Mejores días en general: 1, 2, 10, 11, 19, 20, 28, 29
Días menos favorables en general: 5, 6, 12, 13, 26, 27
Mejores días para el amor: 5, 6, 7, 17, 18, 26, 27
Mejores días para el dinero: 1, 2, 10, 11, 19, 20, 22, 23, 28, 29
Mejores días para la profesión: 1, 2, 10, 11, 12, 13, 21, 22, 30, 31

El mes pasado (y desde fines de enero) los sectores oriental y occidental de tu carta estaban más o menos equilibrados. No eras ni independiente ni dependiente sino un poco de las dos cosas. El 6 de este mes el peso del poder planetario se traslada decididamente al sector occidental o social de tu carta. Este es, pues, un periodo para anteponer a los demás, para tomarse unas vacaciones del yo y de los intereses propios. Es un periodo para «permitir» que ocurra el bien, que no para intentar coaccionarlo por esfuerzo personal. Al olvidarte de ti descubres que, milagrosamente, están atendidas todas tus necesidades. Muchas veces estorbamos nuestro bien. Este es un periodo en que aprendes esto. Adáptate a las situaciones lo mejor posible. Cultiva las dotes sociales.

La salud continúa buena este mes. Pero Marte, tu planeta de la salud, está en uno de sus no anuales movimientos retrógrados todo el mes. Así pues, no es el periodo para hacer cambios drásticos en el programa de salud ni en la dieta; estas cosas necesitan mucho más estudio y análisis. Si buscas trabajo, también debes tener más cautela; hay oportunidades de empleo, pero analízalas con más detenimiento; las cosas no son lo que parecen.

Marte no sólo está retrógrado sino que, además, del 11 al 18 reactiva un punto de eclipse. Esto puede producir trastornos o reorganización en el lugar de trabajo. Se preparan cambios en el trabajo, pero no te precipites en esto. También podría haber sustos relativos a la salud esos días, pero puesto que la salud es buena, lo más probable es que sólo sean eso, «sustos». Si eres empleador, verás intestabilidad entre los empleados esos días.

Las finanzas van bien este mes; Júpiter, tu planeta del dinero, retoma el movimiento directo el 6, y hasta el 20 sigue recibiendo muy buenos aspectos. Es un més próspero. Lo más importante es que ya tienes claridad respecto a las finanzas y la toma de decisiones tendría que ser mejor.

El 6 Venus entra en tu cuarta casa. Esto trae cambios en la actitud y las necesidades en el amor. Hasta entonces es importante la compatibilidad intelectual. Después del 6 es importante la compatibilidad emocional. La intimidad emocional, la manifestación mutua de los sentimientos es tan importante como la relación sexual; la intimidad emocional es tan importante como la intimidad física. Dos personas pueden estar en el mismo lugar pero en diferentes universos en el plano emocional. Eso no servirá este mes. Muchas veces, cuando el planeta del amor está en la cuarta casa, la persona se encuentra con algún viejo amor. A veces esto es real, pero con frecuencia es algo psíquico: te encuentras con una persona que tiene los mismos rasgos de personalidad y tal vez se parece a un viejo amor. Esto es bueno, pero no es lo que parece. En realidad es la manera que tiene el Cosmos de resolver viejos asuntos de una relación del pasado. La persona vuelve a experimentar la vieja relación, pero desde la perspectiva diferente de lo que es en el presente. Así esa vieja relación se redefine y regula. La persona entonces está preparada para continuar su vida en el futuro.

Del 17 al 19 Venus reactiva un punto de eclipse; esto pone a prueba el amor. Ten más paciencia con el ser amado esos días, podría estar más voluble y temperamental.

Abril

Mejores días en general: 6, 7, 16, 17, 24, 25
Días menos favorables en general: 1, 2, 8, 9, 10, 22, 23, 29, 30
Mejores días para el amor: 1, 2, 4, 5, 6, 16, 17, 24, 25, 29, 30
Mejores días para el dinero: 6, 7, 16, 17, 18, 19, 24, 25
Mejores días para la profesión: 8, 9, 10, 19, 20, 29, 30

Este es el tipo de mes en que «no hay que esperar nada pero sí estar preparado para todo». Dos eclipses sacuden el mundo en general y tu vida personal. Es un mes tumultuoso.

El ser humano goza de libre albedrío, pero el Cosmos manifiesta un plan claro. Muchas veces el ser humano crea cosas que son contrarias a este plan (abusando de su libre albedrío). La función del eclipse es derribar estas obstrucciones para permitir que ocurra la manifestación de un plan mejor. Por lo general esto no es agradable mientras ocurre, pero el resultado final es bueno. Normalmente esto se ve al mirar en retrospectiva.

El eclipse lunar del 15 ocurre en tu casa doce y toca a Marte. Este eclipse produce cambios espirituales, cambio en la práctica, en la actitud e incluso cambio de profesor y enseñanza. Podría haber dramas en la vida de gurús y de las personas espirituales de tu vida. Este cambio en la actitud espiritual, por lo general debido a una revelación, también afecta a tus creencias religiosas y filosóficas; estas serán puestas a prueba y perfeccionadas. Esto ocurrirá a lo largo de seis meses. Evita hacer un viaje innecesario al extranjero durante el periodo de este eclipse. Si eres estudiante universitario o de posgrado harás cambios en tus planes educativos. Tal vez cambies de asignatura principal o de escuela. Hay trastornos en tu lugar de culto o en la vida de personas que asisten contigo al culto. El eclipse toca a Marte, lo que significa cambios e inestabilidad en el lugar de trabajo. Si eres empleador verás inestabilidad entre tus empleados y muy probablemente cambios en el personal (esto también ocurre a lo largo de seis meses). Podrías pasar por sustos relativos a la salud, y hacer cambios importantes en tu programa de salud. Pero no te des prisa en hacer estos cambios, pues Marte continúa retrógrado.

El eclipse solar del 29 también es muy fuerte en ti, sobre todo si naciste el 1 o el 2 de noviembre. Ocurre en tu séptima casa, la del amor y el matrimonio, y pondrá a prueba la relación actual. Ten más paciencia con el scr amado en este periodo. Una buena relación sobrevivirá al eclipse, pero una mediocre, fundamentalmente defectuosa o que no forma parte del Plan Divino, casi seguro que se disolverá. Todos los eclipses solares traen cambios profesionales y este no es diferente. Hay trastornos o reorganización en la empresa e industria en que trabajas. Comienzas a redefinir tu camino profesional y tu imagen pública (es un proceso de seis meses). Puede que continúes en la misma profesión, pero cambiarás tu modo de enfocarla. A veces la persona cambia de profesión. Los padres, figuras parentales o jefes experimentan dramas, de aquellos que cambian la vida.

Reduce tus actividades durante los periodos de estos eclipses, en especial durante el solar del 29. Dado que la salud es más delicada después del 20, debes descansar y relajarte más en ese periodo de todos modos.

Mayo

Mejores días en general: 3, 4, 5, 13, 14, 21, 22, 31
Días menos favorables en general: 5, 6, 19, 20, 26, 27
Mejores días para el amor: 6, 13, 14, 24, 25, 26, 27
Mejores días para el dinero: 3, 4, 5, 13, 14, 15, 16, 21, 22, 31
Mejores días para la profesión: 6, 7, 8, 9, 10, 17, 18, 28, 29

Este mes la mitad superior de tu carta se hace más fuerte de lo que lo ha estado en lo que va de año; no domina la carta como en años anteriores pero está en su fuerza máxima del año. Así pues, adquiere más importancia la profesión. Es el periodo día de tu año, aunque la noche sigue contigo. Estás algo adormilado; es hora de levantarse y emprender las actividades, pero te gustaría continuar en la cama y dormir otro poco más. Cuatro planetas lentos están bajo el horizonte de tu carta, y para largo. Estás, pues, en un periodo en que el hogar y los asuntos psíquicos son muy importantes para ti; esto será así todo el año, pero ahora comienza a pasar parte de tu atención a la profesión.

Hasta el 21 es necesario prestar atención a la salud. Después mejora espectacularmente. Mientras tanto, procura descansar lo suficiente; haz todo lo posible por mantener elevada la energía.

El 20 del mes anterior entraste en una de tus cimas amorosas y sociales anuales, que continúa hasta el 21. La vida social es animadísima; asistes a más fiestas, bodas y reuniones. Estás en ánimo para el amor, centrada tu atención en él, y por lo tanto el amor se presenta. Si tienes pensado casarte, es un buen periodo para programar la boda; el periodo del 1 al 14 es el mejor.

El 14 y el 15 el amor es apasionante, pero inestable. Podría haber repentinos cambios de planes sociales, repentinas oportunidades románticas, y un comportamiento excéntrico por parte del ser amado. Esta persona deberá evitar las actividades arriesgadas estos días.

El mes se ve próspero también; Júpiter está en movimiento directo y recibe aspectos fundamentalmente positivos. La prosperidad es más fuerte antes del 21 que después, pero después va bien también.

Si buscas trabajo tienes buenas oportunidades el 30 y el 31. Si ya tienes empleo, tus superiores se fijan en tu buena ética laboral.

El 11 los hijos o figuras filiales de tu vida tienen ciertas dificultades sociales o con el romance.

La mayoría de los planetas continúan en el sector occidental o social de tu carta, y Plutón, el señor de tu horóscopo, continúa retrógrado. Este es el periodo para buscar claridad acerca de tus objetivos personales y condiciones de tu vida; no es periodo para hacer cambios sino para conseguir claridad. Teniendo claridad podrás hacer los cambios positivos cuando llegue tu periodo de independencia personal, dentro de unos meses.

Junio

Mejores días en general: 1, 9, 10, 18, 19, 27, 28
Días menos favorables en general: 2, 3, 16, 17, 22, 23, 29, 30
Mejores días para el amor: 5, 6, 14, 15, 22, 23, 24
Mejores días para el dinero: 1, 10, 11, 12, 13, 18, 19, 27, 28
Mejores días para la profesión: 2, 3, 7, 8, 16, 17, 27, 28, 29, 30

El 21 del mes pasado se hizo poderosa tu octava casa, tu favorita, y continúa poderosa hasta el 21 de este mes. El cielo de Escorpio. Un mes sexualmente activo, y para Escorpio esto es un bocado. Sólo Leo puede competir sexualmente contigo.

Pero la octava casa va de algo más que de sexo. Va de transformación y reinvención personales; va de dar a luz al yo ideal, a la persona que deseas ser. Todos estos proyectos van bien en este periodo. Tienes capacidades innatas para estas cosas, y ahora están realzadas; el poder cósmico está contigo.

La octava casa también va de resurrección. Cuando hablamos de resurrección también hablamos de la muerte; van juntas. En la vida de todo el mundo hay facetas que necesitan resurrección; puede ser de un órgano, de la vida amorosa, de algún proyecto; este es el periodo para resucitar aquellas cosas que parecían haber muerto.

Cuando la octava casa está fuerte la persona tiene que vérselas más con la muerte; asiste a más funerales, velatorios, servicios conmemorativos y cosas de esta naturaleza. También se tiende a tener encuentros personales con la muerte, no necesariamente con la muerte física, sino, la mayoría de las veces, en el plano psíquico. Esto tiene una finalidad. Al afrontar este tema, obtenemos más claridad sobre él, tendemos a perderle el miedo y por lo tanto podemos vivir mejor mientras estamos en la Tierra. Estos encuentros o enfrentamientos son muy sanadores.

En un plano más mundano, una octava casa fuerte indica que el cónyuge, pareja o ser amado actual prospera. Esta persona está en una cima financiera anual y tenderá a ser más generosa.

Tus finanzas se ven particularmente bien este mes también, sobre todo a partir del 21. Este periodo será otra cima financiera anual para ti. Del 21 al 26, cuando Júpiter activa un punto de eclipse, vas a tener que hacer importantes cambios, ajustes, en las finanzas. Pero los cambios tendrían que ser buenos; tu prosperidad general continúa muy intacta.

El 5 y el 6 Venus activa un punto de eclipse, y esto podría poner a prueba la relación amorosa actual. Ten más paciencia con el ser amado durante esos días, y eso impedirá que las cosas empeoren. Una buena relación sobrevivirá a esto.

La salud es buena este mes pero estará mejor aún después del 21.

Julio

Mejores días en general: 7, 8, 15, 16, 24, 25
Días menos favorables en general: 1, 13, 14, 19, 20, 21, 27, 28
Mejores días para el amor: 4, 5, 6, 13, 14, 19, 20, 21, 24
Mejores días para el dinero: 7, 8, 9, 10, 16, 17, 27
Mejores días para la profesión: 1, 7, 8, 15, 16, 27, 28

El 21 del mes pasado, cuando el Sol entró en Cáncer, tu novena casa, entraste en uno de los periodos más felices de tu año; este continúa hasta el 22. La salud es buena, la prosperidad es buena. Te sientes optimista acerca de la vida y de tu futuro.

Cuando está elevada la energía se ensanchan nuestros horizontes; cosas que nos parecían imposibles en los periodos bajos ahora son eminentemente posibles, eminentemente factibles. Eso es lo que ocurre este mes.

Una novena casa fuerte indica viajes al extranjero, felices oportunidades educativas y progreso religioso y filosófico. Si eres estudiante tienes un muy buen periodo, tienes éxito en tus estudios. Si deseas entrar en la universidad tienes aspectos fabulosos todo el año pero este mes son mejores aún. Hay buenas noticias en esto.

Si tienes pendientes asuntos legales o jurídicos, también hay buenas noticias.

En lo profesional ocurren muchas cosas. El 16 Júpiter cruza tu mediocielo y entra en tu décima casa; esto trae felices oportunidades profesionales y elevación de tu categoría profesional; progresas muchísimo en la profesión este año. El 22 entra también el Sol en tu décima casa, y comienzas una cima profesional anual. Si hay alguna debilidad en tu profesión se debe a que no tienes enfocado en ella todo tu poder; el hogar, la familia y los asuntos emocionales te distraen. Si tuvieras más enfocada la atención, tu éxito sería mayor. Como están las cosas, va bien, pero no como podría ser.

Tenemos un fenómeno curioso en tu carta: estás en una cima profesional, pero el 50 por ciento de los planetas están bajo el horizonte de tu carta. La mitad superior de tu carta no es tan dominante como suele serlo normalmente en esta época del año. Esto indica que tus energías están repartidas.

Después del 22 es necesario prestar más atención a la salud. No pasa nada malo, simplemente este no es uno de tus mejores periodos en lo que a la salud se refiere. Haz lo que es necesario hacer, pero programa más ratos de descanso. Fortalece la salud de las maneras indicadas en las previsiones para el año.

El 18 de este mes entra en tu signo tu planeta de la salud, Marte. Ha estado en Libra en lo que va de año. Esto indica cambios en las necesidades de salud y en el programa. Buena salud no es solamente «no tener ningún síntoma», sino además «buena apariencia»; hay un componente de vanidad en esto. El estado de tu salud se refleja de inmediato en tu apariencia física. Así pues, a partir del 18 la buena salud es mejor que cualquier cosmético o loción. También indica el poder de los regímenes de desintoxicación; estos siempre son buenos para ti, pero después del 18 irán mejor aún.

Marte en tu signo es una señal positiva de salud; indica que la tienes presente, le prestas atención, y eso es lo que se necesita. Pero el tránsito de Marte por tu signo entraña ciertos peligros también: tendrás la tendencia a exigirle demasiado a tu cuerpo; y eso no te conviene; está el peligro de la precipitación y las prisas, que pueden llevar a accidentes o lesiones. Haz lo que es necesario hacer pero evita las prisas.

Agosto

Mejores días en general: 3, 4, 11, 12, 20, 21, 22, 30, 31
Días menos favorables en general: 10, 16, 17, 23, 24
Mejores días para el amor: 3, 4, 12, 13, 16, 17, 23, 24
Mejores días para el dinero: 5, 6, 13, 14, 23, 24
Mejores días para la profesión: 5, 6, 13, 14, 23, 24, 25

Tu décima casa estuvo fuerte el mes pasado y este mes se hace aún más fuerte. El 40 y a veces el 50 por ciento de los planetas o están instalados en ella o transitan por ella este mes. Es un mes muy exitoso. Bien podría ser que esta fuera no sólo una cima profesional anual sino una de las de toda la vida. Sólo podemos imaginar cómo sería el éxito si tuvieras enfocados en ella todo tu poder y concentración. De todos modos, va muy bien.

Hasta el 23 sigue siendo necesario prestar atención a la salud. Después tendrías que notar mejoría. Afortunadamente, como el mes pasado, tienes en tu signo a tu planeta de la salud, así que estás atento. Tal como el mes pasado, evita la precipitación, las prisas y las rabietas. Las personas podrían reaccionar exageradamente a las rabietas en este periodo.

Venus, tu planeta del amor, cruza tu medio cielo el 12 y entra en tu décima casa; aspecto positivo tanto para la profesión como para la vida amorosa. Indica éxito social y éxito profesional. A partir del 12 Venus viaja con Júpiter, pero el aspecto es más exacto del 17 al 19. Esto trae encuentros románticos y buenos días de paga. Además, hay oportunidades para formar una sociedad de negocios o una empresa conjunta. También hay oportunidades románticas con jefes y personas de elevada posición, las personas adineradas de tu vida. Las oportunidades románticas se presentan cuando estás atendiendo a tus objetivos profesionales y con personas relacionadas con tu profesión. A partir del 12 puedes avanzar en la profesión por medios sociales. Irá bien asistir o tal vez ofrecer fiestas y reuniones convenientes. El cónyuge, pareja o ser amado actual también tiene éxito este mes y te apoya en la profesión; esta persona prospera y es muy generosa.

En general, este mes alternas con personas de elevada posición. Si estás soltero o soltera te atraen el poder y la posición. El peligro de esto es que podrías entrar en una relación por conveniencia, y no por verdadero amor. El amor parece ser otra gestión profesional en este periodo. Las finanzas van bien; es un mes próspero. Cuentas con el favor de jefes, mayores, padres o figuras parentales. Incluso el gobierno está bien dispuesto hacia ti en el plano financiero. El dinero puede proceder de algún organismo gubernamental, directa o indirectamente, o por normas o decretos que te favorecen. Si tienes asuntos pendientes con organismos gubernamentales y necesitas su favor, este es un buen mes (en especial del 17 al 19) para solicitarlo. Obtendrás los mejores resultados posibles.

El planeta del dinero en la décima casa suele indicar aumento de sueldo, ya sea manifiesto o encubierto. A veces no es un aumento «oficial», pero el efecto es el mismo.

Septiembre

Mejores días en general: 8, 9, 17, 18, 27, 28
Días menos favorables en general: 6, 7, 12, 13, 19, 20
Mejores días para el amor: 2, 3, 12, 13, 23
Mejores días para el dinero: 1, 2, 3, 10, 11, 19, 20, 29, 30
Mejores días para la profesión: 4, 5, 12, 13, 19, 20, 23, 24

La profesión sigue siendo importante pero el 28 la mitad inferior de tu carta se hace más fuerte que la superior. Este año la mitad superior nunca ha dominado como debiera; el ciclo fue bastante rápido. Es como si tuvieras un pie en el día y el otro en la noche; caminas entre dos mundos. La profesión es importante y continúa exitosa, pero tal vez son más importantes los asuntos domésticos y familiares y tu bienestar emocional. Trabajas por triunfar en las dos facetas; no es fácil. Te llegan felices oportunidades profesionales, pero está la duda de que si aceptarlas significaría romper tu armonía emocional o desatender a la familia.

Venus, tu planeta del amor, avanza rápido este mes: transita por tres signos y casas. Por un lado, esto indica confianza social; cubres mucho terreno en lo social; tomas decisiones rápidas. Por otro lado, es más difícil «entenderte» en lo que a amor se refiere; tus necesidades y actitud en el amor cambian muy rápido. Escorpio, en general, no es persona veleidosa, pero en el amor, al menos este mes, lo pareces.

Hasta el 5 Venus está en tu décima casa. Esto indica la atracción por el poder y la posición; indica oportunidades románticas en la oficina, cuando estás trabajando en tus objetivos profesionales o con personas relacionadas con tu profesión; deseas «movilidad ascendente» en el amor y en lo social. El 5 Venus entra en Virgo, tu casa once, y pasa la mayor parte del mes ahí. Esto indica el deseo de una relación más «igualitaria», una relación entre iguales; la amistad es importante en el amor; no quieres ser un «subordinado», un empleado, sino amigo además de amante. Las oportunidades románticas se presentan cuando estás en grupo o en actividades en grupo, en organizaciones profesionales o comerciales. Las actividades *online* favorecen el amor. Las oportunidades románticas también pueden presentarse en los sitios web de tipo social.

Venus en Virgo no está en su posición más fuerte: está en su «ocaso», no expresa su poder al máximo. Por lo tanto, tienes que trabajar arduo para demostrar simpatía y afecto a los demás. Si vas con cuidado podrías mostrarte demasiado crítico y esto rara vez favorece el romance. Deseas perfección en el amor (noble objetivo, y tienes derecho a él), pero ten presente que la perfección es un «proceso», no un hecho ya establecido. La perfección es algo hacia lo cual trabajamos, rara vez se da inmediatamente.

Las finanzas van bien este mes. Sigues contando con el favor de tus superiores, jefes, padres, figuras parentales y organismos gubernamentales. Todavía podría haber aumento de sueldo. Tu buena fama profesional te atrae ingresos y oportunidades de ingresos.

Octubre

Mejores días en general: 5, 6, 14, 15, 24, 25
Días menos favorables en general: 3, 4, 9, 10, 16, 17, 18, 31
Mejores días para el amor: 3, 9, 10, 12, 13, 22, 23
Mejores días para el dinero: 7, 8, 17, 18, 26, 27
Mejores días para la profesión: 3, 4, 12, 13, 16, 17, 18, 22, 23

En agosto el poder planetario se trasladó desde tu sector occidental o social al oriental o independiente. Este mes los planetas rápidos llegan a su posición oriental máxima. Te encuentras, pues, en el ciclo de máxima independencia personal. Este es el periodo para cambiar las condiciones a tu gusto, para diseñar tu vida de acuerdo a tus expectativas y para tener las cosas a tu manera. Este es el periodo para cultivar la iniciativa personal, para volar con tus propias alas.

El otro titular de este mes son dos eclipses. Esto casi garantiza cambios importantes, tanto en lo personal como en el mundo en general. Cuando ocurre el cambio, sobre todo si es importante, las cosas se vuelven tumultuosas. Tiene que asentarse el polvo para poder verlo todo con claridad.

El eclipse lunar del 8 ocurre en tu sexta casa; es fuerte en ti, así que durante el periodo del eclipse reduce tus actividades y tómate las cosas con calma. Indica cambios laborales, cambios en las condiciones laborales e inestabilidad en el lugar de trabajo. Podría producir sustos relativos a la salud (pero tu salud es buena, así que es probable que no sean otra cosa que sustos) y cambios en el programa de salud y en la dieta. Este eclipse toca a Urano y a Plutón, más directamente a Urano; hay, pues, dramas en el hogar y en la vida de familiares. Si hay defectos en tu casa ahora es cuando los descubres, para poder corregirlos. Procura tomar medidas de seguridad para la casa en este periodo. Los padres y figuras parentales deben evitar las actividades estresantes o que entrañen riesgo. El impacto del eclipse en Plutón afecta a tu cuerpo e imagen; vas a redefinir tu imagen y el concepto de ti mismo en los próximos seis meses. Lo más probable es que cambies tu manera de vestir y presentes una «nueva apariencia» al mundo. Deseas ser considerado de otra manera. A veces también se produce una desintoxicacion del cuerpo.

El eclipse solar del 23 también afecta al cuerpo y la imagen. Lo que fuera que dejaras sin hacer durante el eclipse lunar se hará ahora. Este eclipse será más fuerte en ti si naciste entre el 22 y 24 de noviembre. Todos los nativos de Escorpio debéis reducir las actividades durante el periodo del eclipse, pero en especial los nacidos en estas fechas. Habrá cambios importantes en tu vida en los próximos seis meses. Todos los eclipses solares producen cambios en la profesión y este no es diferente. Podrías cambiar de profesión, o continuar en la misma pero enfocarla de otra manera. Podría haber trastornos en la empresa o industria en que trabajas que la obligará a adoptar un nuevo enfoque. En los próximos meses tendrás que revisar los planes y estrategias acerca de tu profesión. Este eclipse toca a Venus, por lo tanto se pone a prueba el amor. Si la relación es buena sobrevivirá, si es defectuosa tenderá a disolverse.

Noviembre

Mejores días en general: 2, 3, 10, 11, 20, 21, 29, 30
Días menos favorables en general: 6, 7, 13, 14, 27,28
Mejores días para el amor: 2, 3, 6, 7, 11, 12, 22, 23
Mejores días para el dinero: 4, 5, 14, 22, 23
Mejores días para la profesión: 2, 3, 10, 11, 12, 13, 14, 21, 22

Marte entró en tu casa del dinero el 14 de septiembre y transitó por ella hasta el 26 del mes pasado. Esto indica que has gastado en salud y los ingresos provenían del trabajo. Este mes Marte está en tu tercera casa. Esto tiene consecuencias para la salud. La salud es fundamentalmente buena en este periodo, pero puedes fortalecerla más prestando más atención a la columna, las rodillas, la dentadura, los huesos, la piel y la alineación esquelética general. Los masajes en la espalda y las rodillas serán potentes. La buena salud mental es más importante que de costumbre. Evita pensar y hablar demasiado.

Una vez asentado el polvo de los eclipses del mes pasado, la vida es buena. Tienes las cosas a tu manera; las oportunidades profesionales te persiguen; te llegan interesantes ofertas. Te ves próspero, los demás te ven así. El amor también te persigue y te impones, haces tu voluntad en el amor. Si estás en una relación, el ser amado se ve muy dedicado a ti. Si estás soltero o soltera y sin compromiso, las oportunidades románticas te buscan, no es mucho lo que tienes que hacer.

Los dos eclipses del mes pasado afectaban al cuerpo y la imagen e indicaban cambios en este sentido. Este es un periodo fabuloso para realizar estos cambios, poner el cuerpo y la imagen en la forma que deseas. Hasta el 17 es un muy buen periodo para comprar ropa y complementos, pues el sentido de la elegancia es excelente.

El mes es próspero también. El 22, cuando el Sol entra en tu casa del dinero, comienzas una cima financiera anual. El poder adquisitivo es muy fuerte; tu planeta del dinero recibe aspectos favorables del 17 en adelante. La Luna nueva del 22 se ve particularmente próspera, ocurre en tu casa del dinero; trae no sólo un bonito día de paga, sino que, además, esclarece los asuntos financieros a medida que avanza el mes.

Del 8 al 12 Marte viaja con Plutón. Esto trae excelentes oportunidades de empleo, si buscas trabajo. Pero es un aspecto muy dinámico; da energía y valor, pero podría inducirte a ser demasiado impaciente o precipitado. Modera el ritmo; controla tu genio también.

Desde el 30 de septiembre Marte ha estado «fuera de límites», y continúa así hasta el 21 de este mes. Por lo tanto, si buscas trabajo has salido fuera de tus límites normales en su búsqueda (y me parece que ahí es donde están las oportunidades). Si tienes empleo constatas que tu trabajo te lleva fuera de los parámetros normales; esto puede ser en el plano físico o en cuanto a la naturaleza de la tarea o trabajo. En la salud ocurre el mismo fenómeno; estás receptivo a nuevas ideas, exploras nuevas soluciones o terapias.

Diciembre

Mejores días en general: 8, 9, 18, 19, 26, 27
Días menos favorables en general: 3, 4, 10, 11, 24, 25, 30, 31
Mejores días para el amor: 1, 2, 3, 4, 12, 13, 21, 22, 30, 31
Mejores días para el dinero: 1, 2, 10, 11, 20, 21, 28, 29
Mejores días para la profesión: 1, 2, 10, 11, 20, 21, 30, 31

Este mes continúas en el periodo de independencia personal, pero esto cambiará el próximo. Por lo tanto, si es necesario hacer cambios personales o cambios en las condiciones, este es el periodo. Después será más difícil.

Urano está más o menos «acampado» en un punto de eclipse desde el 8 de octubre. Hay, pues, dramas en el hogar y con familiares. Hay muchos trastornos y cambios. Ten toda la paciencia que puedas con los familiares. No hace ninguna falta empeorar una situación ya difícil. El 5 Marte entra en tu cuarta casa, la del hogar y la familia, y esto podría añadir leña al fuego; las emociones se exaltan muchísimo en la familia. Podría haber obras de reparación o construcción en la casa. Teniendo el 80 y a veces el 90 por ciento de los planetas bajo el horizonte de tu carta, el hogar y la familia necesitan la mayor parte de tu atención. La profesión sigue exitosa, pero vas más o menos vadeando. Estás reuniendo las fuerzas para el próximo e importante empuje profesional, el del año que viene.

Este sigue siendo un mes muy próspero. Hasta el 22 continúas en una cima financiera anual. Pero el 8 Júpiter inicia movimiento retrógrado y esto podría enlentecer las cosas. Los ingresos seguirán siendo abundantes, pero podría haber retrasos y complicaciones. Procura dejar cerrada cualquier compra o inversión importante antes del 8. Si no puedes, trata de protegerte lo mejor posible; comprueba que la tienda acepta las devoluciones; lee atentamente la letra pequeña de todos los contratos; haz preguntas; resuelve tus dudas lo mejor que puedas. Después del 8 las finanzas están en revisión; estás en el periodo para reunir datos, para conseguir claridad mental, para explorar maneras de hacer mejoras en tus finanzas. No es un periodo especialmente bueno para realizar cambios.

La entrada de Saturno en tu casa del dinero el 24 refuerza lo que hemos dicho. También sugiere una actitud de «ir con lentitud» en las finanzas. Este traslado de Saturno, que ocurre cada dos o tres años, es importante en las finanzas; indica una tendencia a largo plazo durante los dos próximos años más o menos. Entras en un periodo de consolidación y reorganización financiera; es el periodo para hacer mejor uso de los recursos que tienes, de estirarlos. A veces este aspecto trae nuevas responsabilidades financieras que no se pueden evitar; da la sensación de «estrechez». Pero la verdad es que si cambias un poco las cosas aquí y allá tendrás todos los recursos que necesitas.

Tu tercera casa se hace poderosa el 22. Excelente periodo si eres estudiante; la mente está despejada y aguda y hay éxito en los estudios. Cuando está fuerte la tercera casa, todos nos volvemos estudiantes, sea cual sea nuestra edad o etapa en la vida. El cuerpo mental, verdadero cuerpo, por cierto, exige ser alimentado. Hay ansias y hambre de conocimientos. Es un buen periodo para hacer cursos en temas que te interesan y asistir a charlas, seminarios y talleres. Es bueno también para ponerte al día en las lecturas.

Sagitario

El Arquero
Nacidos entre el 23 de noviembre y el 20 de diciembre

Rasgos generales

SAGITARIO DE UN VISTAZO
Elemento: Fuego

Planeta regente: Júpiter
    Planeta de la profesión: Mercurio
    Planeta del amor: Mercurio
    Planeta de la riqueza y la buena suerte: Júpiter

Colores: Azul, azul oscuro
    Colores que favorecen el amor, el romance y la armonía social: Amarillo, amarillo anaranjado
    Colores que favorecen la capacidad de ganar dinero: Negro, azul índigo

Piedras: Rubí, turquesa

Metal: Estaño

Aromas: Clavel, jazmín, mirra

Modo: Mutable (= flexibilidad)

Cualidades más necesarias para el equilibrio: Atención a los detalles, administración y organización

Virtudes más fuertes: Generosidad, sinceridad, amplitud de criterio, una enorme clarividencia

Necesidad más profunda: Expansión mental

Lo que hay que evitar: Exceso de optimismo, exageración, ser demasiado generoso con el dinero ajeno

Signos globalmente más compatibles: Aries, Leo

Signos globalmente más incompatibles: Géminis, Virgo, Piscis

Signo que ofrece más apoyo laboral: Virgo

Signo que ofrece más apoyo emocional: Piscis

Signo que ofrece más apoyo económico: Capricornio

Mejor signo para el matrimonio y/o las asociaciones: Géminis

Signo que más apoya en proyectos creativos: Aries

Mejor signo para pasárselo bien: Aries

Signos que más apoyan espiritualmente: Leo, Escorpio

Mejor día de la semana: Jueves

La personalidad Sagitario

Si miramos el símbolo del Arquero, conseguiremos una buena e intuitiva comprensión de las personas nacidas bajo este signo astrológico. El desarrollo de la arquería fue el primer refinamiento que hizo la Humanidad del poder de cazar y hacer la guerra. La habilidad de disparar una flecha más allá del alcance normal de una lanza amplió los horizontes, la riqueza, la voluntad personal y el poder de la Humanidad.

Actualmente, en lugar de usar el arco y las flechas proyectamos nuestro poder con combustibles y poderosos motores, pero el motivo esencial de usar estos nuevos poderes sigue siendo el mismo. Estos poderes representan la capacidad que tenemos de ampliar nuestra esfera de influencia personal, y eso es lo que hace Sagitario en todo. Los nativos de este signo siempre andan en busca de expandir sus horizontes, cubrir más territorio y aumentar su alcance y su campo de acción. Esto se aplica a todos los aspectos de su vida: económico, social e intelectual.

Los Sagitario destacan por el desarrollo de su mente, del intelecto

superior, que comprende conceptos filosóficos, metafísicos y espirituales. Esta mente representa la parte superior de la naturaleza psíquica y está motivada no por consideraciones egoístas, sino por la luz
y la gracia de un poder superior. Así pues, a los Sagitario les gusta la
formación superior. Tal vez se aburran con los estudios formales,
pero les encanta estudiar solos y a su manera. El gusto por los viajes
al extranjero y el interés por lugares lejanos son también características dignas de mención.

Si pensamos en todos estos atributos de Sagitario, veremos que nacen de su deseo interior de desarrollarse y crecer. Viajar más es conocer más, conocer más es ser más, cultivar la mente superior es crecer
y llegar más lejos. Todos estos rasgos tienden a ampliar sus horizontes
intelectuales y, de forma indirecta, los económicos y materiales.

La generosidad de los Sagitario es legendaria. Hay muchas razones que la explican. Una es que al parecer tienen una conciencia innata de la riqueza. Se sienten ricos, afortunados, piensan que pueden
lograr cualquier objetivo económico, y entonces creen que pueden
permitirse ser generosos. Los Sagitario no llevan la carga de la carencia y la limitación, que impide a muchas personas ser generosas. Otro
motivo de su generosidad es su idealismo religioso y filosófico, naci-
do de la mente superior, que es generosa por naturaleza, ya que las
circunstancias materiales no la afectan. Otro motivo más es que el
acto de dar parece ser enriquecedor, y esa recompensa es suficiente
para ellos.

Situación económica

Generalmente los Sagitario atraen la riqueza. O la atraen o la generan. Tienen ideas, energía y talento para hacer realidad su visión del
Paraíso en la Tierra. Sin embargo, la riqueza sola no es suficiente.
Desean el lujo; una vida simplemente cómoda les parece algo pequeño e insignificante.

Para convertir en realidad su verdadero potencial de ganar dinero,
deben desarrollar mejores técnicas administrativas y de organización.
Deben aprender a fijar límites, a llegar a sus metas mediante una serie
de objetivos factibles. Es muy raro que una persona pase de los andra-
jos a la riqueza de la noche a la mañana. Pero a los Sagitario les resultan difíciles los procesos largos e interminables. A semejanza de los
nativos de Leo, quieren alcanzar la riqueza y el éxito de manera rápida
e impresionante. Deben tener presente, no obstante, que este exceso
de optimismo puede conducir a proyectos económicos no realistas y a

decepcionantes pérdidas. Evidentemente, ningún signo del zodiaco es capaz de reponerse tan pronto como Sagitario, pero esta actitud sólo va a causar una innecesaria angustia. Los Sagitario tienden a continuar con sus sueños, jamás los van a abandonar, pero deben trabajar también en su dirección de maneras prácticas y eficientes.

Profesión e imagen pública

Los Sagitario son grandes pensadores. Lo quieren todo: dinero, fama, prestigio, aplauso público y un sitio en la historia. Con frecuencia suelen ir tras estos objetivos. Algunos los consiguen, otros no; en gran parte esto depende del horóscopo de cada persona. Pero si Sagitario desea alcanzar una buena posición pública y profesional, debe comprender que estas cosas no se conceden para enaltecer al ego, sino a modo de recompensa por la cantidad de servicios prestados a toda la Humanidad. Cuando descubren maneras de ser más útiles, los Sagitario pueden elevarse a la cima.

Su ego es gigantesco, y tal vez con razón. Tienen mucho de qué enorgullecerse. No obstante, si desean el aplauso público, tendrán que aprender a moderarlo un poco, a ser más humildes y modestos, sin caer en la trampa de la negación y degradación de sí mismos. También deben aprender a dominar los detalles de la vida, que a veces se les escapan.

En el aspecto laboral, son muy trabajadores y les gusta complacer a sus jefes y compañeros. Son cumplidores y dignos de confianza, y disfrutan con las tareas y situaciones difíciles. Son compañeros de trabajo amistosos y serviciales. Normalmente aportan ideas nuevas e inteligentes o métodos que mejoran el ambiente laboral para todos. Siempre buscan puestos y profesiones que representen un reto y desarrollen su intelecto, aunque tengan que trabajar arduamente para triunfar. También trabajan bien bajo la supervisión de otras personas, aunque por naturaleza prefieren ser ellos los supervisores y aumentar su esfera de influencia. Los Sagitario destacan en profesiones que les permitan comunicarse con muchas personas diferentes y viajar a lugares desconocidos y emocionantes.

Amor y relaciones

A los nativos de Sagitario les gusta tener libertad y de buena gana se la dan a su pareja. Les gustan las relaciones flexibles, informales y siempre cambiantes. Tienden a ser inconstantes en el amor y a cambiar con bastante frecuencia de opinión respecto a su pareja. Se sienten amenazados por una relación claramente definida y bien estructurada, ya que esta tiende a coartar su libertad. Suelen casarse más de una vez en su vida.

Cuando están enamorados son apasionados, generosos, francos, bondadosos y muy activos. Demuestran francamente su afecto. Sin embargo, al igual que los Aries, tienden a ser egocéntricos en su manera de relacionarse con su pareja. Deberían cultivar la capacidad de ver el punto de vista de la otra persona y no sólo el propio. Es necesario que desarrollen cierta objetividad y una tranquila claridad intelectual en sus relaciones, para que puedan mantener una mejor comunicación con su pareja y en el amor en general. Una actitud tranquila y racional les ayudará a percibir la realidad con mayor claridad y a evitarse desilusiones.

Hogar y vida familiar

Los Sagitario tienden a dar mucha libertad a su familia. Les gusta tener una casa grande y muchos hijos. Sagitario es uno de los signos más fértiles del zodiaco. Cuando se trata de sus hijos, peca por el lado de darles demasiada libertad. A veces estos se forman la idea de que no existe ningún límite. Sin embargo, dar libertad en casa es algo básicamente positivo, siempre que se mantenga una cierta medida de equilibrio, porque la libertad permite a todos los miembros de la familia desarrollarse debidamente.

Horóscopo para el año 2014*

Principales tendencias

Acabas de salir de un periodo muy social de tu vida. Es posible que hayas iniciado un romance o una relación parecida al matrimonio. Al parecer has conseguido tus objetivos sociales y ahora tu atención

* Las previsiones de este libro se basan en el Horóscopo Solar y todos los signos que derivan de él; tu Signo Solar se convierte en el Ascendente, y las casas se numeran a partir de él. Tu horóscopo personal, el trazado concretamente para ti (según la fecha, hora y lugar exactos de tu nacimiento) podrían modificar lo que decimos aquí. Joseph Polansky

pasa a ayudar a tu cónyuge, pareja o ser amado actual a hacer más dinero. Volveremos sobre este tema.

Sagitario es siempre un gran viajero, sean cuales sean los tránsitos y aspectos. Esa es simplemente su naturaleza. Pero este año, después del 16 de julio, vemos más viajes que de costumbre. Es un año feliz. Logras hacer lo que más te gusta.

La entrada de Júpiter en Leo el 16 de julio es también un aspecto favorable si eres estudiante. Si solicitas la admisión en un instituto de educación superior o universidad hay buenas noticias, buena suerte. Si ya eres estudiante universitario, tienes éxito en los estudios.

En tu vida espiritual ha habido muchos cambios y agitación desde 2011, y la tendencia continúa este año. Haces experimentos en esta faceta, probando una enseñanza, luego otra y luego otra. En el plano espiritual eres como el sanuasin (el mendicante errante en busca de la sabiduría). La búsqueda no ha acabado aún. Muy pronto acabará y te establecerás en un camino y trabajarás con él.

Este año, sobre todo hasta el 16 de julio, se ve un año sexualmente activo. Sea cual sea tu edad o etapa en la vida, hay más interés en lo sexual que de costumbre. Pero este periodo es también fabuloso para la reinvención personal, para dar a luz a tu yo ideal, a tu cuerpo ideal. Es posible que lleves muchos años trabajando a fondo en este tipo de proyecto.

Los hijos o figuras filiales son algo difíciles de manejar en este periodo. Un reto. Esto ha sido así desde 2011. Dales toda la libertad posible mientras esta no sea destructiva. Hablaremos más sobre esto.

Las facetas de mayor interés para ti (y tienes muchas) este año son: las finanzas; el hogar y la familia; los hijos, la creatividad y la diversión; la sexualidad, la reinvención personal, las propiedades, los impuestos y las ciencias ocultas (hasta el 16 de julio); viajes al extranjero, formación superior, la religión y la filosofía (a partir del 16 de julio); las amistades, los grupos y las actividades en grupo (hasta el 26 de julio); la espiritualidad.

Los caminos para tu mayor satisfacción y realización este año son: la sexualidad, la reinvención personal, las propiedades, los impuestos y las ciencias ocultas (hasta el 16 de julio); viajes al extranjero, formación superior, la religión y la filosofía (a partir del 16 de julio); la espiritualidad (hasta el 19 de febrero); las amistades, los grupos y las actividades en grupo (a partir del 19 de febrero).

Salud

(Ten en cuenta que esta es una perspectiva astrológica de la salud, no una médica. Antaño no había ninguna diferencia, ambas eran idénticas, pero en esta época podrían diferir muchísimo. Para una perspectiva médica, por favor, consulta a tu médico o a otro profesional de la salud.)

Este año no está poderosa tu sexta casa, la de la salud, y así es como debe ser. La salud es fundamentalmente buena y no hay ninguna necesidad de prestarle mucha atención. Más o menos puedes dar por descontada la salud.

Sólo hay un planeta lento en alineación desfavorable contigo, Neptuno; los demás o bien te forman aspectos armoniosos o te dejan en paz. Claro que a lo largo del año habrá periodos en que la salud y la vitalidad no estarán a la altura de lo normal; estas cosas se deben a los tránsitos de los planetas rápidos, son situaciones temporales, no tendencias para el año. Cuando acaba el tránsito vuelven la salud y la energía normales. De estas cosas hablaremos en las previsiones mes a mes.

Por buena que sea tu salud, siempre puedes mejorarla. Presta más atención a las siguientes zonas:

El cuello y la garganta: Esto siempre es importante para ti. Recomiendo masajes periódicos en el cuello; la tensión tiende acumularse ahí y es necesario aflojarla. La terapia sacro-craneal es generalmente potente para ti.

Los riñones y las caderas: Estas zonas también son siempre importantes para ti. Se aconseja masaje periódico en las caderas.

El hígado y los muslos: También estas zonas son siempre importantes para ti. Irán bien masajes periódicos en los muslos, y en sesiones de reflexología trabajar los puntos reflejos de estas zonas.

Venus es tu planeta de la salud. Como saben nuestros lectores es un planeta de movimiento rápido. En el año transita por todos los signos y casas del horóscopo. En la salud hay, pues, muchas tendencias a corto plazo que es mejor tratar en las previsiones mes a mes.

El 29 de abril hay un eclipse solar en tu sexta casa. Generalmente esto produce ciertos sustos y cambios drásticos en el programa de salud. Los cambios parecen ser para mejor. Es probable que el susto en la salud sólo sea eso, un susto. La salud es buena.

Venus rige el amor y las actividades sociales; en tu carta es también el planeta de las amistades. Por lo tanto, es muy importante mantener la armonía en tu matrimonio o relación amorosa y en las amistades. Las discordias pueden afectar la salud física. Si surgiera algún problema de salud (no lo quiera Dios), revisa el estado de tus relaciones y restablece la armonía lo más pronto posible.

Hacia el fin del año, el 24 de diciembre, Saturno entrará en tu signo. Esto podría afectar la salud y la energía, pero no es un problema para este año, sino más para 2015 y 2016. Entonces ya profundizaremos más en esto.

Hogar y vida familiar

Tu cuarta casa, la del hogar y la familia, está poderosa este año y continuará estándolo muchos años más. Las cosas que escribimos tendrán lugar a lo largo de estos años.

La acción de un planeta lento como Neptuno tiene más la naturaleza de un «proceso» que de un acontecimiento. Los acontecimientos que ocurren sólo son «fases» de este proceso.

Neptuno en la cuarta casa indica muchas cosas, y todas tienen probabilidades de ocurrir con el tiempo. En primer lugar indica que el círculo familiar, la unidad familiar y las relaciones familiares se refinan, se espiritualizan, se elevan en vibración y tono. Es decir, las cosas se vuelven más «ideales», reflejan mejor el modelo de familia celestial. Pero el camino hacia esto suele ser difícil.

Los familiares se vuelven más espirituales, entran en un camino espiritual. Y si bien esto es bueno, suele generar trastornos de corta duración. Por ejemplo, he visto casos en que un hijo se vuelve «religioso» y el resto de la familia no; este chico trata de imponer las creencias y restricciones religiosas al resto de la familia y esto es causa de discordias. Otras veces ocurre a la inversa, es un progenitor el que entra en el camino, y ocurre lo mismo. Lleva tiempo y paciencia solucionar estos problemas. Vive y deja vivir es la mejor norma, pero no siempre es fácil hacerlo. El resultado final de esto (y este es el programa celeste) es que, a través del chico o el progenitor, los familiares se encuentran ante conceptos y formas de pensar espirituales y se ven obligados a investigar o revisar sus propios conceptos al respecto. Al final todos crecen, pero no siempre de modo armonioso.

La de Neptuno es un tipo de energía muy refinada y elevada. Su posición en la cuarta casa significa que esta energía inunda a la familia. Los familiares se vuelven más sensibles, se sienten heridos más fácilmente. Cosas insignificantes los provocan. Así pues, será necesario tratarlos con más cuidado y sensibilidad. Hay que controlar el tono de la voz y el lenguaje corporal.

La espiritualidad es el problema y la espiritualidad es la solución. Solamente tu comprensión espiritual (no la psicología necesariamente) te ayudará a solventar estos problemas. Neptuno es el planeta de la revelación. Ilumina las cosas y bajo su luz vemos lo bueno, lo malo, lo feo. De ahí la fama de Neptuno para los escándalos. Su luz es impersonal, pero lo que revela a veces puede ser escandaloso.

En ocasiones, este tránsito indica que un progenitor o figura parental abusa de las drogas o el alcohol. Esto lo considera un «atajo» para aliviar el dolor o el sufrimiento, un atajo hacia la trascendencia. Pero con educación espiritual esta persona puede aprender la forma correcta de trascender.

El año pasado hubo probabilidades de mudanza; esto puede ocurrir en la primera mitad de este año también. Te atraen las casas cerca del agua, y esto es una tendencia a largo plazo. Podría convenirte decorar la casa con una pecera (con los peces nadando dentro). Esto se considera una energía saludable en la casa, y también es decorativo, como las obras de arte.

Hay probabilidades de mudanza para los hijos, y esto se ve feliz.

Es posible que los padres o figuras parentales se mudaran el año pasado o en 2012. Este año se ve sin novedades ni cambios en esto.

Los hermanos y figuras fraternas también tienen un año sin novedades en este frente; las cosas tienden a continuar como están.

Los nietos prosperan en la segunda mitad del año, pero no son aconsejables las mudanzas para ellos.

Profesión y situación económica

Tu segunda casa, la del dinero, ha sido casa de poder desde hace muchos años, y continuará siéndolo muchos años más. Tu atención está centrada en las finanzas y esta atención es el 90 por ciento del éxito.

El año se ve próspero, más la primera mitad que la segunda. Hasta el 16 de julio Júpiter le forma aspectos fabulosos a Saturno, tu planeta del dinero. La prosperidad debería continuar después también, pero es probable que tengas que trabajar más en ello.

El 24 de diciembre tu planeta del dinero entrará en tu signo y continuará ahí hasta 2016. Si bien esto es desfavorable para la salud y la energía, es maravilloso para las finanzas. Entrarás en un largo ciclo de prosperidad.

Plutón lleva muchos años transitando por tu casa del dinero. Esto indica que está ocurriendo una desintoxicación cósmica en tu vida financiera. Se extirpan y eliminan las impurezas en la práctica y en la actitud. El Cosmos ha estado trabajando en hacer más sana tu vida financiera, en reducir costos, gastos y derroche. A veces esto ocurre por medios drásticos, como por ejemplo por una especie de experiencia de «casi muerte» financiera, o una muerte real (bancarrota); esto podría haber ocurrido ya, y podría ocurrir en el futuro también. Plutón es muy concienzudo.

Teniendo a Plutón en la casa del dinero el Cosmos te llama a prosperar «eliminando» de la vida financiera cosas que no deben estar en ella. Tal vez hay cosas de sobra: dos cuentas corrientes o de ahorro, dos cuentas de inversiones, demasiados consejeros financieros, demasiados boletines informativos; esto hay que reducirlo. Muchas veces la persona se aferra a posesiones que ya no necesita, que ocupan espacio en el ático, sótano o armarios. De estas cosas hay que liberarse también. La funcionalidad debe ser tu guía; si una cosa no se usa, véndela o dónala a una obra de beneficencia. Haz espacio para lo nuevo y mejor que desea entrar. El cuerpo financiero es tan cuerpo como el cuerpo físico (aunque es invisible); está sujeto a atascos igual que el cuerpo físico. Es necesaria una buena desintoxicación, una buena limpieza de la casa.

Plutón en la casa del dinero indica una capacidad para atraer dinero ajeno, ya sea por préstamo o inversiones. Esta ha sido una tendencia desde hace muchos años, pero este año, y el pasado, es aún más fuerte (Júpiter ha estado en tu octava casa, la que rige estas cosas). Así pues, si tienes buenas ideas, este es un año fabuloso para atraer inversores (la primera mitad del año es mejor que la segunda). Este aspecto suele indicar a una persona que prospera mediante financiación creativa. Has tenido, y tendrás, muchas oportunidades para invertir en propiedades o empresas con problemas y sanearlas y mejorarlas.

Plutón es también el planeta de las herencias, por lo tanto también podría ocurrir esto. Es de esperar que nadie tenga que morir, pero es posible que alguien te recuerde en su testamento o te asigne un puesto administrativo en alguna propiedad.

Plutón está en tu casa del dinero y Júpiter (el señor de tu horóscopo) está en la octava casa. La prosperidad te llegará mientras intentas hacer prosperar a otros. Los intereses financieros de la otra persona (socio o socios) deben estar en primer lugar. Cuando consigues esto llega naturalmente tu prosperidad.

Es posible que te pidan que administres el dinero de otras personas, lo que podría ser la riqueza de una casa, los bienes de una familia o los bienes de una empresa o amistades. Eres muy bueno para este tipo de cosas en este periodo.

Tengo la impresión de que después del 16 de julio te llega un coche y un equipo de comunicación nuevos. Los hermanos y figuras fraternas prosperan entonces y mejorará tu relación con ellos. Tus números favorables para el dinero son el 3, el 10, el 15 y el 21. Este no es un año especialmente fuerte en lo profesional. Tu décima casa está prácticamente vacía (sólo transitan brevemente por ella los planetas rápidos), mientras que tu cuarta casa está fuerte. Me imagino que estás más o menos satisfecho con tu profesión y no tienes ninguna necesidad de hacer cambios importantes. Es un año profesional en que las cosas tienden a continuar como están.

Amor y vida social

Como hemos dicho, vienes de dos años muy fuertes en lo amoroso y social: 2012 y 2013. Es posible que te hayas casado o ya estés en una relación amorosa muy seria. Has conseguido más o menos tus objetivos sociales y el romance no es tan importante como para centrar en él la atención. Este es un año sin novedades en lo romántico. Si estás soltero o soltera lo más probable es que continúes así, y lo mismo vale si estás casado o casada.

Sigues en un periodo sexualmente activo, como el año pasado. Aunque el amor y el sexo son cosas diferentes, esto indica que disfrutas y lo pasas bien.

Si estás soltero o soltera y sin compromiso, se ven muchísimas oportunidades de romance, pero estas relaciones son inestables y no van a llevar a nada serio. Hay probabilidades de aventura amorosa con personas vecinas o del barrio. También vemos actividades *online* o participación en grupos y actividades en grupo que ofrecen oportunidades para aventuras amorosas.

Si estás pensando en un segundo matrimonio, hay romance y oportunidad de boda después del 16 de julio. Esta se ve feliz.

Si estás pensando en un tercer matrimonio, vemos aventuras amorosas, pero la estabilidad es dudosa.

Mercurio es tu planeta del amor. Como saben nuestros lectores, es un planeta de movimiento muy rápido; sólo la Luna es más rápida. Durante el año transita por todos los signos y casas del horóscopo, por lo tanto en el amor hay muchas tendencias a corto plazo que dependen de dónde está Mercurio y de los aspectos que recibe. De estas tendencias hablaremos en las previsiones mes a mes.

Tener a Mercurio como planeta del amor significa que el amor y el romance pueden llegar en una gran variedad de lugares o entornos y a través de una gran variedad de personas. Tus gustos y necesidades en el amor cambian muy rápido, de ahí que algunos te consideren «inconstante».

Si bien el amor parece estar en un lugar secundario para muchos Sagitario, las amistades, los grupos y actividades en grupo son importantes y placenteras. Vemos muchos tipos de actividades de ocio con grupos, de teatro, o de diversión.

Los hermanos y figuras fraternas tienen amor este año, después del 16 de julio. Para el que esté soltero, hay muchas posibilidades de boda.

Los padres y figuras parentales tienen un año sin novedades ni cambios en el amor.

Los hijos y figuras filiales (que están en edad) son muy activos socialmente este año, en especial hasta el 16 de julio. Se huele el amor. Van en pos de lo que desean y al parecer lo obtienen. Gozan de una extraordinaria popularidad en este periodo.

Los nietos que están en edad (o quienes hacen ese papel en tu vida) tienen un fuerte año amoroso después del 16 de julio. Hay romance serio en el ambiente para ellos.

Los números favorables para el amor son el 1, el 3, el 6, el 8 y el 9.

Progreso personal

Tu planeta del dinero entró en Escorpio, tu casa doce, en octubre de 2012. Desde entonces ha estado en «recepción mutua» con Plutón y esta es la situación este año. Dos planetas en recepción mutua se consideran amigos, atentos y colaboradores; cada uno es huésped en el signo y casa del otro. Dicho de otra manera, Plutón, tu planeta de la espiritualidad, está en recepción mutua con Saturno, tu planeta del dinero. Por lo tanto, tu espiritualidad te sirve en la vida financiera y tu vida financiera te sirve para crecer espiritualmente. Muchas personas piensan que estas dos facetas están en conflicto; cada una parece, en la superficie, poco ética con respecto a la otra. Pero esto no te ocurre a ti.

Mi interpretación de esto es que vas a profundizar en las dimensiones espirituales de la riqueza, tema importantísimo.

Muchas personas están esclavizadas por el dinero, debido a falta de comprensión de lo que es el dinero. Muchas no realizan sus verdaderas finalidades en la vida debido a bloqueos financieros (o lo que ellas consideran bloqueos). Esto lo he visto muchas veces. Una persona que debería pintar piensa que no puede permitírselo o no puede triunfar en ese campo, así que debido a esto opta por una profesión inferior. En esto no sólo hay una omnipresente sensación de inquietud sino que además privan al mundo de ver su talento único. Esto lo veo en muchos otros campos también. El músico trabaja de taxista o de contable. No hay nada malo en ser taxista o contable, pero esa no es su finalidad.

Mientras no entendamos el dinero y su fuente no conoceremos nunca la verdadera libertad financiera y nunca lograremos nuestras finalidades en la vida.

Estos años anteriores el Cosmos te ha abierto las puertas en esta faceta. De ti depende cruzar el umbral. El Cosmos no te obligará.

Que la Divinidad (o Espíritu) es la fuente de todo aprovisionamiento es uno de los mensajes principales de todas las Escrituras Sagradas (de la occidental ciertamente, y estoy casi seguro de que también lo encontraremos de la oriental). Afortunadamente, Sagitario, más que muchos, entiende esto. Una vez que la persona aprende a acceder a esta fuente de aprovisionamiento siempre presente, tiene abiertas las puertas de la riqueza. Con frecuencia las puertas están cerradas en el plano tridimensional; no es mucho lo que se puede hacer en ese plano. Pero las puertas espirituales están siempre abiertas para quienes las entienden.

Siempre puedes permitirte dedicarte a tu verdadera finalidad, al verdadero deseo de tu corazón.

Ya sabes mucho acerca de las dimensiones espirituales de la riqueza, pero este año vas a profundizar más. Lee todo lo que puedas sobre el tema; transformará toda tu vida.

Previsiones mes a mes

Enero

Mejores días en general: 7, 8, 17, 18, 26, 27
Días menos favorables en general: 5, 6, 12, 13, 19, 20
Mejores días para el amor: 1, 2, 9, 10, 11, 12, 13, 19, 20, 22, 23, 28, 29, 30, 31
Mejores días para el dinero: 1, 2, 5, 6, 14, 15, 24, 25, 28, 29
Mejores días para la profesión: 1, 2, 10, 11, 19, 20, 22, 23, 30, 31

Comienzas el año con la mayoría de los planetas en el sector oriental o independiente de tu carta. Estás, pues, totalmente en medio de un periodo de independencia personal; tienes el poder para cambiar las condiciones a voluntad y para diseñar tu vida de la forma que desees. Tienes el poder, sin duda, pero el problema es que al estar Júpiter retrógrado no sabes muy bien qué deseas ni qué deseas crear. Es como si estuvieras instalado en un coche deportivo de alta potencia, con el tanque lleno de gasolina pero sin mapa de carreteras ni GPS. Puedo ir a cualquier parte, pero ¿adónde debo ir? ¿Cómo llegar allí? En estas situaciones, lo primero que hay que hacer es esclarecer la mente; reunir datos. Es bueno hacer introspección; pide orientación al Poder Superior; la recibirás.

La mayoría de los planetas están bajo el horizonte de tu carta; domina la mitad inferior. Así pues, haz todo lo que es necesario hacer en tu profesión, pero pon la mayor parte de tu atención en el hogar, la familia y tu bienestar emocional. Lo principal ahora es encontrar tu punto de armonía emocional para funcionar a partir de ella. Una vez que la tengas, todas las demás cosas encajarán. Este es un periodo para trabajar en tu profesión y objetivos externos con los métodos de la noche, no con los del día. Durante la noche la mente más profunda sueña con lo que hará al día siguiente; visualiza todo lo que va a ocurrir (aunque no seamos conscientes de esto) y esto es lo que ocurre durante el día. Esfuérzate en «entrar» en el estado que deseas conseguir y «siéntete» como si ya lo hubieras conseguido. Esto es un trabajo interior. Cuando llegue el periodo para tu próximo empuje profesional, los actos se te darán naturalmente.

Comienzas el año en medio de una cima financiera anual, así que este mes es muy próspero. Saturno, tu planeta del dinero, recibe aspectos hermosos hasta el 20. Tu intuición financiera se emplea a fondo; cuando funciona la intuición la vida financiera es más un baile que un trabajo pesado; es rítmica y bella. Dinero que sale, dinero que entra. Acabas una tarea y llega otra. El dinero que llega es feliz y honrado. Los años anteriores han sido iniciaciones en la dimensión espiritual de la riqueza y la iniciación continúa este mes.

Mercurio, tu planeta del amor, está «fuera de límites» hasta el 8. Tu vida social, tu relación actual, te llevan fuera de tus límites normales. Pero nadie maneja esto mejor que Sagitario. Si estás soltero o soltera buscas el amor en lugares «no corrientes». Hasta el 11 las oportunidades románticas se presentan cuando estás atendiendo a tus objetivos financieros normales y con personas relacionadas con tus finanzas. La riqueza y los regalos materiales son excitantes románticos. Las personas adineradas de tu vida podrían hacer de casamenteras. El 11 tu planeta del amor entra en tu tercera casa, y esto cambia la actitud hacia el amor y las necesidades; la riqueza pierde importancia, tienes muchísima. Deseas una persona con la que puedas conectar intelectualmente, una persona que comparta tus ideas, con la que te resulte fácil conversar. A partir del 11 la vida amorosa mejora espectacularmente. El mundo *online* presenta oportunidades románticas. Las charlas, seminarios y talleres son agradables por sí mismas, pero también conducen a oportunidades románticas.

Febrero

> *Mejores días en general:* 3, 4, 13, 14, 22, 23
> *Días menos favorables en general:* 1, 2, 8, 9, 15, 16, 17, 28
> *Mejores días para el amor:* 1, 5, 6, 7, 8, 9, 10, 16, 17, 19, 24, 25, 26, 27
> *Mejores días para el dinero:* 1, 2, 10, 11, 12, 20, 21, 24, 25, 28
> *Mejores días para la profesión:* 1, 10, 15, 16, 17, 19, 26, 27

La salud es fundamentalmente buena este mes, pero después del 18 es necesario prestarle más atención. No hay nada malo, sólo las dificultades temporales causadas por los planetas rápidos. Lo más importante es descansar lo suficiente. Puedes fortalecer la salud prestando más atención a la columna, las rodillas, la dentadura, los huesos, la piel y la alineación esquelética general. Masajes periódicos en la espalda y las rodillas serán potentes. Podría convenirte también una visita a un quiropráctico o a un osteópata.

Estás en un año esencialmente próspero, pero hasta el 18 menos que de costumbre. Ten paciencia. Después del 18 los ingresos nuevamente suben por las nubes. La intuición financiera es más fuerte que el mes pasado. Puede que sea estirar algo las cosas, pero podríamos decir que estás en otra cima financiera anual.

El elemento agua ha estado fuerte desde hace unos meses, pero el 18 está aún más fuerte. El agua, el lado sensible de las cosas, no es tu elemento nativo; no te sientes a gusto en él. Las personas están más sensibles; pueden provocarlas cosas insignificantes, cosas que se hacen o dicen tal vez sin intención. Tenías cierta expresión en la cara cuando dijiste tal o cual cosa, o el tono de tu voz no era el apropiado, o tal vez pusiste los ojos en blanco en un momento inoportuno; lo que considerabas simple sinceridad se considera crueldad. Ten más cuidado en este periodo; un poco de comprensión y tacto puede ahorrarte muchísimas penas después.

El amor es más complicado este mes. Mercurio, tu planeta del amor, inicia movimiento retrógrado el 6. Podría parecer que el amor retrocede, pero sólo en apariencia. Es sencillamente el periodo para hacer revisión de la vida amorosa para ver en qué se puede mejorar. No es un periodo para tomar decisiones importantes en el amor ni en uno ni en otro sentido. Te falta dirección (Júpiter está retrógrado) y lo mismo vale para el ser amado. No hay ningún conflicto ni antagonismo, sino sólo falta de dirección. Da la impresión de que el amor «no va a ninguna parte». Eso está bien. Por cierto, no tiene por qué ir a alguna parte en este periodo. Deja que se desarrolle a su aire.

Mercurio es también tu planeta de la profesión. En este caso el movimiento retrógrado es positivo; este mes el poder está en la cuarta casa, la del hogar y la familia, y en esa faceta debes tener centrada la atención. Puedes poner la profesión en segundo plano.

Hacia fin de mes el Sol forma aspectos hermosos a Júpiter; esto trae felices oportunidades de viaje. Es un buen aspecto también si eres estudiante (universitario), ya que indica éxito en los estudios.

Marzo

Mejores días en general: 3, 4, 12, 13, 22, 23, 30, 31
Días menos favorables en general: 1, 2, 7, 8, 15, 16, 28, 29
Mejores días para el amor: 7, 8, 17, 18, 19, 26, 27, 28, 29
Mejores días para el dinero: 1, 2, 10, 11, 19, 20, 24, 25, 28, 29
Mejores días para la profesión: 7, 8, 15, 16, 19, 28, 29

Parece que te perdiste el periodo de independencia personal. Estando Júpiter retrógrado desde comienzos del año ha sido difícil crear condiciones a tu gusto o cambiarlas. Ahora bien, el problema, como hemos dicho, era falta de claridad, no de poder (y ciertamente no de dinero). Este mes, el 6, Júpiter retoma el movimiento directo, pero el poder planetario se traslada a tu sector occidental. Ahora el problema es falta de poder, no de dirección o claridad. A veces las cosas ocurren así. Tu próximo periodo de independencia, que comenzará en septiembre, será diferente; tendrás el poder y la dirección. Mientras tanto, adáptate a las situaciones lo mejor posible y trabaja en cultivar las dotes sociales.

El poder planetario está en su posición inferior máxima, en el punto más bajo de tu carta. Esto comenzó el 18 del mes pasado y continúa hasta el 20 de este mes. Es la hora mágica de medianoche en tu año; ocurren cosas poderosas bajo la superficie, en los planos interiores de tu ser, pero aún no se manifiestan externamente. Tu tarea es simplemente dejar que se acumule el poder en tu interior; no estorbes este bello proceso preocupándote o teniendo miedo. Ten la seguridad de que lo interior se exteriorizará a su debido tiempo. Ese es el modo de la naturaleza.

Este es un mes para hacer progreso psíquico. Aumenta muchísimo tu percepción de los estados de ánimo, los sentimientos y tu historia pasada. Con esta percepción llega la curación emocional. Opiniones o juicios que te habías formado acerca del pasado ahora los ves bajo otra luz. La historia se reescribe y de una manera favorable más sana (los hechos no cambiam, pero sí cambia tu interpretación de estos hechos).

Este es un periodo para poner en orden la vida doméstica y familiar. Ser buen padre o madre ahora es estar presente para los hijos y los demás familiares (o para aquellas personas que tienen ese papel en tu vida).

Las finanzas continúan excelentes este mes. La única pega es que Saturno inicia movimiento retrógrado el 2. Esto no va a impedir que lleguen ingresos, pero va a enlentecer un poco las cosas. Saturno estará retrógrado varios meses. No puedes sencillamente parar tu vida financiera, pero sí puedes tener más cuidado en tus tratos financieros. Analiza detenidamente tus posibles compras o inversiones; sé todo lo perfecto que puedas en tus gestiones financieras; esfuérzate en comunicarte mejor en estas cosas; evita los atajos (y te encantan los atajos), pues son ilusorios. Los errores financieros sólo retrasan los objetivos.

Hasta el 20 sigue siendo necesario prestar atención a la salud. Este mes puedes fortalecerla de las maneras mencionadas en las previsiones para el año y las explicadas el mes pasado. Además, después del 6 fortalece la salud dando más atención a los tobillos y pantorrillas; deberías darles masajes periódicos, y dar más protección y apoyo a los tobillos.

Abril

Mejores días en general: 8, 9, 10, 18, 19, 26, 27
Días menos favorables en general: 3, 4, 5, 11, 12, 24, 25
Mejores días para el amor: 3, 4, 5, 6, 7, 8, 16, 17, 18, 19, 24, 25, 29, 30
Mejores días para el dinero: 6, 7, 16, 17, 20, 21, 24, 25
Mejores días para la profesión: 7, 8, 11, 12, 18, 19, 29, 30

Este es un mes esencialmente feliz. El 20 del mes pasado entraste en una cima anual de placer personal, que continúa hasta el 20 de este mes. Es un periodo de fiestas en tu año. La salud está mucho mejor también.

A partir del 6 fortalece la salud prestando más atención a los pies; unos masajes periódicos en los pies harán maravillas. Los métodos espirituales de curación también son muy potentes después del 6.

Este mes sería francamente idílico si no fuera por los dos eclipses. Estos van a agitar al mundo en general y a crear ciertos cambios necesarios en tu mundo.

El eclipse lunar del 15 ocurre en tu casa once; se ponen a prueba las amistades. Hay dramas en la vida de personas amigas. Se ponen a prueba las relaciones amorosas de los hijos (los que están en edad). El ordenador y el equipo de comunicación se vuelven temperamentales y es posible que haya que cambiarlos. Todos los eclipses lunares tienden a traer encuentros psíquicos con la muerte, y este no es diferente; es el periodo para adoptar una actitud más sana, menos temerosa, hacia la muerte. Te conviene conducir con más prudencia y evitar las actividades que entrañan riesgo. El cónyuge, pareja o ser amado actual se ve obligado a hacer cambios financieros drásticos (esto es un proceso de seis meses). También afecta a los hijos y figuras filiales; hay que protegerlos de situaciones peligrosas. No hace ninguna falta que se lancen a hacer hazañas temerarias durante el periodo del eclipse. También hacen importantes cambios en su cuerpo e imagen, se redefinen para sí mismos y para el mundo.

El eclipse solar del 29 ocurre en tu sexta casa. Por lo tanto, podría haber cambios en el trabajo; este cambio podría ser dentro de la empresa en que trabajas o cambio a otra empresa. En general, hay inestabilidad en el lugar de trabajo. Si eres empleador verás cambio de personal. Podría haber sustos relativos a la salud, aunque lo más probable es que sólo sean eso, sustos. También hay cambios importantes en el programa de salud y la dieta (a lo largo de seis meses). Si eres estudiante universitario haces importantes cambios en tus planes de estudios. A veces esto significa cambio de asignatura principal o de escuela. También podría haber cambios en la administración de la escuela; tal vez se hace necesario cambiar la estrategia. Tu sistema de creencias es puesto a prueba por la «realidad de la vida». Esto es bueno cuando ocurre pero no siempre es agradable. Es bueno revisar periódicamente el sistema de creencias, para perfeccionarlo. Sagitario es famoso por su gusto de viajar, pero en este periodo es mejor evitar los viajes innecesarios.

Mayo

Mejores días en general: 6, 7, 15, 16, 24, 25
Días menos favorables en general: 1, 2, 8, 9, 10, 21, 22, 28, 29
Mejores días para el amor: 1, 2, 6, 11, 12, 13, 14, 19, 20, 24, 25, 28, 29, 30
Mejores días para el dinero: 3, 4, 5, 13, 14, 17, 18, 21, 22, 31
Mejores días para la profesión: 8, 9, 10, 11, 12, 19, 20, 29, 30

Este mes los planetas rápidos llegarán a su posición occidental máxima. La capacidad personal siempre importa, pero en este periodo es más importante la «simpatía», la capacidad de caer bien, la capacidad de llevarse bien con los demás. Ambas cualidades son iguales en importancia, pero en diferentes periodos es más importante una que la otra. El Genio Cósmico, a través de sus mensajeros los planetas, se encarga de que desarrollemos los dos lados de nuestra naturaleza de modo equilibrado. Un exceso de atención al yo y sus intereses muchas veces es un estorbo para nuestros intereses. Por lo tanto, nos conviene tomarnos unas vacaciones de nosotros mismos y centrar la atención en los demás. Curiosamente, cuando hacemos esto, se satisfacen nuestras necesidades de modos interesantes.

El 21, cuando el Sol entra en tu séptima casa, comienzas una cima social y amorosa anual. La vida social en general se vuelve más activa, aumentan las invitaciones, hay más bodas, fiestas de exhibición de ajuares y regalos, fiestas de despedida de solteros. Y si buscas romance es más probable que lo encuentres. Los acontecimientos tienden a ser consecuencia de nuestro interés y atención.

Mercurio, tu planeta del amor, avanza raudo este mes, transita por tres signos y casas del horóscopo. La confianza social es buena; haces rápido progreso hacia tus objetivos. Pero esto también indica muchos cambios en tus actitudes y necesidades en el amor. Tratándose de amor, resulta más difícil «entenderte». Hasta el 7 te atraen personas que sirven a tus intereses; así es como te sientes amado y así demuestras tu amor. El amor es práctico, una forma de servicio mutuo; las oportunidades amorosas se presentan en el lugar de trabajo o cuando estás atendiendo a tus objetivos de salud. El 7 Mercurio entra en tu séptima casa, la del amor romántico. Entonces es más importante el romance; te gustan los paseos por la playa a la luz de la luna, las flores, las expresiones creativas del amor. Es el sentimiento de amor lo que más importa. Las oportunidades amorosas se presentan en los lugares habituales, fiestas y reuniones. El 29 Mercurio entra en tu octava casa y entonces lo más importante es el magnetismo sexual; una buena compatibilidad sexual cubre muchos pecados en la relación.

Del 12 al 31 tu planeta del amor está «fuera de límites». Esto es muy interesante; indica que sales de tu esfera normal en busca del amor; exploras territorios desconocidos. A veces esto es lo que se necesita; hay que salir de la rutina, abrirse a nuevas ideas y experiencias.

A partir del 21 necesitas prestar más atención a la salud. Como siempre, lo más importante, procura descansar lo suficiente. La energía elevada es la primera línea de defensa contra la enfermedad. Del 3 al 29 puedes fortalecer también la salud con masajes en el cuero cabelludo. Hasta el 3 a más atención a los pies. Después del 29 da más atención al cuello y la garganta; masajes en el cuello y la terapia sacrocraneal serán potentes.

Junio

Mejores días en general: 2, 3, 12, 13, 20, 21, 29, 30
Días menos favorables en general: 5, 6, 18, 19, 24, 25, 26
Mejores días para el amor: 1, 5, 6, 9, 10, 14, 15, 17, 23, 24, 25, 26
Mejores días para el dinero: 1, 9, 10, 11, 14, 15, 18, 19, 27, 28
Mejores días para la profesión: 1, 5, 6, 9, 10, 17, 25, 26

Hasta el 21 sigue siendo necesario estar atento a la salud; repasa lo que hablamos el mes pasado. Hasta el 23 continúa fortaleciéndola con masajes en el cuello. Haz todo lo posible por mantener bien alineadas las vértebras cervicales; no permitas que se te acumule tensión en la nuca. Si tienes tendencia a lo esotérico, entonar mantras será muy beneficioso; el cuerpo responde al sonido más de lo habitual. Después del 23 fortalece la salud con masajes en los brazos y hombros; los ejercicios de respiración son beneficiosos.

Hasta el 21 continúas en una cima social y amorosa anual. Pero este mes el amor se vuelve más complicado, a partir del 7: ese día tu planeta del amor inicia movimiento retrógrado (este mes aumenta la actividad retrógrada en general). Sin duda desde el mes pasado has conocido a más personas, encontrado nuevas perspectivas románticas, hecho nuevas amistades. Ahora llega el periodo para hacer revisión, alejarse unos pasos para ver si estas nuevas relaciones son las que realmente deseas; es el periodo para aminorar la marcha en el amor y no precipitar las cosas.

El 21 del mes pasado el poder planetario se trasladó desde la mitad inferior de tu carta a la superior; el 23 de este mes el dominio de la mitad superior se hace más fuerte aún; el 60 y a veces el 70 por ciento de los planetas están en la mitad superior de tu carta, el hemisferio de la profesión y los asuntos externos. Neptuno, tu planeta de la familia, inicia movimiento retrógrado el 9. El mensaje es muy claro: los asuntos domésticos y familiares necesitan tiempo para resolverse; no es mucho lo que se puede hacer. Centra la atención en tu profesión y tu vida externa. Mercurio es también tu planeta de la profesión, realiza dos funciones en tu horóscopo; por lo tanto, su movimiento retrógrado sugiere la necesidad de analizar más detenidamente tus oportunidades profesionales. Deberás llevar los asuntos profesionales con más cuidado y atención a los detalles. Concéntrate en la profesión, pero avanza lenta y metódicamente.

El 21 el Sol entra en Cáncer, tu octava casa; este es un periodo más activo sexualmente. Lo que va de año ha sido sexualmente activo, pero ahora lo es más aún. Sea cual sea tu edad o fase en la vida, la libido está más fuerte. A partir del 21 aumenta la prosperidad también; Saturno, tu planeta del dinero, comienza a recibir aspectos muy positivos. El único problema en lo financiero es que Saturno continúa retrógrado; siguen llegando mayores ingresos, pero hay más retrasos y contratiempos. Paciencia, paciencia, paciencia. Finalmente las cosas marcharán. La prosperidad sería mayor si Saturno estuviera en movimiento directo, pero dada la situación, está bien. El cónyuge, pareja o ser amado actual también prospera; esta persona entra en una cima financiera anual el 21.

La salud y la energía general mejoran muchísimo a partir del 21.

Del 21 al 26 tómate las cosas con calma; ten más prudencia al conducir y evita las actividades que entrañan riesgo. Júpiter, el señor de tu horóscopo, transita por un punto de eclipse esos días.

El 5 y el 6 Venus transita por un punto de eclipse; esto podría producir trastornos en el trabajo e inestabilidad en el lugar de trabajo. A veces trae sustos relativos a la salud, pero no hace falta aterrarse: busca otras opiniones.

Julio

Mejores días en general: 1, 9, 10, 17, 18, 27, 28
Días menos favorables en general: 2, 3, 15, 16, 22, 23, 29, 30, 31
Mejores días para el amor: 4, 5, 6, 13, 14, 22, 23, 24, 25
Mejores días para el dinero: 7, 8, 11, 12, 15, 16, 17, 24, 25, 27
Mejores días para la profesión: 2, 3, 5, 6, 13, 14, 24, 25, 29, 30 31

Este mes hay muchos cambios importantes y positivos en tu horóscopo y, por lo tanto, en tu vida. El señor de tu horóscopo, Júpiter, hace el traslado que realiza una vez al año; sale de Cáncer, entra en Leo y forma un aspecto muy armonioso contigo. Siempre te ha gustado viajar, pero ahora más aún; este mes (y en lo que queda de año) se ven muchos viajes al extranjero.

Saturno, tu planeta del dinero, retoma el movimiento directo el 20, después de meses de movimiento retrógrado. Sigue recibiendo aspectos muy positivos, así que este mes es muy próspero. Los tratos o pagos atascados se desatascan. Vuelve la confianza financiera. Es de esperar que hayas aprovechado los meses anteriores para aclarar tus objetivos y planes financieros. Ahora puedes ponerlos por obra, después del 20. La conjunción del Sol con Júpiter, del 24 al 27, se ve especialmente próspera. Hay suerte en las especulaciones y buena suerte financiera en general. La Luna nueva del 26 es particularmente afortunada.

La novena es tu casa natural; el poder que hay en ella después del 23 es muy agradable para ti; el Cosmos te impulsa a hacer lo que más te gusta: viajar, formarte y profundizar en la religión y la filosofía.

La salud es buena este mes, pero después del 23 notarás más bienestar. Si has tenido algún problema de salud recibirás buenas noticias al respecto. Tal vez el mérito se lo lleve algún médico o terapeuta, pero lo que realmente ha ocurrido es que el poder planetario cambió de posición a tu favor; todo lo demás fue simple efecto secundario de esto. Hasta el 18 puedes fortalecer aún más la salud prestando más atención a los brazos, hombros, pulmones y sistema respiratorio; masajes periódicos en los brazos y hombros son excelentes. Después del 18 da más atención al estómago; si eres mujer da más atención a los pechos también; la dieta es importante para la salud en ese periodo. Después del 18 son especialmente potentes los regímenes de desintoxicación (podría convenirte una desintoxicación de los riñones).

El amor no es tan activo como en los meses anteriores, pero va bien. Tu planeta del amor está en movimiento directo, así que hay más claridad en estos asuntos; las decisiones sociales tendrían que ser mejores. Hasta el 13 el amor es romántico, y las oportunidades amorosas se presentan en los lugares habituales: fiestas y reuniones. Después del 13 lo más importante es el magnetismo sexual.

Agosto

Mejores días en general: 5, 6, 13, 14, 23, 24
Días menos favorables en general: 11, 12, 18, 19, 25, 26, 27
Mejores días para el amor: 3, 4, 5, 6, 12, 13, 14, 15, 18, 19, 23, 24, 25, 26
Mejores días para el dinero: 3, 4, 5, 7, 8, 11, 12, 13, 14, 20, 21, 22, 23, 24, 30, 31
Mejores días para la profesión: 5, 6, 14, 15, 25, 26, 27

Tu novena casa adquirió mucho poder el 22 del mes pasado, y este mes se hace más poderosa aún, en especial hasta el 23.

La novena casa (y el signo Sagitario) tiene tres grados de significado. El primero y más básico es el del estilo de vida «jet set»: la persona que a mediodía come en París, cena en Viena y al día siguiente se marcha a Londres a los Juegos Olímpicos. No hay nada malo en esto, pero sólo es la característica más básica de la novena casa. El segundo significado es el del académico, el catedrático o profesor de universidad, el guardián y dispensador de formación superior, una función muy importante. El tercero es el de sacerdote; esta es la persona que no sólo enseña los conocimientos superiores, sino que también actúa como mediador entre lo Divino y lo mundano. Si analizamos las cartas de la clase sacerdotal (en esta incluyo sacerdotes, pastores religiosos, rabinos, imanes, monjes y swamis o gurús hindúes), apostaría que hay un número desproporcionado de Sagitarios entre estas personas y/o desproporción en el peso del poder de la novena casa. Sagitario tiene una inclinación natural hacia estas cosas.

Así pues, aparte de todos los viajes que haces, habrá un interés más intenso en la formación superior, la religión y la filosofía. Es un periodo fabuloso para el estudio de las Escrituras (de la religión a la que perteneces, sea cual sea). Habrá progreso filosófico y religioso. Habrá felices oportunidades educativas. Si eres estudiante universitario te irá mejor en los estudios y si solicitas la admisión en una universidad recibirás buenas noticias.

A Sagitario le gusta la vida nocturna como al que más, pero este mes una interesante conversación teológica o la charla de una figura religiosa de visita podría ser más atractiva.

Tras cada miembro de la «jet set» se esconde un sacerdote o profesor secreto.

El otro titular del mes es tu cima profesional anual; esta comienza el 23. También aquí se ve un viaje. De hecho, tu buena disposición a viajar y a orientar o enseñar a las personas subordinadas a ti es un factor importante en tu éxito (conocer a las personas convenientes y asistir a las fiestas o reuniones convenientes no te hará ningún daño tampoco, en especial después del 15).

Las finanzas están algo más difíciles hasta el 23; no pasa nada serio, pero tienes que trabajar más arduo para conseguir tus objetivos financieros. Esto también podría deberse a que concentrarte en los viajes, la religión y la educación te distrae de las finanzas. De todos modos, tendrías que ver mucha mejoría después del 23.

Después del 23 es necesario prestar más atención a la salud. Hasta el 12 fortalécela dando más atención al estómago y la dieta; si eres mujer debes dar más atención a los pechos también. Después del 12, al corazón y a la circulación en general.

Septiembre

Mejores días en general: 2, 3, 10, 11, 19, 20, 29, 30
Días menos favorables en general: 8, 9, 14, 15, 22, 23
Mejores días para el amor: 2, 3, 4, 12, 13, 14, 15, 20, 21, 23, 28
Mejores días para el dinero: 1, 2, 3, 4, 5, 8, 9, 10, 11, 17, 18, 19, 20, 27, 28, 29, 30
Mejores días para la profesión: 4, 12, 20, 21, 22, 23, 28

Los dos meses pasados han sido de inmensa expansión mental y filosófica. La novena casa estaba súper cargada de energía planetaria. La consecuencia natural de la expansión mental y filosófica es el éxito profesional. Este comenzó el 23 del mes pasado y continúa este mes. Continúas bien instalado en una cima profesional anual y hay mucho éxito. Neptuno, tu planeta del hogar y la familia, continúa retrógrado, así que sigue siendo aconsejable dejar estar los asuntos familiares por un tiempo (de todos modos, no es mucho lo que puedes hacer) y centrar la atención en la profesión.

Aunque gozas de mucho éxito profesional en este periodo, no es nada comparado con el que tendrás el año que viene; esto sólo es un ensayo.

Como el mes pasado, necesitas prestar atención a la salud, hasta el 23. Procura descansar lo suficiente. Sagitario tiene la tendencia de considerar su cuerpo con demasiado optimismo y a veces le exige sobrepasar sus límites naturales. Este no es un periodo para eso. Hasta el 5 fortalece la salud dando más atención al corazón y la circulación, y a los pechos si eres mujer; conviene dar masajes en el pecho. Después del 5 da más atención al intestino delgado. Lo bueno es que cuando tu planeta de la salud cruce tu mediocielo el 5, estarás más atento a la salud. A partir del 5, afectarían a tu salud los problemas con los jefes, los padres o las figuras parentales o los ataques a tu fama profesional. Si surgiera un problema (no lo permita Dios) haz todo lo posible por restablecer la armonía cuanto antes. Afortunadamente, la profesión se ve bien y esto es positivo para la salud. Después del 23 mejorarán la salud y la energía.

El amor también se ve bien este mes. Mercurio, tu planeta del amor, avanza raudo. Esto indica mucho progreso en una relación actual y mucha confianza social. Haces rápido progreso hacia tus objetivos sociales. Mercurio transita por tres signos y casas, pero la mayor parte del mes, del 2 al 28, la pasará en Libra, tu casa once. Si estás soltero o soltera esto significa amor y oportunidades románticas en el mundo *online*, en los sitios de contactos sociales o citas. También indica oportunidades cuando estás en grupo, participando en actividades en grupo y en organizaciones profesionales. Una persona amiga desea ser algo más. Este mes la amistad debería preceder al romance. Antes de iniciar un romance espera a conocer a la otra persona como amiga.

El 5 el poder planetario ya estará en el sector oriental o independiente de tu carta. Entras en un periodo de mayor independencia personal. Además, ahora Júpiter, el señor de tu horóscopo, está en movimiento directo. Así pues, por primera vez este año tienes tanto el poder como la dirección para cambiar las condiciones desagradables. Sabes lo que es necesario cambiar y tienes el poder para hacerlo. Ya no necesitas adaptarte a las situaciones. Diseña tu vida según tus especificaciones. El maestro cósmico desea que desarrolles tu independencia, tu inicitiva y tus capacidades. Es el periodo para valerte por ti mismo.

Octubre

Mejores días en general: 7, 8, 16, 17, 18, 26, 27
Días menos favorables en general: 5, 6, 12, 13, 19, 20
Mejores días para el amor: 3, 5, 6, 12, 13, 22, 23, 31
Mejores días para el dinero: 1, 2, 5, 6, 7, 8, 14, 15, 17, 18, 24, 25, 26, 27, 28, 29
Mejores días para la profesión: 5, 6, 13, 19, 20, 22, 23, 31

Tu casa once se hizo poderosa el 23 del mes pasado y continúa poderosa hasta el 23 de este mes. Estás, pues, en un fuerte periodo social.

La consecuencia natural del éxito profesional es una mejor vida social. Conoces a personas que están en la cima, personas de mentalidad e intereses similares. Comprendes el valor de la amistad y de la red de contactos sociales. Las amistades que haces ahora son personas que apoyan tus más acariciados deseos y esperanzas; esta es la definición de amistad desde el punto de vista astrológico. Una persona que te sonríe y parece amistosa, pero que no te desea estas cosas, no es una verdadera amiga.

El 23 el Sol entra en tu casa doce y tú entras en uno de los periodos más espirituales del año. El 40 y a veces el 50 por ciento de los planetas o están en esta casa o transitarán por ella este mes.

Pero el principal titular de este mes son dos eclipses. Estos siempre producen dramas en el mundo.

El eclipse lunar del 8 ocurre en tu quinta casa y afecta a los hijos o figuras filiales; en los seis próximos meses harán cambios personales importantes. Se redefinen, redefinen su personalidad y concepto de sí mismos. Dentro de unos meses presentarán toda una nueva imagen al mundo. Deben evitar las actividades que entrañen riesgo durante el periodo del eclipse. Este eclipse hace impacto en Urano y Plutón, más directamente en Urano. Por lo tanto, se ponen a prueba los coches y el equipo de comunicación; es posible que sea necesario reemplazarlos. Además, durante el periodo de este eclipse te conviene conducir con más prudencia, y estar más atento. El impacto sobre Plutón afecta a tu vida espiritual, a tu actitud, método, práctica y enseñanza. Estas cosas pasan por un «control de realidad»; habrá cambios importantes en los próximos meses. Todos los eclipses lunares traen encuentros psíquicos con la muerte. A veces la persona sueña con la muerte; a veces tiene una experiencia de muerte temporal o casi muerte. A veces una persona conocida que está oscilando al borde de la vida y la muerte elige un eclipse lunar para morirse. Es como si el eclipse la «empujara por el borde». El cónyuge, pareja o ser amado actual pasa por una crisis financiera temporal y se ve obligado a hacer cambios importantes.

El eclipse solar del 23 ocurre en tu casa doce, la de la espiritualidad, y refuerza los cambios espirituales producidos por el eclipse lunar. Este eclipse también podría producir dramas, trastornos y reorganización en una organización espiritual a la que perteneces y en la vida de un gurú o mentor espiritual. Todos los eclipses solares ponen a prueba tus creencias religiosas y filosóficas. Es bueno tener dos veces al año la oportunidad de mejorar y perfeccionar esta faceta. Quedan las creencias que son ciertas, coherentes con la realidad, pero las que son ciertas a veces, parcialmente ciertas o no ciertas, se revisan o descartan. Si eres estudiante haces cambios importantes en tus planes de estudios. Durante el periodo de este eclipse evita viajar innecesariamente al extranjero.

Noviembre

Mejores días en general: 4, 5, 13, 14, 22, 23
Días menos favorables en general: 2, 3, 8, 9, 15, 16, 17, 29, 30
Mejores días para el amor: 1, 2, 3, 8, 9, 10, 11, 12, 20, 21, 22, 23
Mejores días para el dinero: 3, 4, 5, 11, 12, 14, 21, 23, 25, 26, 30
Mejores días para la profesión: 1, 10, 11, 15, 16, 17, 20, 21

Continúa poderosa tu casa doce, la de la espiritualidad. Este es un mes para el progreso espiritual, para experiencias personales directas con el mundo invisible. Es muy bueno para la meditación, para hacer estudios espirituales, asistir a charlas y desarrollar las facultades espirituales: la intuición, la percepción extrasensorial, la cualidad de zahorí, la clarividencia (actualmente llamada visión remota) y la clariaudición. En estos periodos es normal desear más soledad; el trabajo espiritual siempre sale mejor hecho en soledad. Así pues, no te pasa nada malo; no te has vuelto antisocial. Esta es una etapa de corta duración.

La espiritualidad ha sido importante en las finanzas desde hace unos años y es especialmente importante en este periodo. Presta atención a la intuición, a los sueños y a la orientación interior. El 8 tu planeta del amor entra en tu casa doce, así que entonces la espiritualidad se hace importante en el amor también. Necesitas una persona que esté en tu misma onda espiritual, que comparta tus ideales espirituales; el puro magnetismo sexual no basta. Del 8 al 28, cuando tu planeta del amor transita por tu casa doce, las oportunidades románticas se presentan en ambientes de tipo espiritual: la sala de yoga, la reunión de oración, el seminario de meditación. Videntes, astrólogos, canalizadores espirituales, pastores religiosos, tienen información importante respecto al amor y las finanzas en este periodo.

La consecuencia natural del progreso espiritual es un «nuevo comienzo»; es como si comenzaras de nuevo, renovado. Y esto ocurre cuando el Sol entra en tu signo el 22. Está cerca tu cumpleaños, si no este mes, el próximo. Desde el punto de vista astrológico, el día de tu cumpleaños es un nuevo comienzo, tu año nuevo personal.

Este mes se ve muy feliz. El 22 entras en una de tus cimas anuales de placer personal. Además, el poder planetario estará en su posición oriental máxima del año. Es un periodo fabuloso para hacer los cambios que sean necesarios y para crear las condiciones a tu gusto, un periodo para tener las cosas a tu manera. Deberías ver rápido progreso hacia tus objetivos.

El 28 tu planeta del amor cruza tu ascendente y entra en tu primera casa. El amor brilla, centellea; el amor te persigue. El cónyuge, pareja o ser amado actual atiende a todas tus necesidades y gustos; está muy dedicado a ti, eres la persona número uno de su vida. Si estás soltero o soltera y sin compromiso, no tienes que hacer mucho para encontrar el amor; este llega a ti. Sólo tienes que atender a tus asuntos o trabajos cotidianos, simplemente estar presente.

Este es un mes para profundizar en la curación espiritual, sobre todo hasta el 17. La salud es fundamentalmente buena este mes, pero si te sientes indispuesto podría convenirte ver a un terapeuta espiritual. Respondes muy bien a esto.

Si buscas trabajo tienes buena suerte después del 17. Las oportunidades de trabajo te buscan y no necesitas hacer nada especial.

Diciembre

Mejores días en general: 1, 2, 10, 11, 20, 21, 28, 29
Días menos favorables en general: 5, 6, 13, 14, 26, 27
Mejores días para el amor: 1, 2, 5, 6, 10, 11, 12, 13, 21, 22, 30, 31
Mejores días para el dinero: 1, 2, 8, 9, 10, 11, 19, 20, 21, 22, 23, 28, 29
Mejores días para la profesión: 1, 2, 10, 11, 13, 14, 21, 22, 30, 31

Si bien hay ciertos baches en el camino, algo de agitación y cambio, este mes es fundamentalmente feliz y próspero. Sigues en una cima anual de placer personal, en un periodo para gozar de los deleites sensuales, los placeres del cuerpo. La salud y la energía son buenas. Muchos planetas en tu primera casa indican mucho magnetismo y carisma personales. Te ves bien; el sexo opuesto lo nota. Sigues teniendo el amor (y la vida en general) según tus condiciones. Si todavía hay condiciones que necesitas cambiar, procura hacerlo antes del 8, día en que Júpiter inicia movimiento retrógrado.

La prosperidad también es muy fuerte este mes. Hay dos novedades importantes. El 22 entras en una cima financiera anual; esto debería traer los mayores ingresos del año. Entre el 60 y el 70 por ciento de los planetas o están en tu casa del dinero o transitan por ella este mes: esto significa muchísimo poder financiero. Saturno, tu planeta del dinero, entra en tu signo el 24. Esto te traerá beneficios financieros inesperados, en especial si naciste en los primeros días del signo, del 22 al 24 de noviembre. Los demás te consideran «persona adinerada»; vistes ropa cara, proyectas la imagen de la riqueza. Los próximos años deberían ser prósperos también. Las finanzas son importantes para ti y centras la atención en ellas. El problema podría ser exceso de atención.

La salud es excelente ahora (aunque en los dos próximos años tendrás que prestarle más atención). Hasta el 10 puedes fortalecer más la salud prestando más atención al hígado y los muslos (siempre importantes para ti), y después a la columna, las rodillas, la dentadura, los huesos, la piel y la alineación esquelética general. Los masajes periódicos en la espalda y las rodillas serán potentes.

A Sagitario le gusta la buena vida, por lo tanto el peso suele ser un problema. Pero ahora, a partir del 24 (y los próximos dos a tres años) te irán bien los regímenes de adelgazamiento. Si lo necesitas, comenzarás a quitarte kilos de encima.

Urano ha estado más o menos acampado en un punto de eclipse desde octubre. Este mes continúa en esa posición. Ha habido contratiempos en la comunicación. Hay crisis en la vida de hermanos o figuras fraternas. Podría haber dramas en la vida de vecinos también. Continúa conduciendo con más prudencia y atención.

Del 4 al 7 Marte transita por un punto de eclipse.Los hijos o figuras filiales deben evitar las actividades arriesgadas y todo tipo de hazañas temerarias; también deben conducir con más prudencia.

Del 21 al 23 Venus transita por un punto de eclipse; esto podría traer cambios o trastornos en el trabajo. Tal vez un susto relativo a la salud también, pero la salud es buena, así que no es probable que sea algo más que un susto. Busca otras opiniones.

Capricornio

♑

La Cabra
Nacidos entre el 21 de diciembre y el 19 de enero

Rasgos generales

CAPRICORNIO DE UN VISTAZO
Elemento: Tierra

Planeta regente: Saturno
   Planeta de la profesión: Venus
   Planeta del amor: la Luna
   Planeta del dinero: Urano
   Planeta de la salud y el trabajo: Mercurio
   Planeta del hogar y la vida familiar: Marte
   Planeta espiritual: Júpiter

Colores: Negro, índigo
   Colores que favorecen el amor, el romance y la armonía social:
      Castaño rojizo, plateado
   Color que favorece la capacidad de ganar dinero: Azul marino

Piedra: Ónice negro

Metal: Plomo

Aromas: Magnolia, pino, guisante de olor, aceite de gualteria

Modo: Cardinal (= actividad)

Cualidades más necesarias para el equilibrio: Simpatía, espontaneidad, sentido del humor y diversión

Virtudes más fuertes: Sentido del deber, organización, perseverancia, paciencia, capacidad de expectativas a largo plazo

Necesidad más profunda: Dirigir, responsabilizarse, administrar

Lo que hay que evitar: Pesimismo, depresión, materialismo y conservadurismo excesivos

Signos globalmente más compatibles: Tauro, Virgo

Signos globalmente más incompatibles: Aries, Cáncer, Libra

Signo que ofrece más apoyo laboral: Libra

Signo que ofrece más apoyo emocional: Aries

Signo que ofrece más apoyo económico: Acuario

Mejor signo para el matrimonio y/o asociaciones: Cáncer

Signo que más apoya en proyectos creativos: Tauro

Mejor signo para pasárselo bien: Tauro

Signos que más apoyan espiritualmente: Virgo, Sagitario

Mejor día de la semana: Sábado

La personalidad Capricornio

Debido a las cualidades de los nativos de Capricornio, siempre habrá personas a su favor y en su contra. Mucha gente los admira, y otros los detestan. ¿Por qué? Al parecer esto se debe a sus ansias de poder. Un Capricornio bien desarrollado tiene sus ojos puestos en las cimas del poder, el prestigio y la autoridad. En este signo la ambición no es un defecto fatal, sino su mayor virtud.

A los Capricornio no les asusta el resentimiento que a veces puede despertar su autoridad. En su mente fría, calculadora y organizada, todos los peligros son factores que ellos ya tienen en cuenta en la ecuación: la impopularidad, la animosidad, los malentendidos e incluso la vil calumnia; y siempre tienen un plan para afrontar estas cosas de la manera más eficaz. Situaciones que aterrarían a cualquier mente corriente, para Capricornio son meros problemas que hay que afrontar y solventar, baches en el camino hacia un poder, una eficacia y un prestigio siempre crecientes.

Algunas personas piensan que los Capricornio son pesimistas, pero esto es algo engañoso. Es verdad que les gusta tener en cuenta el lado negativo de las cosas; también es cierto que les gusta imaginar lo peor, los peores resultados posibles en todo lo que emprenden. A otras personas les pueden parecer deprimentes estos análisis, pero Capricornio sólo lo hace para poder formular una manera de salir de la situación, un camino de escape o un «paracaídas».

Los Capricornio discutirán el éxito, demostrarán que las cosas no se están haciendo tan bien como se piensa; esto lo hacen con ellos mismos y con los demás. No es su intención desanimar, sino más bien eliminar cualquier impedimento para un éxito mayor. Un jefe o director Capricornio piensa que por muy bueno que sea el rendimiento siempre se puede mejorar. Esto explica por qué es tan difícil tratar con los directores de este signo y por qué a veces son incluso irritantes. No obstante, sus actos suelen ser efectivos con bastante frecuencia: logran que sus subordinados mejoren y hagan mejor su trabajo.

Capricornio es un gerente y administrador nato. Leo es mejor para ser rey o reina, pero Capricornio es mejor para ser primer ministro, la persona que administra la monarquía, el gobierno o la empresa, la persona que realmente ejerce el poder.

A los Capricornio les interesan las virtudes que duran, las cosas que superan las pruebas del tiempo y circunstancias adversas. Las modas y novedades pasajeras significan muy poco para ellos; sólo las ven como cosas que se pueden utilizar para conseguir beneficios o poder. Aplican esta actitud a los negocios, al amor, a su manera de pensar e incluso a su filosofía y su religión.

Situación económica

Los nativos de Capricornio suelen conseguir riqueza y generalmente se la ganan. Están dispuestos a trabajar arduamente y durante mucho tiempo para alcanzar lo que desean. Son muy dados a renunciar a ganancias a corto plazo en favor de un beneficio a largo plazo. En materia económica entran en posesión de sus bienes tarde en la vida.

Sin embargo, si desean conseguir sus objetivos económicos, deben despojarse de parte de su conservadurismo. Este es tal vez el rasgo menos deseable de los Capricornio. Son capaces de oponerse a cualquier cosa simplemente porque es algo nuevo y no ha sido puesto a prueba. Temen la experimentación. Es necesario que estén dispuestos a correr unos cuantos riesgos. Debería entusiasmarlos más lanzar productos nuevos al mercado o explorar técnicas de dirección diferentes. De otro modo el progreso los dejará atrás. Si es necesario, deben estar dispuestos a cambiar con los tiempos, a descartar métodos anticuados que ya no funcionan en las condiciones modernas.

Con mucha frecuencia, la experimentación va a significar que tengan que romper con la autoridad existente. Podrían incluso pensar en cambiar de trabajo o comenzar proyectos propios. Si lo hacen deberán disponerse a aceptar todos los riesgos y a continuar adelante. Solamente entonces estarán en camino de obtener sus mayores ganancias económicas.

Profesión e imagen pública

La ambición y la búsqueda del poder son evidentes en Capricornio. Es tal vez el signo más ambicioso del zodiaco, y generalmente el más triunfador en sentido mundano. Sin embargo, necesita aprender ciertas lecciones para hacer realidad sus más elevadas aspiraciones.

La inteligencia, el trabajo arduo, la fría eficiencia y la organización los llevarán hasta un cierto punto, pero no hasta la misma cima. Los nativos de Capricornio han de cultivar la buena disposición social, desarrollar un estilo social junto con el encanto y la capacidad de llevarse bien con la gente. Además de la eficiencia, necesitan poner belleza en su vida y cultivar los contactos sociales adecuados. Deben aprender a ejercer el poder y a ser queridos por ello, lo cual es un arte muy delicado. También necesitan aprender a unir a las personas para llevar a cabo ciertos objetivos. En resumen, les hacen falta las dotes sociales de Libra para llegar a la cima.

Una vez aprendidas estas cosas, los nativos de Capricornio tendrán éxito en su profesión. Son ambiciosos y muy trabajadores; no tienen miedo de dedicar al trabajo todo el tiempo y los esfuerzos necesarios. Se toman su tiempo para hacer su trabajo, con el fin de hacerlo bien, y les gusta subir por los escalafones de la empresa, de un modo lento pero seguro. Al estar impulsados por el éxito, los Capricornio suelen caer bien a sus jefes, que los respetan y se fían de ellos.

Amor y relaciones

Tal como ocurre con Escorpio y Piscis, es difícil llegar a conocer a un Capricornio. Son personas profundas, introvertidas y reservadas. No les gusta revelar sus pensamientos más íntimos. Si estás enamorado o enamorada de una persona Capricornio, ten paciencia y tómate tu tiempo. Poco a poco llegarás a comprenderla.

Los Capricornio tienen una naturaleza profundamente romántica, pero no la demuestran a primera vista. Son fríos, flemáticos y no particularmente emotivos. Suelen expresar su amor de una manera práctica.

Hombre o mujer, a Capricornio le lleva tiempo enamorarse. No es del tipo de personas que se enamoran a primera vista. En una relación con una persona Capricornio, los tipos de Fuego, como Leo o Aries, se van a sentir absolutamente desconcertados; les va a parecer fría, insensible, poco afectuosa y nada espontánea. Evidentemente eso no es cierto; lo único que pasa es que a los Capricornio les gusta tomarse las cosas con tiempo, estar seguros del terreno que pisan antes de hacer demostraciones de amor o de comprometerse.

Incluso en los asuntos amorosos los Capricornio son pausados. Necesitan más tiempo que los otros signos para tomar decisiones, pero después son igualmente apasionados. Les gusta que una relación esté bien estructurada, regulada y definida, y que sea comprometida, previsible e incluso rutinaria. Prefieren tener una pareja que los cuide, ya que ellos a su vez la van a cuidar. Esa es su filosofía básica. Que una relación como esta les convenga es otro asunto. Su vida ya es bastante rutinaria, por lo que tal vez les iría mejor una relación un poco más estimulante, variable y fluctuante.

Hogar y vida familiar

La casa de una persona Capricornio, como la de una Virgo, va a estar muy limpia, ordenada y bien organizada. Los nativos de este signo tienden a dirigir a su familia tal como dirigen sus negocios. Suelen estar tan entregados a su profesión que les queda poco tiempo para la familia y el hogar. Deberían interesarse y participar más en la vida familiar y doméstica. Sin embargo, sí se toman muy en serio a sus hijos y son padres y madres muy orgullosos, en especial si sus hijos llegan a convertirse en miembros destacados de la sociedad.

292 AÑO 2014: TU HORÓSCOPO PERSONAL

Horóscopo para el año 2014*

Principales tendencias

El año pasado fue fuerte en la vida amorosa y social y la tendencia continúa este año. No sólo hay amor en el ambiente, también hay más amistades. Volveremos sobre esto.

Desde hace muchos años estás inmerso en la transformación y reinvención personales, y la tendencia continúa este año. Las amistades ayudan, las nuevas tecnologías ayudan, pero de todos modos es un trabajo arduo. A partir del 16 de julio las cosas serán mucho más fáciles, y hay éxito.

Las finanzas van así así, les falta lustre; la primera mitad del año. No hay ningún desastre, pero tampoco nada especial en el lado positivo. Esto cambiará a partir del 16 de julio, y el año resultará ser próspero. Volveremos sobre esto.

La profesión es activa aunque muy ajetreada la primera mitad del año. Llegará el éxito, pero con mucho trabajo arduo, mucho esfuerzo. El principal reto es integrar las obligaciones de la profesión con las del hogar y la familia. Hablaremos más sobre esto.

Neptuno está en tu tercera casa desde febrero de 2012. Esto significa que se refinan más las formas de pensar y de hablar. Si eres estudiante, esta es una bendición dudosa. Por un lado se fortalece la intuición, y por el otro hay una tendencia a ignorar los hechos básicos. Es necesario aprender a integrar la lógica y la intuición; cada una tiene su lugar.

La situación familiar ha sido inestable, explosiva, desde hace unos años, y la tendencia continúa este año. Como en años pasados, tu reto es mantener el equilibrio emocional.

Las facetas de mayor interés para ti este año son: el cuerpo, la imagen y el placer personal; la comunicación y las actividades intelectuales; el hogar y la familia; el amor y el romance (hasta el 16 de julio); la sexualidad, la reinvención personal, las propiedades, los

---

* Las previsiones de este libro se basan en el Horóscopo Solar y todos los signos que derivan de él; tu Signo Solar se convierte en el Ascendente, y las casas se numeran a partir de él. Tu horóscopo personal, el trazado concretamente para ti (según la fecha, hora y lugar exactos de tu nacimiento) podrían modificar lo que decimos aquí. Joseph Polansky

impuestos, las deudas y las ciencias ocultas (a partir del 16 de julio); las amistades, los grupos y las actividades en grupo.

Los caminos de mayor satisfacción y realización para ti este año son: el amor y el romance (hasta el 16 de julio); la sexualidad, la reinvención personal, las propiedades, los impuestos, las deudas y las ciencias ocultas (a partir del 16 de julio); las amistades, los grupos y las actividades en grupo (hasta el 19 de febrero); la profesión (a partir del 19 de febrero).

Salud

(Ten en cuenta que esta es una perspectiva astrológica de la salud, no una médica. Antaño no había ninguna diferencia, ambas eran idénticas, pero en esta época podrían diferir muchísimo. Para una perspectiva médica, por favor, consulta a tu médico o a otro profesional de la salud.)

Este año es necesario estar atento a la salud, en especial la primera mitad del año. Si bien los aspectos no son ni de cerca tan severos como lo fueron en 2011 y 2012, de todos modos son fuertes en ti. Tres planetas lentos están en alineación desfavorable hasta el 16 de julio. Parte del problema es que tu sexta casa, la de la salud, está casi vacía (sólo transitan brevemente por ella los planetas rápidos). Por lo tanto, es posible que no le prestes atención a la salud aun cuando deberías. Tendrás que hacer un esfuerzo consciente por estar atento a tu salud.

Tener tres planetas lentos en alineación desfavorable ya es difícil, pero habrá periodos en el año en que los planetas rápidos se unirán al grupo y esos periodos serán particularmente vulnerables. Esos periodos serán del 21 de marzo al 19 de abril y del 21 de junio al 16 de julio. No olvides descansar todo lo posible en estos periodos. Podría convenirte programar masajes o sesiones de reflexología o acupuntura periódicos, o tal vez pasar tiempo libre en un balneario de salud de tu localidad. Esto te conviene toda la primera mitad del año, pero en especial en esos periodos.

Descansar bien y mantener elevada la energía es tu primera línea de defensa. Pero también irá bien prestar más atención a las siguientes zonas, las zonas vulnerables de tu horóscopo:

El corazón: Evita la preocupación y la ansiedad, las dos emociones que son las principales causas de los problemas cardiacos. Si puedes hacer algo en una situación, hazlo, faltaría más; si no, reza y relájate. La preocupación no hace nada por solucionar la situación. Irá bien trabajar los puntos reflejos del corazón.

La columna, las rodillas, la dentadura, los huesos, la piel y la alineación esquelética general: Los masajes periódicos en la espalda y las rodillas serán potentes. Protege más las rodillas cuando hagas ejercicio. Te irán bien visitas periódicas a un quiropráctico u osteópata. Es necesario mantener bien alineadas las vertebras. Cuando estés al aire libre, al sol, usa un buen protector solar. El yoga, la gimnasia Pilates, las técnicas Alexander y Feldenkreis son excelentes terapias para la columna.

Los pulmones, el instestino delgado, los brazos, los hombros y el sistema respiratorio: Trabajar los puntos reflejos de estas zonas te irá muy bien. También serán buenos los masajes periódicos en los brazos y hombros. En los hombros tiende a acumularse la tensión y es necesario aflojarla.

Mercurio, tu planeta de la salud, es un planeta de movimiento rápido; a excepción de la Luna, es el más rápido del zodiaco. Cada año transita, en uno u otro periodo, todos los signos y casas del horóscopo. Hay pues muchas tendencias a corto plazo en la salud, según donde esté Mercurio y los aspectos que reciba. Es mejor tratar estas tendencias en las previsiones mes a mes.

Mercurio hará movimiento retrógrado tres veces este año: del 6 al 28 de febrero; del 7 de junio al 1 de julio, y del 4 al 25 de octubre. Estos son periodos para revisar tus objetivos de salud y ver qué mejoras puedes hacer. No son periodos para tomar decisiones importantes ni para hacer cambios drásticos (a veces sentimos una fuerte tentación, pero es mejor evitarla).

Plutón en tu signo desde hace muchos años indica una tendencia a la cirugía, en especial a la estética. Esto no significa que tengas que hacerlo, sino simplemente que te sentirás más inclinado a hacerlo.

Hogar y vida familiar

Tu cuarta casa, la del hogar y la familia, ha sido casa de poder desde 2011, y lo sigue siendo este año y en los años venideros. Esta es una faceta de la vida muy inestable o explosiva.

La unidad familiar ha sido inestable varios años. Los temperamentos están que arden. Es necesaria más libertad en la familia, para ti y para los familiares en general. Muchas veces Urano en la cuarta casa indica rupturas en la unidad familiar, a veces divorcios, otras distanciamientos. Será necesario mucho trabajo y esfuerzo para mantener la unión. Es posible si se trabaja en ello.

Urano en la cuarta casa también indica estados anímicos y emociones inestables. Esto podría ocurrirte a ti y a tus familiares. En un instante los estados de ánimo cambian de positivos a negativos y viceversa. Es todo un reto que hay que afrontar. Nunca sabes qué esperar de un familiar de un momento a otro. Esto es especialmente así en uno de los progenitores o figuras parentales.

Me parece que intentas formar un espíritu de equipo en la familia, pero es difícil. La intención es buena, pero no es fácil hacerla realidad.

Urano es tu planeta del dinero. Su posición en la cuarta casa indica que gastas más en el hogar y la familia. Inviertes en esto, pero también puedes ganar de ello.

Esto indicaría que trabajas más desde casa. La vida financiera está centrada en la casa y no tanto en la oficina.

Urano rige la alta tecnología, los inventos y las innovaciones. Así pues, instalas todo tipo de artilugios de alta tecnología en casa; tal vez cosas relacionadas con las finanzas, un programa informático de finanzas o una transmisión en cadena sobre finanzas.

Estando Urano en la cuarta casa ya podría haber habido mudanza, y podría haber más. Este es un aspecto para muchas mudanzas «en serie». A veces no se trata de una verdadera mudanza, sino de obras de renovación en la casa, rediseños en serie. Cuando crees que tienes la casa exactamente como la quieres, descubres otra casa u otro diseño que encuentras más ideal aún.

Muchas veces esto indica que vives en distintos lugares durante largos periodos. Aunque de hecho no te mudas (en el sentido literal) es «como si» te mudaras unas cuantas veces.

Un progenitor o figura parental podría haberse mudado el año pasado, y si no hacerlo este año. La mudanza se ve feliz.

Los hermanos y figuras fraternas tienen un año sin novedades en este sentido. Lo más probable es que continúen donde están.

Los hijos o figuras filiales podrían mudarse a partir del 16 de julio.

Los nietos que están en edad hacen obras de renovación o reparación en la casa. Al parecer esto ocurre repentina e inesperadamente.

Profesión y situación económica

Tu casa del dinero no es casa de poder este año y esto es quizá la mayor debilidad del horóscopo en cuanto a finanzas. Es posible que desvíes la atención a otras cosas, que no des la atención necesaria a tus finanzas. Un motivo podría ser una vida social rutilante, y el otro, problemas en la familia.

Por lo general a Capricornio le interesan las finanzas, y es bueno en eso, pero este año tiene que obligarse un poco.

Aunque la relación con los familiares es inestable, hay buen apoyo financiero mutuo, de tu parte y de parte de la familia.

Tu carta indica una empresa o negocio familiar. Este podría ser una empresa con tu familia (y podría explicar en parte la tensión), o una empresa llevada como si fuera familiar. Las conexiones familiares son importantes en las finanzas también.

La posición de tu planeta del dinero en tu cuarta casa (desde 2011) favorece el sector inmobiliario residencial (aunque el sector inmobiliario comercial es naturalmente bueno para ti también), los restaurantes, las empresas de alimentación (al por mayor y al detalle), los hoteles y cualquier industria de abastecimiento para el hogar y la familia. El campo de la psicoterapia es bueno. Si eres profesional de la salud te irá bien en la atención a la familia.

Júpiter, tu planeta de la espiritualidad, pasa gran parte del año en cuadratura con tu planeta del dinero. Por lo tanto, tu intuición financiera necesita verificación. Siempre te puedes fiar de la verdadera intuición, pero a veces se puede interpretar mal su sentido. Tal vez das demasiado a instituciones benéficas (lo que es bueno) y esto te hace sentir inquieto, estresado. La donación siempre debe ser «proporcional».

Júpiter en cuadratura con el planeta del dinero suele crear el problema de «exceso», por lo general exceso de gastos; pero Capricornio es menos vulnerable a esto que la mayoría.

El 16 de julio Júpiter entrará en tu octava casa. Esto va a cambiar, de modo radical y positivo, toda la vida financiera. A partir de esta fecha comenzará a formar aspectos hermosos a Urano. Esto indica prosperidad y una intuición fiable, una intuición clara, sin ambigüedades. Con este aspecto gastarás más, pero ganarás más también.

Júpiter en la octava casa indica la prosperidad del cónyuge, la pareja o el ser amado actual, y de las amistades en general. Es probable que estas personas sean más generosas contigo. También indica herencia, aunque no tiene por qué morir nadie. Alguien te nombra en su testamento o te asigna algún puesto administrativo. Si tienes buenas ideas, este será un buen periodo para atraer inversores. Ese periodo también será bueno para solicitar un préstamo o pagar deudas, según sea tu necesidad, lógicamente.

Hasta el 16 de julio la profesión es muy activa y ajetreada; Marte pasa casi siete meses en tu décima casa, la de la profesión. Tienes que mantener a raya a los competidores (o bien tuyos o de la empresa en la que trabajas). Te veo osado en la profesión. Aunque los asuntos familiares son turbulentos, la familia en su conjunto prospera también (tal vez sus ambiciones, muy fuertes, son parte del motivo de los trastornos).

Marte es tu planeta de la familia. Su posición en tu décima casa nos da muchos mensajes. Sea cual sea tu trabajo o profesión, sea cual sea tu trabajo externo, tu verdadera profesión es tu familia, tu verdadera misión durante los primeros siete meses del año. La familia apoya tus objetivos profesionales y te ayuda activamente. Te esfuerzas en integrar tu hogar y tu oficina; la casa será más parecida a una oficina y la oficina será más «hogareña». Las conexiones familiares son útiles en las finanzas y la profesión.

Amor y vida social

Cuando Júpiter entró en tu séptima casa, el 27 de junio del año pasado, entraste en un ciclo romántico muy potente y feliz. Y este continúa hasta el 16 de julio de este año. La vida social es animadísima, feliz. Claro que hay ciertos baches por el camino. La Luna, tu planeta del amor, es un planeta de movimiento rapidísimo; cada mes transita por todos los signos y casas del horóscopo; cada mes crece y mengua, y recibe aspectos positivos o negativos. Pero estas son tendencias a muy corto plazo y no tendencias para el año. Estas tendencias es mejor tratarlas en las previsiones mes a mes.

Júpiter en la séptima casa es una señal clásica de amor, romance o matrimonio; de una relación seria. Tal vez no sea un matrimonio legal, pero será algo «parecido» a matrimonio. Si ya estás casado o casada (y esto podría haber ocurrido el año pasado), esto indicaría oportunidades de formar una sociedad de negocios o empresa conjunta.

Júpiter en la séptima casa aumenta y expande el círculo social. Entran nuevas amistades en el cuadro, y buenas. Hay más fiestas y reuniones; asistirás a bodas también.

Como hemos dicho, la vida social podría distraerte la atención de las finanzas. Y se ve difícil equilibrar estos dos intereses. Pero esto también es de corta duración. Llegado el 16 de julio ya será más fácil integrar estas dos facetas.

Júpiter es tu planeta de la espiritualidad. Su posición en tu séptima casa nos da muchos otros mensajes. Indica que atraes a personas más refinadas y espirituales en el plano social. La compatibilidad espiritual y filosófica es importante tanto en el amor como en tu elección de amistades. En el amor, los aspectos físicos son siempre importantes, pero si no hay compatibilidad filosófica y espiritual es dudoso que la relación dure.

Las oportunidades románticas se presentan de diversas formas, en ambientes de tipo espiritual, tal vez en el retiro de yoga, el retiro espiritual, el círculo de oración, el seminario de meditación o en funciones benéficas. También pueden presentarse, por supuesto, en ambientes educativos, en el instituto o universidad o en alguna función del colegio.

Tienes el tipo de aspectos de la persona que se enamora del gurú, pastor religioso o profesor. Te atraen personas de tipo «mentor», personas de las que puedes aprender.

Se dice que crecemos gracias a nuestras relaciones (Libra en especial sostiene este artículo de fe), y este año esto es cierto de ti. Tus relaciones te traerán crecimiento y una nueva comprensión espirituales.

Si estás pensando en un segundo matrimonio tienes un año social activo y feliz, pero es probable que no te cases. Si ya estás casado o casada, lo más probable es que continúes así. Si estás pensando en un tercer o cuarto matrimonio, tienes excelentes oportunidades de matrimonio, y el año pasado también fue bueno para esto.

La relación de los padres o figuras parentales pasa por pruebas; las cosas se ven muy inestables. Si están separados, solteros, el matrimonio no es aconsejable. Los hermanos o figuras fraternas solteros y sin compromiso tendrán un amor serio el próximo año. Este año no se ven novedades ni cambios en esta faceta.

Progreso personal

La transformación personal, el dar a luz a tu yo ideal, ha sido, como hemos dicho, un interés importantísimo desde hace unos años. Este interés se intensifica después del 16 de julio, cuando Júpiter entra en tu octava casa. La reinvención personal entraña una desintoxicación mental y emocional, y a veces física. Ya eres el yo de tus sueños, sólo que está cubierto por material agotado: errónea forma de pensar y sentir, y los recuerdos y experiencias negativos que esto produce. Sobre lo que es esencialmente una obra maestra divina se ha hecho una pintada y eliminarla puede ser complicado y sucio; rara vez es una experiencia agradable: no cantan los pájaros ni tocan los violines. El resultado final siempre es bueno, pero mientras esto ocurre, se necesita mucho estómago. Es útil entender que cuanto más intenso es el sufrimiento emocional o mental, es más lo que se elimina del organismo; y mejor será el resultado final. Lo desagradable es temporal, el resultado es eterno (siempre que no vuelvas a caer en las viejas formas).

Este es un horóscopo excelente si eres estudiante. El año pasado también fue bueno. Es bueno tanto si eres estudiante de instituto o de universidad. Hay éxito en los estudios. La mente está aguda pero también intuitiva; absorbe el conocimiento por osmosis. Sólo necesitas tener los profesores adecuados y leer los libros adecuados, y absorberás el conocimiento.

Si no eres estudiante a tiempo completo, este es un año excelente para expandir la mente y tus conocimientos básicos. Tendrás una enorme satisfacción si haces cursos sobre los temas que te interesan.

Mantener el equilibrio emocional ha sido todo un reto desde hace unos años. Teniendo a Urano en la cuarta casa la vida emocional tiende a pasar de un extremo al otro: ultraeufórica o ultradeprimida. Algunas personas tratan esto con sustancias químicas, con medicamentos. Pero eso no es una cura permanente, sólo una medida provisional. La mejor manera es hacer meditación. Esto da resultados duraderos y permanentes. Hay muchas formas de meditación, muchas escuelas, y deberías explorar eso este año.

Previsiones mes a mes

Enero

Mejores días en general: 1, 2, 9, 10, 19, 20, 28, 29
Días menos favorables en general: 7, 8, 14, 15, 22, 23
Mejores días para el amor: 1, 2, 9, 10, 14, 15, 19, 20, 21, 22, 28, 29, 30, 31
Mejores días para el dinero: 3, 4, 5, 6, 7, 8, 14, 15, 17, 18, 24, 25, 26, 27, 30,31
Mejores días para la profesión: 1, 2, 9, 10, 19, 20, 22, 23, 28, 29

Comienzas el año a la mitad de una cima anual de placer personal. El 40 y a veces el 50 por ciento de los planetas o están instalados en tu primera casa o transitan por ella este mes. Es un mes feliz. Se te ofrecen los placeres del cuerpo, de los cinco sentidos. La salud y la energía son buenas. La autoestima y la seguridad en ti mismo son fuertes. Te ves bien y te sientes bien.

El poder planetario está en su posición oriental máxima. Te encuentras, pues, en un periodo de máxima independencia. Puedes y debes tener las cosas a tu manera. Es un periodo excelente para crear las condiciones como las deseas. No hay ninguna necesidad de «agradar» (aunque, lógicamente, siempre debes respetar a los demás). Toma las medidas necesarias para crearte felicidad y armonía.

El mes pasado el poder planetario se trasladó de la mitad superior de tu carta a la inferior. Es un nuevo año (por tu cumpleaños), pero es de noche. Las exigencias profesionales son fuertes, y hay mucha actividad profesional, pero comienza a poner tu atención en tus necesidades emocionales y en el hogar y la familia. Es el periodo para reunir las fuerzas para tu próximo empuje profesional, dentro de seis meses. Trabaja en tu profesión por medios interiores: fijar objetivos, visualizar, hacerte la idea o sentir lo que deseas conseguir. Así, cuando llegue el próximo periodo profesional tus actos serán naturales, potentes y sin esfuerzo.

Teniendo a Marte en tu décima casa serás activo, físicamente, en tu profesión. Haz las cosas que es necesario hacer de modo físico, pero trabaja principalmente por métodos interiores. El movimiento retrógrado de Venus, tu planeta de la profesión, refuerza lo que decimos.

El mes es próspero también. El 20 entras en una cima financiera anual. El dinero procede del trabajo, el cónyuge o la pareja y de seguros, propiedades o formas de financiación creativas. Si tienes la edad, los asuntos de impuestos y de planificación patrimonial influyen en muchas decisiones financieras.

El amor ha ido maravillosamente bien desde hace unos meses y este sigue siendo un buen mes. El año pasado hubo muchas bodas y este año podría haberlas también. Pero este no sería un buen mes para una boda. Venus está retrógrada, y el ocupante de tu séptima casa también lo está.

El impulso planetario es abrumadoramente de avance este mes; el 80 por ciento de los planetas están en movimiento directo. Y no sólo eso, tanto tu ciclo solar personal como el ciclo solar universal están en fase creciente (tu ciclo solar comienza la fase creciente el día de tu cumpleaños). Este es un periodo excelente para iniciar nuevos proyectos o empresas o lanzar nuevos productos al mundo. Si tu cumpleaños fue el mes pasado, los mejores periodos son del 1 al 16 y el 30 y 31. Si tu cumpleaños es este mes, los mejores periodos son del día de tu cumpleaños al 16, y el 30 y 31.

Febrero

Mejores días en general: 5, 6, 7, 15, 16, 17, 24, 25
Días menos favorables en general: 3, 4, 10, 11, 12, 18, 19
Mejores días para el amor: 1, 2, 5, 6, 7, 8, 9, 10, 11, 12, 16, 17, 20, 24, 25, 28
Mejores días para el dinero: 1, 2, 3, 4, 10, 11, 12, 13, 14, 20, 21, 22, 23, 26, 27, 28
Mejores días para la profesión: 5, 6, 7, 16, 17, 18, 19, 24, 25

El mes pasado fue favorable para iniciar nuevos proyectos o lanzar nuevos productos; este mes es más favorable aún. Hasta el 6 el 90 por ciento de los planetas están en movimiento directo. Del 1 al 6 (cuando la luna está en creciente) es el periodo más favorable. El 6 Mercurio inicia movimiento retrógrado y el porcentaje de planetas en movimiento directo baja al 80 por ciento. El periodo sigue siendo bueno, pero no tanto como del 1 al 6.

El amor continúa maravilloso este mes, mejor que el mes pasado. Venus, el planeta universal del amor, está en movimiento directo todo el mes. El ocupante de tu séptima casa, Júpiter, comienza a recibir aspectos hermosos a partir del 18. Aunque el amor va bien todo el mes será mejor del 1 al 14, cuando la Luna está en fase creciente. El amor es espiritual en este periodo. Las oportunidades románticas se presentan en ambientes de tipo espiritual: el seminario de meditación, la reunión de oración, el retiro espiritual o una función benéfica o altruista.

El sector oriental de tu carta sigue dominante y la mayoría de los planetas están en movimiento directo. Así pues, haz esos cambios que es necesario hacer; crea tu vida como la deseas. Verás un rápido progreso en esto.

La prosperidad sigue fuerte este mes, sobre todo hasta el 18. Continúas en una cima financiera anual. Venus en tu signo indica que te llegan felices oportunidades profesionales, pero ahora puedes ser selectivo. Elige aquellas que no rompan tu armonía emocional. Venus en tu signo indica que te ves próspero, exitoso; los demás te ven así. Te vistes para el papel.

El movimiento retrógrado de Mercurio a partir del 6 indica la necesidad de evitar cambios importantes en el programa de salud y la dieta. Los asuntos de salud están en revisión. Es un periodo bueno para analizar y reunir datos, no tan bueno para tomar decisiones. Si buscas trabajo debes tener cautela, las oportunidades de empleo no son lo que parecen. Averigua más detalles, haz preguntas, resuelve dudas. También es mejor evitar viajes innecesarios al extranjero. Si debes viajar protégete todo lo que puedas. Confirma los billetes; programa más tiempo para ir y volver. Trata de no programar demasiado juntos los vuelos de conexión (a partir del 6 están retrógrados los dos planetas que rigen los viajes al extranjero en tu carta: Mercurio y Júpiter).

La salud y la energía son fundamentalmente buenas. Del 1 al 13 puedes fortalecer más la salud prestando más atención a los pies. Los masajes en los pies y las técnicas espirituales son muy potentes. Después del 13 da más atención a los tobillos y pantorrillas. Deberías dar masajes periódicos a estas dos zonas. Otorga más apoyo y protección a los tobillos cuando hagas ejercicio.

Marzo

Mejores días en general: 5, 6, 15, 16, 24, 25
Días menos favorables en general: 3, 4, 10, 11, 17, 18, 30, 31
Mejores días para el amor: 1, 2, 7, 10, 11, 17, 18, 21, 22, 26, 27, 30, 31
Mejores días para el dinero: 1, 2, 3, 4, 10, 11, 12, 13, 19, 20, 22, 23, 26, 27, 28, 29, 30, 31
Mejores días para la profesión: 7, 17, 18, 26, 27

Mercurio y Júpiter, los dos planetas que rigen los viajes al extranjero en tu carta, están en movimiento directo este mes. Mercurio lo retomó el 28 del mes pasado y Júpiter lo retoma el 6 de este. Es mejor hacer el viaje al extranjero a partir del 6.

El elemento agua ha estado fuerte en lo que va de año, y el 18 del mes pasado se hizo más fuerte aún. Esta es la situación este mes. Es un periodo esencialmente feliz, un periodo de buenos sentimientos. Pero hay cosas que es necesario comprender. Las personas están más sensibles. Cualquier matiz de sentimiento, positivo o negativo, se amplifica, se exalta. Sentimientos que con otros aspectos pasarían inadvertidos, adquieren nueva importancia. Las personas tienden a reaccionar ante cosas aparentemente sin importancia: lenguaje corporal, postura y tono de la voz. Ten más cuidado con esto, ya que puedes ahorrarte mucha pena (e interminables explicaciones) a lo largo del camino.

Aunque no estás en una cima espiritual anual, este es un mes muy espiritual. Si estás en el camino harás enorme progreso y tendrás revelaciones espirituales (esto podría haber ocurrido el mes pasado también); si no estás en el camino experimentarás acontecimientos no racionales, coincidencias que no se pueden explicar con la lógica. El mundo invisible te hace saber que existe y está activo.

La actividad retrógrada está en un 20 por ciento (el 80 por ciento de los planetas están en movimiento directo), y el 20 entras en el periodo de mejor energía de arranque del zodiaco, ya que el Sol entra en Aries. Es un periodo excepcionalmente bueno para iniciar nuevos proyectos o empresas o lanzar nuevos productos al mundo. La Luna nueva del 30 se ve especialmente buena para esto.

La vida familiar ha sido inestable desde hace unos años. Este mes continúa así, inestable y muy complicada. Conviene que le prestes atención. Tu cuarta casa estará poderosa a partir del 20; sería tentador hacer cambios drásticos o tomar decisiones, pero claro, Marte, tu planeta de la familia, está retrógrado todo el mes. Las cosas no son lo que parecen: analiza más, reúne más datos. Haz todo lo posible por mantener el equilibrio emocional.

A partir del 20 es necesario prestar más atención a la salud. Como siempre, lo más importante es mantener elevada la energía. Puedes fortalecer la salud de las maneras explicadas en las previsiones para el año. Pero hay otras maneras también. Hasta el 17 continúa prestando atención a los tobillos y pantorrillas; dales masajes periódicos. Después del 17 da más atención a los pies. Los métodos de curación espiritual serán potentes entonces. La curación espiritual será especialmente potente del 21 al 23.

Abril

Mejores días en general: 1, 2, 11, 12, 20, 21, 29, 30
Días menos favorables en general: 6, 7, 13, 14, 15, 26, 27
Mejores días para el amor: 4, 5, 6, 7, 9, 10, 16, 17, 19, 20, 24, 25, 29, 30
Mejores días para el dinero: 6, 7, 9, 10, 16, 17, 18, 19, 22, 23, 24, 25, 26, 27
Mejores días para la profesión: 4, 5, 6, 13, 14, 15, 16, 17, 24, 25

Hasta el 20 sigue siendo necesario estar atento a la salud. Repasa lo que hablamos el mes pasado. Hasta el 7 fortalece la salud dando más atención a los pies; el masaje en los pies y las técnicas de curación espiritual siguen siendo potentes. Después del 7 da más atención a la cabeza, cara y cuero cabelludo. Los masajes en el cuero cabelludo serán eficaces; te irá bien, además, hacer ejercicio físico. Es necesario tonificar los músculos.

El principal titular de este mes son dos eclipses.

El eclipse lunar del 15 es muy fuerte en ti, así que tómate las cosas con calma y reduce las actividades, unos cuandos días antes y después. Este eclipse ocurre en tu décima casa, la de la profesión, y señala cambios. Puede que no cambies de profesión (aunque a veces ocurre esto), sino tu forma de enfocar las cosas. Es posible que tu enfoque de la profesión no sea realista y el eclipse te revela esto. Hay trastornos en la empresa o industria en que trabajas; hay dramas en la vida de jefes, padres o figuras parentales. Este eclipse afecta a Marte, por lo que hay trastornos en la familia también, dramas en la vida de familiares; podría haber reparaciones inesperadas en la casa. Todos los eclipses lunares ponen a prueba el amor; la Luna es tu planeta del amor. En este caso es muy probable que indique que la relación amorosa avanza espectacularmente. Muchas veces hay bodas por efecto de eclipses. Las cosas buenas suelen ser tan estresantes (y consumidoras de tiempo) como las malas.

El eclipse solar del 29 es algo más amable contigo, pero no te hará ningún daño reducir tus actividades de todos modos. Lo bueno es que la salud y la energía están mucho más fuertes que con el eclipse anterior. Este eclipse ocurre en tu quinta casa, la de los hijos. Hay, pues, dramas en la vida de los hijos. Deben evitar las actividades que entrañan riesgo durante el periodo del eclipse. Si trabajas en el mundo del arte hay cambios importantes en tu creatividad. Las amistades han tenido dificultades en lo que va de año, y ahora se ponen a prueba sus matrimonios o relaciones amorosas. Dado que el Sol es el señor de tu octava casa, todos los eclipses solares tienden a traer encuentros con la muerte (generalmente encuentros psíquicos). Hay necesidad de comprender la muerte más en profundidad. A veces produce una experiencia de casi muerte, de esas experiencias en que dices: «¡Anda!, un segundo antes o después y habría muerto». Estas son cartas de amor del Cosmos: «La vida en la Tierra es corta y frágil, trabaja en lo verdaderamente importante». El cónyuge, pareja o ser amado actual hace cambios drásticos en sus finanzas, por lo general debido a una crisis o trastorno económico.

Mayo

Mejores días en general: 8, 9, 10, 17, 18, 26, 27
Días menos favorables en general: 3, 4, 5, 11, 12, 24, 25, 31
Mejores días para el amor: 3, 4, 5, 6, 8, 9, 10, 13, 14, 17, 18, 24, 25, 28, 29, 31
Mejores días para el dinero: 3, 4, 5, 6, 7, 13, 14, 15, 16, 19, 20, 21, 22, 24, 25, 31
Mejores días para la profesión: 6, 11, 12, 13, 14, 24, 25

El sector occidental de tu carta ha estado más y más fuerte desde el 20 de marzo, pero sólo este mes, el 3, cuando Venus pasa del sector oriental al occidental, este se hace dominante. Termina el periodo de independencia personal, por un tiempo. Es posible cambiar las condiciones, pero con mucha mayor dificultad. Es mejor que te adaptes a las situaciones lo mejor que puedas. Si has creado bien durante el pasado periodo de independencia, la vida es agradable y placentera; si ha habido errores, vas a experimentar las consecuencias, el desagrado, y harás las correcciones durante el próximo periodo de independencia. Ahora es el periodo para desarrollar las dotes sociales, para dejar que las cosas ocurran en lugar de intentar «hacerlas» ocurrir con esfuerzo personal. El bien te llega a través de los demás. El éxito depende más del factor «simpatía» que de tu capacidad o habilidad (por importantes que sean).

El 20 del mes pasado entraste en otra de tus cimas anuales de placer personal. Has trabajado mucho y es el periodo para un poco de recreación, diversión. Esto no significa que dejes de lado tus responsabilidades legítimas (difícil que un Capricornio haga esto, por cierto). Ocúpate de ellas, pero déjate más tiempo para divertirte, para disfrutar de tu vida. Incluso del trabajo se puede disfrutar si se enfoca bien.

El 21 termina el periodo de fiestas (en realidad no termina, sólo se enlentecen un poco las cosas), y nuevamente te entusiasma el trabajo; estás de ánimo para trabajar. Este es muy buen periodo si buscas trabajo pues los posibles empleadores se contagian de esta energía. También es buen periodo para esas tareas minuciosas y aburridas pero necesarias que has ido dejando para después: poner al día las cuentas, archivar, hacer limpieza de la casa y la oficina, etcétera. Si eres empleador, este es un buen periodo para entrevistar y contratar empleados nuevos.

La salud es fundamentalmente buena, pero puedes fortalecerla más prestando atención al cuello y la garganta hasta el 17, y después a los pulmones, brazos y hombros. Hasta el 17 son potentes los masajes en el cuello y los hombros; también sería buena la terapia sacrocraneal. Los masajes en brazos y hombros son siempre buenos para ti, pero en especial después del 17. Si te sientes indispuesto, sal al aire libre y haz respiraciones profundas.

Las finanzas van bien este mes, pero te enfrentas a muchas dificultades. Así ha sido en lo que va de año; tienes que trabajar más arduo para conseguir tus objetivos financieros. El 14 y el 15 Venus viaja con tu planeta del dinero, y son bonitos días de paga; hay suerte en las especulaciones también.

El amor continúa feliz y será mejor aún el mes que viene. Llega el romance serio o ya ha llegado. La vida amorosa va mejor del 1 al 14 y a partir del 28, cuando la Luna está en fase creciente. El magnetismo social es mucho más fuerte entonces.

Junio

Mejores días en general: 5, 6, 14, 15, 22, 23
Días menos favorables en general: 1, 7, 8, 20, 21, 27, 28
Mejores días para el amor: 1, 5, 6, 7, 8, 14, 15, 16, 17, 23, 24, 25, 26, 27, 28
Mejores días para el dinero: 1, 2, 3, 10, 11, 12, 13, 16, 17, 18, 19, 20, 21, 27, 28, 29, 30
Mejores días para la profesión: 5, 6, 7, 8, 14, 15, 23, 24

Mercurio, tu planeta del trabajo, ha estado «fuera de límites» desde el 12 del mes pasado, y continúa así hasta el 5 de este mes. Esto indica que si buscas trabajo lo haces fuera de tus límites normales, y si estás empleado se te pide que hagas cosas fuera de lo normal. Lo mismo vale en el caso de los viajes: lo que te atrae son los lugares «fuera de ruta», los menos visitados. Vemos este mismo fenómeno en lo relativo a tu salud y programa de salud; pruebas cosas no rutinarias. Probablemente eso es lo que necesitas en este periodo.

El poder planetario está en su posición occidental máxima (también lo estará el próximo mes). La vida social es más activa; hay mucho que decir a favor de olvidarse de los propios intereses y precupaciones. Es como tomarse unas vacaciones. No hay ninguna necesidad de cuidar del número uno y preocuparse por él; mantén la atención centrada en los demás y al número uno le irá muy bien, tal vez de formas extrañas e inesperadas.

El 21 entras en una cima amorosa y social anual. Desde el año pasado se ve en tu carta matrimonio o una relación «parecida» a matrimonio. Es posible que te cases el próximo mes. Si todavía estás sin compromiso no continuarás mucho tiempo así. Hay abundantes y felices oportunidades románticas. Tu magnetismo social es fuerte todo el mes, pero será más fuerte del 1 al 13 y del 27 al 30. La Luna nueva del 27 es especialmente buena para el amor; también dará claridad a la vida amorosa hasta bien entrado el próximo mes. Toda la información que necesites para tomar buenas decisiones en el amor y la vida social te llegará naturalmente.

Después del 21 es necesario prestar más atención a la salud. Fortalécela de las maneras explicadas en las previsiones para el año, aunque también hasta el 18 da más atención al estómago y la dieta, y después a los brazos, hombros, pulmones y sistema respiratorio. Lo bueno es que tu sexta casa continúa poderosa después del 21, así que estás atento a tu salud.

Mercurio inicia movimiento retrógrado el 7. Por lo tanto, si buscas trabajo debes tener más cautela después de esta fecha; hay muchas oportunidades de trabajo este mes, pero podría ocurrir que las cosas no sean lo que parecen. Averigua, infórmate más. Si vas a viajar al extranjero, será mejor que lo hagas antes del 7. Si esto no es posible, protégete lo mejor posible; programa más tiempo para ir y volver; confirma los billetes. Los cambios en el programa de salud necesitan más reflexión y análisis. Los diagnósticos y exámenes médicos hechos después del 7 necesitan verificación; podrían ser erróneos.

Julio

Mejores días en general: 2, 3, 11, 12, 19, 20, 21, 29, 30, 31
Días menos favorables en general: 4, 5, 6, 17, 18, 24, 25
Mejores días para el amor: 4, 5, 6, 7, 8, 13, 14, 15, 16, 24, 25, 27
Mejores días para el dinero: 1, 7, 8, 9, 10, 13, 14, 16, 17, 18, 27, 28
Mejores días para la profesión: 4, 5, 6, 13, 14, 24

Hasta el 22 continúa atento a la salud; fortalécela de las maneras mencionadas en las previsiones para el año, pero también con masajes en los brazos y los hombros, hasta el 13, y después por medios dietéticos. Después del 13 necesitan más atención el estómago y los pechos (si eres mujer). Hasta el 13 es importante la buena salud mental; la pureza intelectual no sólo favorece los asuntos externos sino también la salud. Después del 13 es más importante la armonía emocional. Después del 22 la salud mejora muchísimo. El 16 Júpiter sale de su aspecto desfavorable para ti. El 18 hace lo mismo Marte. Estos dos planetas han estado en aspecto difícil para ti desde comienzos del año. El 23 el Sol sale de su aspecto desfavorable. Si ha habido algún problema de salud, tendrías que empezar a tener buenas noticias.

Continúas en una cima amorosa y social anual. Es posible que para ti sea también una cima amorosa y social de toda la vida; no podrías pedir aspectos románticos mejores de los que tienes en este periodo. La vida social y amorosa será feliz y activa todo el mes, pero la actividad comenzará a menguar después del 22. Ya se han conseguido más o menos los objetivos sociales y amorosos y puedes pasar la atención a otras cosas.

El 18 el poder planetario ya estará trasladado a la mitad superior de tu carta. La familia sigue siendo importante (y lo será durante años), pero ahora es el periodo para centrar la atención en tu vida externa: profesión y objetivos externos. Estás en el verano de tu año y ha amanecido. Es hora de levantarse a emprender las actividades cotidianas. Acabó la noche; trabaja en tus objetivos con los métodos diurnos, no interiores. Si has aprovechado bien la noche de tu año, las medidas que tomes serán naturales y poderosas; serán como flechas volando directamente al blanco.

Júpiter hace un importante traslado (el que hace una vez al año): sale de Cáncer, tu séptima casa, y entra en Leo, tu octava casa. El cónyuge, pareja o ser amado actual se ve bien apañado este año; está en un periodo de prosperidad (además, el 23 entra en una cima financiera anual). Este mes, y el resto del año, es más activo sexualmente. Este es un periodo para atender a los asuntos patrimoniales y de impuestos. Si tienes pendientes reclamaciones al seguro hay buena suerte después del 16 y en especial después del 23.

Después del 18 desaparecen muchas de las dificultades en la profesión; hay menos ajetreo, menos conflicto. Después de esta fecha tu buena ética profesional da impulso a tu profesión: los superiores se fijan. Superada esta fecha se favorece la profesión por medios sociales, asistiendo y tal vez ofreciendo las fiestas o reuniones convenientes. El cónyuge, pareja o ser amado actual apoya tus objetivos profesionales; las amistades en general también.

Agosto

Mejores días en general: 8, 16, 17, 25, 26, 27
Días menos favorables en general: 1, 2, 13, 14, 20, 21, 22, 28, 29
Mejores días para el amor: 3, 4, 5, 6, 12, 13, 14, 20, 21, 22, 23, 24, 25
Mejores días para el dinero: 5, 6, 9, 10, 13, 14, 23, 24
Mejores días para la profesión: 1, 2, 3, 4, 12, 13, 23, 24, 28, 29

Plutón, el planeta de la transformación y reinvención personales está en tu signo desde hace varios años. Es muy posible, pues, que te hayas aplicado a trabajar en este tipo de proyectos. Estás a medio camino de dar a luz a tu yo, a tu yo ideal. Estas cosas no ocurren de la noche a la mañana, tienden a ser procesos a largo plazo, de muchos años (y a veces de muchas vidas). Este mes, con tu octava casa extraordinariamente fuerte, estos proyectos son más interesantes aún, y muy exitosos. Hay enorme progreso. Tal vez esto lo haces por medios mecánicos (cirugía plástica, estiramiento de las arrugas de aldededor de los ojos, del abdomen, y otros procedimientos quirúrgicos esotéricos); o tal vez lo haces mediante la meditación y la dieta, los métodos espirituales.

Con la octava casa fuerte son potentes los regímenes de desintoxicación de todo tipo, y en especial hasta el 15. Es un buen mes para desintoxicar concretamente el hígado y los riñones. La octava casa es buena no sólo para la desintoxicación física sino también para la desintoxicación mental y emocional.

La salud es buena este mes, y puedes fortalecerla más aún de las maneras explicadas en las previsiones para el año, y también dando más atención al corazón y al pecho hasta el 15 (irán bien masajes en el pecho), y después al intestino delgado.

Tu planeta del dinero inició movimiento retrógrado el 22 del mes pasado, y estará retrógrado muchos meses. Esto no impide que lleguen ingresos, pero enlentece un poco las cosas; y tal vez deben ser más lentas, más metódicas. Por retrógrado que esté Urano no podrás detener tu vida financiera, pero puedes intentar ser más prudente o cuidadoso en los tratos financieros, inversiones y compras. «Pon los puntos sobre las íes», presta atención a los detalles; evita los atajos en finanzas. Dicho con otras palabras: sé un auténtico Capricornio en los asuntos financieros. Del 7 al 10, en que el Sol forma trígono con Urano, es un buen periodo de paga; las deudas se contraen y pagan fácilmente; cuentas con crédito si lo necesitas. La conjunción de Venus con Júpiter del 17 al 19 trae suerte en las especulaciones. Los hijos o figuras filiales se ven más prósperos en este periodo.

El 1 y el 2 y del 10 al 14 tómate las cosas con calma y reduce tus actividades. El Sol y Marte transitan por puntos de eclipse. El cónyuge, pareja o ser amado actual prospera este mes (y el resto del año), pero entre el 1 y el 2 podría experimentar un drama financiero.

Del 24 al 31 necesitan más verificación los sueños y las intuiciones; el mensaje podría ser correcto pero tu interpretación podría ser errónea.

Este mes no ocurre nada especial en el amor, no es tan importante como en los dos meses anteriores. Esto lo interpreto como satisfacción; no hay ninguna necesidad de hacer cambios ni tomar medidas importantes en la vida amorosa.

Septiembre

> *Mejores días en general:* 4, 5, 12, 13, 22, 23
> *Días menos favorables en general:* 10, 11, 17, 18, 24, 25
> *Mejores días para el amor:* 2, 3, 4, 5, 12, 13, 17, 18, 23, 24
> *Mejores días para el dinero:* 1, 2, 3, 6, 7, 10, 11, 19, 20, 29, 30
> *Mejores días para la profesión:* 2, 3, 12, 13, 23, 24, 25

Este mes el poder planetario se traslada y se hace dominante el sector oriental o independiente de tu carta. Esto comenzarás a notarlo a partir del 23; lo sentirás verdaderamente a fin de mes, el 30. Entras en otro ciclo de independencia personal. El poder planetario avanza hacia ti, en dirección a ti, no alejándose. No hay nada malo en las relaciones ni en complacer a los demás, pero ahora el Cosmos te llama a desarrollar tus habilidades e iniciativa personales; esto va de aprender a valerte por ti mismo, volar con tus propias alas y aceptar la responsabilidad de tu felicidad. Ahora, después de casi seis meses de dominio del sector occidental, ya sabes más o menos qué condiciones son agradables y cuáles desagradables; entras en un periodo en que es más fácil hacer los cambios.

Tu novena casa está muy poderosa este mes, hasta el 23. Así pues, te llaman otros países; llegan oportunidades de viaje y podrías desear aprovechar alguna. Este es un periodo maravilloso si eres estudiante universitario; tienes éxito en tus estudios. Es un buen mes también para dedicarte a tus intereses religiosos y filosóficos.

Pero el principal titular del mes es la profesión. El 60 y a veces el 70 por ciento de los planetas están sobre el horizonte de tu carta. El

23 se hace muy poderosa tu décima casa; entras en una cima profesional anual. Este es un periodo de mucho éxito. Puedes, sin riesgo, restar importancia a los asuntos domésticos y familiares. La buena disposición a viajar y aconsejar o guiar a otros favorece la profesión; eres discípulo de los que están por encima de ti, y mentor de los que están por debajo. También contribuye tu buena ética profesional: los superiores la notan.

La salud es más delicada después del 23. Como siempre, procura descansar lo suficiente. Mercurio, tu planeta de la salud, avanza raudo, pero pasa la mayor parte del mes (del 2 al 28) en Libra, tu décima casa. Por lo tanto, además de las maneras explicadas en las previsiones para el año, puedes fortalecer la salud dando más atención a los riñones y caderas; podría convenirte una desintoxicación de los riñones; también masajes periódicos en las caderas. Lo bueno es que el planeta de la salud en la décima casa indica que estás atento: la buena salud está en los primeros lugares de tus prioridades, así que le prestas atención. Los problemas amorosos podrían afectar a la salud física en este periodo, por lo tanto, si, Dios no lo permita, surgieran problemas, restablece la armonía lo más pronto posible.

Las finanzas son un cuadro complicado este mes. Por un lado Júpiter forma aspectos fabulosos a tu planeta del dinero todo el mes (aunque en especial del 23 al 30), pero los planetas rápidos le forman aspectos difíciles a partir del 23. Esto lo interpreto como que hay prosperidad, pero tienes que trabajar más por ella; no es un trayecto fácil.

Octubre

Mejores días en general: 1, 2, 9, 10, 19, 20, 28, 29
Días menos favorables en general: 7, 8, 14, 15, 21, 22, 23
Mejores días para el amor: 3, 4, 12, 13, 14, 15, 22, 23
Mejores días para el dinero: 3, 4, 7, 8, 16, 17, 18, 26, 27, 31
Mejores días para la profesión: 3, 12, 13, 21, 22, 23

Este mes son dos los titulares principales. El primero es tu cima profesional anual, que sigue en pleno apogeo hasta el 23. En esencia, es un mes exitoso en el sentido mundano. El otro titular son los eclipses que hay este mes. Uno en particular, el lunar del 8, es muy fuerte en ti.

De todos modos, te conviene tomarte las cosas con calma hasta el 23, ya que este es uno de periodos de salud vulnerable, pero en especial en torno al periodo del eclipse. Evita las actividades que entrañan riesgo; si son optativas, prográmalas para otra fecha. Este eclipse ocurre en tu cuarta casa y toca a Urano y Plutón (más directamente a Urano, pues a Plutón sólo lo roza). Esto señala dramas familiares, tal vez obras de reparación en la casa; indica drama con los padres o figuras parentales. El planeta eclipsado, la Luna, rige genéricamente estas facetas, así que hay problemas en ellas. Los familiares están más temperamentales en este periodo. Dado que la Luna es tu planeta del amor, se pone a prueba el amor también. Es en estas ocasiones cuando salen a la luz los trapos sucios, cuando los problemas e irritaciones soterrados salen a la superficie para que se enfrenten. Esto no significa ruptura, aunque a veces ocurre, sino pruebas al amor; el amor ha de ponerse a prueba de vez en cuando. El impacto del eclipse sobre Urano indica cambios financieros drásticos, normalmente debido a un trastorno o una crisis; tal vez te encuentras ante un gasto inesperado o imprevisto; tal vez (más probable) tu forma de pensar y planificar no ha sido realista. Esto lo descubres y te ves obligado a hacer los cambios. En último término, estos cambios son buenos, pero mientras ocurren no son muy agradables. El impacto del eclipse en Plutón indica dramas en la vida de amistades y la puesta a prueba de las amistades. Las buenas amistades sobreviven, pero las defectuosas tienden a disolverse. Muchas veces el problema no es la relación, pero los problemas que ocurren en la vida de los amigos ponen a prueba la amistad. Esto afecta a todos los nativos de Capricornio, pero más a los nacidos del 4 al 7 de enero.

El eclipse solar del 23 es más suave en ti, pero no te hará ningún daño reducir tus actividades de todos modos. Este eclipse ocurre en tu casa once, y nuevamente pone a prueba las amistades; también se ponen a prueba los ordenadores y equipos de alta tecnología. La tecnología es maravillosa cuando funciona bien, pero cuando surgen averías o contratiempos, ¡vamos, qué pesadilla! Tal vez te convenga hacer copias de seguridad de los documentos importantes antes que ocurra el eclipse. Comprueba también que estén funcionando bien los programas de antivirus, antispam y antipiratería. Puesto que el Sol es el señor de tu octava casa, todos los eclipses solares traen encuentros con la muerte (por lo general, psíquicos). No hay ninguna necesidad de tentar al ángel negro haciendo cosas arriesgadas. Este aspecto indicaría que el cónyuge, pareja o ser amado actual hace cambios financieros drásticos.

Noviembre

Mejores días en general: 6, 7, 15, 16, 17, 25, 26
Días menos favorables en general: 4, 5, 10, 11, 18, 19
Mejores días para el amor: 2, 3, 10, 11, 12, 21, 22, 23
Mejores días para el dinero: 4, 5, 13, 14, 22, 23, 27, 28
Mejores días para la profesión: 2, 3, 11, 12, 18, 19, 22, 23

Aunque técnicamente los eclipses ocurrieron el mes pasado, este mes tú y el mundo en general sentiréis las «réplicas; esto se debe a que algunos planetas reactivan puntos de estos eclipses.

Urano está prácticamente acampado en un punto de eclipse todo el mes (y esto continuará el resto del año). Así pues, habrá cambios drásticos en las finanzas; hay inestabilidad. De todos modos, la prosperidad sigue intacta, en especial a partir del 22. Simplemente hay muchos baches en el camino: sorpresas, cambios y virajes. Espera lo inesperado; tienes que ser ágil y estar alerta. (El ordenador y el equipo de alta tecnología podrían estar temperamentales en este periodo.)

Del 14 al 17 Marte reactiva un punto de eclipse; esto produce dramas en la familia y la casa, en los familiares, padres y figuras parentales. Ten más prudencia al conducir estos días también.

Marte ha estado «fuera de límites» desde el 30 de septiembre, y esto continúa hasta el 21 de este mes. Los familiares salen de sus límites habituales en este periodo; tal vez entran en territorio prohibido. Las soluciones a los problemas familiares están «fuera de lo rutinario».

Del 8 al 10 Mercurio reactiva un punto de eclipse. Evita viajar innecesariamente al extranjero esos días. Esto podría causar trastornos o dramas en el lugar de trabajo y cambios en el programa de salud también.

La salud está mucho mejor este mes. Mercurio, tu planeta de la salud, avanza raudo este mes, pero pasa la mayor parte del mes (del 8 al 28) en Escorpio. Son potentes los regímenes de desintoxicación, en especial del 17 al 19; son importantes el sexo seguro y la moderación sexual. Antes del 8 fortalece la salud con masajes en las caderas y dando más atención a los riñones. Después del 28 son potentes las técnicas de curación espiritual.

En el amor no hay novedades este mes; las cosas tienden a continuar más o menos como están. Las relaciones se ven intactas. Si estás casado o casada lo más probable es que continúe el matrimonio; lo mismo vale si estás soltero o soltera. El magnetismo social será más fuerte del 1 al 6 y del 22 en adelante, cuando la Luna está en fase creciente.

Del 8 al 14 conduce con más prudencia y ten más paciencia con los familiares. Los familiares deben evitar las actividades arriesgadas estos días.

Diciembre

Mejores días en general: 3, 4, 13, 14, 22, 23, 30, 31
Días menos favorables en general: 1, 2, 8, 9, 15, 16, 28, 29
Mejores días para el amor: 1, 2, 8, 9, 10, 11, 12, 13, 20, 21, 22, 30, 31
Mejores días para el dinero: 1, 2, 10, 11, 20, 21, 24, 25, 28, 29
Mejores días para la profesión: 1, 2, 12, 13, 15, 16, 21, 22, 30, 31

Este es un mes esencialmente feliz, pero bajo la superficie se preparan grandes cambios.

Saturno, el señor de tu horóscopo, hace un importante traslado (el que hace más o menos cada dos años y medio), sale de Escorpio y entra en Sagitario, pasa de tu casa once a la doce, y continuará en ella de dos a tres años. Esto significa que la espiritualidad va a ser un importante centro de atención en los años venideros. Tu casa doce, la de la espiritualidad, se hizo poderosa el 22 del mes pasado y sigue poderosa hasta el 22 de este mes. Estás, pues, en un fuerte periodo espiritual. Experimentas todo tipo de fenómenos (y esto continuará unos años); la vida onírica es más activa y profética; ocurren sincronías (coincidencias inexplicables). Si estás en el camino haces mucho progreso, tienes éxito; si no estás en el camino es muy posible que entres en él en los próximos años.

Capricornio es persona muy práctica, «empirista» natural. «Si lo veo, lo toco o lo mido, existe, si no, no existe.» La actitud y enfoque espirituales son diametralmente opuestos a esto; la actitud es que el mundo empírico sólo es una fracción de lo que es la realidad, y es fundamentalmente una ilusión. Generalmente Capricornio consigue sus fines de las maneras tridimensionales normales. El enfoque espiritual es trabajar en el mundo invisible y «dejar» que ocurran los fenómenos. Por lo tanto, Capricornio tiene que hacer más adaptaciones que la mayoría cuando se embarca en un camino espiritual; los métodos le son ajenos. Pero una vez que se concentra en ello, tiende a tener éxito. Ha habido muchos grandes gurús que eran Capricornio.

La salud es buena este mes, sobre todo después del 22. Muchos planetas o están en tu signo o transitan por él. El poder cósmico avanza hacia ti, apoyándote. Te ves bien; tienes más seguridad en ti mismo y autoestima; tienes carisma. Te sales con la tuya en la vida. Hasta el 17 puedes fortalecer más la salud dando atención al hígado y los muslos, y después a la columna, las rodillas, la dentadura, los huesos, la piel y la alineación esquelética general (siempre importantes para ti).

Urano sigue acampado en un punto de eclipse este mes, así que hay muchos cambios e inestabilidad en las finanzas. Hasta el 22 los ingresos se ven más fuertes (y fáciles); después es necesario más esfuerzo, muchísimo más esfuerzo, para conseguir los objetivos financieros. Urano, tu planeta del dinero, retoma el movimiento directo el 21, y esto es muy positivo para las finanzas; habrá gastos inesperados y cambios, pero tendrías que ser capaz de manejarlos mejor.

El 22 entras en una cima anual de placer personal. Es un periodo para gozar de todos los placeres de los cinco sentidos; periodo para mimar el cuerpo y darle lo que necesita. Es el periodo para dar al cuerpo la imagen y la forma que deseas.

Acuario

El Aguador
Nacidos entre el 20 de enero y el 18 de febrero

Rasgos generales

ACUARIO DE UN VISTAZO
Elemento: Aire

Planeta regente: Urano
    Planeta de la profesión: Plutón
    Planeta de la salud: la Luna
    Planeta del amor: el Sol
    Planeta del dinero: Neptuno
    Planeta del hogar y la vida familiar: Venus

Colores: Azul eléctrico, gris, azul marino
    Colores que favorecen el amor, el romance y la armonía social: Dorado, naranja
    Color que favorece la capacidad de ganar dinero: Verde mar

Piedras: Perla negra, obsidiana, ópalo, zafiro

Metal: Plomo

Aromas: Azalea, gardenia

Modo: Fijo (= estabilidad)

Cualidades más necesarias para el equilibrio: Calidez, sentimiento y emoción

Virtudes más fuertes: Gran poder intelectual, capacidad de comunicación y de formar y comprender conceptos abstractos, amor por lo nuevo y vanguardista

Necesidad más profunda: Conocer e introducir lo nuevo

Lo que hay que evitar: Frialdad, rebelión porque sí, ideas fijas

Signos globalmente más compatibles: Géminis, Libra

Signos globalmente más incompatibles: Tauro, Leo, Escorpio

Signo que ofrece más apoyo laboral: Escorpio

Signo que ofrece más apoyo emocional: Tauro

Signo que ofrece más apoyo económico: Piscis

Mejor signo para el matrimonio y/o las asociaciones: Leo

Signo que más apoya en proyectos creativos: Géminis

Mejor signo para pasárselo bien: Géminis

Signos que más apoyan espiritualmente: Libra, Capricornio

Mejor día de la semana: Sábado

La personalidad Acuario

En los nativos de Acuario las facultades intelectuales están tal vez más desarrolladas que en cualquier otro signo del zodiaco. Los Acuario son pensadores claros y científicos; tienen capacidad para la abstracción y para formular leyes, teorías y conceptos claros a partir de multitud de hechos observados. Géminis es bueno para reunir información, pero Acuario lleva esto un paso más adelante, destacando en la interpretación de la información reunida.

Las personas prácticas, hombres y mujeres de mundo, erróneamente consideran poco práctico el pensamiento abstracto. Es cierto que el dominio del pensamiento abstracto nos saca del mundo físico, pero los descubrimientos que se hacen en ese dominio normalmente acaban teniendo enormes consecuencias prácticas. Todos los verdaderos inventos y descubrimientos científicos proceden de este dominio abstracto.

Los Acuario, más abstractos que la mayoría, son idóneos para explorar estas dimensiones. Los que lo han hecho saben que allí hay poco sentimiento o emoción. De hecho, las emociones son un estorbo para funcionar en esas dimensiones; por eso los Acuario a veces parecen fríos e insensibles. No es que no tengan sentimientos ni profundas emociones, sino que un exceso de sentimiento les nublaría la capacidad de pensar e inventar. Los demás signos no pueden tolerar y ni siquiera comprender el concepto de «un exceso de sentimientos». Sin embargo, esta objetividad acuariana es ideal para la ciencia, la comunicación y la amistad.

Los nativos de Acuario son personas amistosas, pero no alardean de ello. Hacen lo que conviene a sus amigos aunque a veces lo hagan sin pasión ni emoción.

Sienten una profunda pasión por la claridad de pensamiento. En segundo lugar, pero relacionada con ella, está su pasión por romper con el sistema establecido y la autoridad tradicional. A los Acuario les encanta esto, porque para ellos la rebelión es como un juego o un desafío fabuloso. Muy a menudo se rebelan simplemente por el placer de hacerlo, independientemente de que la autoridad a la que desafían tenga razón o esté equivocada. Lo correcto y lo equivocado tienen muy poco que ver con sus actos de rebeldía, porque para un verdadero Acuario la autoridad y el poder han de desafiarse por principio.

Allí donde un Capricornio o un Tauro van a pecar por el lado de la tradición y el conservadurismo, un Acuario va a pecar por el lado de lo nuevo. Sin esta virtud es muy dudoso que pudiera hacerse algún progreso en el mundo. Los de mentalidad conservadora lo obstruirían. La originalidad y la invención suponen la capacidad de romper barreras; cada nuevo descubrimiento representa el derribo de un obstáculo o impedimento para el pensamiento. A los Acuario les interesa mucho romper barreras y derribar murallas, científica, social y políticamente. Otros signos del zodiaco, como Capricornio por ejemplo, también tienen talento científico, pero los nativos de Acuario destacan particularmente en las ciencias sociales y humanidades.

Situación económica

En materia económica, los nativos de Acuario tienden a ser idealistas y humanitarios, hasta el extremo del sacrificio. Normalmente son generosos contribuyentes de causas sociales y políticas. Su modo de contribuir difiere del de un Capricornio o un Tauro. Estos esperarán algún favor o algo a cambio; un Acuario contribuye desinteresadamente.

Los Acuario tienden a ser tan fríos y racionales con el dinero como lo son respecto a la mayoría de las cosas de la vida. El dinero es algo que necesitan y se disponen científicamente a adquirirlo. Nada de alborotos; lo hacen con los métodos más racionales y científicos disponibles.

Para ellos el dinero es particularmente agradable por lo que puede hacer, no por la posición que pueda implicar (como en el caso de otros signos). Los Acuario no son ni grandes gastadores ni tacaños; usan su dinero de manera práctica, por ejemplo para facilitar su propio progreso, el de sus familiares e incluso el de desconocidos.

No obstante, si desean realizar al máximo su potencial financiero, tendrán que explorar su naturaleza intuitiva. Si sólo siguen sus teorías económicas, o lo que creen teóricamente correcto, pueden sufrir algunas pérdidas y decepciones. Deberían más bien recurrir a su intuición, sin pensar demasiado. Para ellos, la intuición es el atajo hacia el éxito económico.

Profesión e imagen pública

A los Acuario les gusta que se los considere no sólo derribadores de barreras sino también los transformadores de la sociedad y del mundo. Anhelan ser contemplados bajo esa luz y tener ese papel. También admiran y respetan a las personas que están en esa posición e incluso esperan que sus superiores actúen de esa manera.

Prefieren trabajos que supongan un cierto idealismo, profesiones con base filosófica. Necesitan ser creativos en el trabajo, tener acceso a nuevas técnicas y métodos. Les gusta mantenerse ocupados y disfrutan emprendiendo inmediatamente una tarea, sin pérdida de tiempo. Suelen ser los trabajadores más rápidos y generalmente aportan sugerencias en beneficio de su empresa. También son muy colaboradores con sus compañeros de trabajo y asumen con gusto responsabilidades, prefiriendo esto a recibir órdenes de otros.

Si los nativos de Acuario desean alcanzar sus más elevados objetivos profesionales, han de desarrollar más sensibilidad emocional, sentimientos más profundos y pasión. Han de aprender a reducir el enfoque para fijarlo en lo esencial y a concentrarse más en su tarea. Necesitan «fuego en las venas», una pasión y un deseo arrolladores, para elevarse a la cima. Cuando sientan esta pasión, triunfarán fácilmente en lo que sea que emprendan.

Amor y relaciones

Los Acuario son buenos amigos, pero algo flojos cuando se trata de amor. Evidentemente se enamoran, pero la persona amada tiene la impresión de que es más la mejor amiga que la amante.

Como los Capricornio, los nativos de Acuario son fríos. No son propensos a hacer exhibiciones de pasión ni demostraciones externas de su afecto. De hecho, se sienten incómodos al recibir abrazos o demasiadas caricias de su pareja. Esto no significa que no la amen. La aman, pero lo demuestran de otras maneras. Curiosamente, en sus relaciones suelen atraer justamente lo que les produce incomodidad. Atraen a personas ardientes, apasionadas, románticas y que demuestran sus sentimientos. Tal vez instintivamente saben que esas personas tienen cualidades de las que ellos carecen, y las buscan. En todo caso, al parecer estas relaciones funcionan; la frialdad de Acuario calma a su apasionada pareja, mientras que el fuego de la pasión de esta calienta la sangre fría de Acuario.

Las cualidades que los Acuario necesitan desarrollar en su vida amorosa son la ternura, la generosidad, la pasión y la diversión. Les gustan las relaciones mentales. En eso son excelentes. Si falta el factor intelectual en la relación, se aburrirán o se sentirán insatisfechos muy pronto.

Hogar y vida familiar

En los asuntos familiares y domésticos los Acuario pueden tener la tendencia a ser demasiado inconformistas, inconstantes e inestables. Están tan dispuestos a derribar las barreras de las restricciones familiares como las de otros aspectos de la vida.

Incluso así, son personas muy sociables. Les gusta tener un hogar agradable donde poder recibir y atender a familiares y amigos. Su casa suele estar decorada con muebles modernos y llena de las últimas novedades en aparatos y artilugios, ambiente absolutamente necesario para ellos.

Si su vida de hogar es sana y satisfactoria, los Acuario necesitan inyectarle una dosis de estabilidad, incluso un cierto conservadurismo. Necesitan que por lo menos un sector de su vida sea sólido y estable; este sector suele ser el del hogar y la vida familiar.

Venus, el planeta del amor, rige la cuarta casa solar de Acuario, la del hogar y la familia, lo cual significa que cuando se trata de la familia y de criar a los hijos, no siempre son suficientes las teorías, el pensamiento frío ni el intelecto. Los Acuario necesitan introducir el amor en la ecuación para tener una fabulosa vida doméstica.

Horóscopo para el año 2014*

Principales tendencias

Saturno ha estado en tu décima casa, la de la profesión, desde octubre de 2012 y continuará en ella casi todo el año (hasta el 24 de diciembre). Esto es un reto para la profesión, pero si llevas bien las cosas traerá un éxito duradero. Volveremos sobre este tema.

Cuando Júpiter entró en Cáncer el 27 de junio del año pasado, tú entraste en un ciclo de prosperidad que continúa hasta bien entrado este año. Es posible que hayas encontrado un buen trabajo, el trabajo de tus sueños, y esto también puede ocurrir este año.

Neptuno está en tu casa del dinero desde febrero de 2012, y continuará en ella muchos años más. Tu intuición financiera es soberbia en este periodo. Vas a profundizar más en las dimensiones espirituales de la riqueza, en su esencia y su fuente. Esta es una tendencia a largo plazo, de muchos años. Hablaremos más de esto.

El 16 de julio Júpiter entrará en tu séptima casa, la del amor, el matrimonio y las actividades sociales. Esto inicia una vida amorosa feliz y expansiva que tendría que continuar hasta bien entrado el próximo año. Volveremos sobre esto.

La salud es fundamentalmente buena; eso sí, después del 16 de julio tendrás dos planetas lentos en alineación difícil contigo, así que tendrás que estar más atento a la salud. Hablaremos más de esto.

Urano, tu planeta regente, forma parte de una gran cuadratura de larga duración, hasta el 26 de julio. Algo muy insólito. Participas en un proyecto o empresa de gran, gran envergadura. Estás involucrado personalmente en esto; es algo que haces para ti. Continuaremos este tema.

* Las previsiones de este libro se basan en el Horóscopo Solar y todos los signos que derivan de él; tu Signo Solar se convierte en el Ascendente, y las casas se numeran a partir de él. Tu horóscopo personal, el trazado concretamente para ti (según la fecha, hora y lugar exactos de tu nacimiento) podrían modificar lo que decimos aquí. Joseph Polansky

Las facetas de mayor interés para ti este año son: las finanzas; la comunicación y las actividades intelectuales; la salud y el trabajo (hasta el 16 de julio); el amor y el romance (a partir del 16 de julio); la profesión; la espiritualidad.

Los caminos de mayor satisfacción y realización para ti este año son: la salud y el trabajo (hasta el 16 de julio); el amor y el romance (a partir del 16 de julio); la profesión (hasta el 19 de febrero); la religión, la filosofía, la educación superior y los viajes al extranjero (a partir del 19 de febrero).

Salud

(Ten en cuenta que esta es una perspectiva astrológica de la salud, no una médica. Antaño no había ninguna diferencia, ambas eran idénticas, pero en esta época podrían diferir muchísimo. Para una perspectiva médica, por favor, consulta a tu médico o a otro profesional de la salud.)

La salud y la energía son más complicadas en la segunda mitad del año, después del 16 de julio. Pero en general, la salud se ve buena. Además, tu sexta casa está fuerte hasta el 16 de julio, y esto indica que le prestas atención a tu salud. La atención extra que le prestes durante la primera mitad del año te servirá después.

Como saben nuestros lectores, es mucho lo que se puede hacer para fortalecer la salud y prevenir problemas. Da más atención a las siguientes zonas:

El corazón: (Todo el año, pero en especial después del 16 de julio.) Evita la preocupación y la ansiedad, que son las principales causas de los problemas cardiacos. Con un poco de práctica se pueden manejar las cosas sin preocuparse. La preocupación es simplemente un hábito mental que hemos adquirido; el mundo la considera «normal», pero espiritualmente se considera una patología. Irán bien sesiones de reflexología en que te trabajen los puntos reflejos del corazón.

Los tobillos y las pantorrillas: Estas zonas son siempre importantes para ti. Dales masajes periódicos y da más protección y apoyo a los tobillos cuando hagas ejercicio.

El estómago y los pechos. También son importantes para ti. La dieta correcta es importante para ti en general. Cómo comes es tan importante como lo que comes. Toma las comidas de forma calmada y relajada. Da las gracias; eleva las vibraciones de comer a un grado superior. Esto elevará las vibraciones de los alimentos y también las tuyas. Así se digieren mejor.

El hígado y los muslos: Esto es importante hasta el 16 de julio. Una buena limpieza del hígado con infusiones de hierbas sería conveniente para ti este año. El perejil y la remolacha son buenos para limpiar el hígado, pero hay otros métodos también.

Mantener sanos los estados anímicos, sentimientos de paz, de alegría, es siempre importante para tu salud. Este año no es diferente. Esto es más fácil decirlo que hacerlo, pero con la práctica, sobre todo si haces meditación, puedes mejorar más y más en esto. En tu caso, desarmonía emocional es el primer síntoma de un problema físico de salud. Observa lo que ocurre con tus sentimientos y si no son positivos restablece la armonía lo más pronto posible.

Las buenas relaciones familiares y la armonía doméstica general también son siempre importantes para ti. Los problemas en esto podrían afectar rápidamente a la salud física. Si surge algún problema, restablece la armonía cuanto antes.

Teniendo a la Luna por planeta de la salud, los problemas de salud suelen provenir del «cuerpo mnemónico», de recuerdos del pasado que se han reestimulado. Aunque no soy un defensor de la regresión a vidas anteriores, si está afectada la salud, podría convenirte.

La Luna, tu planeta de la salud, es el más rápido de todos los planetas. Cada mes transita por todos los signos y casas del horóscopo; crece y mengua, recibe y forma aspectos positivos y negativos. Hay, pues, muchas tendencias a corto plazo en la salud; en tu horóscopo estas tendencias fluctúan casi diariamente, y es mejor tratarlas en las previsiones mes a mes.

Los números favorables para la salud son el 2, el 4, el 7 y el 9.

Hogar y vida familiar

Tu cuarta casa, la del hogar y la familia, no está poderosa este año; está prácticamente vacía; sólo transitan por ella los planetas rápidos, y por muy breves periodos. Esto indica que el año se presenta sin novedades ni cambios. En mi opinión, esto es algo positivo. Significa que estás bastante safisfecho con las cosas como están y no tienes necesidad de hacer cambios importantes. Puedes si quieres, el Cosmos te da plena libertad, pero no hay necesidad.

Es muy probable que en 2011-2012 hubiera mudanza o renovación; ahora las cosas se ven tranquilas.

El 29 de abril hay un eclipse solar que ocurre en tu cuarta casa y agitará un poco las cosas. Si hay defectos en la casa o en la relación familiar, el eclipse los revelará para que se puedan corregir. De todos modos no es probable que este eclipse produzca cambios familiares de larga duración; sólo drama y alboroto. No hay ningún otro poder planetario que lo apoye.

Venus es tu planeta de la familia. Como saben nuestros lectores, es de movimiento muy rápido; durante el año transita por todo el horóscopo. Hay, por lo tanto, muchas tendencias en el hogar que dependerán de dónde esté Venus en un momento dado y de los aspectos que reciba; estas tendencias es mejor tratarlas en las previsiones mes a mes.

Del 1 al 31 de enero Venus estará en movimiento retrógrado. Este no es un periodo para tomar decisiones importantes acerca del hogar y la familia; es un periodo para analizar la realidad, hacer revisión y conseguir claridad mental. Una vez logrado esto (y lo lograrás) estarás en posición para tomar buenas decisiones cuando Venus retome el movimiento directo, el 1 de febrero.

Este año pasa por severas pruebas el matrimonio de un progenitor o figura parental (podría ser una sociedad de negocios también). Lo mismo ocurrió el año pasado. La relación sólo puede sobrevivir con mucho esfuerzo y compromiso. A partir del 16 de julio hay probabilidades de mudanza para un progenitor o figura parental; se ve una mudanza feliz. A veces no ocurre una verdadera mudanza, aunque el efecto es el mismo: la persona añade otra casa a sus propiedades o renueva y amplía la suya. La salud de un progenitor o figura parental se favorecerá explorando terapias alternativas.

Los hermanos y figuras fraternas de tu vida están inquietos y rebeldes; es posible que alguno se mude este año; esto podría haber ocurrido el año pasado también. No es aconsejable el matrimonio para ellos, están demasiado apegados a la libertad en este periodo.

Los hijos y figuras filiales de tu vida se ven muy prósperos en este periodo, pero en el frente hogareño no hay novedades ni cambio, las cosas continúan como están. Sus relaciones amorosas serán puestas a prueba el año que viene. Hacen cambios drásticos en su programa de salud.

Profesión y situación económica

Tu casa del dinero ha estado poderosa desde hace unos años y continuará estándolo muchos años más. Hay muchísima atención a las finanzas, y esta atención es el 90 por ciento del éxito. El interés y la atención los considero más importantes que los simples «aspectos fáciles». El interés es la ambición, el empuje, el deseo, y cuando está presente la persona prospera incluso en medio de la adversidad; está dispuesta a ver y enfrentar todas las dificultades que surjan.

El año pasado lo tuviste todo. Tuviste el empuje o ambición «y» los aspectos fáciles. Así pues, ha habido prosperidad, y esto continúa hasta el 16 de julio de este año. Gastas más, claro, pero también ganas mucho más.

Neptuno, el más espiritual de los planetas, es tu planeta del dinero. Por lo tanto, las dimensiones espirituales de la riqueza siempre han sido importantes para ti, siempre han tenido un intenso interés. Y ahora, desde que Neptuno entró en su signo, Piscis, en febrero de 2012, este interés se ha intensificado. Y es muy probable que obtengas buenos resultados con métodos financieros espirituales: meditación, visualización, donaciones benéficas, acceder a las fuentes supernaturales, que no las naturales, del aprovisionamiento. Tu intuición financiera siempre es buena (Neptuno es el planeta de la intuición), pero este año es soberbia, y el año pasado lo fue también. Saturno, tu planeta de la espiritualidad, ha formado aspectos hermosos a Neptuno desde octubre de 2012.

Decididamente en finanzas marchas a un ritmo diferente, pero da resultados. Es posible que los amigos y colegas estén asombrados. No haces las cosas «normales»; sin embargo, prosperas.

La intuición consigue más en un momento, que en muchos años de trabajo y planificación intensivos normales.

En el plano mundano Neptuno rige las compañías de petróleo, gas, agua y navieras, los servicios de agua, el transporte marítimo, los astilleros, la pesca y todas las industrias que tienen que ver con el agua. También rige los hospitales y sanatorios de pago, los hospicios, los anestésicos, los analgésicos, los ansiolíticos y otros fármacos para mejorar el ánimo. Estas industrias son interesantes para invertir en ellas o para trabajar en ellas. Es posible que personas de estas industrias sean importantes en tu vida financiera.

Júpiter ha estado en tu sexta casa desde fines de junio del año pasado, y continuará ahí hasta el 16 de julio de este año. Esto indica oportunidades laborales felices y lucrativas. Es posible que el año pasado encontraras un buen trabajo, pero si no, esto puede ocurrir todavía este año. Si eres empleador, vas a aumentar la fuerza laboral.

Las amistades y las conexiones sociales se ven importantes en el plano financiero también. Apoyan muchísimo.

Por naturaleza Acuario es persona de ordenadores y actividades *online*; en eso te encuentras como pez en el agua. Estas habilidades son importantes en las finanzas también, sea cual sea el trabajo que desempeñes. Las actividades y negocios *online* son lucrativas en este periodo.

Saturno ha estado en tu décima casa, la de la profesión, desde octubre de 2012. Esto hace surgir dificultades en la profesión. Esto indica un jefe exigente o despótico. Indica que avanzas en la profesión gracias a tus propios méritos, a tu rendimiento, no gracias a conexiones sociales o influencia de la familia. Las conexiones sociales pueden abrirte puertas, pero al final tú tienes que demostrar que vales con tu trabajo. El mérito prevalece, en especial este año.

Saturno es tu planeta de la espiritualidad y por estar en tu décima casa influye en tu profesión. Neptuno, el planeta genérico de la espiritualidad, rige tus finanzas. Por lo tanto, la dimensión espiritual es importante tanto en la profesión como en las finanzas. Si tienes una profesión de tipo mundano, colabora más en obras benéficas y causas que consideras buenas; haz horas de trabajo voluntario. Esto favorecerá tu profesión externa de modos muy sutiles.

Los números favorables en tus finanzas son el 1, el 12 y el 18.

Amor y vida social

El año comienza lentamente en esta faceta. No hay ningún desastre, pero no ocurre nada especial en el lado positivo tampoco. Más o menos las cosas continúan como están. Este es en esencia un periodo de preparación. El 16 de julio Júpiter entra en tu séptima casa, la del amor y el romance, y continuará en ella hasta bien entrado el próximo año. Comienza la diversión. Júpiter no sólo estará en tu séptima casa, sino que además formará aspectos hermosos a Urano, el señor de tu horóscopo. Así pues, se huele el amor. Llega matrimonio o una relación «parecida» a matrimonio. Si ya estás casado o casada, tu relación conyugal se hace más romántica, más parecida a una luna de miel.

Júpiter es tu planeta de las amistades. Su entrada en tu séptima casa nos da muchos mensajes. Indica que el romance puede ocurrir a través de las amistades, las amistades hacen el papel de Cupido. A veces indica que una amistad, más o menos desenfadada, empieza a convertirse en algo más. A veces indica una relación amorosa que se lleva *online* o por otros métodos de alta tecnología.

Las oportunidades románticas se te presentan cuando estás en grupo o en actividades en grupo o de organizaciones (una de tus actividades favoritas, por cierto). El mensaje que veo aquí es que sólo necesitas ser tú mismo, hacer las cosas que te gustan, hacer lo que te apetece, y llegará el romance, con muy poca planificación o manipulación por tu parte.

Júpiter en tu séptima casa también indica tus necesidades y tu actitud en el amor. Júpiter refuerza tu actitud natural; deseas amistad en el amor. Deseas romance, pero también que haya amistad con el ser amado. Deseas sentir que tú y el ser amado sois «compañeros de equipo» además de estar enamorados: una relación entre iguales.

Siempre eres innovador y experimentador, en todo, no sólo en el amor. Y ahora conoces a una persona que tiene esas mismas características. Es probable que hagáis todo tipo de cosas no tradicionales como pareja.

La influencia de Júpiter en tu vida amorosa indica que te atraen personas extranjeras, personas muy cultas e incluso tal vez personas religiosas. Te atraen personas refinadas, de las que puedas aprender. Un viaje al extranjero favorecerá el romance, estimulará la relación ya existente o llevará a una nueva.

Hay romance serio en el ambiente, ya sea que estés con miras a tu primero, tercero o cuarto matrimonio. Si estás con miras a un segundo matrimonio, tu relación pasa por pruebas hasta el 26 de julio; una boda se ve incierta, dudosa. Puede ocurrir, pero no hay nada especial que la favorezca. De todos modos habrá citas y fiestas, y entrarán nuevas amistades en el cuadro. La vida social será activa y feliz.

Tu planeta del amor es el Sol, que es un planeta de movimiento rápido; durante el año visita todos los signos y casas del horóscopo. Hay, por lo tanto, muchas tendencias a corto plazo en el amor, según dónde esté el Sol y los aspectos que reciba. Estas tendencias es mejor tratarlas en las previsiones mes a mes.

Los números favorables para el amor son el 5, el 6, el 8 y el 19.

Progreso personal

Tu intuición se va a entrenar en dos frentes este año: las finanzas y la profesión (cada persona la entrena de diferentes maneras). Los dos planetas de la espiritualidad de tu carta influyen en ambas facetas.

Cuando la intuición, la orientación de lo alto, interviene en algo, pierden importancia todos los hechos y reglas del plano material. Te guía de modos que contrarrestan los llamados hechos o circunstancias. No harás nada deshonroso ni dañino, pero no harás caso de las «condiciones del mercado», la situación de desempleo, los precios de las acciones y la «sabiduría convencional». Esta es la parte difícil; se requiere fe para obedecer a la intuición. Muchas veces tenemos que ir contra la «apariencia» de las cosas o contra nuestra evaluación tridimensional de la situación. Recibes la intuición y una gran parte de ti protesta a gritos: «Es imposible», «No puede ser», etcétera, etcétera. Sin embargo, el tiempo y los acontecimientos te demostrarán que la intuición era correcta, y, en retrospectiva, eminentemente lógica.

Muchas personas miran con recelo al idealismo en los asuntos prácticos mundanos. El idealismo se respeta, pero «no compensa». En tu caso no es así. Para ti, el «ideal» es la manera práctica de actuar. Este no es un periodo para transigir en estas cosas.

Saturno en la décima casa, la de la profesión, indica que asumes más responsabilidades profesionales. Generalmente rehuímos nuevas cargas o responsabilidades, intentamos evitarlas. Pero este no es un periodo para hacer eso: acéptalas (las legítimas) y lleva esa carga. Al hacerlo descubres que creces como persona y en tu profesión; descubres que eres capaz de hacer más de lo que creías. «Creces» como persona. Esto forma parte del programa Divino para la profesión. Si en ocasiones te sientes abrumado por los asuntos profesionales (y esto es muy probable en este periodo) entrega todo en manos de la Divinidad, del Poder Superior y permite que este lleve las cosas. Si haces esto con sinceridad, de corazón, sin reservas, entrará la paz en ti y los problemas profesionales se enderezarán de forma mágica y bella. Esto vale para los asuntos financieros también. Invoca al Poder Superior (invocar significa invitar) y déjalo que actúe de la manera que quiera sin estorbarlo. Las cosas se enderezarán.

Si sigues nervioso después de haber hecho esto, necesitas hacerlo más veces. Significa que no has hecho la rendición, la entrega completa; hay partes de ti que no has entregado al Poder Superior. Repítelo hasta que te sientas en paz.

Previsiones mes a mes

Enero

Mejores días en general: 3, 4, 12, 13, 22, 23, 30, 31
Días menos favorables en general: 9, 10, 17, 18, 24, 25
Mejores días para el amor: 1, 2, 9, 10, 17, 18, 19, 20, 28, 29
Mejores días para el dinero: 5, 6, 14, 15, 24, 25
Mejores días para la profesión: 1, 2, 9, 10, 19, 20, 24, 25, 28, 29

330 AÑO 2014: TU HORÓSCOPO PERSONAL

Comienzas el año con el poder planetario en su posición oriental máxima, y esto continúa el mes que viene. Estás en tu periodo de independencia máxima; tienes el poder para cambiar las condiciones a tu gusto y para diseñar tu vida según tus especificaciones. El impulso planetario es principalmente de avance (el 80 por ciento de los planetas están en movimiento directo), por lo tanto deberías ver rápido progreso hacia tus objetivos. Estás en un ciclo en que dependes cada vez menos de los demás; importa la iniciativa personal. Quien eres y lo que sabes hacer es más importante que las personas que conoces. El don de gentes siempre es bueno, pero ahora son más importantes tus habilidades personales.

Este mes los planetas hacen también un importante traslado desde la mitad superior de tu carta a la inferior; esto ocurre el 20. La profesión disminuye en importancia; llega a su fin un empuje profesional anual. Este es el periodo para fortalecerte para el próximo empuje profesional, que comenzará dentro de unos seis meses. A partir del 20 es bueno centrar la atención en el hogar, la familia y tu bienestar emocional. Venus, tu planeta de la familia, está retrógrado todo el mes, así que centra la atención en la familia, pero no hay necesidad de hacer cambios ni tomar decisiones importantes. Está presente para ellos, afianza las relaciones y alianzas familiares, pero evita tomar decisiones importantes.

Este es un mes fundamentalmente feliz. El 20 entras en una de tus cimas anuales de placer personal. Este es el periodo en que das al cuerpo, tu más leal servidor, lo que le es debido. Lo cuidas, satisfaces sus necesidades y lo pones en buena forma.

El amor es excelente este mes. Si estás soltero o soltera, el amor te persigue y lo encontrarás después del 20; no es mucho lo que necesitas hacer. Tanto el señor de tu séptima casa como el señor de tu quinta casa están en tu signo, así que tienes opciones, o bien de amor serio o de amor para diversión y juego, puedes elegir. A partir del 20 tienes el amor según tus condiciones. Si estás en una relación, el ser amado está muy dedicado a ti y antepone tus intereses a los suyos. También se te presentan felices oportunidades sociales.

El día de tu cumpleaños entras en un fabuloso ciclo para iniciar nuevos proyectos o empresas o lanzar nuevos productos al mundo. El 30 y el 31 son días de arranque excepcionalmente buenos.

La salud es excelente. La mayoría de los planetas o están en aspectos armoniosos contigo o te dejan en paz. Tienes muchísima energía, en especial después del 20, para realizar lo que sea que desees. Los programas de salud (y la salud en general) van mejor del 1 al 16 y el 30 y 31.

Las finanzas son aceptables este mes; las cosas siguen más o menos como están; no hay desastres pero tampoco ocurren grandes cosas.

Febrero

Mejores días en general: 8, 9, 18, 19, 26, 27
Días menos favorables en general: 5, 6, 7, 13, 14, 20, 21
Mejores días para el amor: 5, 6, 7, 8, 9, 13, 14, 16, 17, 20, 24, 25, 28
Mejores días para el dinero: 1, 2, 10, 11, 12, 20, 21, 28
Mejores días para la profesión: 5, 6, 7, 15, 16, 20, 21, 24, 25

Otro mes feliz, y también próspero.

Hasta el 18 continúas en una cima anual de placer personal. Pero los placeres, los deleites de los cinco sentidos, seguirán fuertes incluso después. El señor de tu quinta casa (diversión) volverá a estar en tu quinta casa a partir del 13.

El 18, cuando el Sol entra en tu casa del dinero, comienzas una cima financiera anual. La prosperidad ha sido fuerte durante unos meses, aunque el mes pasado fue lenta, y ahora vuelve a activarse. Hay mucho progreso en las finanzas. Del 22 al 24 es un periodo especialmente próspero, bonitos días de paga, ya que el Sol viaja con Neptuno, tu planeta del dinero. Esto indica el favor financiero del cónyuge, pareja o ser amado actual y de amistades en general. Los contactos sociales son importantes en las finanzas a partir del 18, pero en especial esos días. Hay probabilidades de formar una sociedad de negocios o una empresa conjunta. Las amistades prosperan y te apoyan, cuentas con su favor en las finanzas. La intuición financiera funciona a las mil maravillas. Presta atención a tus sueños y a los mensajes de videntes, astrólogos, canalizadores espirituales y pastores religiosos; tienen importante información financiera.

Si estás soltero o soltera, hasta el 18 no necesitas hacer mucho para atraer amor; el amor te busca; simplemente ocúpate de tus rutinas cotidianas y se presentará. Después del 18 las oportunidades románticas se presentan cuando estás atendiendo a tus objetivos financieros o con personas relacionadas con tus finanzas. Entonces te resultan muy atractivas las personas adineradas (conocidas y en general). El amor se expresa de formas físicas, materiales, mediante apoyo económico o regalos materiales; así es como te sientes amado y como demuestras el amor.

Pero hay un fuerte componente espiritual en el amor, y esto complica las cosas. El dinero es importante, pero deseas una persona que esté en un misma onda espiritual también, una persona que apoye tu práctica espiritual y esté de acuerdo con tus ideales. Un poeta que además fuera millonario cumpliría los requisitos, pero no es muy fácil encontrar a ese tipo de persona.

Mercurio inicia movimiento retrógrado el 6; evita las especulaciones en ese periodo. A los hijos o figuras filiales les falta dirección en su vida. El cónyuge, pareja o ser amado actual debe hacer revisión de su vida financiera. Las decisiones financieras deberás tomarlas antes del 6 o cuando Mercurio retome el movimiento directo a fin de mes.

La salud es fundamentalmente buena; puedes fortalecerla más de las maneras explicadas en las previsiones para el año. La salud y la energía deberían estar mejor del 1 al 14, cuando la Luna está en fase creciente. Si buscas trabajo tienes más suerte en ese periodo también.

Marzo

Mejores días en general: 7, 8, 17, 18, 26, 27
Días menos favorables en general: 5, 6, 12, 13, 19, 20
Mejores días para el amor: 1, 2, 7, 10, 11, 12, 13, 17, 18, 21, 22, 26, 27, 30, 31
Mejores días para el dinero: 1, 2, 10, 11, 19, 20, 28, 29
Mejores días para la profesión: 5, 6, 15, 16, 19, 20, 24, 25

El poder planetario bajo el horizonte de tu carta se hace aún más fuerte el 6, cuando Venus pasa de la mitad superior a la inferior. Ten presente lo que hemos hablado sobre esto. La profesión es importante, pero tu punto de armonía emocional es más importante aún. El buen estado emocional es más importante que el éxito externo, pues este te llevará al éxito, no a la inversa.

La entrada de Venus en tu signo el 6 es positiva para el amor. Te ves bien, tienes un fabuloso sentido de la elegancia. Hay más donaire en la personalidad e imagen física. Después del 6 es un buen periodo para comprar ropa y complementos personales, ya que las elecciones serán buenas.

Este tránsito indica viaje al extranjero y felices oportunidades educativos. No es mucho lo que necesitas hacer; las oportunidades te encontrarán.

La prosperidad sigue fuerte este mes. Hasta el 20 continúas en una cima financiera anual. Cuentas con el apoyo de amistades, del cónyuge, pareja o ser amado actual y de las personas espirituales de tu vida. La intuición financiera sigue muy buena.

Del 21 al 23 Mercurio viaja con tu planeta del dinero. Esto indica suerte en las especulaciones y que te llegan importantes ideas e información financiera. Los hijos y figuras filiales te apoyan o te dan ideas e inspiración.

Tu planeta del amor, el Sol, continúa en tu casa del dinero hasta el 20. Repasa lo que hablamos sobre esto el mes pasado. El 20 tu planeta del amor entra en tu tercera casa. Se produce un cambio en las necesidades en el amor y en los lugares para encontrarlo. Ahora es importante la buena comunicación; el sexo mental es tan importante como el físico. La buena conversación podría considerarse parte importante del juego amoroso preliminar. Te atraen personas con las que te resulta fácil conversar; te atraen personas intelectuales: escritores, periodistas, profesores. Las oportunidades románticas se presentan en el barrio y tal vez con personas vecinas; también se presentan en ambientes de tipo educativo: charlas, seminarios, talleres, la librería o la biblioteca.

Siempre es bueno aprender y ampliar la base de conocimientos, pero este mes a eso se le suma la dicha de la oportunidad romántica.

La salud continúa buena este mes. La salud y la energía deberían ser más fuertes del 1 al 16, y el 30 y 31. Si buscas trabajo tienes más suerte en esos periodos también

La Luna nueva del 30 ocurre en tu tercera casa y también muy cerca de Urano; así pues, además de dar claridad a los asuntos educativos y a la relación con hermanos y vecinos, es también una minicima de placer personal. También trae un feliz encuentro romántico.

Abril

Mejores días en general: 3, 4, 5, 13, 14, 15, 22, 23
Días menos favorables en general: 1, 2, 8, 9, 10, 16, 17, 29, 30
Mejores días para el amor: 4, 5, 6, 8, 9, 10, 16, 17, 19, 20, 24, 25, 29, 30
Mejores días para el dinero: 6, 7, 16, 17, 24, 25
Mejores días para la profesión: 1, 2, 11, 12, 16, 17, 20, 21, 29, 30

Tu cuarta casa, la del hogar y la familia, estará muy poderosa a partir del 20. Ese es un periodo para progreso y comprensión psíquicos. El eclipse solar del 29 en tu cuarta casa acelerará este proceso: tiende a hacer aflorar viejos traumas y recuerdos del pasado para que se puedan tratar.

Hay dos eclipses este mes. El eclipse lunar del 15 es relativamente benigno; ocurre en tu novena casa y por lo tanto (a lo largo de meses) pone a prueba tus creencias religiosas y filosóficas; estas se enfrentan a las realidades de la vida, y muchas veces esto produce crisis de fe. A veces las creencias son válidas y los retos sólo hacen profundizar más, muestran más matices; otras veces es necesario modificarlas o tal vez sencillamente descartarlas. Esto es lo que se hará evidente en los próximos meses. Los cambios en las creencias son más importantes, tienen un efecto más profundo, que los meros cambios psíquicos. Afectan a toda la vida; cambian la interpretación de los acontecimientos. Este eclipse hace impacto en Marte, así que se ponen a prueba los coches y equipos de comunicación; a veces es necesario reemplazarlos. Te conviene conducir con más prudencia durante el periodo de este eclipse. Hay dramas en la vida de hermanos, figuras fraternas y vecinos; tal vez haya obras importantes de construcción en el barrio (u otro tipo de cambio). Los eclipses lunares tienden a producir trastornos en el lugar de trabajo y a veces sustos relativos a la salud. También traen cambios en el programa de salud general y en la dieta.

El eclipse solar del 29 es mucho más fuerte en ti; a partir del 20 es necesario un programa de actividades más relajado de todos modos, pero en especial durante el periodo del eclipse. Este eclipse, como hemos dicho, ocurre en tu cuarta casa y por lo tanto afecta a la casa y la familia. Podría hacer necesarias reparaciones en la casa, ya que revela defectos ocultos. Hay dramas en la vida de familiares, y en especial de los padres y figuras parentales. Son el tipo de acontecimientos que cambian la vida de la persona. Los familiares tenderán a estar más temperamentales en este periodo, así que ten más paciencia; no hace ninguna falta empeorar las cosas. La vida onírica será muy activa en ese periodo; a veces estos sueños son perturbadores, pero no les des mucha importancia, en gran parte son restos o desechos psíquicos agitados por el eclipse. Todos los eclipses solares ponen a prueba el amor; esto no significa ruptura en la relación, las buenas relaciones sobreviven. Pero salen a la luz muchas cosas reprimidas que es necesario afrontar. Ten más paciencia con el ser amado en este periodo.

A partir del 20 procura descansar muchísimo. Fortalece la salud de las maneras explicadas en las previsiones para el año. La salud y la energía tenderán a estar mejor del 1 al 15.

El 1 y el 2 el Sol viaja con Urano, y esto trae felices oportunidades amorosas, importantes encuentros románticos.

Del 10 al 13 Venus viaja con Neptuno; esto indica un bonito día de paga, para ti y para un progenitor o figura parental. Hay buen apoyo familiar esos días, mejor que de costumbre.

Mayo

Mejores días en general: 1, 2, 11, 12, 19, 20, 28, 29
Días menos favorables en general: 5, 6, 13, 14, 26, 27
Mejores días para el amor: 6, 7, 8, 9, 10, 13, 14, 17, 18, 24, 25, 28, 29
Mejores días para el dinero: 3, 4, 5, 13, 14, 21, 22, 31
Mejores días para la profesión: 8, 9, 13, 14, 17, 18, 26, 27

Este mes se traslada el poder planetario, pasa de tu sector oriental o independiente al sector occidental o social. Se acaba (por ahora) tu periodo de independencia personal. Será más difícil tomar medidas arbitrarias para cambiar las condiciones o para imponer tu voluntad. Habrá que tener en cuenta a los demás; tu bien te llega de la buena voluntad de otros. Has tenido tiempo para desarrollar tus habilidades y tener las cosas a tu manera; ahora es el periodo para cultivar las dotes sociales, el don de gentes. Aunque tengas un talento impresionante, la falta de «simpatía» entorpecerá tu progreso. Sin la capacidad de llevarte bien con los demás el talento es casi insignificante, no es útil.

En toda obra de teatro el público sólo ve una parte de lo que realmente ocurre. Hay más actividad entre bastidores, entre el director de escena, director técnico, tramoyistas, maquilladores, etcétera, de la que ocurre en el escenario. La actividad «entre bastidores» es la que hace posible la representación, lo que es visible. En términos astrológicos, estás en la fase «entre bastidores» de tu año. No la descartes; se está preparando el escenario para tu empuje profesional. Sin este trabajo interior no se pueden hacer manifiestos tus objetivos. Enfocando la atención y visualizando lo que deseas realizar o conseguir, das las órdenes a los «tramoyistas», y se preparan interiormente las cosas. Parece que no ocurre nada porque no se ve, pero sí ocurren cosas importantes. Los planetas están en su punto inferior máximo del año.

Tu estado de armonía emocional ayudará a los tramoyistas a hacer bien su trabajo entre bastidores. Este deberá ser tu principal empujón en este periodo.

Hasta el 21 es necesario estar atento a la salud. Después verás una gran mejoría, pero mientras tanto procura descansar lo suficiente. Fortalece la salud de las maneras explicadas en las previsiones para el año. Del 12 al 14 son días particularmente vulnerables, así que trata de descansar bastante.

El amor es algo más delicado este mes, pero mejorará después del 21. Tal vez tú o el ser amado estáis muy malhumorados. Con malhumor la relación se ve «absolutamente horrorosa», no tiene ningún rasgo redentor. Con buen humor todo es guay y siempre lo ha sido. La verdad, claro, está más o menos en el medio. El otro problema en el amor es que tú o el ser amado podríais estar viviendo en el pasado. Podríais interpretar las cosas por experiencias del pasado en lugar de ver la situación del presente. Una vez que os deis cuenta de eso, lo observéis claramente, mejorará la situación.

Si estás soltero o soltera encuentras oportunidades románticas cerca de casa, a través de familiares o conexiones familiares. Los familiares hacen de casamenteros en este periodo.

Junio

Mejores días en general: 7, 8, 16, 17, 24, 25, 26
Días menos favorables en general: 2, 3, 9, 10, 22, 23, 29, 30
Mejores días para el amor: 2, 3, 5, 6, 7, 8, 14, 15, 16, 17, 23, 24, 27, 28, 29, 30
Mejores días para el dinero: 1, 9, 10, 11, 18, 19, 27, 28
Mejores días para la profesión: 1, 9, 10, 18, 19, 27, 28

Este mes aumenta la actividad retrógrada. A partir del 9 el 40 por ciento de los planetas están retrógrados, el máximo del año. Este también se debería considerar un periodo de actividad «entre bastidores», un periodo de preparación. Sin esto no habrá espectáculo. Se enlentece la actividad en el mundo, así que bien podrías divertirte y disfrutar de la «lentitud». El 21 del mes pasado entraste en una de tus cimas anuales de placer personal, que continúa hasta el 21 de este mes. Un periodo para actividades de ocio, para explorar el lado éxtasis de la vida.

El amor es mucho más feliz este mes; pero me parece que no es amor muy serio; va de diversión y entretenimiento, sobre todo hasta el 21. Las aventuras amorosas son tan satisfactorias como un amor serio y comprometido. No te apetece la excesiva seriedad en este periodo; te atraen personas que saben hacerte pasar un buen rato. Si estás soltero o soltera tienes muchísimas oportunidades para este tipo de diversión y juego. Las oportunidades amorosas se presentan en los lugares habituales: locales nocturnos, lugares de diversión, fiestas, etcétera.

Después del 21 cambia la actitud en el amor. Ya no va sólo de diversión, amor que es efímero, sino de servicio al ser amado, de servicio práctico. Este es el verdadero amor; cuando la persona actúa así contigo te sientes amado. Y así demuestras el amor también. «El servicio es amor en acción», dicen los gurús. Las oportunidades románticas se presentan en el lugar de trabajo o con compañeros de trabajo. También se presentan cuando estás atendiendo a tus objetivos de salud o con personas relacionadas con tu salud.

Estás en un año próspero, pero aún en un año fundamentalmente próspero hay periodos altos y periodos bajos. El 21 sales de un periodo bajo y entras en uno alto. Del 27 al 30 es un periodo particularmente bueno, hay un bonito día de paga, aunque podría haber ciertos retrasos. Neptuno, tu planeta del dinero, inicia movimiento retrógrado el 9. Sigue habiendo prosperidad, pero algo más lenta que de costumbre.

Si buscas trabajo tienes aspectos excelentes todo el año, pero a partir del 21 los aspectos son mejores aún. Es dudoso que encontremos a algún Acuario en el paro en este periodo (a no ser que lo desee). Marte está prácticamente en oposición a Urano todo el mes, aunque el aspecto es muy exacto desde el 22 al 26. Ten más prudencia al conducir. El equipo de comunicación y los coches están más temperamentales estos días. Ten más paciencia con los hermanos, figuras fraternas y vecinos. Parecen estar en oposición contigo; hay ciertas desavenencias.

El 5 y el 6 Venus transita por un punto de eclipse; evita los viajes al extranjero innecesarios estos días. Además, ten más paciencia con los familiares.

Del 21 al 26 Júpiter transita por un punto de eclipse. Ten más paciencia con las amistades. El equipo de alta tecnología podría estar más temperamental estos días.

Julio

Mejores días en general: 4, 5, 6, 13, 14, 22, 23
Días menos favorables en general: 1, 7, 8, 19, 20, 21, 27, 28
Mejores días para el amor: 1, 4, 5, 6, 7, 8, 13, 14, 15, 16, 24, 27, 28
Mejores días para el dinero: 7, 8, 15, 16, 17, 24, 25, 27
Mejores días para la profesión: 2, 3, 7, 8, 11, 12, 19, 20, 29, 30

Aunque tu salud general y energía podrían estar mejor, hay muchas cosas felices este mes, muchos cambios felices.

Los planetas entran en su posición occidental máxima; tu séptima casa, la del amor, se hace poderosa el 22 y tú entras en una cima amorosa y social anual. Además, el 16 Júpiter entra en tu séptima casa, traslado importante, pues sólo ocurre una vez al año, y continuará en ella el resto del año y hasta bien entrado el próximo. Es muy posible que para ti esta sea no sólo una cima amorosa anual sino una de toda la vida. Hay amor en el ambiente, se huele, ocurre. Podría haber boda este mes o en los próximos meses. Estás en ánimo de matrimonio y conoces a una persona que siente lo mismo (a veces lo que ocurre no es un matrimonio sino una relación similar al matrimonio).

El simbolismo del horóscopo indica diversas posibilidades en el amor. Una persona que era «sólo amiga» se convierte en algo más, en un interés romántico. Las amistades hacen de casamenteros y te presentan a la persona «Ideal»; conoces al señor o la señorita ideal en una actividad en grupo u organización; tal vez el encuentro ocurre *online*, en un sitio web de contactos o de citas; una persona con la que trabajaste en el pasado o conociste en el trabajo se convierte en interés romántico.

Los encuentros románticos pueden ocurrir todo el mes (y todo el resto del año), pero del 24 al 27 es un periodo muy probable; es un periodo bueno para la vida social en general, no sólo para el romance. Es, además, un excelente periodo financiero.

La salud, como hemos dicho, podría estar mejor. Lo bueno es que estás atento a ella este mes, estás al tanto. Así pues, la salud tenderá a ser buena; le das la atención que se merece. Presta más atención a la salud los días 1, 6, 7, 18, 19, 24 y 27; estos son los días más vulnerables. Fortalécela de las maneras explicadas en las previsiones para el año.

Este sigue siendo un mes fabuloso si buscas trabajo, sobre todo hasta el 16.

Urano inicia movimiento retrógrado el 22, por lo tanto estarán en revisión los objetivos personales, relativos al cuerpo, la imagen y la apariencia personal. Tal vez sea bueno que tu seguridad en ti mismo no sea tan fuerte como de costumbre: estás haciendo vacaciones de ti mismo; la atención está en los demás. Probablemente la manera de ellos es mejor que la tuya.

Agosto

Mejores días en general: 1, 2, 10, 18, 19, 28, 29
Días menos favorables en general: 3, 4, 16, 17, 23, 24, 30, 31
Mejores días para el amor: 3, 4, 5, 6, 12, 13, 14, 23, 24, 25
Mejores días para el dinero: 3, 4, 5, 11, 12, 13, 14, 20, 21, 23, 24, 30, 31
Mejores días para la profesión: 3, 4, 7, 8, 16, 17, 25, 26, 30, 31

Marte cruzó tu mediocielo el 18 del mes pasado y ahora está en tu décima casa, la de la profesión, en la que estará todo el mes. Y eso no es todo; el poder planetario se traslada este mes desde la mitad inferior de tu carta a la superior. Estás preparado para tu empuje profesional anual. Los asuntos domésticos y familiares, si bien importantes, se pueden dejar en un segundo plano. Ahora es el periodo para triunfar en el mundo externo y lo harás con los métodos objetivos, físicos. Si has permitido que los «tramoyistas cósmicos» hagan bien su trabajo, tus actos serán naturales, potentes y bien coreografiados.

Marte en la décima casa indica que la profesión es activa, de ritmo agitado; tal vez hay mucho conflicto y competición, más de lo habitual. Puedes adelantar en la profesión con buenas relaciones públicas, publicidad y buen uso de los medios de comunicación. Los hermanos y figuras fraternas se ven prósperos este mes y parece que te ayudan. Como hemos dicho en las previsiones para el año, te conviene favorecer tu profesión e imagen pública colaborando con obras benéficas y causas altruistas.

La profesión se ve complicada este mes debido a la maravillosa vida social y amorosa que llevas. Me parece que esto te desvía la atención de la profesión. Sigues en una cima amorosa y social anual (y tal vez de toda la vida). Tu séptima casa, la del amor, está más fuerte aún que el mes pasado. El 40 y a veces el 50 por ciento de los planetas (todos benéficos) o están en ella o transitan por ella este mes. El 50 por ciento del Cosmos conspira para traerte amor.

El agitado ritmo de la actividad social y profesional puede agotar la energía. Hasta el 23 sigue siendo necesario estar atento a la salud. Procura descansar lo suficiente, en especial los días 2, 3, 9, 10 y 14 (también los días menos favorables en general enumerados al comienzo). El problema este mes es que podrías no hacer caso de los problemas de salud; tienes que obligarte a prestarles atención.

Este mes las finanzas se ponen al margen en favor de otros intereses (amor y profesión). Tu planeta del dinero continúa retrógrado, así que los ingresos podrían llegar con más lentitud; también podría influir la falta de atención; tal vez no les prestas la suficiente atención. Estás en un periodo de revisión de la vida financiera. Ve qué mejoras puedes hacer; reúne todos los datos posibles, haz planes. Cuando Neptuno retome el movimiento directo podrás poner por obra esos planes.

El movimiento retrógrado de tu planeta del dinero no significa que detengas toda la actividad financiera; esto sería imposible, ya que Neptuno está retrógrado muchos meses cada año. Pero haz lo que puedas por evitar las compras o decisiones financieras importantes hasta que vuelva a estar en movimiento directo. Si es necesario hacer algo, procura analizarlo concienzudamente.

Septiembre

Mejores días en general: 6, 7, 14, 15, 24, 25
Días menos favorables en general: 12, 13, 19, 20, 27, 28
Mejores días para el amor: 2, 3, 4, 5, 12, 13, 19, 20, 23, 24
Mejores días para el dinero: 1, 2, 3, 8, 9, 10, 11, 16, 17, 19, 20, 26, 27, 29, 30
Mejores días para la profesión: 4, 5, 12, 13, 22, 23, 27, 28

Incluso en los mejores periodos para el amor, el ciclo tiene sus altibajos. La situación amorosa continúa maravillosa, pero este mes la maravilla disminuye un poco. Esto es bueno, nadie puede resistir tanta intensidad mucho tiempo. El 23 del mes pasado se hizo poderosa tu octava casa y este mes está más poderosa aún, hasta el 23. Es un mes sexualmente activo. Cuando estaba fuerte tu séptima casa era importante el romance, el sentimiento de amor. Ahora el amor va más de magnetismo sexual. Sea cual sea tu edad o etapa en la vida, la libido estará más fuerte que de costumbre.

El poder que hay en la octava casa indica que el cónyuge, pareja o ser amado actual prospera, está en una cima profesional anual. Esta persona será más generosa contigo. Y eso es bueno también; los ingresos personales no son muy fuertes en este periodo. Esto mejorará después del 23. Si tienes pendientes asuntos de seguros, bienes raíces o impuestos hay buena suerte este mes (el próximo año será más afortunado aún en este frente).

Una octava casa poderosa es buena para regímenes de desintoxicación de todo tipo: física, emocional, mental y financiera. Te conviene hacer inventario de tus posesiones y librarte de lo que no usas o no necesitas. Esto dejará espacio para los nuevos bienes que desean entrar. Conviene limpiar la mente de ideas, opiniones e «ismos» que no son válidos ni ciertos. Puede que sean inofensivos, pero crean confusión y atascos.

Como hemos dicho, las finanzas mejoran después del 23; Júpiter, el planeta de la abundancia, forma aspectos hermosos al señor de tu horóscopo del 23 al 30. Los amigos colaboran y apoyan en el plano financiero.

Del 2 al 4 el Sol forma aspectos maravillosos a Plutón; esto indica que alternas con personas de elevada posición. Adelantas en la profesión por medios sociales. El cónyuge, pareja o ser amado actual te apoya en tu profesión de modo potente.

El 28 el poder planetario se traslada del sector occidental o social de tu carta al sector oriental o independiente. El cambio será más fuerte el mes que viene. Termina, pues, tu periodo de dependencia. Fue fabuloso anteponer a los demás, pero llega el periodo para velar por el número uno.

La salud es buena este mes; después del 23 estará mejor aún. En realidad comienzas a sentirte mejor después del 14, cuando Marte sale de su aspecto difícil contigo. El 23 ya tienes toda la energía que necesitas para realizar lo que sea que te propongas. Da más atención a la salud (descansa y relájate más) los días desfavorables enumerados al comienzo, pero también los días 5, 11, 18, 19 y 26.

Octubre

Mejores días en general: 3, 4, 12, 13, 21, 22, 23, 31
Días menos favorables en general: 9, 10, 16, 17, 18, 24, 25
Mejores días para el amor: 3, 4, 12, 13, 16, 17, 18, 22, 23
Mejores días para el dinero: 5, 6, 7, 8, 14, 17, 18, 23, 24, 26, 27
Mejores días para la profesión: 1, 2, 9, 10, 19, 20, 24, 25, 28, 29

Entras en uno de los periodos más exitosos de tu año: el 23 entras en una cima profesional anual, que continúa hasta bien entrado el mes que viene. Continúa con la atención centrada en la profesión y deja estar por un tiempo los asuntos domésticos y familiares.

Hay éxito pero con baches en el camino. Este mes hay dos eclipses, y los dos son fuertes en ti. Lo bueno es que estos eclipses derriban muchos obstáculos en tu camino. De todos modos, mientras esto ocurre no es agradable.

El eclipse lunar del 8 parece benigno en la superficie, pero hace un impacto directo en Urano, el señor de tu horóscopo. Debes, pues, reducir tus actividades y evitar las que entrañan riesgo; no hace ninguna falta poner a prueba los límites del cuerpo (para esto podrían ser mejores otros periodos). Este eclipse ocurre en tu tercera casa y pone a prueba los coches y el equipo de comunicación; estos tienden a estar más temperamentales. También se ponen a prueba el ordenador y el equipo de alta tecnología. Si hay defectos en estos aparatos, ahora los descubres y haces las correcciones. Te conviene conducir con más prudencia y hacer copias de seguridad de los archivos y fotos importantes. El impacto en Urano indica que redefines tu personalidad, el concepto de ti mismo, tu cuerpo e imagen. Pasados los seis próximos meses vas a presentar una nueva imagen al mundo. Si no has tenido cuidado en los asuntos dietéticos (y deberías) este eclipse podría producir una desintoxicación del cuerpo. De este caos va a surgir tu nuevo yo.

El eclipse solar del 23 también es fuerte en ti, pero sobre todo si cumples años entre el 19 y el 22 de febrero. Tómate las cosas con calma en el periodo de este eclipse. Pasa más tiempo tranquilamente en casa, mira una buena película o lee un buen libro. Este eclipse ocurre justo en tu mediocielo y, por lo tanto, afecta a la profesión. A veces produce un cambio de profesión, pero con más frecuencia la profesión sigue siendo la misma sólo que la enfocas de otra manera. Este tipo de eclipse tiende a causar reorganización en la empresa o industria en la que trabajas, reestructuración en la dirección o drásticos cambios en las normas; cambian las reglas del juego (este es también un proceso de seis meses). Hay drama en la vida de jefes, padres o figuras parentales. Todos los eclipses solares ponen a prueba el amor, y este no es diferente. Has tenido muchísima expansión social y una buena prueba viene muy bien; es necesario separar las ovejas de las cabras. Afloran los sentimientos reprimidos para que se limpien. En muchos casos (y este podría ser uno) un eclipse del planeta del amor señala boda o una consolidación del compromiso mutuo: la relación actual debe avanzar o disolverse.

Aparte de los fenómenos del eclipse, a partir del 23 es necesario estar más atento a la salud. Estás muy ocupado con tu profesión, pero procura encontrar más tiempo para el descanso; trata de programar masajes o más tiempo en el balneario de salud los días menos favorables mencionados al comienzo de estas previsiones.

Noviembre

Mejores días en general: 8, 9, 18, 19, 27, 28
Días menos favorables en general: 6, 7, 13, 14, 20, 21
Mejores días para el amor: 2, 3, 10, 11, 12, 13, 14, 21, 22, 23
Mejores días para el dinero: 2, 3, 4, 5, 10, 11, 14, 20, 23, 29, 30
Mejores días para la profesión: 6, 7, 15, 16, 17, 20, 21, 25, 26

En agosto la vida amorosa te distraía de la profesión, pero ahora no. Al parecer has integrado muy bien estas dos facetas. La vida amorosa brilla y la profesión también. El cónyuge, pareja o ser amado actual también se ve exitoso y apoya tu profesión; su éxito contribuye al tuyo. Esto ha sido así desde el 23 del mes pasado.

Si todavía estás sin pareja o compromiso (improbable) se presentan oportunidades románticas cuando estás atendiendo a tus objetivos profesionales normales y con personas relacionadas con tu profesión. Tienes los aspectos de un romance de oficina, romance con jefes o superiores, en especial del 17 al 19. El poder y la posición son atractivos románticos. Deseas una persona a la que puedas admirar, respetar, una persona que te ayude a conseguir tus objetivos profesionales.

La dimensión social tiene un importante papel en tu éxito en este periodo. Conocer a las personas convenientes, hacer vida social con ellas, caerles bien, abre muchas puertas. Te conviene asistir a/u ofrecer fiestas o reuniones este mes. Los dos planetas del amor de tu horóscopo, Venus (el planeta del amor genérico) y el Sol (tu planeta del amor) transitan por tu décima casa. Incluso tu familia apoya tu profesión.

Hasta el 22 continúa prestando atención a tu salud. Como siempre, procura descansar lo suficiente, en especial los días menos favorables mencionados al comienzo del mes, y además los días 4, 5, 6, 11, 12, 19 y 20.

Las finanzas han mejorado mucho desde el 23 del mes pasado. Continúan bien hasta el 22 del próximo mes. Después tendrás que trabajar más arduo para conseguir tus objetivos financieros. Lo bueno es que Neptuno retoma el movimiento directo el 16. Entonces ya tendrás más claridad mental sobre tu cuadro financiero y las decisiones serán mejores.

Técnicamente no hay ningún eclipse este mes, pero tenemos algunas «réplicas» de los eclipses del mes pasado. Urano sigue acampado en el punto del eclipse del 8 del mes pasado; así pues, evita las actividades que entrañan riesgo. Continúas en el periodo de redefinición de tu personalidad.

Del 14 al 17 Marte activa este mismo punto de eclipse. Conduce con más prudencia; los coches y equipos de comunicación están más temperamentales; habrá contratiempos en la comunicación estos días.

Del 8 al 10 Mercurio activa un punto del eclipse solar del 23 del mes pasado. Esto también afecta a los coches y al equipo de comunuicación; los hijos y figuras filiales de tu vida deberán evitar las hazañas temerarias; el cónyuge, pareja o ser amado actual pasa por una crisis financiera temporal.

Diciembre

Mejores días en general: 5, 6, 15, 16, 24, 25
Días menos favorables en general: 3, 4, 10, 11, 18, 19, 30, 31
Mejores días para el amor: 1, 2, 10, 11, 12, 13, 20, 21, 22, 30, 31
Mejores días para el dinero: 1, 2, 8, 10, 11, 18, 20, 21, 26, 27, 28, 29
Mejores días para la profesión: 3, 4, 13, 14, 18, 19, 22, 23, 30, 31

El severo Saturno ha transitado por tu décima casa durante más de dos años. El 24 hace un importante traslado, pasa a tu casa once. Hasta ahora te has ganado el éxito de la manera difícil, por puro mérito y superando en rendimiento a tus competidores. El mérito sigue siendo importante, pero la profesión será más relajada. Es posible que tuvieras un jefe muy exigente estos últimos años. Cambiará ese jefe, y si continúa el mismo, será menos estricto contigo. O tendrás otro jefe que se llevará mejor contigo.

El tránsito de Saturno de Escorpio a Sagitario es positivo también para tu salud y energía; mejoran muchísimo. Si ha habido alguna enfermedad o malestar, deberías comenzar a tener buenas noticias. Después del 24 sólo hay un planeta lento, Júpiter, en alineación desfavorable contigo. Los demás o te forman aspectos armoniosos o te dejan en paz.

Marte entra en tu signo el 5; esto te da más energía. Eres más dinámico, más activo. Destacas en deportes y programas de ejercicio (estás en tu mejor forma). Te llega un coche o un equipo de comunicación nuevo. Del 4 al 7 Marte activa un punto de eclipse, así que conduce con más prudencia esos días, controla tu mal genio y evita la precipitación y las prisas. Date prisa lentamente.

El 80 y a veces el 90 por ciento de los planetas siguen en tu sector oriental o independiente y Marte está en tu signo, por lo cual tu independencia personal es muy fuerte. Es el periodo (y lo ha sido desde hace unos meses) para asumir la responsabilidad de tu felicidad y volar con tus propias alas. Tienes todo el poder que necesitas para crearte las condiciones como las deseas. Puedes y debes tener las cosas a tu manera (mientras esto no sea destructivo). Elige la felicidad. El impulso planetario es de avance este mes; hasta el 6 el 90 por ciento de los planetas están en movimiento directo. Después del 6 el porcentaje baja a 80. Deberías ver rápido progreso hacia tus objetivos.

Tu casa once, la de las amistades, se hizo poderosa el 22 del mes pasado y continúa poderosa hasta el 22 de este mes. El cielo de Acuario. El Cosmos te impulsa a hacer lo que más te gusta: establecer contactos, reunirte con amigos, participar en grupos, profundizar en las ciencias, astrología y alta tecnología.

El amor es feliz este mes, especialmente hasta el 22. Hay más armonía en la relación actual. Si estás soltero o soltera y sin compromiso tienes felices encuentros románticos en este periodo; conoces a personas que son «material para el matrimonio». Una boda o una relación parecida al matrimonio no sería una sorpresa.

Urano, el señor de tu horóscopo, continúa cerca de un punto de eclipse; esto ocurre desde octubre. Así pues, continúa evitando las actividades arriesgadas, las hazañas temerarias o las imprudentes puestas a prueba de tus límites físicos. Continúas en un periodo de redefinición de ti mismo. Vas a dar a luz a un nuevo yo.

Piscis

Los Peces
Nacidos entre el 19 de febrero y el 20 de marzo

Rasgos generales

PISCIS DE UN VISTAZO
Elemento: Agua

Planeta regente: Neptuno
   Planeta de la profesión: Júpiter
   Planeta del amor: Mercurio
   Planeta del dinero: Marte
   Planeta del hogar y la vida familiar: Mercurio

Colores: Verde mar, azul verdoso
   Colores que favorecen el amor, el romance y la armonía social:
   Tonos ocres, amarillo, amarillo anaranjado
   Colores que favorecen la capacidad de ganar dinero: Rojo,
   escarlata

Piedra: Diamante blanco

Metal: Estaño

Aroma: Loto

Modo: Mutable (= flexibilidad)

Cualidad más necesaria para el equilibrio: Estructura y capacidad para manejar la forma

Virtudes más fuertes: Poder psíquico, sensibilidad, abnegación, altruismo

Necesidades más profundas: Iluminación espiritual, liberación

Lo que hay que evitar: Escapismo, permanecer con malas compañías, estados de ánimo negativos

Signos globalmente más compatibles: Cáncer, Escorpio

Signos globalmente más incompatibles: Géminis, Virgo, Sagitario

Signo que ofrece más apoyo laboral: Sagitario

Signo que ofrece más apoyo emocional: Géminis

Signo que ofrece más apoyo económico: Aries

Mejor signo para el matrimonio y/o las asociaciones: Virgo

Signo que más apoya en proyectos creativos: Cáncer

Mejor signo para pasárselo bien: Cáncer

Signos que más apoyan espiritualmente: Escorpio, Acuario

Mejor día de la semana: Jueves

La personalidad Piscis

Si los nativos de Piscis tienen una cualidad sobresaliente, esta es su creencia en el lado invisible, espiritual y psíquico de las cosas. Este aspecto de las cosas es tan real para ellos como la dura tierra que pisan, tan real, en efecto, que muchas veces van a pasar por alto los aspectos visibles y tangibles de la realidad para centrarse en los invisibles y supuestamente intangibles.

De todos los signos del zodiaco, Piscis es el que tiene más desarrolladas las cualidades intuitivas y emocionales. Están entregados a vivir mediante su intuición, y a veces eso puede enfurecer a otras personas, sobre todo a las que tienen una orientación material, científica o técnica. Si piensas que el dinero, la posición social o el éxito mundano son los únicos objetivos en la vida, jamás comprenderás a los Piscis.

Los nativos de Piscis son como los peces en un océano infinito de pensamiento y sentimiento. Este océano tiene muchas profundidades, corrientes y subcorrientes. Piscis anhela las aguas más puras, donde sus habitantes son buenos, leales y hermosos, pero a veces se ve empujado hacia profundidades más turbias y malas. Los Piscis saben que ellos no generan pensamientos sino que sólo sintonizan con pensamientos ya existentes; por eso buscan las aguas más puras. Esta capacidad para sintonizar con pensamientos más elevados los inspira artística y musicalmente.

Dado que están tan orientados hacia el espíritu, aunque es posible que muchos de los que forman parte del mundo empresarial lo oculten, vamos a tratar este aspecto con más detalle, porque de otra manera va a ser difícil entender la verdadera personalidad Piscis.

Hay cuatro actitudes básicas del espíritu. Una es el franco escepticismo, que es la actitud de los humanistas seculares. La segunda es una creencia intelectual o emocional por la cual se venera a una figura de Dios muy lejana; esta es la actitud de la mayoría de las personas que van a la iglesia actualmente. La tercera no solamente es una creencia, sino una experiencia espiritual personal; esta es la actitud de algunas personas religiosas que han «vuelto a nacer». La cuarta es una unión real con la divinidad, una participación en el mundo espiritual; esta es la actitud del yoga. Esta cuarta actitud es el deseo más profundo de Piscis, y justamente este signo está especialmente cualificado para hacerlo.

Consciente o inconscientemente, los Piscis buscan esta unión con el mundo espiritual. Su creencia en una realidad superior los hace muy tolerantes y comprensivos con los demás, tal vez demasiado. Hay circunstancias en su vida en que deberían decir «basta, hasta aquí hemos llegado», y estar dispuestos a defender su posición y presentar batalla. Sin embargo, debido a su carácter, cuesta muchísimo que tomen esa actitud.

Básicamente los Piscis desean y aspiran a ser «santos». Lo hacen a su manera y según sus propias reglas. Nadie habrá de tratar de imponer a una persona Piscis su concepto de santidad, porque esta siempre intentará descubrirlo por sí misma.

Situación económica

El dinero generalmente no es muy importante para los Piscis. Desde luego lo necesitan tanto como cualquiera, y muchos consiguen amasar una gran fortuna. Pero el dinero no suele ser su objetivo principal. Hacer las cosas bien, sentirse bien consigo mismos, tener paz mental, aliviar el dolor y el sufrimiento, todo eso es lo que más les importa.

Ganan dinero intuitiva e instintivamente. Siguen sus corazonadas más que su lógica. Tienden a ser generosos y tal vez excesivamente caritativos. Cualquier tipo de desgracia va a mover a un Piscis a dar. Aunque esa es una de sus mayores virtudes, deberían prestar más atención a sus asuntos económicos, y tratar de ser más selectivos con las personas a las que prestan dinero, para que no se aprovechen de ellos. Si dan dinero a instituciones de beneficencia, deberían preocuparse de comprobar que se haga un buen uso de su contribución. Incluso cuando no son ricos gastan dinero en ayudar a los demás. En ese caso habrán de tener cuidado: deben aprender a decir que no a veces y ayudarse a sí mismos primero.

Tal vez el mayor obstáculo para los Piscis en materia económica es su actitud pasiva, de dejar hacer. En general les gusta seguir la corriente de los acontecimientos. En relación a los asuntos económicos, sobre todo, necesitan más agresividad. Es necesario que hagan que las cosas sucedan, que creen su propia riqueza. Una actitud pasiva sólo causa pérdidas de dinero y de oportunidades. Preocuparse por la seguridad económica no genera esa seguridad. Es necesario que los Piscis vayan con tenacidad tras lo que desean.

Profesión e imagen pública

A los nativos de Piscis les gusta que se los considere personas de riqueza espiritual o material, generosas y filántropas, porque ellos admiran lo mismo en los demás. También admiran a las personas dedicadas a empresas a gran escala y les gustaría llegar a dirigir ellos mismos esas grandes empresas. En resumen, les gusta estar conectados con potentes organizaciones que hacen las cosas a lo grande.

Si desean convertir en realidad todo su potencial profesional, tendrán que viajar más, formarse más y aprender más sobre el mundo real. En otras palabras, para llegar a la cima necesitan algo del incansable optimismo de Sagitario.

Debido a su generosidad y su dedicación a los demás, suelen elegir profesiones que les permitan ayudar e influir en la vida de otras personas. Por eso muchos Piscis se hacen médicos, enfermeros, asistentes sociales o educadores. A veces tardan un tiempo en saber lo que realmente desean hacer en su vida profesional, pero una vez que encuentran una profesión que les permite manifestar sus intereses y cualidades, sobresalen en ella.

Amor y relaciones

No es de extrañar que una persona tan espiritual como Piscis desee tener una pareja práctica y terrenal. Los nativos de Piscis prefieren una pareja que sea excelente para los detalles de la vida, porque a ellos esos detalles les disgustan. Buscan esta cualidad tanto en su pareja como en sus colaboradores. Más que nada esto les da la sensación de tener los pies en la tierra.

Como es de suponer, este tipo de relaciones, si bien necesarias, ciertamente van a tener muchos altibajos. Va a haber malentendidos, ya que las dos actitudes son como polos opuestos. Si estás enamorado o enamorada de una persona Piscis, vas a experimentar esas oscilaciones y necesitarás mucha paciencia para ver las cosas estabilizadas. Los Piscis son de humor variable y difíciles de entender. Sólo con el tiempo y la actitud apropiada se podrán conocer sus más íntimos secretos. Sin embargo, descubrirás que vale la pena cabalgar sobre esas olas, porque los Piscis son personas buenas y sensibles que necesitan y les gusta dar afecto y amor.

Cuando están enamorados, les encanta fantasear. Para ellos, la fantasía es el 90 por ciento de la diversión en la relación. Tienden a idealizar a su pareja, lo cual puede ser bueno y malo al mismo tiempo. Es malo en el sentido de que para cualquiera que esté enamorado de una persona Piscis será difícil estar a la altura de sus elevados ideales.

Hogar y vida familiar

En su familia y su vida doméstica, los nativos de Piscis han de resistir la tendencia a relacionarse únicamente movidos por sus sentimientos o estados de ánimo. No es realista esperar que la pareja o los demás familiares sean igualmente intuitivos. Es necesario que haya más comunicación verbal entre Piscis y su familia. Un intercambio de ideas y opiniones tranquilo y sin dejarse llevar por las emociones va a beneficiar a todos.

A algunos Piscis suele gustarles la movilidad y el cambio. Un exceso de estabilidad les parece una limitación de su libertad. Detestan estar encerrados en un mismo lugar para siempre.

El signo de Géminis está en la cuarta casa solar de Piscis, la del hogar y la familia. Esto indica que los Piscis desean y necesitan un ambiente hogareño que favorezca sus intereses intelectuales y mentales. Tienden a tratar a sus vecinos como a su propia familia, o como a parientes. Es posible que algunos tengan una actitud doble hacia el hogar y la familia; por una parte desean contar con el apoyo emocional de su familia, pero por otra, no les gustan las obligaciones, restricciones y deberes que esto supone. Para los Piscis, encontrar el equilibrio es la clave de una vida familiar feliz.

Horóscopo para el año 2014*

Principales tendencias

En general, la persona Piscis vive más en el mundo espiritual invisible que en la Tierra; esto está en su naturaleza. Pero ahora, con Neptuno también en Piscis, esta tendencia es más fuerte aún. Si bien esto es cómodo para ti, tendrás que obligarte a vértelas con la realidad práctica también. Sí, tu hogar está en el cielo, pero por ahora actúas aquí en la Tierra y debes prestarle más atención.

El año pasado fue próspero y feliz y la tendencia continúa este año. Volveremos sobre este tema.

Júpiter entró en tu quinta casa el 27 de junio del año pasado y continuará en ella hasta el 16 de julio de este año. Un periodo feliz, un periodo del tipo vacaciones. Estás inmerso en la diversión y la creatividad. El 16 de julio Júpiter entrará en tu sexta casa, la del trabajo, y te volverás más serio y orientado al trabajo. Este es un aspecto muy bueno en el caso de que busques trabajo.

Si estás en edad de concebir, el año pasado estuviste más fértil, y la tendencia continúa este año.

Es posible que trabajes en un campo creativo y este es un año excelente para eso. El año pasado también fue bueno. La creatividad personal está muy aumentada.

Si eres estudiante es posible que en los años pasados hayas hecho cambios importantes en tus planes educativos, y la tendencia continúa este año. Así pues, se ve cambio de colegio, cambio de asignatura

---

* Las previsiones de este libro se basan en el Horóscopo Solar y todos los signos que derivan de él; tu Signo Solar se convierte en el Ascendente, y las casas se numeran a partir de él. Tu horóscopo personal, el trazado concretamente para ti (según la fecha, hora y lugar exactos de tu nacimiento) podrían modificar lo que decimos aquí. Joseph Polansky

principal, cambios en los reglamentos del colegio; al parecer son cambios drásticos.

El año pasado no fue para el romance serio sino más para las aventuras amorosas, relaciones de tipo entretenimiento; esta tendencia continúa este año. Hablaremos más sobre esto.

Las principales facetas de interés para ti este año son: el cuerpo, la imagen y el placer personal; las finanzas; los hijos, la diversión y la creatividad (hasta el 16 de julio); la salud y el trabajo (a partir del 16 de julio); la religión, la filosofía, la formación superior y los viajes al extranjero; las amistades, los grupos y las actividades en grupo.

Los caminos para tu mayor satisfacción y realización este año son: los hijos, la diversión y la creatividad (hasta el 16 de julio); la salud y el trabajo (a partir del 16 de julio); la religión, la filosofía, la formación superior y los viajes al extranjero (hasta el 19 de febrero); la sexualidad, las propiedades, los impuestos, el dinero de otras personas y las ciencias ocultas (a partir del 19 de febrero).

Salud

(Ten en cuenta que esta es una perspectiva astrológica de la salud, no una médica. Antaño no había ninguna diferencia, ambas eran idénticas, pero en esta época podrían diferir muchísimo. Para una perspectiva médica, por favor, consulta a tu médico o a otro profesional de la salud.)

La salud es fundamentalmente buena este año; todos los planetas lentos o bien te forman aspectos armoniosos o te dejan en paz. Claro que en el año habrá periodos en que la salud y la energía no estén a la altura habitual; estos periodos se deben a los tránsitos de los planetas rápidos, son cosas temporales y no la tendencia para el año. Cuando acaba el tránsito vuelven la salud y la vitalidad.

Tu sexta casa, la de la salud, no es casa de poder hasta el 16 de julio. Esto indica que no hay necesidad de prestarle demasiada atención a la salud, es fundamentalmente buena. Más o menos la das por descontada. Pero pasado el 16 de julio comienzas a prestarle más atención. Mi interpretación es que el Cosmos te está preparando para el próximo año. El 24 de diciembre Saturno entrará en una alineación desfavorable contigo y esto afectará a la salud; es más un problema para el año que viene que para este. De todos modos, la atención extra que des a la salud, el régimen de salud que emprendas, te será útil después.

Por buena que esté tu salud, puedes mejorarla más aún. Da más atención a las siguientes zonas:

El corazón: Esto siempre es importante para ti. Te iría bien que te trabajaran los puntos reflejos del corazón. Como siempre, evita la preocupación y la ansiedad, las dos emociones que se consideran las principales causas espirituales de los problemas cardiacos. La preocupación se considera normal en el plano mundano, pero desde el punto de vista espiritual se considera una patología. No consigue absolutamente nada; en realidad, empeora las cosas (envía vibraciones negativas al entorno y gasta preciosa energía vital). Si se puede hacer algo para solucionar la situación problemática, actúa, lógicamente; si no, haz oración y afirmaciones positivas acerca de la situación, y disfruta de tu vida. El tiempo dirá qué medidas es necesario tomar.

Los pies: Estos son siempre importantes para ti. Tú, más que la mayoría, te beneficias de la reflexología y del masaje en los pies. La hidroterapia y los baños de pies en la bañera de hidromasaje también son buenos para ti (en el mercado hay muchos aparatos para masaje y baños de pies; podría ser aconsejable invertir en alguna de estas cosas). Usa zapatos que calcen bien y no te hagan perder el equilibrio; es mejor sacrificar la elegancia a la comodidad. Si puedes tener ambas cosas, mejor que mejor.

El hígado y los muslos: Esto adquiere importancia después del 16 de julio, cuando Júpiter entra en tu sexta casa. Deberías dar masajes periódicos a los muslos. Te conviene una desintoxicación del hígado; hay todo tipo de métodos herbolarios para esto; te irá bien explorarlos. Sesiones en que te trabajen los puntos reflejos del hígado te irán bien.

Neptuno está en tu signo desde febrero de 2012, y continuará ahí muchos años más. Así pues, el cuerpo se está refinando y espiritualizando. Se convierte en un instrumento más sensible, por lo tanto conviene evitar el alcohol y las drogas; el cuerpo podría reaccionar exageradamente a estas cosas.

En este periodo van bien los ejercicios refinados, espirituales, como los del yoga, el tai-chi, la eurritmia. De ellos obtendrás mucho más que de los deportes de contacto vigoroso; convienen mucho más a tu tipo de cuerpo.

Tu planeta de la salud es el Sol, planeta de movimiento rápido; cada mes cambia de signo y casa. Así pues, son muchas las tendencias a corto plazo en la salud, según dónde esté el Sol y los aspectos que reciba. Estas tendencias es mejor tratarlas en las previsiones mes a mes.

Los números favorables para la salud son el 5, el 6, el 8 y el 19.

Hogar y vida familiar

Tu cuarta casa, la del hogar y la familia, no es casa de poder este año, Piscis. Por lo general, esto significa satisfacción con las cosas como están. No hay niguna necesidad de hacer cambios en la casa ni en relación a los familiares. Puedes hacerlos, si quieres, pues el Cosmos te da plena libertad. Pero falta el irresistible deseo de hacerlos.

Es posible que en 2012 o 2013 te hayas mudado o hecho renovaciones en la casa, y esto refuerza lo de la sensación de satisfacción.

Aunque tu cuarta casa está casi vacía (sólo transitarán brevemente por ella los planetas rápidos), tu quinta casa, la de los hijos, está muy fuerte. Por lo tanto, la atención e interés está más en los hijos (o figuras filiales de tu vida) y no tanto en la familia en su conjunto.

Si estás en edad de concebir, tu fertilidad fue extraordinaria en 2012, y esta tendencia continúa este año, hasta el 16 de julio. Hay un gran deseo de tener hijos en este periodo. Es posible incluso que consideres la posibilidad de adoptar uno o de usar los nuevos tratamientos de fertilidad de alta tecnología.

Júpiter es tu planeta de la profesión. Su posición en tu quinta casa indica que consideras a los hijos tu profesión, tu misión, tu primera prioridad. Sea cual sea tu profesión externa, tu profesión mundana, los hijos son tu verdadera profesión. Esto cambiará después del 16 de julio. Volveremos sobre este tema.

Los hijos se ven prósperos este año; mucho depende de su edad y etapa en la vida. Pero, sea cual sea su edad, les llegan artículos caros. Llevan un estilo de vida elevado. Viajan también. Si tienen la edad, se les presentan felices oportunidades de trabajo, siempre según su nivel y etapa, lógicamente. No se ven mudanzas.

Los padres y figuras parentales podrían haberse mudado el año pasado, y si no, todavía podría ocurrir este año. A veces no se trata de una verdadera mudanza, pero el efecto es «como si» se hubieran mudado. Es posible que hayan comprado otra casa, que hayan hecho obras de renovación en la casa o comprado artículos caros para ella. Me gusta una casa cerca del agua para ellos. Además, deberán revisar la casa por si hubiera posibles daños causados por el agua.

Los padres o figuras parentales prosperan este año; también prosperaron el año pasado. Son más generosos contigo también.

Los hermanos o figuras fraternas de tu vida tienen probabilidades de mudarse o de hacer obras de renovación en la casa este año. Si están en edad de concebir, también son más fértiles que de costumbre.

Profesión y situación económica

Tu casa del dinero ha estado poderosa desde 2011 y continuará estándolo en los años por venir. Hay mucha atención a las finanzas, además de mucho cambio y agitación.

El año pasado fue próspero, sobre todo la segunda mitad, y esta tendencia continúa este año, en especial hasta el 16 de julio. Júpiter forma hermosos aspectos a tu Sol.

Urano en tu casa del dinero señala el campo de la alta tecnología; nuevos inventos, nuevas tecnologías. Hay diversas maneras de interpretar esto. Podría indicar que haces ingresos en este campo o que sea cual sea el campo o empresa en que trabajas la tecnología es importante. Será bueno invertir en los últimos avances de la tecnología; es importante estar al día.

Urano en la casa del dinero señala también empresas *online*. Favorece las empresas nuevas, las ideas nuevas, las innovaciones. A Urano le da igual que algo sea nuevo y no se haya hecho nunca antes: más razón para hacerlo. Estás tremendamente experimentador y dado a correr riesgos en este periodo.

Júpiter está en tu quinta casa desde el 27 de junio del año pasado, y continuará ahí hasta el 16 de julio. Esto indica suerte en la especulación, una persona que coge las buenas rachas financieras. Podría ser aconsejable invertir sumas inocuas de dinero en la lotería o en algún tipo de especulación (hasta el 16 de julio). Claro que esto sólo debe hacerse guiado por la intuición, no mecánicamente. El Cosmos tiene muchas maneras de aprovisionarte.

El año pasado fue bueno para la profesión y la tendencia continúa este año. Júpiter, tu planeta de la profesión, está en aspecto armonioso con Neptuno, el señor de tu carta. Por lo tanto, ha habido (y podría haber este año) aumentos de sueldo, promociones y honores en la profesión. Se han presentado felices oportunidades profesionales y continúan presentándose este año. Lo que me gusta de esto es que el camino profesional es placentero; te las arreglas para divertirte. Después del 16 de julio, te ganarás el éxito profesional con trabajo arduo. Los superiores se fijarán en tu buena ética laboral.

Si estás comenzando, me gusta para ti el campo del espectáculo, hasta el 16 de julio. Después se ve interesante el campo de la salud. Sea cual sea el campo en que estés, las personas que trabajan en estos dos sectores pueden ser importantes en su profesión. Tal vez tratas a este tipo de personas como clientes.

Tu planeta del dinero, Marte, pasa una insólita cantidad de tiempo en Libra, tu octava casa; estará en ella desde el 1 de enero al 18 de julio (un tránsito normal de Marte es de un mes y medio a dos meses), ¡y va a pasar casi siete meses en Libra!. Hay diversas maneras de interpretar esto. A veces suele indicar una herencia o asuntos de bienes raíces e impuestos. Por lo general, indica que la planificación de la propiedad y los impuestos influyen en la toma de decisiones financieras; son un factor importante. Indica la necesidad de hacer prosperar a otros (socios o inversores), anteponer sus intereses financieros a los tuyos. Muchas veces indica a una persona que administra la riqueza de otros (la familia, el personal de la casa, o inversores). Se contraen y pagan deudas fácilmente, todo según tu necesidad. Hay buen acceso a capital ajeno; aumenta el crédito. Hay oportunidades de invertir en empresas o propiedades con problemas y cambiar la situación. Este será un buen periodo para reducir costes y eliminar el derroche y lo que está de sobra en la vida financiera; para desintoxicarla.

Como hemos dicho, la entrada de Júpiter en tu sexta casa el 16 de julio indica oportunidades de trabajo muy felices durante el resto del año.

Los números favorables en las finanzas son el 1, el 4, el 5 y el 16.

Amor y vida social

Tu séptima casa, la del amor y el romance, no está poderosa este año, Piscis. Estás más interesado en las amistades, los grupos y las actividades en grupo que en el frente romántico. Algunos años son así. Esta faceta tiende a continuar como está. Si estás casado o casada tenderás a continuar el matrimonio, y lo mismo vale si estás soltero o soltera. Hay satisfacción con las cosas como están, y no sientes ninguna necesidad de hacer cambios drásticos.

El año que viene será otra historia. Tu séptima casa se hará poderosa y la vida amorosa se activará muchísimo más. Si estás soltero o soltera habrá boda u oportunidades de boda. Este año estás en la fase de preparación.

Aunque no se ve matrimonio este año, sí vemos aventuras amorosas. Júpiter está en tu quinta casa, la de las aventuras amorosas, hasta el 16 de julio. Tal vez necesitas experimentar el tipo de amor «diversión» para estar preparado para el amor más serio que llegará el próximo año (y tal vez en 2016 también).

Mercurio es tu planeta del amor. A excepción de la Luna, es el planeta más rápido de todos. En un año transita por todos los signos y casas del horóscopo, y a veces más de una vez por algunos. Hace movimiento retrógrado tres veces al año. Así pues, hay muchas tendencias a corto plazo en el amor, según donde esté Mercurio y los aspectos que reciba; de esto es mejor hablar en las previsiones mes a mes.

Tener a un planeta tan rápido como regente del amor indica a una persona cuyas necesidades en el amor cambian con frecuencia. De ahí que tengas la fama de ser «voluble», caprichoso, en el amor. Es normal que experimentes estos cambios, así estás hecho. Pero no todo el mundo es capaz de manejar esto. La mejor relación es con una persona que sea capaz de hacer frente a (y arreglárselas con) estas necesidades cambiantes.

Si estás pensando en un segundo, tercero o cuarto matrimonio, tampoco se ve matrimonio en el horizonte. Si deseas un segundo o tercer matrimonio, no se ve aconsejable este año.

Los padres y figuras parentales también tienen un año sin novedades en el amor. Si están casados lo más probable es que continúen casados, y si están sin compromiso, lo mismo.

Las relaciones amorosas de hermanos y figuras fraternas pasarán por severas pruebas; si están solteros y sin compromiso, no es aconsejable que se casen este año.

Los hijos o figuras filiales tienen amor este año; se ve boda o relaciones que son «parecidas» al matrimonio. También tuvieron amor el año pasado.

Los nietos mayores tienen un año sin novedades en el amor.

Los números favorables para el amor son el 1, el 6, el 8 y el 9.

Progreso personal

Desde 1998 has vivido influido por una intensa energía espiritual, y desde 2012, esta intensidad ha aumentado más aún. Estás en un camino espiritual, ya sea de modo formal o informal. Es importante entender algunas de las aventuras que pueden ocurrir en el camino. No hay mucha bibliografía sobre este tema, por lo tanto ocurren experiencias que parecen raras e indocumentadas. Su conocimiento no está extendido.

En primer lugar, como hemos dicho, el cuerpo se refina, se eleva en vibraciones. Alimentos que hace unos años te sentaban bien, probablementete sientan mal. La dieta tiene que ser más refinada (esto deberías consultarlo con un profesional). Pero lo importante es observar cómo te notas con las diferentes dietas.

El refinamiento hace al cuerpo más sensible a las vibraciones psíquicas. Sentirás vibraciones de una manera física, tangible. Y no será necesariamente en un sueño, visión o sentimiento. Las sentirás en el cuerpo, buenas o malas. Si estás en compañía de personas negativas, pueden ser muy dolorosas. La solución es buscar la compañía de personas positivas, optimistas. Es preferible la soledad a la compañía de personas negativas.

El refinamiento del cuerpo hace posible que el poder del espíritu actúe directamente sobre este, sin intervención humana. Así pues, descubrirás que muchas enfermedades o malestares físicos se pueden disipar con una palabra, imagen o una simple sesión de meditación.

Es posible que estés en el camino de la ascensión; si no, es probable que entres en él en los próximos años. Harás muchísimo progreso. Eres el candidato o candidata perfecta para este camino.

La espiritualidad va de «soltar»;* es un proceso constante de «soltar» lo inferior para aceptar lo superior. Esto no ocurre de una vez, ningún ser humano podría soportarlo, sino que es un proceso que va pasando con el tiempo. Comer chocolate no es malo, pero si la persona desea un cuerpo esbelto (un bien mayor) podría dejar de tomarlo. Con frecuencia ocurren cosas que nos irritan o enfadan; muchas veces el enfado es justificado, pero si uno desea acceder a un estado de conciencia superior (mayor bien espiritual) deja marchar esas cosas. Esto continúa y continúa. Aprender a soltar de una manera alegre, dichosa, es una de las grandes artes que se puede aprender.

La espiritualidad está también marcada por constantes «saltos a lo desconocido». Ahora bien, lo llamado «desconocido» es bien conocido para el espíritu. Pero para nosotros es desconocido. El miedo a lo desconocido puede ser abrumador. Cuando ocurre se nos revelan nuevas vistas de dicha y bien.

Este flujo de energía y revelación espirituales pone a prueba tus viejas creencias religiosas y filosóficas. Saturno está en tu novena casa desde octubre de 2012. Tal vez tus creencias se basan en ciertas experiencias; o tal vez las heredaste de tu familia. Ahora, el flujo de luz y vida, vida dinámica, las desbarata. Lo que creías cierto, axioma, lo ves ahora bajo una luz diferente. Tal vez veas que son parcialmente ciertas, o a veces ciertas. Tal vez comprendas que habías interpretado mal lo que te enseñaron. Y entonces tienes que reestructurar tu siste-

---

* Para una explicación más detallada de esto, véase Guy Finley, *The secret of letting go.*

ma de creencias, ponerlo al día, a la luz de tus nuevas revelaciones. Esto puede ser un trabajo difícil, arduo. Y esto es lo que te ocurre en este periodo (y te ocurrió el año pasado también).

Previsiones mes a mes

Enero

Mejores días en general: 5, 6, 14, 15, 24, 25
Días menos favorables en general: 12, 13, 19, 20, 26, 27
Mejores días para el amor: 1, 2, 9, 10, 11, 19, 20, 22, 23, 28, 29, 30, 31
Mejores días para el dinero: 3, 4, 5, 6, 7, 8, 12, 13, 14, 15, 22, 23, 24, 25, 30, 31
Mejores días para la profesión: 5, 6, 14, 15, 24, 25, 26, 27

El ciclo solar universal está en fase creciente (los días se hacen más largos) y hay mucho impulso de avance en los planetas (el 80 por ciento en movimiento directo). Domina su sector oriental de independencia. Normalmente este sería un periodo excelente para iniciar nuevos proyectos o lanzar nuevos productos al mundo, pero tu ciclo solar personal está en fase menguante (hasta el día de tu cumpleaños), así que podría ser mejor esperar hasta entonces.

Aunque hace poco acabó tu cima profesional anual (la próxima será en noviembre), la profesión sigue siendo importante. Estás finalizando proyectos profesionales. Siendo todavía muy dominante la mitad superior de tu carta, mantén la atención centrada en la profesión; puedes sin riesgo pasar a un segundo plano los asuntos domésticos y familiares.

La salud y la energía son excelentes; no hay ningún planeta en aspecto desfavorable contigo (solamente la Luna te formará aspectos difíciles temporalmente; ve tus días menos favorables en general a principios del mes). Tienes toda la energía que necesitas para realizar lo que sea que desees. Si quieres (esto es optativo), hasta el 20 puedes fortalecer tu salud ya buena dando más atención a la columna, las rodillas, la dentadura, los huesos, la piel y la alineación esquelética general; masajes en la espalda y las rodillas irán muy bien. Después del 20 presta más atención a los tobillos y las pantorrillas (dales masajes periódicos).

Mercurio, tu planeta del amor, está «fuera de límites» hasta el 8. Esto indica que sales fuera de tus límites habituales en busca del amor; o tal vez tu vida social o tu ser amado te lleva fuera de tus límites. A veces las personas entran en «territorio prohibido» en busca del amor. Hasta el 11 hay oportunidades *online* (en los sitios de contactos sociales o de citas), y también cuando estás en grupo, actividades en grupo u organizaciones. Después del 11 las oportunidades se presentan en ambientes de tipo espiritual: seminarios de meditación, charlas espirituales, reuniones de oración o funciones benéficas.

En las finanzas hay alguna dificultad hasta el 20. Llegan los ingresos, pero tienes que trabajar más por ellos. Afortunadamente tienes la energía para esto. Pero después del 20 tendrías que ver una importante mejoría, pues los planetas rápidos comienzan a formar aspectos armoniosos a tu planeta del dinero. Hasta entonces, ten paciencia; la ayuda viene en camino.

Este mes no hay ningún eclipse, pero sí algunas «réplicas» de eclipses anteriores.

Del 14 al 17 y el 18 y 19 el Sol activa un punto de eclipse; esto podría ser causa de trastornos en el trabajo e inestabilidad en el lugar de trabajo.

Del 1 al 7 Venus activa un punto de eclipse. Ten más prudencia al conducir esos días; los coches y el equipo de comunicación podrían estar más temperamentales.

Del 8 al 10 y el 18 y 19 Mercurio transita por un punto de eclipse. Ten más paciencia con el ser amado esos dias; tenderá a estar más temperamental.

Febrero

Mejores días en general: 1, 2, 10, 11, 12, 20, 21, 28
Días menos favorables en general: 8, 9, 15, 16, 17, 22, 23
Mejores días para el amor: 1, 5, 6, 7, 10, 15, 16, 17, 19, 24, 25, 26, 27
Mejores días para el dinero: 1, 2, 3, 4, 8, 9, 10, 11, 12, 18, 19, 20, 21, 26, 27, 28
Mejores días para la profesión: 1, 2, 10, 11, 12, 20, 21, 28

Este mes el poder planetario se traslada de la mitad superior (objetiva) de tu carta a la mitad inferior (subjetiva); además, tu planeta de la profesión está retrógrado. Por lo tanto, es el momento para cambiar de marcha psíquica. Los asuntos profesionales necesitan más claridad; sólo el tiempo resolverá las cosas. A partir del 18 comienza a prestar más atención al hogar, la familia y a tu bienestar emocional.

Lo interesante es que después del 18 tienen lugar muchas novedades felices en la profesión, entre bastidores; más adelante se revelarán. Llegan oportunidades profesionales pero puedes ser más selectivo ante ellas. Si estorban tu «bienestar emocional» o arriesgan la unidad de la familia podría convenirte declinar o negociar mejores condiciones.

En general los nativos de Piscis son personas espirituales; místicos natos, visionarios. Teniendo a Neptuno en tu signo, y por muchos años venideros, esta tendencia es más fuerte. Y estando muy poderosa tu casa doce, desde el 20 del mes pasado, es más potente aún. Tu reto será estar presente en tu cuerpo. Está bien tener la cabeza en las nubes, pero, como reza el dicho, mantén los dos pies firmes en el suelo. La vida onírica es tan hermosa, tan interesante, que la dificultad será salir del sueño, despertar y levantarte. Nada en el mundo vulgar se puede comparar con eso. Si recuerdas que te has encarnado en este mundo vulgar con una finalidad, hacer un trabajo en la Tierra, será más fácil.

La espiritualidad impregna todo el mes, con experiencias de tipo sobrenatural y revelaciones espirituales. Y cuando el Sol salga de tu casa el 18, entrará en tu signo, lo que también realza la espiritualidad.

Este es un mes muy feliz. Hasta el 18 te ocupas en las actividades que más te gustan (actividades espirituales), y después entras en uno de tus ciclos anuales de placer personal. La consecuencia natural de un progreso espiritual es un mayor bienestar físico.

Si buscas trabajo tienes buena suerte este mes, a partir del 18; los empleos te buscan, y parecen buenos; no necesitas hacer nada especial. El amor también te busca, pero el amor es más complicado pues tu planeta del amor está retrógrado a partir del 6. Una persona va en pos de ti y de pronto da marcha atrás, como si estuviera indecisa. Esto se clarificará el mes que viene.

La salud continúa excelente.

Marzo

Mejores días en general: 1, 2, 10, 11, 19, 20, 28, 29
Días menos favorables en general: 7, 8, 15, 16, 22, 23
Mejores días para el amor: 7, 8, 15, 16, 17, 18, 19, 26, 27, 28, 29
Mejores días para el dinero: 1, 2, 3, 4, 7, 8, 10, 11, 17, 18, 19, 20, 26, 27, 28, 29, 30, 31
Mejores días para la profesión: 1, 2, 10, 11, 19, 20, 22, 23, 28, 29

Desde el mes pasado el poder planetario está en su posición oriental máxima del año. Este es tu periodo de máxima independencia personal. El poder planetario avanza hacia ti, no se aleja. Puedes y debes tener las cosas a tu manera; tu manera es la mejor. Este es el periodo para cambiar las condiciones que te fastidian, para mejorarlas y diseñarlas según tus especificaciones. También es un periodo excelente para iniciar nuevos proyectos o empresas o lanzar nuevos productos al mundo, especialmente a partir del día de tu cumpleaños. El impulso planetario es de avance (el 80 por ciento de los planetas están en movimiento directo), el ciclo solar universal está en fase creciente, y a partir de tu cumpleaños tu ciclo solar estará en creciente también. Lánzate osadamente en pos de tus objetivos; verás rápido progreso hacia ellos.

Ahora que tu planeta del amor está en movimiento directo la vida amorosa mejora muchísimo. Con tu primera casa fuerte hasta el 20 te ves bien y tienes mucho carisma. Tienes «cualidad estelar» este mes; tienes confianza y seguridad en ti mismo; el sexo opuesto lo nota. Hasta el 17 las oportunidades amorosas se presentan en ambientes espirituales: el seminario de meditación, la clase de yoga, la reunión de oración o la función benéfica. Después del 17, cuando Mercurio cruza tu ascendente y entra en tu primera casa, el amor te persigue; simplemente está presente, no necesitas hacer nada más. Si estás soltero o soltera tienes un encuentro feliz e importante entre el 21 y el 23. Si estás en una relación tienes experiencias o invitaciones sociales felices, y la relación es más romántica que de costumbre.

Es un mes próspero también. Si buscas trabajo tienes buena suerte. El 20 entras en una cima financiera anual, un periodo de ingresos cumbre. La Luna nueva del 30 se ve particularmente próspera, un bonito día de paga. Hay suerte en las especulaciones, coges las rachas de suerte financiera. Esta Luna nueva tiene otros efectos positivos también; esclarece la vida financiera. Estando retrógrado todo el mes tu planeta del dinero, es muy necesaria la claridad. Hay ciertos baches en el camino. Del 11 al 18 Marte transita por un punto de eclipse. Hay trastornos en las finanzas, tal vez un gasto inesperado; debido a esto sentirás la tentación de hacer algunos cambios drásticos, pero ten prudencia. Marte está retrógrado; reflexiona y analiza más antes de hacer cualquier cambio.

La salud continúa excelente. Tienes toda la energía que necesitas para realizar lo que sea que desees.

Abril

Mejores días en general: 6, 7, 16, 17, 24, 25
Días menos favorables en general: 3, 4, 5, 11, 12, 18, 19
Mejores días para el amor: 4, 5, 6, 7, 8, 11, 12, 16, 17, 18, 19, 24, 25, 29, 30
Mejores días para el dinero: 3, 4, 5, 6, 7, 13, 14, 15, 16, 17, 22, 23, 24, 25, 26, 27
Mejores días para la profesión: 6, 7, 16, 17, 18, 19, 24, 25

El principal titular de este mes son dos eclipses. Los eclipses afectan a todo el mundo; afectan al mundo en general y a cada persona de un modo único. La cuestión no es si afecta o no, sino hasta qué punto te afecta. En tu caso, estos eclipses son relativamente benignos.

El eclipse lunar del 15 ocurre en tu octava casa. Así pues, podría haber encuentros con la muerte, lo que normalmente ocurre en el plano psíquico. Sin embargo, si una persona está oscilando entre la vida y la muerte, es un caso dudoso, este tipo de eclipse puede empujarla por el abismo. Es una visita del Ángel Negro, que te hace saber que existe; tiene mensajes para ti y es su única manera de entregarlos. No te hará ningún daño tomarte las cosas con calma y reducir tus actividades en el periodo de este eclipse. No hace ninguna falta tentar al ángel negro más de lo necesario. Este eclipse señala dramas financieros, tal vez una crisis, en la vida del cónyuge, pareja o ser amado actual; es necesario hacer cambios; es muy probable que la forma de pensar y la estrategia no hayan sido realistas y el eclipse lo revela. Este eclipse te trae este tipo de fenómeno a ti también, porque hace impacto en Marte, tu planeta del dinero. Todos los eclipses lunares afectan a los hijos y figuras filiales de tu vida. Habrá que evitar que corran peligro; es posible que haya acontecimientos dramáticos en su vida también. Evita las especulaciones en este periodo.

El eclipse solar del 29 ocurre en tu tercera casa. Se ponen, pues, a prueba los coches y el equipo de comunicación. Puede que haya importantes fallos en la comunicación en el periodo de este eclipse, unos cuantos días antes y otros tantos después. A veces me preguntan: «¿Cómo puede un eclipse afectar a un objeto material? ¿Cómo puede una energía planetaria afectar a un objeto sólido?» Pues, le afecta. No existe eso llamado «solidez», es una ilusión de los cinco sentidos. Hasta el más sólido de los objetos es en realidad una forma de energía a cierta vibración; si se altera esa forma de energía tenemos el mal funcionamiento del supuesto objeto sólido. Cuanto más delicado y refinado es el objeto, mayor será la alteración. Este eclipse afecta a los hermanos y figuras fraternas de tu vida. A los vecinos también; estas personas experimentan dramas, de aquellos acontecimientos que cambian la vida (estas cosas ocurren a lo largo de seis meses). No te hará ningún daño conducir con más prudencia en el periodo de este eclipse. Todos los eclipses solares afectan a la salud y al programa de salud; a veces producen sustos, por ejemplo, un médico da un diagnóstico aterrador a la persona, o un análisis indica que algo va tremendamente mal. Pero la salud es buena, así que lo más probable es que sólo sea eso, un susto. Una segunda opinión producirá el alivio. El programa de salud se perfecciona y se pone al día también.

Mayo

Mejores días en general: 3, 4, 5, 13, 14, 21, 22, 31
Días menos favorables en general: 1, 2, 8, 9, 10, 15, 16, 28, 29
Mejores días para el amor: 6, 8, 9, 10, 11, 12, 13, 14, 19, 20, 24, 25, 29, 30
Mejores días para el dinero: 1, 2, 3, 4, 5, 11, 12, 13, 14, 19, 20, 21, 22, 24, 25, 28, 29, 31
Mejores días para la profesión: 3, 4, 5, 13, 14, 15, 16, 21, 22, 31

El poder planetario se está acercando al punto inferior máximo de tu carta. Tú te estás acercando a la primavera de tu año (el 21), pero es de noche. Hay crecimiento pero todavía no es visible. Continúa centrando la atención en el hogar, la familia y tu bienestar emocional. Estos son los actos entre bastidores que hacen posible el éxito profesional. Si estas actividades se hacen bien, si hay estabilidad en el hogar y la familia y buena armonía emocional, la profesión será naturalmente exitosa, casi como un efecto secundario.

La salud es un buen ritmo, es una concordancia entre el ritmo personal y el ritmo de la vida. Las pausas en el acontecer de la vida son tan importantes como los propios acontecimientos.

Continúas en el periodo de independencia personal, pero este acabará pronto. Si hay cambios que es necesario hacer, ahora es el periodo. Más adelante será más difícil.

Después del 21 es necesario estar más atento a la salud. En general, la salud sigue maravillosa pero este no es uno de tus mejores periodos; procura descansar más después del 21; la energía elevada es siempre la primera línea de defensa contra la enfermedad. Hasta el 21 puedes fortalecer la salud dando más atención al cuello y la garganta, y después a los brazos, hombros, pulmones y sistema respiratorio. Hasta el 21 son potentes los masajes en el cuello; después son potentes los masajes en los brazos y hombros. La buena salud mental es importante todo el mes; esfuérzate en conseguir pureza intelectual; da al cuerpo mental lo que necesita: buena nutrición y ejercicio. Mantén los pensamientos positivos y constructivos.

La prosperidad sigue fuerte este mes. El 3 Venus entra en tu casa del dinero y transita por ella hasta el 29. Esto indica que los ingresos proceden de ventas, mercadotecnia, publicidad y buenas relaciones públicas; es importante dar a conocer tu producto o servicio. La dimensión social (dominio de Venus) también es importante en las finanzas. Las personas que conoces son tal vez tan importantes como lo que posees.

Del 12 al 31 tu planeta del amor, Mercurio, nuevamente está «fuera de límites»; esta es la segunda vez en lo que va de año. Son muchas las posibilidades: sales de tus ambientes normales en busca del amor; te atrae un «amor prohibido»; tal vez el ser amado o amigos te llevan fuera de tus límites normales; estás expuesto a todo tipo de amor «distinto a lo normal». El amor tiene muchas formas de expresión y este mes te enteras de eso.

Tu planeta del amor pasa la mayor parte del mes, del 7 al 29, en tu cuarta casa. Así pues, haces más vida social en casa. La intimidad emocional es muy importante en el amor, eso y la buena comunicación van cogidas de la mano. Un viejo amor podría reaparecer en tu vida. La volubilidad en los estados de ánimo podría ser un problema.

Junio

Mejores días en general: 1, 9, 10, 18, 19, 27, 28
Días menos favorables en general: 5, 6, 12, 13, 24, 25, 26
Mejores días para el amor: 1, 5, 6, 9, 10, 14, 15, 17, 23, 24, 25, 26
Mejores días para el dinero: 1, 7, 8, 10, 11, 16, 17, 18, 19, 20, 21, 25, 26, 27, 28
Mejores días para la profesión: 1, 10, 11, 12, 13, 18, 19, 27, 28

Hasta el 21 continúa prestando más atención a la salud. Después deberías notar una enorme mejoría. Hasta el 21 fortalece la salud de las maneras explicadas el mes pasado; el masaje en los brazos y hombros irá bien. Tomar aire fresco es bueno. Si te sientes indispuesto sal a tomar aire y haz respiraciones profundas. Después del 21 fortalece la salud por medios dietéticos y prestando más atención al estómago; si eres mujer da también más atención a los pechos. Esfuérzate en mantener el ánimo positivo y constructivo (esto es importante todo el mes, incluso antes del 21). La alegría es en sí una potente fuerza curativa, y esto lo descubres este mes. Si te sientes indispuesto (sobre todo después del 21) haz algo que te divierta; una salida nocturna de diversión o un pasatiempo creativo serán terapéuticos. En este periodo la risa es el mejor remedio.

Este mes el poder planetario se traslada de tu sector oriental o independiente al sector occidental o social. Es un cambio importante. Has hecho tu voluntad desde el comienzo del año; llega el periodo para tomarte unas vacaciones de ti mismo y de tus intereses o preocupaciones. Muchas veces es la excesiva atención al yo lo que impide que ocurra el bien. Este es un periodo para anteponer a los demás. No hay nada malo en cuidar del número uno, sólo depende de la fase del ciclo en que estás. Cuando antepones a los demás descubres que están atendidos de manera muy natural tu bienestar y la satisfacción de tus necesidades. Ahora es más difícil crear condiciones y hacer cambios. Es el periodo para experimentar las consecuencias (buenas o malas) de lo que has creado en los seis meses anteriores. Si has creado bien, la vida es agradable; si has cometido errores, bueno, tienes que vivir con las consecuencias durante un tiempo, hasta que llegue tu próximo periodo de independencia. Estás en un ciclo de pagar karma.

El 21 entras en otra de tus cimas anuales de placer personal; es un periodo para diversión y ocio. Y esto llega oportunamente. La actividad retrógrada está en su punto máximo del año, el 40 por ciento de los planetas están retrógrados. Las cosas se enlentecen en el mundo: bien puedes gozar de tu vida.

Mercurio sigue «fuera de límites» hasta el 5. Después «vuelve al redil». Te has saciado del amor «de vanguardia» y deseas volver a tus límites normales. La principal complicación este mes es que Mercurio inicia movimiento retrógrado el 7. Esto no impide el amor, pero enlentece un poco las cosas. Una pausa que renueva. Ahora te conviene hacer revisión de tu relación actual y de tu vida amorosa en general, para ver en qué puedes hacer mejoras. El mes que viene, en que Mercurio retoma el movimiento directo, podrás poner en práctica estos planes.

El 18 Mercurio vuelve a tu cuarta casa retrógrado. Entra en el cuadro un viejo amor, o una persona que se le parece. Los cambios de humor en el amor podrían ser un problema. Si estás soltero o soltera encuentras oportunidades románticas cerca de casas, a través de la familia o de conexiones familiares. Hay un deseo de volver a viejas ex-

periencias amorosas que fueron agradables. Pero, en realidad, eso es
una ilusión; esas experiencias fueron únicas y nunca se pueden repe-
tir exactamente igual. El presente, el ahora, siempre es nuevo y también único.

Julio

> *Mejores días en general:* 7, 8, 15, 16, 24, 25
> *Días menos favorables en general:* 2, 3, 9, 10, 22, 23, 29, 30, 31
> *Mejores días para el amor:* 2, 3, 4, 5, 6, 13, 14, 24, 25, 29, 30, 31
> *Mejores días para el dinero:* 4, 5, 6, 7, 8, 13, 14, 16, 17, 18, 24, 25,
> 27
> *Mejores días para la profesión:* 7, 8, 9, 10, 16, 17, 27

Tenemos un mes feliz, un mes de fiestas. Hasta el 22 continúas en
una de tus cimas anuales de placer personal; pero entonces ya estás
más o menos harto de fiestas y dispuesto para el trabajo serio.

Lo interesante es que tu profesión prospera en medio de la diversión; tal vez en el teatro, balneario o en una fiesta. Cuando atiendes a
tu felicidad ocurre de modo muy natural tu adelanto profesional. Esto
puede parecerle «irresponsable» al mundo, pero el resultado final ha-
bla por sí mismo. Eso sí, esto es de corta duración. El 16 tu planeta
de la profesión hace un importante traslado, sale de Cáncer, tu quinta
casa, la de la diversión, y entra en Leo, tu sexta casa, la del trabajo.
Comienza, pues, a importar la ética laboral. Y esta es la tendencia el
resto del año. Las buenas conexiones abren puertas, pero en último
término tienes que rendir en el trabajo.

Si buscas trabajo tienes oportunidades fabulosas del 24 al 27. Los
aspectos laborales son buenos después también (todo lo que queda de
año es bueno para esto). Es dudoso que a fin de año tengamos a algún
Piscis sin empleo (a no ser que él o ella lo quiera).

El periodo del 24 al 27 también trae más oportunidades profesionales felices, en especial la Luna nueva del 26.

La salud es buena este mes. El 18 ya no hay ningún aspecto desfavorable para ti; sólo la Luna te forma aspectos difíciles de corta duración. La receta para la buena salud. A partir del 16 la salud adquiere
más importancia. Tu problema podría ser demasiada obsesión, hipo-
condría, que no un verdadero problema.

El amor es feliz este mes, en especial a partir del 13. Entre el 17 y
el 20 hay felices encuentros románticos, pues tu planeta del amor forma trígono con el señor de tu horóscopo. A partir del 13 el amor va

de diversión; te atrae la persona capaz de hacerte pasarlo bien; las responsabilidades que vienen con el amor no te interesan, y esto es tal vez el problema. ¿Estás dispuesto a hacer frente a los tiempos difíciles con esta persona?

Marte, tu planeta del dinero, ha estado en el signo Libra desde comienzos del año; el 18 de este mes entra en Escorpio. Esto es positivo para las finanzas; Marte está en aspecto armonioso contigo. Después del 18 deberían aumentar los ingresos. Pero gastar en exceso podría ser un problema.

Agosto

Mejores días en general: 3, 4, 11, 12, 20, 21, 22, 30, 31
Días menos favorables en general: 5, 6, 18, 19, 25, 26, 27
Mejores días para el amor: 3, 4, 5, 6, 12, 13, 14, 15, 23, 24, 25, 26, 27
Mejores días para el dinero: 3, 4, 5, 11, 12, 13, 14, 20, 21, 23, 24, 30, 31
Mejores días para la profesión: 5, 6, 13, 14, 23, 24

Este mes y el próximo los planetas estarán en su posición occidental máxima. El 23 se hace muy fuerte tu séptima casa, la del amor, y entras en una cima amorosa y social del año. Importan el mérito y la iniciativa personales, pero en este periodo no va de eso, va de desarrollar la «simpatía», el don de gentes, la capacidad para conseguir que los demás colaboren contigo. Esta capacidad extiende y multiplica las dotes personales; haces más con menos esfuerzo personal. Cuando antepones a los demás, que es lo que el Cosmos te llama a hacer, es como si tuvieras acceso a todos los ilimitados recursos del Cosmos, no sólo a los tuyos. Se atienden ampliamente tus necesidades. El poder planetario se va alejando de ti, y en el momento parece estar lejos de ti: fluye hacia los demás, y eso es lo que debes hacer tú.

Después del 23 es necesario estar más atento a la salud. No hay nada mal, nada grave, sólo que los planetas rápidos están temporalmente en alineación desfavorable. El ritmo que llevabas los meses pasados sin ningún problema, ahora podría ser problemático. Procura descansar más. A partir del 23 puedes fortalecer la salud prestando más atención al corazón (siempre importante para ti) y al intestino delgado. Las discordias en el amor, con el ser amado o con amistades, pueden afectar a la salud. Si surgiera un problema restablece la armonía cuanto antes. La belleza es una potente fuerza curativa. Si te sientes indispuesto ve a un lugar bello y siéntate a contemplar el paisaje y a absorber su belleza. Escuchar música hermosa o contemplar obras de arte bellas también será bueno.

Entre el 1 y el 3 hay un importante y feliz encuentro amoroso. Estos días son un buen periodo profesional también.

Del 17 al 19 podría llegarte un coche o un equipo de comunicación nuevo. También hay felices oportunidades profesionales.

El 1 y el 2 el Sol transita por un punto de eclipse; esto podría causar trastornos en el trabajo.

El 5 y el 6 Mercurio transita un punto de eclipse; ten más paciencia con el ser amado y con los familiares estos días.

Del 10 al 14 Marte transita por un punto de eclipse, lo que trae dramas y cambios en las finanzas.

Del 18 al 20 Venus transita por un punto de eclipse; ten más prudencia al conducir.

Del 24 al 31 Júpiter transita por un punto de eclipse, lo que indica dramas en la profesión y en la vida de jefes, padres, figuras parentales y figuras de autoridad.

Septiembre

Mejores días en general: 8, 9, 17, 18, 27, 28
Días menos favorables en general: 2, 3, 14, 15, 22, 23, 29, 30
Mejores días para el amor: 2, 3, 4, 12, 13, 20, 21, 22, 23, 28
Mejores días para el dinero: 1, 2, 3, 8, 9, 10, 11, 19, 20, 29, 30
Mejores días para la profesión: 1, 2, 3, 10, 11, 19, 20, 29, 30

El poder planetario se traslada este mes. El 5 empieza a dominar la mitad superior (objetiva) de tu carta. Es pleno verano en tu año y ha salido el Sol; es la temporada para cosechar. Deja estar (o resta importancia a) los asuntos domésticos y familiares y centra la atención en tus objetivos externos, tu profesión. En el plano espiritual significa centrar la atención en el trabajo que tú, y sólo tú, has venido a hacer en la Tierra. El bienestar emocional es siempre importante, pero ahora te llegará haciéndolo bien, triunfando. El éxito te traerá armonía emocional.

El amor sigue activo y feliz. Sigues en tu cima amorosa y social anual. La única dificultad ahora es compaginar tus intereses con los del ser amado. Neptuno está retrógrado y hay muchos planetas en tu sector occidental, así que tal vez te conviene consentir al ser amado mientras esto no sea destructivo. Deja que los demás tengan las cosas a su manera. Probablemente tu manera no es la mejor, y me parece que eres uno contra muchos.

La salud general es excelente, pero de todos modos necesita más atención hasta el 23. No olvides descansar lo suficiente. Cuando llegan estos ciclos vulnerables es difícil mantener el mismo ritmo que en los ciclos positivos. No hay energía y por lo tanto pueden ocurrir accidentes. Hasta el 23 puedes fortalecer la salud prestando más atención al intestino delgado, y después a los riñones y caderas. Mantener la armonía en el amor y en la amistad es importante todo el mes. Las discordias pueden ser causa de problemas.

La salud financiera se ve buena este mes. Marte está en tu expansiva novena casa hasta el 14. La novena casa es muy benéfica, y esto tiende a la prosperidad (pero guárdate de gastar en exceso, a veces el optimismo puede no ser realista). Hay un viaje relacionado con trabajo o negocio, viaje al extranjero. El 14 Marte cruza tu mediocielo y entra en tu décima casa, trayendo oportunidades financieras. Marte en la décima casa señala aumento de sueldo (manifiesto o encubierto). Cuentas con el favor financiero de jefes, padres y figuras parentales. Tu buena fama profesional favorece los ingresos o lleva a oportunidades de ingresos. Las finanzas ocupan un elevado lugar en tu programa a partir del 14, y esto tiende al éxito. Admiras a las personas adineradas; aspiras a ser como ellas.

El 23 se hace poderosa tu octava casa. Ese es un periodo sexualmente activo. El cónyuge, pareja o ser amado actual entra en una cima financiera anual y es probable que sea generoso contigo.

Del 23 al 30 hay revelaciones de tipo espiritual y al parecer estas son útiles en la profesión. Este es un excelente periodo para adelantar en la profesión participando en obras benéficas y trabajo voluntario.

Octubre

Mejores días en general: 5, 6, 14, 15, 24, 25
Días menos favorables en general: 12, 13, 19, 20, 26, 27
Mejores días para el amor: 3, 5, 6, 12, 13, 19, 20, 22, 23, 31
Mejores días para el dinero: 7, 8, 17, 18, 26, 27, 28
Mejores días para la profesión: 7, 8, 17, 18, 26, 27

Marte, tu planeta del dinero, continúa en tu décima casa hasta el 26, la mayor parte del mes. Repasa lo que hablamos el mes pasado, pues está muy en vigor. Sin embargo, desde el 30 del mes pasado está «fuera de límites» y esta es la situación a lo largo de todo este mes.

En cuanto a lo que ocurrirá, son muchas las posibilidades. En esencia, vas a adentrarte en territorio desconocido en busca de ingresos. Explorarás nuevos mercados en zonas que quedan fuera de tus límites normales; a veces esto es necesario. Podría ser que jefes, padres o figuras parentales instiguen esto. En finanzas tomas el «camino menos hollado» (pero al hacerlo descubres que otros han pasado por ese camino). Me parece que te sientes incómodo o molesto con esto, y eso será normal.

Este mes tenemos dos eclipses. Estos sacuden al mundo en general, pero tú pareces salir relativamente ileso. Te afectan, sin duda, pero no tanto como podrían afectarte.

El eclipse lunar del 8 ocurre en tu casa del dinero. Esto es causa de cambios en las finanzas, cambio de rumbo, cambio de estrategia, cambio de forma de pensar (ten presente que tu planeta del dinero está «fuera de límites» cuando ocurre el eclipse). A veces esto entraña cambio en las inversiones, cambio de banco, de agente bursátil o de planificador financiero. Hay dramas en la vida de las personas adineradas de tu mundo. Este eclipse hace impacto en Urano, por lo tanto hay importantes cambios en la espiritualidad: cambio de práctica, de profesor, de enseñanza y de actitud. Hay dramas en la vida de gurús y en la organización espiritual a la que perteneces. Todos los eclipses lunares afectan a los hijos y figuras filiales; deben reducir las actividades durante el periodo del eclipse. Es mejor que evites las especulaciones. Si estás en el mundo de las artes creativas (y muchos Piscis lo están) harás cambios importantes en tu creatividad; esta comenzará a dar un giro.

El eclipse solar del 23 ocurre justo en la cúspide de tu novena casa. Es mejor que evites viajar por viajar durante este periodo, unos cuantos días antes y otros tantos después. Estando fuerte tu novena casa, es muy posible que viajes, pero procura programar la salida en otra fecha. Este eclipse pone a prueba tus creencias religiosas y filosóficas; te obliga a revaluar y modificar estas cosas (esto ocurrirá a lo largo de seis meses), y al hacer esto te cambia la vida. En definitiva, la filosofía y la religión le ganan a la psicología. Todos los eclipses solares afectan a la salud, al trabajo y al lugar de trabajo. Esto se debe a que el Sol, el planeta eclipsado, rige estas cosas en tu carta. La salud es fundamentalmente buena en este periodo, así que si hay un susto sólo será eso, un susto. Hay inestabilidad en el lugar de trabajo y con los empleados si los tienes. Podría haber cambio de trabajo también.

Noviembre

Mejores días en general: 2, 3, 10, 11, 20, 21, 29, 30
Días menos favorables en general: 8, 9, 15, 16, 17, 22, 23
Mejores días para el amor: 1, 2, 3, 10, 11, 12, 15, 16, 17, 20, 21, 22, 23
Mejores días para el dinero: 4, 5, 6, 7, 14, 15, 16, 17, 23, 25, 26
Mejores días para la profesión: 4, 5, 14, 22, 23

La salud es fundamentalmente buena este mes; hasta el 17 no hay ningún planeta formándote aspectos desfavorables (sólo la Luna, de vez en cuando). Así pues, tienes toda la energía que necesitas para realizar lo que sea que te propongas. Puedes fortalecerla (esto es optativo) dando más atención al colon, la vejiga y los órganos sexuales. Pero después del 22 debes prestar más atención a la salud; como ha ocurrido todo el año, no hay nada mal ni grave, sólo los planetas rápidos que te forman aspectos desfavorables temporalmente. Es muy posible que no puedas mantener el ritmo de la primera parte del mes; si lo intentas, pueden surgir problemas. Procura descansar lo suficiente. Escucha a tu cuerpo y atiende a sus mensajes. Después del 22 fortalece la salud prestando más atención al hígado y a los muslos. Una desintoxicación del hígado te iría muy bien; también serán buenos los masajes periódicos en los muslos.

Habiendo dicho esto, este mes es muy próspero. El 22 entras en una cima profesional anual. Tienes buena ética laboral y los superiores lo notan. Hay honores y reconocimiento por tus logros. Se te valora. Hay probabilidades de ascenso (manifiesto o encubierto). Llegan felices oportunidades profesionales. Si buscas trabajo tienes buena suerte a partir del 22 (esto ha sido bueno desde julio, pero este periodo es mejor aún).

Tu planeta del dinero continúa «fuera de límites» hasta el 21; repasa lo que hablamos el mes pasado. Estar en territorio desconocido tiene sus inconvenientes, como te enteras del 14 al 17, días en que Marte transita por un punto de eclipse. Las cosas no son como parecían; hay que hacer modificaciones financieras. De todos modos, cuentas con el favor de las amistades en las finanzas.

El amor se ve bien este mes. Mercurio avanza raudo, pero pasa la mayor parte del mes, del 8 al 28, en tu novena casa y en aspecto armonioso contigo. El rápido avance de Mercurio indica mucha confianza social; cubres mucho terreno, haces rápido progreso hacia tus objetivos. Tu planeta del amor en tu novena casa indica que te atraen personas extranjeras. Un viaje al extranjero puede conducir al romance en este periodo. Si estás en una relación, esta puede mejorar con un viaje también. Las oportunidades románticas también se presentan en ambientes religiosos o educativos: en tu lugar de culto o en el colegio. Hay buena y armoniosa conexión entre tú y el ser amado. Si estás sin compromiso es probable que conozcas a personas que son buenas posibilidades.

El 28 Mercurio cruza tu mediocielo y entra en tu décima casa. Este también es un buen periodo para el amor. El cónyuge, pareja o ser amado actual tiene éxito y apoya tus ambiciones profesionales. Si estás soltero o soltera conoces a personas a las que puedes «admirar». Comienzas a alternar socialmente con personas prósperas y de prestigio social. Las conexiones sociales favorecen tu profesión.

Diciembre

Mejores días en general: 8, 9, 18, 19, 26, 27
Días menos favorables en general: 5, 6, 13, 14, 20, 21
Mejores días para el amor: 1, 2, 10, 11, 12, 13, 14, 21, 22, 30, 31
Mejores días para el dinero: 1, 2, 3, 4, 10, 11, 15, 16, 20, 21, 24, 25, 28, 29
Mejores días para la profesión: 1, 2, 10, 11, 20, 21, 28, 29

Neptuno, el señor de tu horóscopo, retomó el movimiento directo el 16 del mes pasado. Hacía meses que estaba retrógrado, desde el 9 de junio. El 28 del mes pasado el poder planetario pasó de tu sector occidental o social al sector oriental o independiente. Esto es una sincronía hermosa. Ya tienes más o menos claros tus objetivos personales; estás preparado para avanzar, y el poder planetario te apoya. Ahora los planetas avanzan hacia ti, cada vez con más fuerza. Has tenido seis meses para ceder ante los demás y para desarrollar tu don de gentes. Ahora el ritmo de la vida te exige que comiences a pensar nuevamente en el número uno. Tu felicidad es importante en el esquema de las cosas, no tengas ni la menor duda de esto. Pero ahora depende de ti. Te has adaptado a las situaciones durante seis meses; ya sabes qué es agradable y qué no lo es. Tienes el poder para cambiar las cosas y crearte nuevas condiciones a tu gusto. Este poder aumenta en los próximos meses.

Hasta el 22 continúas en tu cima profesional anual. Este es un mes de éxito; consigues tus objetivos profesionales. Y si son grandes no los consigues del todo, pero haces buen progreso hacia ellos. Esto también debe considerarse éxito. En muchos casos la profesión es un viaje muy largo. Si hemos hecho varias etapas del viaje debemos alegrarnos, aunque aún estemos lejos del destino. Se ha hecho progreso; hemos cumplido nuestra parte en el ciclo actual.

El 24 Saturno hace un importante traslado, sale de Escorpio y entra en Sagitario. Esto no lo notarás mucho este mes (a no ser que nacieras entre el 18 y el 20 de febrero, los primeros días de tu signo), pero sí lo notarás en los próximos años. La profesión será más exigente, tendrás que rendir en tu trabajo. Tendrás que triunfar por puros méritos, que no por otros medios. Tienes que ser el mejor en lo que haces. Los jefes y figuras de autoridad serán más estrictos contigo.

Este tránsito de Saturno también afecta a tu salud. Este año ha sido más o menos coser y cantar en cuanto a la salud; gran parte del tiempo no tenías ningún aspecto desfavorable. Pues bien, ahora Saturno entra en alineación desfavorable contigo y esto continuará los próximos dos a tres años más o menos. Si naciste entre el 18 y el 20 de febrero esto lo sentirás este mes, y fuerte. Si naciste después lo sentirás en los próximos años. Es probable que no puedas mantener el ritmo de vida que llevabas hasta ahora. Tendrás que dejar de lado algunas cosas, las superfluas. Te verás obligado a tomar decisiones difíciles, tendrás que fijar tus prioridades. Y esta es la finalidad.

En general, hasta el 21 es necesario prestar más atención a la salud; esto vale para todos los nativos de Piscis. Puedes fortalecer la salud prestando más atención al hígado y a los muslos. Como el mes pasado, la desintoxicación del hígado y masajes en los muslos son potentes.

Visítenos en la web:

www.edicionesurano.com